国家级示范性高等院校精品规划教材

管理学原理

主　编　高映红　王华强
副主编　谭俊华　金星火

天津大学出版社
TIANJIN UNIVERSITY PRESS

内容提要

本书主要介绍管理的基本理论与方法，按照管理的职能进行内容的组织，注重知识体系的完整性，系统、全面地阐述了管理学的发展脉络及基本知识体系。本书既重视经典理论的阐述，同时也关注当今管理领域的理论与实践发展动态。在编写过程中努力做到理论与实践相结合，引入了大量中外案例。每章开头有导入案例，章尾附有案例分析练习，文中穿插扩展性资料以开阔学生视野。

本书可作为高等院校经济管理专业的教学用书，也可供管理人员参考学习。

图书在版编目（CIP）数据

管理学原理／高映红，王华强主编. —天津：天津大学出版社，2013.8（2019.1 重印）

国家级示范性高等院校精品规划教材
ISBN 978-7-5618-4765-7

Ⅰ.①管… Ⅱ.①高… ②王… Ⅲ.①管理学-高等学校-教材 Ⅳ.①C93

中国版本图书馆 CIP 数据核字（2013）第 197119 号

出版发行	天津大学出版社
地　　址	天津市卫津路 92 号天津大学内（邮编：300072）
电　　话	发行部：022－27403647
网　　址	publish. tju. edu. cn
印　　刷	天津泰宇印务有限公司
经　　销	全国各地新华书店
开　　本	185mm×260mm
印　　张	20
字　　数	499 千
版　　次	2013 年 8 月第 1 版
印　　次	2019 年 1 月第 3 次
定　　价	39.00 元

前　言

“管理既是一门科学，又是一门艺术。”管理学原理是经济管理类专业的必修基础课程，也是高校人才能力与素质培养的重要内容。通过该课程的学习，学生可以更好地掌握管理过程的一般规律、原理和方法，建立基本的管理理念和管理思维，并培养识别与解决实际管理问题的能力。优秀的管理学教材对课堂教学和学生自学、专业理论基础的形成及实践能力的培养，都会起到至关重要的作用。

我们基于长期的管理学教学实践和理论研究，并参考了国内外相关教材和文献，编写了这本管理学原理的教材。

本书注重知识体系的完整性，既重视经典理论的阐述，又关注当今管理学理论与实践的最新发展动态，力求系统、全面地反映管理学的发展脉络及基本知识体系。

本书顺应现代管理学教育对案例教学的要求，注重理论联系实际，引用了大量经典案例，尤其是采纳和整理了很多具有中国管理特色的案例，以反映中国的管理实践。

本书通过简洁的语言和图表、精辟的案例和故事诠释抽象的管理学理论。每章的开头给出学习目标，以明确学习的主要目的、内容和重点；每章的引例能促进学生带着问题去思考与学习，以激发学生的学习兴趣；在每章的正文中穿插扩展资料和案例分析，使内容的编排变得生动却又不失严谨，同时也有利于开阔学生的视野；另外，每章结尾附有案例分析题、讨论题和问答题，便于学生巩固学习内容，并提高利用管理学的基本原理和方法分析与解决实际问题的能力。

本书在编写过程中引述了很多中外学者的研究成果，其中绝大部分反映在参考文献中，但由于篇幅的限制，可能无法将所有引述的出处在参考文献中标明，在此对学者们表示衷心的感谢，并致以歉意！

由于编写者水平有限，本书难免存在疏漏和失误之处，欢迎专家学者和广大读者批评指正！

编者

2013 年 4 月

目　录

第一章　管理与管理学

学习目标

通过这一章的学习，希望你能够掌握：

1. 管理的概念、职能和性质；
2. 管理者的概念、角色和技能；
3. 管理者的职责、素质及其培养；
4. 管理学的概念、特点和学派。

引例

在人类历史上，还很少有什么事比管理的出现和发展更为迅猛，对人类具有更为重大和更为激烈的影响。

——彼得·德鲁克

中国的经济正在快速发展，但这种发展主要是建立在廉价的劳动力和原材料基础之上、以环境污染为代价的。我们号称“世界工厂”，但却非常缺乏像松下、大众、耐克、迪奥这样的世界名牌；我们缺乏像英特尔、三星、IBM 这样拥有众多核心技术的企业；我们生产出的产品也不够精良，使得“中国制造”曾一度成为劣质廉价产品的代名词；我们生产上亿件衬衣，才能换回一架飞机；我们的工人干着最累最苦的工作，却拿着最低的工资。

因此，中国企业需要高水平的管理和管理者。一个企业，人还是那些人，材料还是那些材料，管理者变了，管理行为变了，企业就不一样了。我们缺技术、缺资金、缺高素质的人才，但根本的是缺乏科学的管理。因为，依靠科学的管理可以改变这一切。而且，即使有再好的资源，如果不能很好地发挥其作用也是不行的。“百分之九十九的资源，百分之一的组合”，管理好比画龙点睛，所有的资源都要通过管理来计划、组织、指挥、控制，以使其发挥最大作用。

事实上，管理活动与每个社会成员密切相关，并体现在社会发展的方方面面。国家的经济发展需要统筹规划与管理；我们所处的每一个社会单位，比如企业、机关、学校等组织机构，需要通过管理活动实现有效的协调和运作；甚至我们个人的生活、工作和学习也需要好的规划和管理，以让我们有一个更加美好的未来。可以说，人类社会的进步离不开管理活动。本书阐述的重点是对于组织的管理。

第一节 管理概述

管理是人类各种活动中最重要的活动之一，从人类采用群体生产和生活方式，人与人之间需要协调和合作时起，管理就应运而生了。随着人类社会对集体工作的日趋依赖、组织群体规模的扩大、跨地区和跨文化合作的加强，管理工作变得越来越重要和复杂。

一、管理概念概述

（一）管理的概念

管理活动自古即有，但什么是“管理”，从不同的角度出发，可以有不同的理解。从字面上看，管是主其事，理是治其事，管理是管辖、治理、控制的意思，即对一定范围的人员及事务进行安排和处理。但是，这种字面的解释不能严格地表达出管理本身所具有的完整含义。关于管理的概念，至今仍未得到公认和统一。长期以来，许多中外学者从不同的研究角度出发，对管理做出了不同的解释。

1）古希腊谚语认为管理是“胡萝卜加大棒”。“胡萝卜加大棒”是激励方式中的一种，这种暗喻是指管理的中心工作是运用奖励和惩罚两种手段以诱发人们所要求的行为。它来源于一则古老的故事：要使驴子前进，就在它前面放一个胡萝卜诱惑它，或者用一根棒子在后面驱赶它。在组织管理中，给予奖励的引诱和实施惩罚的威胁（胡萝卜加大棒），是组织鼓励员工执行自己意图时最常用的方法。在现代社会中，以惩罚为中心的管理逐渐退居到次要的位置。

2）美国管理学家西里尔·奥唐奈（Sirio O'Donnel）认为，管理是一个国家最重要的经济资源。“管理是第二生产力”，这表明管理是一种“无形资源”，是一种“增效因素”。

3）科学管理创始人弗雷德里克·泰勒（Frederick Taylor）认为管理就是“确切地知道你要别人干些什么，并注意用最好最经济的方法去干”。根据泰勒的观点，管理者应该头脑清晰，在脑海中有完整的计划和方法，然后明确地分配工作，并教授大家好的工作方法，通过集体努力，去实现工作目标。

4）现代经营管理之父亨利·法约尔（Henri Fayol）认为管理就是实行计划、组织、指挥、协调和控制。计划，就是为探索未来制订行动计划；组织，就是建立企业的物质和社会的双重结构；指挥，就是使其人员发挥作用；协调，就是连接、联合、协调所有的活动及力量；控制，就是注意是否一切都按已制定的规章和下达的命令进行。管理是一种分配于领导人与整个组织成员之间的职能。

5）决策理论学派的主要代表人物赫伯特·西蒙（Herbert Simon）认为管理就是决策。决策贯穿管理的全过程，决策是管理的核心。西蒙指出组织中经理人员的重要职能就是作决策。他认为，任何作业开始之前都要先作决策，制订计划就是决策，组织、领导和控制也都离不开决策。以赫伯特·西蒙为代表的决策理论学派认为，决策贯穿于管理的全过程和管理的所有方面，任何组织都离不开对目标的选择，任何工作都必须经过一系列的比较、评价、拍板后才能开始。如果决策错了，执行的结果只能是带来损失。所以，“管理就是决策”的说法，很大程度上能真正反映管理的真谛。

6）现代管理学者哈罗德·孔茨（Harold Koontz）认为，管理是设计和维持一种良好的环境，使集体工作的人们能够有效地完成预定目标的过程。这一观点强调了管理工作对于形成良好氛围的重要性。就一个组织来说，高明的管理者更为注重形成良好的组织氛围，如群策群力、集思广益、鼓励创新等。在这样的氛围下，员工们能够更好地发挥个人才能和潜力，以共同实现组织目标。

事实上，还可以归纳分析出许多有关管理的概念描述。管理概念的多样化，既反映了人们研究立场、方法、角度的不同，也反映了管理科学的不精确性。随着时代的发展，人们对管理的理解也在不断深化。

（二）管理与组织

大多数管理工作是在一个组织中展开的，管理与组织密切相关。

所谓组织，就是由两个或两个以上的个人，为了实现共同的目标而结合起来协调行动的有机整体。组织中的各成员必须协调行动、共同努力，形成整体力量，以完成单个人力量的简单总和所不能完成的组织目标。人类有史以来就是共同劳动、共同生活的，每一个人都必须加入一定的组织才能够得以生存和发展。

组织需要分工、合作与协调。为了实现组织目标，就必须对组织活动进行计划、组织、领导和控制。这样，管理就应运而生了。

100多年前，英国经济学家亚当·斯密在其经济学著作《国富论》中指出，分工与合作是促进社会生产力发展的最主要力量。为了发展社会生产力，人们必须进行分工与合作。人类进行分工与合作的基础是社会组织的存在，而管理则是组织的客观要求。

（三）管理效果与管理效率

管理效果（Effectiveness）是指实现组织目标的程度。当管理者实现了组织的预定目标，如预定的销售收入、利润额、向市场投放的新产品种类等，那么管理者的工作是有效果的；反之，若没有实现组织的预定目标，管理就没有达到预定的效果。

管理效率（Efficiency）是指管理过程投入和产出的关系。对于既定的投入，若管理者能够获得更多的产出，则提高了效率。同样，若对于较少的投入，管理者能够得到同样的产出，也提高了效率。由于资源如资金、人力资源和设备的稀缺性，管理者必须关心资源的有效利用，即努力提高效率。

管理效率涉及的是管理的方式，管理效果涉及的是管理的结果，效率和效果是互相联系的，在大多数情况下，管理高效率和高效果是相关联的，体现了高水平的管理。低水平的管理绝大多数是无效率和无效果的，或者以牺牲效率来取得一些效果。

管理工作可能有效果，但缺乏效率。例如，美国公众经常批评政府部门，尽管政府部门工作是有效果的，但效率太低，即政府部门工作做了，也是有效果的，但成本太高。因此，管理工作不仅应该实现目标和效果，而且要做得尽可能有效率。

组织也有可能有效率，但是缺乏效果。例如，某些学校大规模招收学生，广泛采用计算机辅助学习设备和大课堂的教学方式，过分依赖兼职教师，这样的管理受到了学生、家长和政府部门的广泛批评。

（四）管理理论与管理技术

管理理论是将相互依存的概念和原则系统地组合起来，构成完整的知识框架或组合。其中，概念是指人们对具体事物特性的归纳和描述，表达概念的词语必须十分准确；原则是对事物关系和规律的认识和概括，这种概括基于对以往事物的分类、分析和研究并对类似环境具有预测作用。概念和原则整合形成理论。管理理论有两个重要的作用，一是系统性，能够解释事物之间的相互关系和基本规律；二是指导性，对于管理实践能够产生巨大的推动作用。

管理技术主要是指做事的方法，即完成某类工作的方法，如编制财务预算的方法、开展项目计划管理的网络计划技术、关键路线法等，又如各种组织发展技术、目标管理方法等。管理技术是帮助管理者有效开展某项工作的一种手段。

二、管理职能概述

（一）管理职能（Management Functions）

在管理职能的问题上，学者们的分歧不亚于他们在管理的概念问题上的分歧。在20世纪初，法国工业家亨利·法约尔在其著作《工业管理与一般管理》中写道，所有管理者都执行着五种管理职能：计划、组织、指挥、协调和控制。到50年代中期，美国加州大学洛杉矶分校两位教授哈罗德·孔茨和西里尔·奥唐奈在教科书《管理学》中，把管理的职能划分为五种：计划、组织、人员配备、指导和控制，该书的结构安排也基于这种职能划分。此书一问世就成为最畅销的教科书之一，这种情况延续了20年。大多数当今流行的教科书仍是按照这一体系编写的，在本书中，管理职能被简化为四种：计划、组织、领导和控制，如图1－1所示。

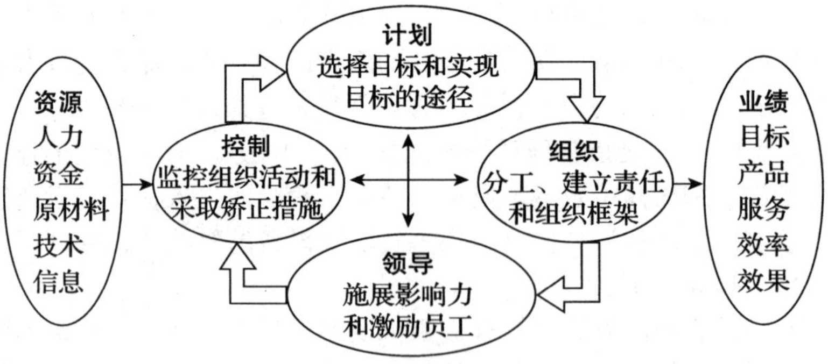

图1－1　管理流程与管理职能

1. 计划

计划是根据实际情况，通过科学地预测、权衡客观的需要和主观的可能，提出在未来一定时期内所要达到的目标以及实现目标的途径。简单地说，计划工作就是要解决两个基本问题：第一是干什么，第二是怎么干。

计划是管理的首要职能，因为所有的工作都要围绕着计划所确定的目标和方案展开。计划是未来行动的蓝图，通过计划的制订，组织成员可以统一思想和统一行动，齐心协力地实现组织目标，还可以减少组织活动的盲目性。面对未来存在的不确定性，在计划中预先分析可能发生的事件，事先制定应急措施，可以减少或从容应对未来不确定性因素的影响。另外，一个好的计划必须具备一定的灵活性和适应性，尽量考虑到各种情况。

2. 组织

组织工作是为了有效地实现计划所确定的目标而在组织中进行部门划分、权力分配和工作协调的过程。它是计划工作的自然延伸，包括组织结构的设计、组织关系的确立、人员的配置以及组织的变革等。

通过有效组织，组织成员和各个部门形成一个有机整体。通过组织把计划工作中制定的行动方案落实到每一个环节和岗位，以确保组织目标的实现。因此，组织是把计划变成行动的过程，为计划的实现提供保证。从更大层面看，组织工作还包括人力资源管理的工作，如人员的招聘、定岗、薪酬体系设计、人力资源的维护和发展等。

3. 领导

领导就是带领和指挥组织中的全体成员同心协力地去执行组织的计划，实现组织的目标。领导工作就是管理者利用职权和威信施展影响，指导和激励各类人员努力去实现目标的过程。当管理者激励他的下属、指导其下属行动、选择最有效的沟通途径或解决组织成员间的纷争时，他就是在从事领导工作。领导职能包括领导艺术、激励（调动人们工作的积极性）和沟通等内容。

为了实现组织目标，不仅要进行有效的组织活动，把每个组织成员安排到适当的岗位上，还要努力使组织成员以高昂的士气、饱满的热情投身到组织活动中去，这便是领导工作的任务。领导工作的核心和难点是调动组织成员的积极性，它需要领导者运用科学的激励理论和合适的领导方式。

4. 控制

控制工作是指系统地设置标准，以此对照进程，必要时采取矫正措施，将工作纳入规划和预定的轨道，包括确立控制目标、衡量实际业绩、进行差异分析、采取纠偏措施等。它也是管理活动中的一个不可忽视的职能。

计划与控制构成了一个闭环和连续的过程。控制职能相对侧重于事后对组织活动加以监督，而计划职能侧重于事前对组织活动加以引导。当然，控制并不仅仅是对过去活动的检查，有时也可能对某时点以后的活动进行局部甚至全局的调整。因此，控制在整个管理活动中起着承上启下的作用。

（二）管理职能之间的关系

管理的四大职能是相互联系、相互制约的。其中计划是管理的首要职能，是组织、领导和控制职能的依据；组织、领导和控制职能是有效管理的重要环节和必要手段，是计划及其目标得以实现的保障。只有统一协调这四个方面，使之形成前后关联、连续一致的管理活动整体过程，才能保证管理工作的顺利进行和组织目标的完满实现。

要正确理解各管理职能之间的关系。一方面，在管理实践中，计划、组织、领导和控制职能一般是顺序执行的，即先要执行计划职能，然后是组织、领导职能，最后是控制职能；另一方面，上述顺序不是绝对的，在实际管理中这四大职能又是相互融合、相互交叉的。

要正确处理管理职能的普遍性与差异。原则上讲，各级各类管理者的管理职能具有共同性，都在执行计划、组织、领导、控制四大职能；但同时，不同层次、不同级别的管理者执行这四大职能时的侧重点与具体内容又是各有不同的。

三、管理的性质

管理是管理者为有效地达到组织目标，对组织资源和组织活动有意识、有组织、不断地进行协调的活动。管理作为一种特殊的实践活动，具有自己独特的性质。

（一）管理的两重性

管理的性质是两重的，这是马克思主义管理理论的主要内容，是研究资本主义管理科学、建立社会主义管理科学的理论基础和基本出发点。马克思认为，任何社会的管理都具有两重属性——自然属性和社会属性。“指挥劳动”是同生产力直接相联系的，是由共同劳动的社会化性质产生的，是进行社会化大生产的一般要求和组织劳动协作过程的必要条件，它体现了管理的自然属性。“监督劳动”是同生产关系直接相联系的，是由共同劳动所采取的社会结合方式的性质产生的，是维护社会生产关系和实现社会生产目的的重要手段，它体现了管理的社会属性。管理的两重性是相互联系、相互制约的。

一方面，管理的自然属性不可能孤立存在，它总是在一定的社会形式、社会生产关系条件下发挥作用；同时，管理的社会属性也不可能脱离管理的自然属性而存在，否则，管理的社会属性就会成为没有内容的形式。

另一方面，管理的两重性又是相互制约的。管理的自然属性要求具有一定的“社会属性”的组织形式和生产关系与其相适应；同样，管理的社会属性也必然对管理的科学技术等方面发生影响或制约作用。马克思关于管理两重性的理论，是指导人们认识和掌握管理的特点和规律，实现管理任务的有力武器。只有认识和掌握管理两重性的原理，才能分清资本主义管理和社会主义管理的共性和个性，正确地处理批判与继承、学习与独创、吸收外国管理经验与结合中国实际之间的关系，实事求是地研究和吸收外国管理中有益的东西，做到兼收并蓄、洋为中用。

（二）管理的科学性与艺术性

管理的科学性是指管理作为一个活动过程，其间存在着一系列基本客观规律。人们经过无数次的失败和成功，通过从实践中搜集、归纳、检测数据，提出假设，验证假设，从中抽象总结出一系列反映管理活动客观规律的管理理论和一般方法。人们用这些理论和方法来指导自己的管理实践，又以管理活动的结果来衡量管理过程中所使用的理论和方法是否正确，是否行之有效，从而使管理的科学理论和方法在实践中不断地被验证和丰富。因此，说“管理是一门科学”，是指它以反映管理客观规律的管理理论和方法为指导，有一套分析问题、解决问题的科学的方法论。

管理的艺术性指在掌握一定理论和方法的基础上，灵活运用这些知识和技能的技巧和诀窍。管理的艺术性就是强调其实践性，没有实践则无所谓艺术。管理者必须在管理实践中发挥积极性、主动性和创造性，因地制宜地将管理知识与具体管理活动相结合，才能进行有效的管理。所以，管理的艺术性，就是强调管理活动除了要掌握一定的理论和方法外，还要有灵活运用这些知识和技能的技巧和诀窍。

管理就是为了将一些分散的部分组合起来，以期发挥系统的功能。但如何将分散的部分组合起来，很多人认为只是一门艺术，靠的是管理者的聪明与灵感，这就是我们经常强调的"领导艺术"。其实，管理要靠一套科学的制度，在制度不完善的地方也需要管理艺术去弥补。一个组织，只要评价制度与激励制度科学，管理也基本上是科学的。因此，要引导人们的行为，激励职工努力工作、安全生产、保证产品质量等，靠的主要是制度，在制度没有规定到的地方，也需要管理者的创新与灵感（艺术）。只有有了一套科学的管理制度，才能给员工稳定的预期，减少信息搜寻成本和由于不确定性所造成的损失。在此基础上企业家的人格魅力、聪明才智、创新精神才有发挥的土壤。如果只承认管理是一门艺术，而不承认管理是一门科学，就必然导致管理中的随意性、一言堂，甚至独裁与腐败。

然而，管理者仅凭书本知识，背诵管理理论和公式进行管理活动是不行的。成功的管理技巧需要一个管理者通过很多年、很多事情的积累才能领悟到。管理者的经验可以说是管理艺术性的基石。管理的艺术性包含了管理者在管理实践中创造性、灵活性地将管理理论与管理活动相结合。管理的艺术性使得每一个管理者的管理思维、管理习惯是无法复制的，也就是说世界上不存在两个完全一样的管理者。想通过复制一名成功的管理者而成就自身的成功是行不通的。

一名有着理论知识但没有实际管理经验的管理者可能会由于没有经验的积累而导致失败；而一名有着丰富管理体验的管理者也可能因为缺少理论的基础，在面对问题的时候总是希望求助于过去的经验，并由于经验而蒙蔽了自己的双眼，从而影响到最终决策的正确性。实际上科学性和艺术性是管理的两个相辅相成的性质，缺一不可。管理的科学性使管理者在处理问题时有理可依，有据可循；而管理的艺术性则使管理者能够灵活应变，而不至于被管理理论的条条框框所束缚。

组织由小到大的过程也是管理的科学性与艺术性交替起作用的过程。当一个组织刚创立的时候，由于员工较少，管理层次也较少，所以管理者可以通过自己的努力管理到每个员工，这时候管理的艺术性起了更大的作用，管理者的人格魅力会得到充分的展示，也对公司的发展起着至关重要的作用。当组织发展到一定程度时，由于规模的逐步扩展、管理层次的增加，管理者的精力已经无法顾及组织的每个角落，这个时候管理的科学性就起作用了。管理体系的设计和制度的建立，使得组织的运作在运营规范的指导下有条不紊地进行。这个时期的组织是需要规范的，只有通过规范的管理才能使组织的运转走上正轨，从而摆脱过去做事随意的现象。这个时期的组织讲的不再是艺术而是制度，任何员工都应该在管理制度的指导和约束下，完成属于自己的工作。再往下发展，组织则又应该回到管理艺术的时代，但这个时代是建立在管理制度规范化的基础上的。这个时期管理的艺术是管理科学化后的艺术。

在管理中科学不是绝对的，艺术也不是绝对的，理论不是万能的，经验也不是万能的。真正成功的管理者应该是能够用理论来指导实践，能够从实践中升华理论的人。

第二节　管理者

俗话说："千军易得，一将难求。"在一个组织中，管理者有着至关重要的作用。只有优秀的管理者，方能将团队力量最大化。优秀管理者应该聪明，有智慧，有魄力，有能力，有才华。《三国志》中有一句名言："功以才成，业由才广。"要想真正成为一名出类拔萃的管理者，必须在工作、生活各个方面都具备过硬的素质。优秀管理者和一般管理者，他们的工作业绩相差几倍甚至十几倍，这是一个常见的事实。也许有人会对这样的事实百思不得其解。其实，我们知道，管理者的大部分业绩不是自己亲手创造的，而是通过和别人（包括下属、同事、客户等）的合作创造的，甚至可以说是"借他人之力"创造的。因此，管理者的基本素质和能力直接决定了被管理者的基本素质和组织的绩效。

一、管理者概述

（一）管理者的概念

传统观点认为，管理者是"对其他人的工作负有责任的人"，或是指在一个组织中主要从事指挥别人工作的人员。管理者是指在组织中指挥他人完成具体任务的人，如工厂厂长，学校里的系主任、校长，机关中的科长、处长、局长，公司的经理等。他们虽然有时也做一些具体的事务性工作，但其主要职责是指挥下属工作。管理者是组织的心脏，其工作绩效的好坏直接关系着组织的兴衰成败。

著名管理学家德鲁克认为，在确定一个组织中谁是负有管理责任的人时，最首要的标志并不是看谁有权命令别人，管理人员的责任在于贡献、职能，而不是权力。这就明确了管理者的概念。从内涵上看，它强调的核心问题是责任，即对组织做出贡献的责任。从概念的外延上看，做出的决策能够影响组织的成果的专业人员被列入到管理者范畴。

（二）优秀管理者的特征

德鲁克认为，一位卓有成效的管理者，一般具有以下六个特征。

1）重视目标和绩效，只做正确的事情。

2）一次只做一件事情，并只做最重要的事情；极为审慎地设定待处理事务的优先顺序，随时进行必要的检讨，毅然决然地抛弃那些过时的任务，或者推迟做那些次要的任务；他知道时间是他最为珍贵的资源，必须极为仔细地使用它。

3）作为一名知识工作者，他知道自己所能做出的贡献在于创造新思想、远景和理念。他的目标在于提高整体的绩效。

4）在选用高层管理者时，他注重的是出色的绩效和正直的品格。他能敏锐地感觉到为一个关键职务选用人才是一项非常艰巨的任务。卓有成效的管理者也知道，还没有人能永无过失。他知道人无完人。即使是最有能力的人也有弱点。他关心的是一个人能做什么，而不是他不能做什么。他致力于充分集中人员的知识和技能，利用这些优势达成组织的目标。

5）他知道增进沟通的重要性；他有选择性地收集所需要的信息；他知道有些事物不能被量化，而过多的信息会导致混淆和混乱。

6）他只做有效的决策，并负责目标的落实和执行。作为一个优秀的管理者，必须知道："开会＋不落实＝0，布置工作＋不落实＝0，抓住不落实的事＋追究不落实的人＝落实"。

（三）管理者的分类

组织中从事管理工作的人员可能有很多，可按照不同的分类标准进行分类。

1. 按管理者岗位层次分类

管理者以其在组织中所处层次的不同，可以分为高层管理者、中层管理者和基层管理者。不同层次管理者对管理职能的工作侧重见图1－2。

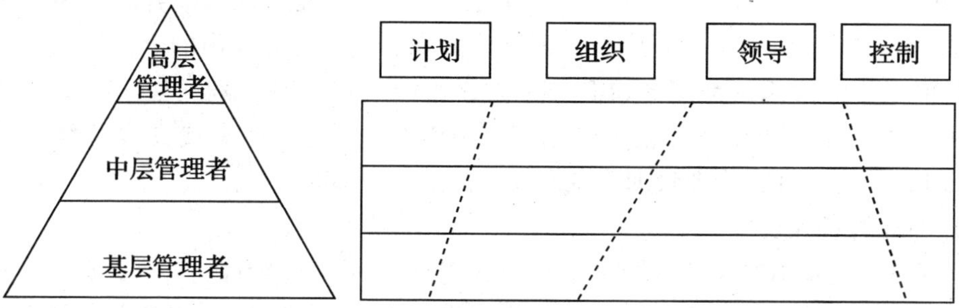

图1－2 组织的管理层次与管理职能工作

（1）高层管理者

高层管理者的主要职责是：对整个组织的管理负有全面责任，并侧重于负责制定组织的大政方针，沟通组织与外界的交往联系等。他们的决策是否正确、职权的运用是否得当，直接关系到整个组织工作的成败。工厂厂长、医院院长、商店经理、大学校长等都是高层管理者。

（2）中层管理者

中层管理者主要职责是：贯彻执行高层管理者所制定的重大决策，并监督和协调基层管理者的工作。他们在组织中起承上启下的作用，对上下信息沟通、政令通行等均负有重要的责任。车间主任、商店部门负责人、系主任等都属中层管理者。

（3）基层管理者

基层管理者主要职责是：直接指挥和监督现场作业人员，保证上级下达的各项计划和任务的完成。基层管理者又称第一线管理人员，是组织中处于最底层的管理人员，直接与具体的作业人员打交道，是整个管理系统的基础。车间班组组长、领班、教研室主任等都是基层管理者。

上述三个不同层次的管理人员，在行使管理职能时的侧重点有很大的差异。高层管理者行使管理职能，将较多地侧重于计划、组织和控制，而对员工具体的面对面领导，所花费的时间较少。基层管理者的工作，则侧重于对员工的激励，开展面对面的领导，建立沟通机制，以完成组织预定的目标。由于组织未来工作的计划、组织架构和监控体系的总体方案由高层管理者确定，作为基层管理者，其主要工作是落实和执行。

另外，即使同样是开展计划工作，高层管理者与基层管理者的计划内容也有很大差异。高层管理者应关注关系全局的战略性问题，主要制订战略计划和年度计划；中层管理者制订季度和月计划；基层管理者关注具体的战术性工作，制订每周和每天的工作计划。不同层面管理者在执行组织、领导和控制等管理职能时，具体工作内容也有很大的差异。

2. 按管理者的工作范围分类

管理者以其所从事的管理工作的领域和性质的不同，可以划分为综合管理人员和专业管理人员两大类。

（1）综合管理人员

综合管理人员是指负责管理整个组织或组织中某个事业部的全部活动的管理人员。对于一般的中小型企业来说，可能只有一个综合管理者，就是厂长或总经理，他管理着该组织内包括生产、营销、财务、投资、人事、公关和研究开发等在内的全部活动。而对于那些大型组织（企业集团或跨国公司等）来说，可能会按产品类别或地区设立分部或分公司，这时，这些组织的综合管理人员就包括集团（或公司）的总裁（或总经理）和分部（或分公司）的总经理，分别管理着总部和分部的“全部”活动。

（2）专业管理人员

专业管理人员是指那些专门负责组织中某一类活动或职能管理的管理人员。根据这些管理人员所管理的专业领域性质的不同，可具体分为生产部门管理者、营销部门管理者、财务部门管理者等。传统企业一般分设各专业副厂长及相关科室，他们都是专业管理人员。如主管人事的副厂长及人事科的管理人员、主管销售的副厂长及销售科的管理人员等。不同的职能部门分设生产经理、营销经理、财务经理（或财务主管）等，这些经理和下属的管理人员，因其只负责某一类活动或职能的管理工作，也都属于专业管理人员的范畴。

二、管理者角色

所谓角色（Role），是指人们对某人的行为的整体期望。例如，在家庭中，每个人有专门的角色定位，如父亲、母亲等。管理者角色（Manager Role）是指组织中管理者所需要做的一系列特定的工作。

20世纪60年代末，美国学者亨利·明茨伯格（Henry Mintzberg）经过实证研究，具体分析了管理者的日常管理工作，提出了有效管理者需要扮演的十种角色。明茨伯格认为，管理者通过扮演这些角色影响组织内部和外部人员的行为。组织内部的人员包括技术人员、管理人员和操作人员，组织外部的人员包括投资者、消费者、供应商、组织所在社区的居民以及与组织活动有关的政府机构。

（一）管理者角色分类

明茨伯格将管理者需要扮演的十种角色归纳为三种类型，即信息传递、人际关系和决策制定，见表1-1。在现实生活中，管理者往往同时扮演上述几种角色。

表1-1 明茨伯格界定的管理者角色

角色类型	具体角色	角色描述	日常工作
信息传递	监听者	获取各种信息，成为组织的神经中枢	阅读报告，参加会议
	传播者	告知员工们环境变化和组织愿景	传达重要文件，举行信息交流会
	发言人	向外界发布所在组织的目标、计划和措施	举行董事会议，向媒体发布信息
人际关系	挂名首脑	象征性的首脑，履行法律性或社会性义务	接待来访者，签署合同文件
	领导者	负责激励下属，营造良好的工作氛围	表扬先进，肯定员工业绩
	联络员	发展和维护组织与外界的联络网络	发感谢信，参加行业协会的工作
决策制定	企业家	识别发展机遇，制定、实施和监督改进方案	制定战略，检查决议的执行情况
	混乱处理者	面对重大突发事件时，负责采取补救措施	正确、及时地处理各种突发事件
	资源分配者	负责组织内各种资源配置的决策	调度、询问和授权，编制预算等
	谈判者	作为组织的代表，参加重大的谈判活动	参与谈判和谈判决策

1. 信息传递角色（Informational Roles）

管理者扮演信息传递的角色，需要从事信息监听、收集、分析、传递信息等工作。作为监听者（Monitor），管理者需要及时收集组织内部和外部的各种信息，包括市场需求动态、经济形势、新科学技术的发展、各种重大事件和自身组织的运行状况等。有了这些信息，管理者才能根据环境的变化，调整经营策略和有效配置资源，积极应变。作为传播者（Disseminator），管理者把重要的信息，转达给组织成员，实现信息共享，以影响人们的工作态度和行为。作为发言人（Spokesperson），管理者代表所在组织向外界介绍情况，如组织发展历史、特征、发展目标和措施等，以提升组织的形象，促成外界对组织的积极反应。

管理者若要扮演好信息传递的角色，必须头脑清晰，思路开阔，善于归纳总结，善于沟通，能够把握全局，具有较强的语言和书面表达能力。

2. 人际关系角色（Interpersonal Roles）

管理者扮演人际关系的角色，对外需要代表所在组织与同行和外部组织开展有效联络和互动；对内开展领导工作，激励组织成员为实现组织目标积极工作。当管理者履行礼仪性和象征性的义务，如学院院长在毕业典礼上颁发毕业文凭、工厂领班带领一群高中生参观工厂时，实际上是在扮演挂名首脑（Figurehead）角色。所有管理者都扮演着领导者（Leader）角色，如安排工作、激励员工、惩戒雇员等。管理者还代表所在组织与同行组织或同级部门开展联络，扮演联络员（Liaison Officer）角色。明茨伯格将联络员角色描述为与各种信息源的接触，信息源包含组织内部或组织外部的个人或团体。销售经理从人事经理处获得的信息，属于内部联络关系，销售经理与市场营销协会或其他公司的销售经理接触时，为外部联络关系。

管理者若要扮演好人际关系的角色，需要处事大方，语言得体，善于与不同类型的人打交道和合作，应该具有一定的演讲能力。

3. 决策制定角色（Decisional Roles）

在决策制定方面，明茨伯格又将其细分为四种角色。作为企业家（Entrepreneur），管理者要识别市场机遇，制定新的发展战略，实施和监督新的投资项目。作为混乱处理者（Disturbance Handler），管理者要能迅速采取行动，正确处理各种突发事件。当管理者分配人力资源、资金和各种物质资源时，他成为资源分配者（Resource Allocator）。当管理者为了自己组织的利益，与供应商或其他团体进行业务谈判，商谈交易条件和签署合同协议时，他扮演着谈判者（Negotiator）的角色。

管理者若要扮演好决策制定的角色，需要具备所从事业务领域的专业知识、经验和能力，善于权衡，处事果断，把握大局，决策能力强。

（二）不同企业规模和不同层次管理者的角色差异

对明茨伯格管理者角色的研究成果，大量的后续研究都支持这样一种观点，即不论何种类型的组织以及在组织的各个层面上，管理者都扮演着相似的上述管理者角色。

然而，研究成果表明，对于小企业和大企业管理者的角色定位，存在较大差异。小企业管理者最重要的角色是发言人。小企业管理者要花大量时间处理外部事务，如接待消费者、会晤银行家接洽融资、识别新的市场机遇等；相反，大企业的管理者主要关心的是企业的内部事务，如怎样在组织内分配现有资源。具体见图 1－3。

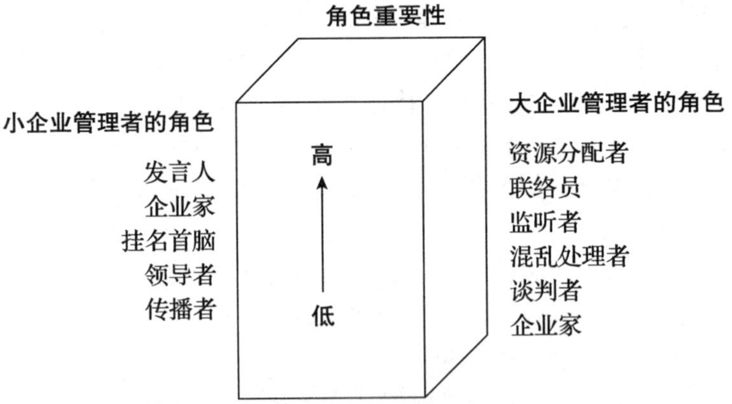

图 1－3　大企业和小企业管理者的角色定位

与大企业的管理者相比，小企业管理者更可能是一个多面手。他的工作综合了大公司总裁的工作和第一线监工的工作。小企业的规划不太可能是一种仔细协调的过程，组织结构设计也较为简单，控制更多地依赖直接巡视。而大企业管理者主要完成结构化和正规性的工作。

同时，根据组织内管理岗位等级层次的变化，管理者角色的侧重点有所差异。对于高层管理者来说，传播者、挂名首脑、谈判者、联络员和发言人的角色更为重要。与中高层管理者相比，对于基层管理者来说，领导者的角色则更为重要。

三、有效管理者与成功管理者

弗雷德·卢森斯（Fred Luthans）曾研究过一个问题：组织中晋升最快的管理者，与组织中成绩最佳的管理者相比，从事的活动是相同的吗？一般认为，工作中最有成绩的管理者，应该是组织中晋升最快的人。但是，研究结果表明，事实并非完全如此。

卢森斯与他的助手研究了美国450名管理者，他们发现，管理人员都从事着四种活动：

1）传统管理，如决策、计划和控制；

2）对内沟通，如交流信息和处理文书；

3）人力资源管理，如激励、惩戒、调解冲突、人力配备和培训；

4）网络联系，如社交活动、政治活动、与外界交往。

有效管理者（以工作成绩的数量和质量以及下级对其满意和承诺程度为标准）的主要贡献在于沟通，而对网络联系贡献度最小。成功管理者（以在组织中晋升的速度为标准）的主要贡献在于维护网络关系方面，对人力资源管理的贡献最小。两者的详细比较见图1－4。

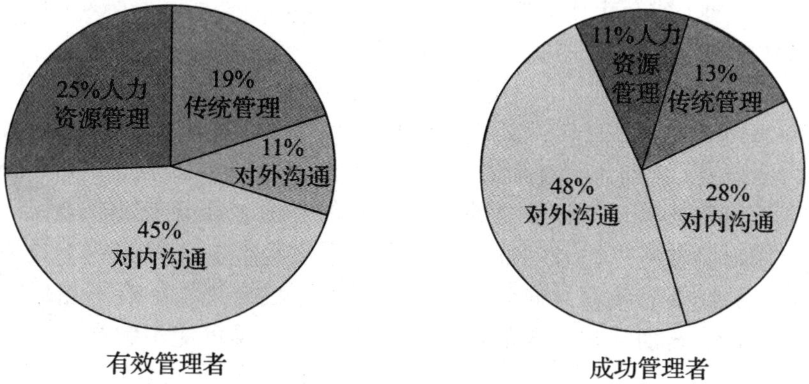

图1－4　有效管理者与成功管理者的工作分布

研究结果对晋升是基于绩效的传统假设提出了挑战。研究结果表明，社交和施展政治技巧对于在组织中获得更快的提升起着重要的作用。

四、管理技能

管理技能（Managerial Skills）是指使用某一专业领域内有关的工作程序、技术和知识完成管理任务的能力，即管理者执行有效的管理职能所需要的知识、技能、能力、态度和积极性。每一位管理人员都在组织中从事某一方面的管理工作，都要运用一定的权力并承担相应的责任。管理是否有效，在很大程度上取决于管理人员是否真正具备了一名管理人员所必须具备的管理技能。通常而言，作为一名管理人员应该具备的管理技能主要包括概念技能、人际技能和技术技能三大方面。

（一）概念技能（Conceptual Skills）

概念技能，是指纵观全局、把握关键、认真思考、扎实谋事的能力，也就是洞察组织与环境及两者之间相互影响以及复杂性的能力，包括理解事物的相互关联性从而找出关键性影响因素的能力，确定和协调各方面关系的能力，权衡不同方案优劣和内在风险的能力等。

必须强调，创新是概念技能的集中体现。在社会化大生产不断发展、知识经济已见端倪的今天，管理者能否创造新的适应环境的管理模式、方式、体制、机制，是衡量其概念技能高低的重要标志。创新是现代管理者素质的核心，包括管理者的创新理念、创新精神、创新思维与创新能力。管理者要有创新理念，真正认识到创新对组织生存与发展的决定性意义，善于通过科学的创新思维来完成创新构思，并在管理实践中坚持创新；要有创新精神，在工作过程中敢于创新，勇于突破常规，求新求是；要有创新能力，在管理实践中把创新理念和创新精神变成现实。创新能力是由相关的知识、经验、技能与创造性思维综合形成的，是现代管理者最重要的素质。

（二）人际技能（Human Skills）

人际技能，是指把握与处理人际关系的有关技能，即理解、动员、激励他人并与他人共事的能力。“世事洞明皆学问，人情练达即文章。”要成为一个好的管理者，离不开良好的人际关系，包括与上级、下属、同行、他人的关系等，即在管理活动中调节人际关系的艺术，其中主要是协调与上级、同级、下属的关系。

1. 协调与上级的关系

协调好与上级的关系，首先，必须正确认识自己的角色地位，努力做到“到位而不越位，帮忙而不添乱”，即不该决断的时候不擅自决断，不该表态的时候不胡乱表态，不该干的工作不执意去干，不该答复的问题不随便答复，不该突出的场合不“抢镜头”等。其次，要适当调整期望，节制欲望，学会有限度地节制。但这并不是说唯上级和领导者之命是从，关键要看政策导向和领导决策是否正确合理，如有不当或者严重失误之处，也要坚持原则。要加强与上级的信息沟通和反馈，尽可能了解事情的真相，以免出现判断失误。

2. 协调与同级的关系

协调好与同级之间的关系是影响个人发展的重要方面，也是整个团队积极向上、健康发展的重要因素。首先要增进与同级的感情。感情是人际关系的“协调器”，同级之间的关系应当融洽，没有“心理防线”，大家都心情愉快。其次是竞争与合作共存。要处理好与同级之间的关系，需要心胸开阔，放眼未来，把握分寸，控制情绪，不做井底之蛙或自大夜郎。同级之间的竞争是磨砺自身的良好环境，正确把握同级之间既竞争又合作的关系是管理者成功的条件之一。

3. 协调与下级的关系

公正、民主、平等、信任地处理与下级的关系，对做好管理工作具有重要意义。下级是管理者运用权力的主要对象，要讲究对下级的平衡艺术、引力艺术和弹性控制艺术。

（1）平衡艺术

在公正、平等的基础上建立与下级的平衡、和谐关系，实现心理的可接受性和利益的相容性，达到行为的一致性。

（2）引力艺术

努力缩小自己与下属的距离，使其积极主动地配合自己的工作。也就是说，管理者应该是一个引力场，具有“场效应”，使上下级之间在目标、情感、心理、态度、利益等方面具有一致性。

（3）弹性控制艺术

管理者通过有一定弹性空间或范围的标准控制、检查组织成员的行为，既要使下属感到有相应的自由，又能使之遵守必要的约束。这是管理者的重要能力与艺术。

（三）技术技能（Technical Skills）

技术技能，是指从事自身管理范围内的工作所需的基本技术和具体方法。例如，高校教师必须熟练掌握本专业的教学内容与教学方法；企业的部门主任要熟悉各种设备的性能、使用方法、操作程序，各种材料的用途、加工工序，各种成品或半成品的指标要求等。技术技能对基层管理者来说尤为重要，因为他们的大部分时间都是指导、训练、帮助下属人员或回答下属人员的有关问题，因此必须熟悉下属人员所做的各种工作。具备技术技能，方能更好地指导下属工作，更好地培养下属，成为受下属尊重的有效管理者。人们通常所说的“懂行”、“一技之长”、“才重一技”、“不熟不做”都是这个意思。

一般情况下，处于较低层次的管理者，主要需要的是技术技能与人际技能；处于较高层次的管理者，更多地需要人际技能和概念技能；处于最高层次的管理者，尤其需要较强的概念技能，如图 1-5 所示。

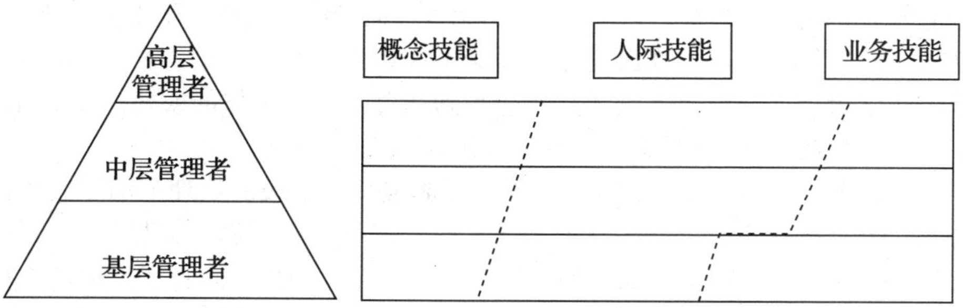

图 1-5　不同层次管理者的管理技能构成

五、管理者的职责

将自己的思想行为和事业紧紧糅合在一起，在组织中产生巨大的凝聚力，使自己的事业取得成功，是一个管理者的重要职责。作为一个管理者，首先应该抓大事，而不是“事必躬亲”。毛泽东同志曾说过，管理者的责任，归结起来，主要是“出主意、用干部”两件事。一切计划、决策、指示都属于“出主意”一类，一切选才、用人都属于“用干部”一类。概括地讲，作为一个管理者应抓好以下几项工作。

（一）目标规划和科学决策

“凡事预则立，不预则废”，可见计划、决策是工作成败的关键。现代管理者不是封建时代的官僚，而应成为为人民造福的公仆，应当对本组织的发展前景有一张清晰的蓝图，对本组织的长远发展方向、中期和近期的奋斗目标了如指掌，并对实现这些目标的途径和步骤有明确具体的规划，这是现代管理者应做的第一件大事。

科学决策，就是管理者运用科学的思维方法，对准备行动的若干方案进行选择，以期达到最优目标。当前，社会分工越来越细，每一个决策的失误都会带来很大损失，作为一个管理者应该经常提醒自己决策是否具有科学性。

（二）制定规范和组织协调

建立合理而有效的组织机构，制定各种全局性的管理制度，协调好内部各种人员的关系，保证目标规划的实现，是管理者的又一项重要工作。现代管理者不能只强调个人的作用，不能仅靠个人的威信、关系和经验来治理组织，而应靠制定各种规章制度，靠各种经济责任制的落实，靠科学的管理方法。只有这样，才能更好地调动组织成员的积极性。

协调是谋求大家行动上的步调一致，沟通则是求得思想上的共同了解，没有恰当的协调和有效的沟通，再好的计划也不能付诸实施。因此，作为一个管理者，必须注意做好组织的协调和沟通，使整个组织或部门形成一个坚强的集体。

（三）选才用人和放权

任何一个管理者的思想、意图都需要下属去贯彻执行，管理者无须处处比自己的下属高明。然而，其工作要想收到事半功倍的效果，必须善于选才用人。古今中外大凡有远见者都很注重举贤、用贤和育贤。古人云：“己无智，而能用人之智，不愧为智也。己无才，而能用人之才，不愧为才也。唯己无用，而又不能用人，乃真无用者矣。”同样，金无足赤，人无完人。世界上很难找到全才，只能找到适合某一项工作的人才。俗话说：“弯木适做犁，直木宜做梁。”也就是说，管理者要用人的长处。

放权是管理的一项重要职责，作为一个管理者应按照下级的管理范围逐级放权。这样不仅可以减轻管理的负担，放开手脚抓大事，而且把权分给下属，人尽其才，各司其职，既提高了管理效能，又调动了下属的积极性。同时，作为一个管理者还要把培养自己的接班人作为一项重要任务努力去完成。在日本，一些企业甚至明文规定，在没有培养出足以代替你的合格接班人以前，就不得晋升。在这一点上，也值得我国企业的管理者们借鉴。应当形成一种习惯，从上任的第一天起，就应当努力地去发现和培养自己的接班人。

六、管理者的素质及其培养

（一）管理者的素质

管理者应具备什么样的素质，一直是管理学家们关注的重点。科学管理之父泰勒曾具体说明一位“全面”的工长应具备的九种素质，法约尔也从身体、智力、道德、知识、经验等方面提出了作为一名管理者应具备的素质。

1. 品德

品德体现了一个人的世界观、人生观、价值观、道德观和法制观念，持续有力地指导着他对现实的态度和行为方式。

作为一名管理者，应具有强烈的管理意愿和良好的精神素质。

如果一个人缺乏为他人工作承担责任，缺乏激励他人取得更大成绩的愿望，那么他就不可能学会管理。所以，管理者首先要有强烈的管理意愿。管理意愿是决定一个人能否学会并运用管理基本技能的主要因素。现代行为科学研究认为，缺乏管理意愿的人是不可能敢作敢为的，因此也就不可能在管理的阶梯上捷足先登。

由于管理工作的特殊性，作为一名管理者，除了要有强烈的管理意愿外，还要有良好的精神素质，即要具有创新精神、拼搏精神、实干精神、合作精神和奉献精神。面对复杂多变的管理环境，管理人员要有创新精神，勇于开发新产品、开拓新市场、引进新技术、起用新人、采用新的管理方式、敢于冒风险，没有承受风险的心理素质，是不适合从事管理工作的；在组织发展过程中，往往会遇到各种意想不到的困难，会遇到强大的竞争对手，甚至遭受挫折和失败，这就要求管理者具有百折不挠的拼搏精神和吃苦耐劳的实干精神；管理者的工作依赖于他人的努力程度，因此他要有与人合作的精神，善于团结群众、依靠群众；同时管理者要有一种服务于社会、造福于人民的奉献精神，对事业执着追求，愿意为此牺牲个人利益。

2. 知识

知识是提高管理水平和管理艺术的基础与源泉，管理工作要求管理者掌握专业知识。同时，管理是一门综合性科学，涉及的学科知识很广。一般来说，管理者应掌握以下几方面的知识。

（1）政治、法律方面的知识

掌握所在国家执政党的路线、方针、政策，国家的有关法令、条例和规定，才能把握组织发展方向。

（2）经济学和管理学知识

了解当今管理理论的发展情况，掌握基本的管理理论与方法，才能按经济规律办事。

（3）心理学、社会学方面的知识

善于协调人与人之间的关系，才能调动员工的积极性。

（4）工程技术方面的知识

掌握如计算机及其应用、本行业科研及技术发展情况等。无论管理什么行业，都得有专业的基础知识做后盾。

3. 能力

所谓能力，是指管理者把各种管理理论与业务知识应用于实践、进行具体管理、解决实际问题的本领。能力与知识是相互联系、互相依赖的，基本理论和专业知识的不断积累与丰富，有助于潜能的开发与能力的提高；而能力的增长与发展，又能促进管理者对基本理论知识的学习、消化和具体运用。

对于管理者应具备的基本素质，管理学家们提出了各种观点，如管理者素质“3Q 论”（智商、情商、逆商）。现在许多学者认为管理者应具备的素质主要有：创新能力、沟通能力、团队精神、观察能力、人际交往能力、组织管理能力、语言表达能力等。

小知识

智商、情商、逆商

有人用“IQ + EQ + AQ”来衡量管理者的综合素质水平。IQ（Intelligence Quotient）即智商，指一个人所具有的智慧水平以及理解、掌握科学知识的能力。EQ（Emotional Quotient）即情商，哈佛大学心理学家丹尼尔·戈尔曼在《情绪智力》中把情商定义为“能认识自己和他人的感觉，能自我激励以及很好地控制自己在人际交往中的情绪的能力”。AQ（Adversity Quotient）即逆境商数，指一个人面对困境时缓解自己的压力、渡过难关的能力。智商决定能否识别机会，情商决定能否抓住机会，而逆商决定能否在逆境中坚持到最后。

现在越来越多的证据表明，一个人的智商对其事业成功只起到20%的作用，而情商则在其中起到了70%的作用，其余是逆商的作用。哈佛大学的一次调查结果显示：在500名被解职的男女中，因人际沟通不良而导致工作不称职者占82%。一个智商很高但情商很低的管理者对周围的环境和人不可能有很强的感知能力，在遇到问题时也很难控制好自己的情绪和周围环境的氛围，难以协同他人愉快、高效地完成任务和实现目标。从这个意义上讲，情商对于管理者更为重要。

今天，复杂激烈、瞬息万变的竞争环境给管理者带来越来越多的挑战，要想成为优秀的管理者，就要努力提高自己的3Q水平，使自己更智慧、更自信、更勇敢。

（二）管理者素质的培养

管理者如何才能培养上述素质，提高自己的管理技能呢？基本的途径有两条：一是通过教育获得，二是通过实践锻炼。

许多成功管理者的经历都证明，一个管理者要获得管理上的成功，接受正规的管理教育是极为必要的。近年来，我国的管理学院如雨后春笋般涌现，管理专业吸引了越来越多的学生。即使是获得了管理学学士或硕士学位，许多有远见的管理人员也并没有就此感到满足而止步。许多在职的高级管理人员仍不定期地回到学校学习，第一线的管理人员也经常利用业余时间进修有关管理的课程，许多大型企事业单位内部设有专门培训管理人员的培训中心，对管理者的继续教育，投入了大量的资金。

实践是提高管理技能最有效的方法。一个人即使把管理的理论、原则、方法背得滚瓜烂熟，也不一定能成为一名成功的管理者。要想成为一个成功的管理者，就必须通过实践，只有在实践中才会碰到一个管理者每天会碰到的各种问题、压力和严峻的考验。实践可进一步深化书本知识，促使管理者对管理问题作深入的探索。经常参加社会实践活动，尤其是到一些成功的企业中了解感受一下，可以在实践中受教育、长才干、作贡献，提高管理者的综合素质。

“智者先识，勇者先达”，不要指望仅从一门管理课程中就能学会怎样做好管理者。成功的管理者都是知行合一的人，不仅要有学习的动机，还要有实践的勇气。

第三节　管理学

一、管理学的概念及特点

（一）管理学的概念

管理学是系统研究管理活动的基本规律和一般方法的学科，是适应现代社会化大生产的需要而产生的，它的目的是研究在现有的条件下，如何通过合理的组织和配置人、财、物等因素，提高生产力水平。

（二）管理学的特点

管理学作为一门科学，具有以下学科特点。

1. 管理学是一门具有很强的实践性特点的应用科学

管理学是人们长期从事管理实践活动的理论总结。它是在管理实践经验的基础上，吸取和运用其他有关学科的研究成果，经归纳提高而形成的管理的系统知识。管理大师德鲁克说："管理的本质在于行。"管理学源于管理实践，反过来又指导管理活动，为管理所运用并为管理实践服务。

2. 管理学是一门具有很强的综合性特点的交叉学科

管理学是建立在自然科学、社会科学和心理学知识基础上的一门边缘性学科。学好管理学，必须懂得经济学、哲学、心理学、谈判学、生理学、会计学等学科的知识。因为管理学的管理对象是人，要管好人，就要懂得人的生理和心理知识，才能够对症下药，并能有针对性地找到提高人的积极性的方法。

3. 管理学是一门具有很强的动态性特点的发展中的学科

从20世纪20年代科学管理真正产生以来，伴随着科学技术的进步与发展，管理理论已跨越科学管理、行为科学、管理科学、信息管理阶段，如20世纪七八十年代的组织文化、90年代的业务流程再造（BPR）、准时制制造（JIT）、敏捷制造（AM）、全面质量管理（TQM），21世纪的供应链管理（SCM）、企业资源规划（ERP）。伴随信息技术的日新月异，新的管理理论和方法正在不断涌现。管理学是对前人的管理实践、管理思想和管理理论的总结、扬弃和发展，不了解前人对管理经验的理论总结和管理历史，就难以很好地理解、把握和运用管理学。

4. 管理学是一门具有很强的双重性特点的软科学

正如在论述管理性质时所讲的，管理是一门科学，也是一门艺术。管理学是一门不精确的学科，不同的人面对同样的问题可以用不同的方法去解决，但目标都是一样的，都是运用各种知识和经验，处理好资源配置，最终实现组织效益的提高。

二、管理学的学派

20世纪初诞生的管理学随着理论研究者和实践者的努力，理论与实践均呈现出空前的繁荣局面，流派迭出，新理论新思想不断产生，人才辈出。哈罗德·孔茨曾写过两篇著名的论文《论管理理论的丛林》（1961）和《再论管理理论的丛林》（1980），对1980年前的管理学领域呈现的精彩纷呈的理论、主张等做了精辟的归纳与分析。他认为到1980年为止，管理学至少已发展有十几个学派，典型的有古典学派、行为学派、社会系统学派、决策理论学派、系统管理学派、经验主义学派、权变理论学派、管理科学学派、组织行为学派、社会技术系统学派、经理角色学派、经营管理学派，等等（将在第二章详细介绍）。

三、学习管理学的意义

（一）造就卓越管理者

对企业组织来说，优秀管理者是一种稀缺资源，是企业不惜重金要争夺的资源。在市场经济体制下，管理者的素质、工作能力，往往是决定一个企业成败的关键性因素。

管理者对企业生存发展有重要作用，如何培育优秀的管理者因此成为一个重要的课题。管理者的技能来自两个方面：一方面是理论的积累，另一方面是实践的积累。理论的积累不仅仅是管理理论，还要有经济学、心理学等相关学科的理论支持，从学生时代就要努力；实践的积累需要一个长期的过程，从基层的管理工作、技术工作开始，逐渐参与到中层、上层的决策，在此过程中，不断地学习和验证自己所学的理论知识，融会贯通，形成符合实际的管理思想、管理模式，也在实践中探索出所在企业的发展之路。

（二）指导管理实践

管理学的基本理论是工业社会近百年的管理实践的总结，是人类智慧的结晶。中国改革开放三十多年来，管理学者和企业界消化吸收西方管理理论的精华，结合中国的国情，努力创造着符合中国实际的管理理论体系。在管理理论的指导下，民营企业异军突起，不断发展壮大，成为我国不可或缺的经济发展力量。借鉴西方现代企业制度，成功地进行了国有企业的改革，使国有企业恢复了活力和生机，这些实践成果需要很好地总结提炼。然而，管理理论的研究和管理实践是没有终点的，现阶段民营企业和国有企业都面临着各种各样的新问题。人民生活水平的提高必然带来劳动力成本的上升，加上能源和原材料涨价、人民币升值等因素，企业的发展面临巨大的挑战。想解决这些问题，首先要搞清问题的根源，从理论上找到解决的思路。所以，管理理论的研究和应用永远没有终点。

（三）培养劳动者的管理学理论修养

无论从事何种性质的工作都离不开管理，懂得了管理才会知道所从事的工作在组织整体工作体系中的位置，进而将自己分内的工作做得更好。实际生活中，人们不是作为孤立的个体而存在的，而是作为各种群体中一员而存在。在群体中，要么是管理者，要么是被管理者，管理学知识会帮助我们搞清自己的角色，也会帮助我们处理好人际关系，有助于职业生涯的发展。

案例分析

案例1-1

张瑞敏和海尔

张瑞敏是新中国的同龄人，1949年1月出生于青岛。长大后接父亲的班当了工人，历任班组长、车间主任、厂长、家电公司副总经理。1984年临危受命，接手海尔。初到任时，为了借钱给工人过年，他与有钱的朋友豪饮大醉。这一年的春节，工人领到了工资，每人还分到了5斤鱼。

也就是在1984年，张瑞敏第一次出国。在德国的超市，他看不到一样中国制造的商品。主人为了取悦这位年轻的中国商人，便盛赞中国的烟花，张瑞敏却怎么也高兴不起来，但这就是当时中国企业和产品在世界上的状况。20世纪80年代中期，“出口创汇”成为中国企业的目标。张瑞敏的想法却与众不同，他为海尔确定的目标是：“为创国际名牌而出口。”他认为，出口创汇和打造国际名牌完全是两码事。如果一味地借用别人的牌子却没有自己的品牌，或靠大量地低价倾销原料和半成品，即使出口再多，但利润很薄，也没有什么实际意义。

事实证明，张瑞敏的出奇制胜成功了。海尔产品全线进入了美、德、日等发达国家，电冰箱出口德国和美国的销量高居亚洲第一，洗衣机出口日本第一，空调器出口欧盟第一。在大规模出口发达国家的影响下，发展中国家的市场顺利打开，经销商纷纷上门争夺海尔的经销权。1997年2月，世界最大的家电博览会在德国科隆举行，海尔的产品占了中国展位的一半。“引起轰动的不是这件事，而是我们在会上向12个国家的经销商发海尔产品专营证书。”这在当时的中国企业是十分罕见的。

在短短的十几年时间里，海尔发展成为中国家电行业的龙头企业和世界第四大白色家电制造商，成为中国最具价值品牌之一。海尔从2002年后，曾连续4年蝉联中国最有价值品牌榜首。海尔制造的冰箱、空调、洗衣机、电视机、热水器、家居集成等18个产品被评为中国名牌。2006年10月23日，在《亚洲华尔街日报》组织评选的“亚洲企业200强”中，海尔集团已是连续第4年荣登“中国内地企业综合领导力”排行榜榜首。

包括英特尔前总裁葛洛夫在内的一些国外企业家曾经认真地分析过中国企业当时的状况。他们认为，华人这个民族对财富几乎有一种与生俱来的创造力，但华人似乎对组织的运作缺乏足够的热情与关注。但张瑞敏显然是一个例外，他对企业的运作有着超乎寻常的热情与关注。

“中国从80年代初开始引进日本的管理方法，但并不成功，重要原因是只注重形式却忽视了思想和内容。”张瑞敏如是说。他认为，管理中国企业只能用中国式管理模式。他制定的公式是：日本管理（团队意识和吃苦精神）+美国管理（个性舒展和创新竞争）+中国传统文化中的管理精髓=海尔管理模式。其中，日本式管理脱不了集体主义的耻感文化，注重团队意识和吃苦精神；美国式管理在严谨规范的泰勒科学管理的基础上多元发展，倡导个性舒展和创新竞争；海尔要创中国的世界名牌，必须借鉴西方国家和日本的管理经验，但同时必须与中国的实际相结合。海尔正是在这个基础上探索出了一套融合中外文化的管理模式。

创立中国企业的管理模式就必须首先了解我们的民族文化和民族精神。作为改革开放后的第一批企业家，张瑞敏深谙其道。他喜欢读《老子》、《论语》和《孙子兵法》。他说："学习《老子》能帮助我确立企业经营发展的大局观，学习《论语》能培育我威武不能屈、贫贱不能移、自强不息、厚德载物的浩然正气，学习《孙子兵法》能帮助我形成具体的管理方法和企业竞争谋略。"由此可以看出张瑞敏对中国文化的深刻理解。

张瑞敏将实现"自主管理"作为自己的目标，认为海尔的管理并不是为了达到某个数字标准，而是提升整个企业的凝聚力，增强每个员工的责任感。

当年，张瑞敏第一个抡起铁锤砸烂了质量有问题的冰箱，也轰然砸醒了员工：有缺陷的产品就是废品。

海尔创造了OEC管理法（日事日毕，日清日高/Overall Every Control and Clear），全面地对每人每天的每件事进行控制和清理，尽量做到"精细化、零缺陷"。

当年张瑞敏刚担任青岛电冰箱总厂厂长时，面对的是一个烂摊子。在调查研究的基础上，他制定了13条管理原则，其中一条是"不准在车间随地大小便"。这一条现在看起来有些不可思议的规定在当时却是切实可行和非常需要的，因为当时的管理状况和员工素质就是如此。海尔实行的OEC是根据企业的发展和员工素质，在长期的实践中摸索出来的。OEC针对做事不认真、做事不到位、每天工作拖拉欠缺的毛病而设计。它能保证不论领导在与不在，企业都能良性运作。OEC的意思是每天的工作每天完成，每天的工作要清理并要每天有所提高。这种管理方法其实来自于泰勒的科学管理，对每个人的任务量下达指标，考核其工作质量并实行奖惩。这样，从车间工人到集团总部的每一位干部都知道自己每天的工作，企业每天所有的事均有人管，所有的人均有管理和控制的任务，并依据工作标准，按规定的计划执行各自控制的任务，每天将实施结果与计划指标对照、总结、纠正偏差和错误，从而达到日日控制、事事控制的目的。OEC可以概括为：总账不漏项、事事有人管、人人都管事、管事凭效果、管人凭考核。

1998年3月25日，张瑞敏应邀登上了哈佛大学的讲坛，"海尔文化激活休克鱼"的案例正式编入哈佛大学教材。之后不久，海尔兼并盘活黄山电视机厂的成功方法也被哈佛案例教材辑录，海尔市场链管理则被收入欧盟案例库。海尔人单合一的发展模式为解决全球商业的库存和逾期应收款提供了创新思维，被国际管理界誉为"号准全球商业脉搏"的管理模式。海尔成功地创立了可以被称为"海尔管理模式"的独特管理文化、管理体制和管理方法。

大家都说，海尔的成功是因为有张瑞敏，可是他认为并非如此："我在海尔与海尔一定健康发展不能画简单等号。你可能将企业做上去，也可能把它做垮，成也萧何，败也萧何，这种事例不单中国，在世界上也举不胜举。一着不慎，企业就可能垮在自己手上。"

关于张瑞敏，企业界有三个疑问：首先，他是"老三届"加上三年业余学习，没有学院派背景，哪来的现代企业管理知识和超人的智慧？其次，他在公司上下内外人缘极佳，几乎是没有争议的人物，这是不是有点不可思议？再次，80年代创业90年代崛起的企业家中好多人都垮台了，为什么他这么稳，这么“长寿”？

张瑞敏读了不少书，是企业家中少有的“饱学之士”。他还写得一手好文章，逻辑严谨，文字颇佳。他以“海尔是海”为题著文，抒发了“有容乃大，无欲则刚”的博大情怀，也显露了心中惊涛骇浪、雷霆万钧的非凡气魄。他是一个有着东方修养的现代企业家，静而不止，智而不诈，诚而不僵；他所驾驭的海尔就是这么一个企业：不跟“热点”、不凑热闹、不哗众取宠、不朝令夕改、静处从容、无所畏惧、直面市场。

资料来源：刘汴生：《管理学》，北京，科学出版社，2006。

问题

1. 张瑞敏先生具有哪些优秀管理者的特质？
2. 张瑞敏先生对海尔的管理是如何体现出管理的几大职能的？

案例 1－2

升任总裁后的思考

郭宁最近被所在的生产机电产品的公司聘为总裁。在准备接任此职位的前一天晚上，他浮想联翩，回忆起他在该公司工作20多年的情况。

他学的是工业管理，大学毕业后就到该公司工作，最初担任液压装配单位的助理监督。开始他每天都手忙脚乱，经过半年多时间的努力，他已有能力独担液压装配的监督长工作。可是，当时公司没有提升他为监督长，而是直接提升他为装配部经理，负责包括液压装配在内的四个装配单位的领导工作。

在当助理监督时，他主要关心的是每日的作业管理，技术性很强。而当担任装配部经理时，他发现自己不能只关心当天的装配工作状况，还得做出此后数周乃至数月的规划，另外要完成许多报告和参加许多会议，他没有多少时间去从事过去喜欢的技术工作。当上装配部经理不久，他就发现原有的装配工作手册已基本过时，于是他花了整整一年时间去修订工作手册。

由于该公司的生产工艺频繁发生变化，工作手册也不得不经常修订，郭宁对此都完成得很出色。几年后，他将这些工作交给助手。自己可以腾出更多时间用于规划工作和帮助他的下属更好地完成工作，花更多的时间去参加会议、批阅报告和完成自己向上级的工作汇报。

当他担任装配部经理6年之后，正好该公司负责规划工作的副总裁辞职，郭宁便主动申请担任此职务。在同另外5名竞争者较量之后，郭宁被正式提升为规划工作副总裁。他自信拥有担任此新职位的能力，但此高级职务工作的复杂性仍使他在刚接任时碰到了不少麻烦。但是，经过努力，他还是渐渐适应了，做出了成绩。他又被提升为负责生产工作的副总裁，而这一职位通常是由该公司资历最深、辈分最高的副总裁担任的。

到了现在，郭宁被提升为总裁。他知道，一个人当上公司最高主管之时，他应该自信自己有处理可能出现的任何情况的才能，但他也明白自己尚未达到这样的水平。他不禁想到自己明天就要上任了，今后数月的情况会是怎么样？他不免为此而担忧！

资料来源：徐国良、王进：《企业管理案例精选精析》，北京，中国社会科学出版社，2006。

问题

1. 郭宁先后担任的四个职务，其管理职责有何不同？你能概括其变化的趋势吗？请结合基层、中层、高层管理者的职责进行分析。

2. 你认为郭宁要成功地胜任公司总裁的工作，哪些管理技能是最重要的？你觉得他具有这些技能吗？试加以分析。

3. 如果你是郭宁，你认为当上公司总裁后自己应该补上哪些欠缺，才能使公司取得更好的绩效？

本章思考题

1. 什么是管理？掌握其概念对实际工作有什么指导意义？
2. 管理的基本职能是什么？分别举例加以说明。
3. 德鲁克认为一位卓有成效的管理者应该具备哪些特征？对你有什么启发？
4. 简述管理的三大技能，并分别举例加以说明。
5. 管理者需要具备哪些素质？应该如何培养？对你有什么启发？
6. 学习管理学有什么意义？

第二章　管理思想与管理理论

学习目标

通过这一章的学习，希望你能够掌握：

1. 早期管理思想；
2. 管理理论的形成与发展；
3. 管理发展的新趋势。

引例

故事1：魏征与盖茨的“十思疏”

中国是历史悠久的文明古国，其文化思想博大精深，在源远流长的历史长河中，留下了极其丰富的管理思想精华。魏征的《谏太宗十思疏》就是一个代表。

唐朝大臣魏征敢于犯颜直谏，提出“兼听则明，偏信则暗”，经常对唐太宗李世民在管理中存在的问题提出规劝和建议，为唐太宗所器重并赏识。贞观十一年，魏征上书唐太宗指出君主应该考虑的一些主要问题，就是著名的《谏太宗十思疏》。部分原文如下：“诚能见可欲，则思知足以自戒；将有作，则思知止以安人；念高危，则思谦冲而自牧；惧满溢，则思江海下百川；乐盘游，则思三驱以为度；忧懈怠，则思慎始而敬终；虑壅蔽，则思虚心以纳下；惧谗邪，则思正身以黜恶；恩所加，则思无因喜以谬赏；罚所及，则思无以怒而滥刑。”大意是说，如果看见能引起（自己）喜欢的东西，就想到知足来自我警戒；将要兴建什么，就要想到适可而止，来使百姓安宁；想到（自己的君位）高而险，就要不忘谦虚加强自身的道德修养；害怕会骄傲自满，就想到要像江海那样能够容纳千百条河流；喜爱狩猎，就想到用三面捕杀，留一面给猎物逃生（不要赶尽杀绝），以此为限度；担心意志松懈，就想到（做事）要慎始慎终；担心受蒙蔽，就想到虚心采纳臣下的意见；畏惧说坏话的人，就想到端正自己的品德来斥退奸恶小人；施加恩泽，就要考虑不要因为一时高兴而错误地奖赏；动用刑罚，就要想到不要因为一时愤怒而滥用刑罚。

微软公司创始人比尔·盖茨也有一个“十思疏”。比尔·盖茨在短短的20年间就创造了庞大的微软帝国。盖茨能够取得如此辉煌的成就，很大程度上归功于他在企业管理方面的天赋和他自己摸索出来的经营管理之道。他自己总结出如下十条原则：

1）选择一个你自己由衷喜爱的领域去发展，这是成功的重要前提；

2）精心挑选雇员，大胆解雇庸才；

3）为你的雇员创造良好的工作环境；

4）制定切合实际的目标，并让你的雇员感到你们在不断地迈向成功；

5）善于与下属交流，这样就能够及时地了解公司的运转情况、产品的销售情况以及客户的评价；

6）要敢于让你的手下超过自己；

7）打造高昂的士气，方法之一是让你的下属时刻感到他们的工作是有意义和不断取得进展的；

8）身先士卒，以身作则；

9）切忌朝令夕改；

10）明确下属的职责，如果你的下属不清楚自己应该做什么、为谁而做的话，那他就可能成为麻烦。

思考：魏征的《谏太宗十思疏》与比尔·盖茨的经营管理之道包含哪些管理思想？对今天的管理者有何借鉴意义？

故事2：迪士尼之路

世界著名建筑大师格罗培斯设计的迪士尼乐园，经过三年的施工，即将对外开放。然而，景点之间的道路设计还没有具体方案。施工部打电话给正在法国的格罗培斯，请他赶快定稿。格罗培斯从事建筑研究40多年，攻克过无数难题，留下了70多处精美的杰作。然而，迪士尼景点的路径设计方案，他已修改了50多次，没有一次是让他满意的。

接到催促电报，他心里更加焦躁。巴黎庆典一结束，他去了地中海海滨，想清醒一下。汽车在法国南部的乡间公路上奔驰，这里是法国著名的葡萄产区，到处是葡萄园。当车辆进入一个小山谷时，他发现有一个无人看管的葡萄园。只要在路边的箱子里投入五法郎，就可以摘一篮葡萄上路。葡萄园主是一位老太太，因年迈无力料理而想出这个办法。这种给人自由选择的做法使格罗培斯深受启发。回到住地，他给施工部发了一封电报，让他们撒上草种，提前开放乐园。施工部立即照办。没多久，小草出来了，整个乐园的空地都被绿草覆盖。在迪士尼乐园提前开放的半年里，草地被踩出许多小道，有窄有宽，优雅自然。

第二年，格罗培斯让人按这些踩出的痕迹铺设人行道。1971年在伦敦国际园林建筑艺术研讨会上，迪士尼乐园的路径设计被评为世界最佳设计。当人们问他，为什么会采取这样的方式设计迪士尼乐园的道路时，格罗培斯说了一句话："艺术是人性化的最高体现，最人性的，就是最好的。"

思考：迪士尼之路的设计思想是什么？对我们的管理有什么启发？

第一节　早期管理思想

早期的管理实践和管理思想是指从人类社会产生，人们结成了一定的社会关系，有了集体劳动的分工、协作开始，到18世纪这一历史阶段的管理学方面的知识结晶。这一阶段人类仅仅为了谋求生存而进行各种活动，自觉不自觉地进行着管理活动和管理的实践，其范围已相当广泛，但是从未对管理活动本身的重要性和必要性加以认识、提出某些见解。仅有的管理知识是代代相传或从实践经验得来的。人们凭经验去管理，尚未对经验进行科学的抽象。

管理的活动或实践自古以来就存在，它是随人类集体协作、共同劳动而产生的。人类进行有效的管理实践，已有6 000多年的历史，早期的一些著名的管理实践和管理思想大都散见于埃及、中国、意大利等国的史籍和宗教文献之中。

古罗马帝国之所以兴盛，很大程度上应归功于古罗马人卓越的组织才能。他们采取了较为分权的组织管理形式，从一个小城市发展成为一个世界帝国，在公元2世纪取得了统治欧洲和北非的成功，并延续了几个世纪的统治。罗马天主教会早在第一次工业革命之前，就成功地解决了大规模活动的组织问题。它按地理区域划分基层组织，在此基础上又采用高效率的职能分工，在各级组织中配备参谋人员，从而使专业人员和下级参与制定决策的过程，但又不破坏指挥的统一。罗马天主教会之所以能够有效地控制世界各地5亿以上教徒的宗教活动，同它所采用的这一套组织形式有密切关系。

有关管理思想的最早记载，是《圣经》中的一个例子。希伯来人的领袖摩西在率领希伯来人摆脱埃及人的奴役而出走的过程中，他的岳父叶忒罗对他处理政务事必躬亲、东奔西忙的做法提出了批评，并向他建议：一要制定法令，昭告民众；二要建立等级，授权委任管理；三要责成专人专责管理，问题尽量处理在下面，只有最重要的政务才提交摩西处理。这位叶忒罗可以说是人类最早的管理学家。他建议摩西采用的，就是我们现在常用的授权原理和例外原理，同时也体现了现代管理当中的管理宽度原理。

古希腊哲学家苏格拉底则在其著作《对话录》中论述了管理的普遍性。我国古代典籍中也有不少有关管理思想的记载，如《周礼》记有对行政管理制度和责任的具体叙述。《孟子》、《孙子》等书对于管理的职能如计划、组织、指挥、用人等，都有不少适用于今天的精辟见解。秦始皇修订李悝《法经》，从规定到实践都体现了古代管理思想中一种改革和创新的精神。他确立的中央集权体制，建立的一整套行政管理机构，统一的文字、货币、车轨、道宽以及度量衡制度，不仅在当时有巨大的生命力，对中国延续两千年的封建制度也有着重大的影响。

一、中国传统管理思想

中国传统管理分为宏观管理的治国学和微观管理的治生学。治国学的主要内容包括财政赋税、人口田制、市场管理、货币管理和国家行政管理等，适应国家中央集权管理的需要；治生学面对企业生产和经营活动，如作坊生产、做生意、开酒店、经营金融票房等，内容包括农副业、手工业、建筑、运输、买卖经营活动等。

事实上，中国传统管理思想的很大部分通过家族文化得以传承，通过趣闻、逸事、石碑、牌坊、对联、家训等形式得以长期流传。

（一）中国传统管理思想发展阶段

中国传统管理思想大体可以分为以下五个阶段。

1. 产生萌芽阶段

该阶段从人类集体劳动开始到西周灭亡。从现存的历史资料，诸如《周易》、《尚书》、《诗经》等，人们可以整理出我国阶级社会初期的一些基本管理概念和管理原则。

2. 繁荣的形成阶段

这个阶段相当于春秋战国至秦始皇统一六国这段时间，这是我国历史上思想空前活跃和繁荣的时代，百家争鸣促使各学派阐述各自不同的治国、治家、修身、养性的主张，如儒墨道法、兵农名杂，还有纵横、阴阳、医、小说等学派。

3. 制度化和定型阶段

这个阶段包括从秦汉至唐朝这段时间。汉朝和唐朝是这个阶段里两个主要王朝，它们为国家管理的制度化和定型化做出了重要的贡献。经过南北朝到唐朝，中国的封建社会到达了盛世，国家体制及各种管理制度趋于定型。

4. 缓慢发展阶段

该阶段大体上是宋元两朝的400年间。赵匡胤建立宋王朝后，取消藩镇留州制度，收夺兵权，致力于集军、政、财、税大权于皇帝一身的中央集权管理体制。这一时期统治者的管理思想进展并不显著。

5. 传统管理思想的衰落阶段

这个阶段大体是明清两代500多年时间。尽管这两个朝代都有它自己的鼎盛时期，并从明代中叶开始在封建经济机体中产生资本主义萌芽，但是从统治者的管理思想来看，并无重大创见面世。

（二）中国传统管理思想的主要学派

1. 儒家学派的管理思想

孔子是儒家学派的创始人，提出了儒家理论的主要思想构架，后经孟子和荀子的进一步补充，正式形成了儒家学派体系。可以把儒家管理思想分为以下几个方面：第一是管什么，答曰“治人”；第二是谁来管，答曰“劳心者治人”；第三是怎样来管，答曰“和为贵”。孔子以“仁”为核心、以“礼”为准则、以“和”为目标的以德治国思想是其管理思想的精髓。孔子认为，管理者得到被管理者的信任程度以及由此产生的被管理者的信心的高低，对于管理工作的成败，具有十分重要的意义。《史记》中商鞅“立木为信”的故事就是以信立业思想的最好佐证。孔子这种以人为本的伦理思想，应用于现代企业管理中，就是对企业进行人本主义的伦理管理，其特点是企业管理工作以做好人的工作为核心，通过伦理规范和道德教化，培养人们共同的信念和价值观，增强员工对企业的向心力和凝聚力，实现企业和谐有序发展的目标。

孔子提倡在管理时对民众“惠而不费，劳而不怨，欲而不贪，泰而不骄，威而不猛”，意即既要施惠于民，又不过度耗费；既要役使百姓，又不使其产生抱怨；既有欲求，又不贪心；既庄重又不傲慢；既威严又不凶猛。刚柔相济、恩威并用，这就是“中庸”思想在管理中的体现，也是中国传统管理思想的主流。

孔子认为选拔正直的、有真才实学的人居于高位，则民众就会悦服。这反映了孔子任人唯贤的人才管理思想。“任而能信”是孔子人才管理思想中的另一个重要内容。他认为，对于考核合格已被任用的人，应在工作上给予充分的信任和支持，这是用好人才、发挥其才干的重要条件。

孟子是继孔子之后儒家学派的重要代表，他的性善论的人性观、施“仁政”的管理准则以及“修其身而平天下”等思想，对完善儒家思想做出了重要贡献。

2. 道家学派的管理思想

与儒家同期产生和并行发展的是道家学说，主张道法自然，老子和庄子是道家学说的主要代表。道家认为，世界万物的本源是道，道的根本特征是自然无为。老子认为“道法自然”。“人法地，地法天，天法道，道法自然。”人生活在地上受地的制约，所以要以地为法则；地在天下，受天的制约，所以要以天为法则；天地之间包括人在内的万物受道的制约，所以天要以道为法则；“道”是先于天、地、人而生的一种独立不改、周行不殆的力量，这种力量受制于自然，所以“道”要以自然为法则。道家强调凡事无须强求，应顺应自然，圣人之治应采取“无为”的理念，以“为无为”的理念而达到“无不为”的效果，从而达至“道”的最高境界。

道家提出管理者应用不自见、不自是、不自伐、不自矜“四不”来保证管理的永久成功。道家探讨治国之道、治国之术，目的是追求社会的理想境界——至德之世。至德之世的特点是：道法自然、民性素朴、人人平等、身心自由、关系和谐。人人“甘其食，美其服，安其居，乐其俗”。

3. 法家学派的管理思想

法家学派的代表人物是韩非子和商鞅。法家崇君权、倡法制、施刑治。法家学派认为，治理国家必须“以法治国”、“循法而治”、“唯法为治”，即用客观、具体和铁定的法律，通过铁面无私的奖罚制度，来强化司法的威严和检查制度，以确保每个人在各自的工作岗位上都达到最大限度的工作效率。法家以法高于一切为主旨，提倡愚民政策，强调雷厉风行的作风和冷而无情、激进强制的手段，管理思想核心是以强制的奖罚手段来求得法理公平。

4. 墨家学派的管理思想

墨子管理思想的核心内容是“兼相爱，交相利”。墨子认为要想达到“兼相爱”，必须上自国君，下至众民，都不能只知“自爱”，而要“相爱”，即人们之间要和睦相处。墨子把义、利二者看作同一事物不可分割的两个方面。凡符合“兼相爱、交相利”的行为，谓之义，否则就是不义。

尚贤使能是墨子选贤才的方法。其一，“听其言，迹其行，察其所能”。在实践中选拔，不单要对被选拔者察“其言”，还要观“其行”；不但要考查“其德义”，还要考核“其思虑”。这样才能全面衡量一个人是否真是贤者。贤者之德，可以“昭于天下，若天之高，若地之普”。其二，“良剑期乎利，不期乎莫邪”，即对人才不能过于苛求。其三，“有能则举之，无能则下之”，要能上能下，不搞终身制。对于真正贤能之人，必须“高予之爵，重予之禄，任之以事，断之以令”。使贤者有职、有权、有钱、有责，是保证事业获得成功、尚贤使能的一项重要管理机制。

5. 兵家学派的管理思想

兵家集大成者是孙子的《孙子兵法》。兵法既是一部如何统治国家、制定国家战略的参考，又是一部如何领兵打仗、制定战争战略与策略的指引。如何从宏观上把握局势，是兵法的关键。孙子认为：“兵者，国之大事。”强调“知彼知己，百战不殆”，注重了解情况，全面分析敌我、众寡、强弱、虚实、攻守、进退等矛盾双方，并通过对战争客观规律的认识和掌握来克敌制胜，认为交战的最高境界是“不战而屈人之兵”。他提出“兵无常势，水无常形，能因敌变化而取胜，谓之神”，强调了战略战术上的“奇正相生”和灵活运用。孙子提出的“上兵伐谋”、“居安思危”、“有备无患”、“远交近攻”、“出其不意、攻其无备”、“避实击虚”等诸多言论现在已成为脍炙人口的管理格言。他的思想对于现在的商战战略、策略、方略等方面都具有非常重要的指导意义。

（三）中国传统管理思想要点

中国传统管理思想深深扎根于中国文化之上，所以有强大的生命力、影响力和巨大作用。中国学者们对治国学和治生学的要点做了如下归纳总结。

1. 顺“道”

这里所说的“道”，属于客观范畴的“道”，是指客观规律，故而又称为“则”和“常”。顺“道”，或者“守常”、“守则”、“循轨”，是中国传统管理活动的重要指导思想。顺“道”包含两层含义：第一层含义是管理要研究客观规律和顺应客观规律，第二层含义是管理要分析大趋势和善于抓住机遇。所以，顺“道”对管理者来说，更多的是积极、主动的含义。《管子》认为，自然界和社会都有自身的运动规律，“天不变其常，地不易其则，春秋冬夏，不更其节”，世间万物的变化，均有迹可循。人们要取得成功，必须顺应万物之“轨”。“万物之于人也，无私近也，无私远也”，你若顺它，其必“助之”，你的事业就会“有其功”，“虽小必大”；反之，你如逆它，它对你也必“违之”，你必“怀其凶”，“虽成必败”，“不可复振也”。

2. 重人

要治理国家、办成事业，人才是第一位的，故中国传统文化历来讲究得人之道和用人之道。“重人”包括两个方面：一是重人心背向，二是重人才归离。中国历史上有许多著名的故事，如“刘备三顾茅庐”、“萧何月下追韩信”等，均是爱惜人才、获得人才和尊重人才，从而成就大事业的例子。得人才是得人的核心，要得人才，先得人心，众心所归，方能群英荟萃。《管子》把从事变革事业、注重经济建设、为人民办实事视为聚拢人才的先决条件，称为“德以合人”，“人以德使”。“求贤若渴”一说，表示了对人才的重视。能否得到贤人相助，关系到国家的兴衰和事业的成败。诸葛亮总结了先后汉历史的经验，在《前出师表》中写道：“亲贤臣，远小人，此先汉之所以兴隆也；亲小人，远贤臣，此后汉之所以倾颓也。”《晏子春秋》则把人才“贤而不知、知而不用、用而不任”视为国家的“三不祥”，认为其害无穷。能工巧匠和有重大贡献者，中国历史上都传颂千古，流芳百世，如春秋时期的木匠鲁班、战国时期修建都江堰的李冰、修建郑国渠的郑国、元代纺织娘黄道婆等。

3. 人和

“人和”中的“和”就是调剂人际关系、讲团结、上下和、左右和。对治国来说，和能兴邦；对治生来说，和气生财。故中国历来把天时、地利、人和作为事业成功的三大要素。孔子曰：“礼之用，和为贵。”战国时期的廉颇“负荆请罪”与蔺相如达成“将相和”，是讲大局、讲团结的典范。人和的关键在于当权者，只有当权者严于律己，严禁宗派，不任人为私，才能团结大多数。《管子》提出“无私者容众”，要求君主切不可有

"独举"和"结纽"这些宗派行为。人和的另一个关键是善于听取不同意见。唐太宗李世民是一位讲团结的君主，他不仅重用拥护自己的人，而且重用反对过自己的人。魏征曾经力劝李建成除掉李世民，李世民即位之后，不计前嫌，照样重用，且平时能从谏如流，思己短，知己过，使群臣乐于献策、齐心治国。

4. 守信

守信包括两个方面：一是信用，二是信誉。信用是指"言必信，行必果"，履行诺言，保持信用。长期地守信用、诚实和正直，因而获得信誉。信誉是人类社会人与人之间建立稳定关系的基石，也是国家兴旺和事业成功的保证。《管子》十分强调取信于民，提出国家行政应遵循一条重要原则"不行不可复"。该原则的意思是，人们只能被欺骗一次，第二次就不信你了。"不行不可复"者，"不欺其民也"。"气言而不可复者，君不言也；行而不可再者，君不行也。凡言而不可复，行而不可再者，有国者之大禁也。"中国商人历来提倡"诚工"、"诚贾"的传统，商而不诚，苟取一时，终致瓦解。明代徽商唐祁，其父曾借人钱，对方借据丢失，唐祁照还父债，后来有人捡得借据，向唐祁讨债，他又照还。别人嘲笑他傻，他说，"前者实有是事，而后卷则真也"。世人因唐祁守信，纷纷愿与其交往，唐祁终成大商。

5. 求实

求实的含义是实事求是，办事从实际出发，符合客观实际。儒家提出"守正"原则，倡导看问题不要偏激，办事不要过头，也不要不及。"过犹不及"，过了头超越客观实际，不及，过于保守，两种偏向都应该防止。求实可以细化为"量力"、"时空"等内容。

管子认为，凡事量力而行，"动必量力，举必量技"。指挥作战，要知道自己的实力、兵力和装备条件，"量力而知攻"，"不知任、不知器、不可"。切不可不顾主观条件而"妄行"和"强进"。"时空"原则就是办事要注意时间、时机和地点等客观条件。治国和治生，不顾时间的变化，采用老一套的办法，不注意"审时度势"，必然招致失败。"守株待兔"的寓言故事告诫人们不能用陈规处事，管理者不能当守株之辈。

6. 对策

对策的含义是要事先筹划，所谓预则立，不预则废，有备无患。对策具体分为两个方面：一是预测，二是运筹和对策。预测主要的内容是环境分析和推断，包括天时、地理、年景、商品供需等方面；运筹和对策即确定计划、方案和方法。诸葛亮"运筹于帷幄之中，决胜于千里之外"，是中国历史上的运筹大师，典型事例有"赤壁之战"、"三气周瑜"和"空城计"等。大商人范蠡认为，经商要有预见性，要善于"时断"和"智断"，比如要预测年景变化的规律，推知粮食供求变化的趋势。他提出"旱则资舟，水则资车"的"待乏"的规律。要观察市场物价变动，按"贵上极则反贱，贱下极则反贵"的规律，采取"贵出如粪土，贱取如珠玉"的购销决策。管子认为，治国也必须有预见性，"惟有道者能备患于无形"。

7. 利器

孔子曰："工欲善其事，必先利其器。"利器包括技术、工具和方法等内容。中国传统历来重视技术和器具。中国古代有四大发明，纸张、印刷术、指南针和火药，对人类文明进步做出了重要贡献。《吕氏春秋·任地篇》说，使用利器可达到"其用日半，其功可使倍"的效果。对“利器”的鼓励和促进，一是政府官员主持推广，二是加强新技术宣传应用。

8. 节俭

中国理财和治生，历来提倡开源节流，勤俭建国，勤俭持家，崇俭拙奢。节用思想源于孔子和墨子，孔子主张“节用而爱人，使民以时”，墨子主张“其财用节，其自养俭，民富国治”。纵观历史，凡国用无度，荒淫奢侈，横征暴敛，必滋生贪官污吏，残害民生，招致天下大乱。在治生方面，节俭则是企业家致富的要素。司马迁说，“薄饮食、忍嗜欲、节衣服”，“纤音筋力，治生之正道也”。汉初有个经营农业的任氏，一反当时“富人争奢侈”之风气，力行“家约”，“折节为俭”，以致“富者数世”，成为当时人们的表率。

9. 法治

中国的法治思想源于先秦法家和管子，后逐步演变形成一整套法制体系，包括田土法制、财税法制、军事法制、行政管理法制和市场法制等。韩非子认为，制定法规公之于众，违者以法纠正，治理国家就方便了。他还主张法应有公开性和平等性，即实行“明法”、“一法”原则。“明法”就是“著之于版图，布之于百姓”，“使全国皆知”；“一法”即人人都得守法，在法律面前人人平等，“刑过不避大臣，赏善不遗匹夫”，各级政府官员不能游离法外。

二、西方早期的管理思想

公元6世纪到18世纪，欧洲大体上是奴隶社会末期直至资本主义萌芽时期，社会生产力、商品生产有一定的发展，并产生了所谓的“重商主义”。从管理来看，主要出现了两种类型的社会经济活动的组织形式：一种是商业行会（Trade Union）和手工业行会（Craft Guild），一种是厂商组织（Firm Organization）。

贸易的发展需要管理贸易的机构，于是在11世纪初产生了商业行会。这些商人的组织设在不受封建庄园约束的城镇，特别是欧洲的海港和贸易路线的沿途各地。当然，这些人一般来自封建庄园，包括已获得自由的农奴。城镇也保护自己摆脱封建庄园而得到的自由，成为自我管理的共同体。商人在城镇的聚集，很快引起工匠的聚集。因为庄园的人定期到城镇进行贸易，所以工匠发现在那里更容易销售产品，同时也感到有相互团结的需要，于是第二种行会形式——手工业行会在12世纪初西欧的城镇出现了。每个手工业行会都获得许可证，被授予在特定地区垄断生产某种产品或提供服务的权利。厂商组织可以说是最早的“前店后厂”。为了筹措资金，有两种主要的形式：合伙（Partnership）和联合经营（Joint Venture）。二者都是公司的前身。

在中世纪，管理实践和管理思想都有很大发展。1436年，意大利的威尼斯建立了政府造船厂（即兵工厂），它的管理方法与今天的汽车制造厂惊人地相似，15世纪世界最大的几家工厂之一的威尼斯兵工厂（Arsenal of Venice），早在当时就采用了流水作业，建立了早期的成本会计制度，并进行了管理的分工，其工厂的管事、指挥、领班和技术顾问全权管理生产，而市议会通过一个委员会来干预工厂的计划、采购、财务事宜。这是一个管理实践的出色范例，可说是现代管理思想的雏形。威尼斯兵工厂的管理实践颇具特色，在生产中实行了系统管理，以会计和成本来节约人力、物力。

16世纪，意大利佛罗伦萨的尼古拉·马基雅维利（Niccolo Machiavelli）于其所著的

《君主论》一书中，对统治者怎样管理国家、怎样更好地运用权威，提出了四条原则：① 群众认可，权威来自群众；② 内聚力，组织要能够长期存在就要有内聚力，而权威是必须在组织当中行使的；③ 领导能力，掌权之后要能够维持下去，就必须具备领导能力；④ 求生存的意志，就是要“居安思危”。

第二节　管理理论的形成与发展

工业革命后，大机器工业的发展创造了新的经济组织——工厂，其组织规模宏大，内部结构复杂，组织运作要求的连续性、规范性使管理的难度加大。由于成本上升，大量的工厂因经营管理不善倒闭，使传统的管理遇到了挑战。如何降低组织运作成本、提高管理效率成为许多工厂的当务之急。人们开始重视组织管理理论的研究，管理思想从经验直觉进入了较系统的研究阶段。随着社会的发展、技术的进步，企业在发展过程中积累的管理实践需要总结，管理需要科学。管理理论自20世纪初产生以来，发展速度惊人，其参与人数之多、涉及范围之广为其他学科少见。从时间顺序角度分析，管理理论的发展大致经历了以下发展阶段。

一、古典管理理论

古典管理理论的主要成就有：美国的泰勒等人以研究工厂内部生产管理为重点，以提高生产效率为中心，提出了生产组织方法科学化和生产程序标准化方面的科学管理理论；法国的法约尔等人以企业整体为对象，以组织管理为核心，提出了关于管理职能和管理原则的一般管理理论；德国的韦伯等人以组织结构为对象提出了行政组织理论。

三个人从不同角度即个人、组织和社会三个方面来解决整个资本主义社会微观和宏观的管理问题，为资本主义解决劳资关系、生产效率、社会组织等方面的问题，提出了管理思想上的指导和科学理论方法。

（一）泰勒的科学管理理论

1. 泰勒介绍

弗雷德里克·温斯洛·泰勒（Frederick Winslow Taylor）出生于美国费城一个富有的律师家庭，中学毕业后考上哈佛大学法律系，但不幸因眼疾而被迫辍学。1875年，他进入一家小机械厂当徒工。1878年转入费城米德瓦尔钢铁厂（Midvale Steel Works）当机械工人，他在该厂一直干到1897年。在此期间，由于工作努力，表现突出，很快被提升为车间管理员、小组长、工长、技师、制图主任和总工程师，并在业余学习的基础上获得了机械工程学士学位。在米德瓦尔钢铁厂的实践中，他感到当时的企业管理当局不懂得用科学方法来进行管理，不懂得工作程序、劳动节奏和疲劳因素对劳动生产率的影响。而工人则缺少训练，没有正确的操作方法和适用的工具。这些都大大影响了劳动生产率的提高。为了改进管理，他在米德瓦尔钢铁厂进行了各种试验。

1898—1901年，泰勒受雇于伯利恒钢铁公司（Bethlehem Steel Company）继续从事管理方面的研究。后来，他取得了一种高速工具钢的专利。1901年后，他更以大部分时间从事咨询、写作和演讲等工作，来宣传他的管理理论——“科学管理”，即通常所称的“泰勒制”，为科学管理理论在美国和国外的传播做出了贡献。

泰勒的研究工作是从他担任米德瓦尔钢铁厂的工长时开始的。他的特殊经历使他在工厂的生产第一线系统地研究劳动组织与生产管理问题成为可能。在他亲身体验并发现生产效率不高是由于工人们“故意偷懒”的问题后，便决心着手解决它。从 1881 年开始，他进行了一项“金属切削试验”，由此研究出每个金属切削工人 1 个工作日的合适工作量。经过两年的初步试验之后，给工人制定了一套工作量标准。泰勒认为，米德瓦尔的试验是工时研究的开端。泰勒在米德瓦尔开始进行的金属切削试验延续了 26 年之久，进行的各项试验达 3 万多次，80 万磅的钢铁被试验用的工具削成铁屑，总共耗费约 15 万美元。试验结果发现了能大大提高金属切削机工产量的高速工具钢，并取得了各种机床适当的转速和进刀量以及切削用量标准等资料。

1898 年，泰勒受雇于伯利恒钢铁公司期间，进行了著名的“搬运生铁块试验”和“铁锹试验”。泰勒在伯利恒钢铁公司的一个生铁塔料场进行搬运生铁和铁锹的研究。该公司有五座高炉生产的生铁，由 75 名工人组成的搬运班搬运。每块约重 92 磅，一名工人平均每天搬运 12.5 英吨。泰勒对搬运操作进行研究，寻求“什么是构成一名第一流工人一整天的工作量及一名工人在这种最高工作量负担下，既能保证年复一年地胜任工作，又同时保持旺盛的精力，不致损害健康”的科学答案，并利用改进操作方法，按新方法训练工人，结果一名工人每天可搬运 47.5 英吨。研究结果指出，工人必须有 57% 的休息时间，这是工人每天沉重工作所必需的，如果工作轻，休息时间可以减少。新制度使工人日生铁搬运量由 12.5 英吨增加到 47.5 英吨。由于这一研究，改进了操作方法，训练了工人，其结果使生铁块的搬运量提高 3 倍，而工人工资也由 1.15 美元/日增加到 1.85 美元/日。

该公司的另一堆料场，雇用了 400 ~ 600 人搬运矿砂和煤屑末，劳动效率很低。泰勒发现劳动效率高的工人大多使用自己的铁锹。用公司的铁锹装卸矿砂时，每锹重达 38 磅，而装煤屑末时只有 3.5 磅，因而泰勒研究何种铁锹最为合适。研究结果认为：不管是装卸铁矿还是煤屑，以每锹装 21.5 磅为最佳，即可使工人一天内达到最高的装卸量。为此他设计了两种不同大小的铁锹，装卸铁矿砂时用小锹，装煤屑时用大锹，使工人每动作一次都是 21.5 磅。训练推广之后，堆料场的工人减少到 140 人即可完成任务。并规定了每人每天的定额，完成定额发 80% 的奖金，达不到定额，只发原工资。从此搬运量每人每天从 16 英吨提高到 56 英吨，工人工资由 1.15 美元/日增加到 1.85 美元/日。铁锹试验首先是系统地研究铲上的负载应为多大的问题，其次是研究各种材料能够达到标准负载的锹的形状、规格的问题，与此同时还研究了各种原料装锹的最好方法的问题。此外还对每一套动作的精确时间做了研究，从而得出了一个“一流工人”每天应该完成的工作量。这是工作研究的最初成果，是科学管理形成期间实践科学管理的良好开端。泰勒用科学调查研究和科学分析方法来研究工作方法，在方法科学的基础上制定时间标准，代替了过去凭经验的方法。

综上所述，这些试验集中于“动作”、“工时”的研究以及工具、机器、材料和工作环境等标准化研究，并根据这些成果制定了比较科学的日工作定额和为完成这些定额的标准化工具。

泰勒一生致力于“科学管理”，但他的做法和主张并非一开始就被人们所接受，在当时引起了社会的种种议论。美国国会于 1912 年举行了对泰勒制和其他工场管理制的听证会，泰勒在听证会上做了精彩的陈述，向公众宣传科学管理的原理及其具体的方法、技术，引起了极大的反响。

2. 科学管理理论的内容

(1) 工时研究和标准化

工时研究是“泰勒制”的基础。工时研究不是简单地对工人完成的一件规定工作做出时间估计，而是把一件工作分解成各种基本的组成部分，经过测试，确定各项基本工作的必要性和合理性，重新进行安排，以确定最佳工作方法。工时研究通常分为分析阶段和建设阶段。在分析阶段，每一件工作都将被分解为尽可能多的简单可操作的基本动作，然后去掉无用的动作，并通过对熟练工人的动作观察，选出每个基本动作的最快和最好方法，记录完成该动作需要的时间，另外附加不可避免的耽搁和停顿时间。在建设阶段，建立基本动作和时间的档案资料，并推广应用。在该阶段，还需要考虑对工具、机器、原料和方法等进行必要改进，最终实现工时和作业的标准化。

事实上，工时研究方法在目前仍有广泛的应用价值。例如，提高流水线上各个工位的工作效率和协调性；再如，通过运动员竞赛动作研究，分析关键动作并加以优化，以提高竞赛的成绩；还有，服务行业的微笑标准化建设，提高服务人员的亲切感和服务质量。

(2) 差别计件工资制

泰勒在《计件工资制》一书中，批评了普通计件工资制，指出“这种制度败坏工人的士气，后果是严重的”，它迫使工人弄虚作假。他也抨击了“利益分享制度”，认为其致命缺点是“不承认每一个工人的优点”。对于“合作制”和“分红制（企业和职工共同盈亏）”，他认为这会使“少数没有适当安排好的懒汉在企业中闲游，但又与别人分享企业的利益”。

泰勒认为，车间要达到最大产量、又符合工人利益的最有效方法，就是差别计件工资制。其基本内容是，对同一种工作设有两个不同的工资率：对那些用最短时间完成工作、质量又高的工人，按高的工资率付酬；对那些用时长和质量差的工人，则按低的工资率付酬。例如，一般工人每天完成产品 4 件，单位产品工资率 10 元，由此一般工人每天工资为 $4\times10=40$ 元。优秀工人每天完成产品 8 件，并且产品质量优异，单位产品工资率则为 15 元，每天工资为 $8\times15=120$ 元。由此可见，差别计件工资制实质上是一种按工作数量和质量支付工资的方法，对优秀工人有较大的激励作用。

(3) 计划职能与执行职能分开

泰勒认为，工人凭经验是不能找到科学方法的，而且也没有时间和条件从事这方面的试验和研究，企业应把计划职能与生产操作分开，成立专门的计划管理部门承担计划工作，而所有的工人和部分工长只承担执行职能。这一观点更加明确了计划管理者的重要作用以及不同管理者之间的专业化分工。

(4) 职能工长制

泰勒认为，作为一名工长，全面负责班组的工作，应具备九种品质：职能，教育和专门知识或技术，手艺和体力，机智老练，有干劲，刚毅不屈，忠诚老实，判断力和常识，身体健康。他还提出设立“职能工长制”，把旧式组织中一个班组长所做的工作分为八项职能：（工作流程）调度员、指示卡片管理员、工时成本管理员、工作分派负责人、速度管理员、检验员、维修保养员、车间纪律管理员。这八项职能工作可以分为两种类型：计划类型和执行类型。调度员、指示卡片管理员、工时成本管理员和车间纪律管理员属于计划类型，剩余工作属于执行类型。泰勒的“职能工长制”观点，对于职能权力划分、组织结构的构建和开展专业化人员分权管理，均产生了重大影响。

(5) 例外原理

泰勒指出，企业中经理人员应抓大事，处理一些特殊问题，而把日常例行化的事务留给专门人员去办。例外原理指导经理们摆脱日常具体事务，集中精力对重大问题进行决策和监督。实施例外原理，不仅需要授权给下级，而且应当把日常业务工作标准化、制度化，提炼出科学的原则。泰勒认为，权力应以知识为基础，而不是靠地位。

应用例外原理还可以检验经理们是否真正履行了职责，可以提高经理们的工作效率。例如，经理收到的报告应是简洁明了和具有对比性的。再如，分析报告的主要内容，应该包含在过去正常情况下未出现过的或非标准的各种例外情况；既有特别好的例外情况，也有特别坏的，这样有助于经理迅速了解整个事态和进程。

2. 科学管理的四项原则

泰勒寻求在工人和管理当局之间掀起一场思想革命，其方式是明确规定提高生产率的指导方针。为此，他定义了科学管理的四项原则，见图 2－1。

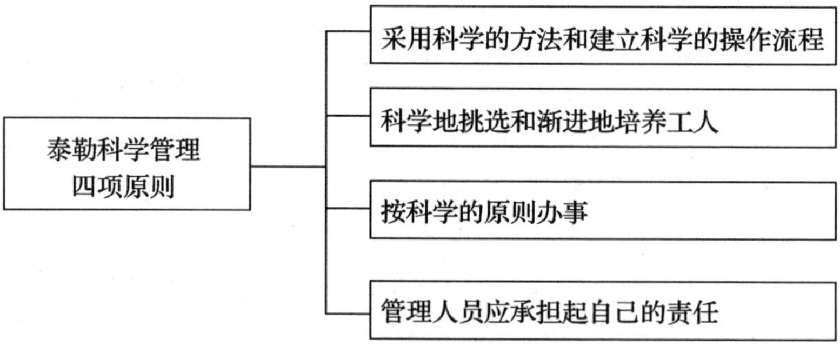

图 2－1　泰勒科学管理四项原则

(1) 采用科学的方法和建立科学的操作流程

泰勒认为，应对工人工作的每一个要素开发出科学方法，用科学的方法替代老的经验方法。例如，采用“工时研究和标准化”与“差别计件工资制”，即深入研究工人在适宜条件下的科学操作过程，获得较高的劳动生产率。倘若工人达到了较高的劳动生产率，通过差别计件工资制，则可以获得较高的报酬。

(2) 科学地挑选和渐进地培养工人

为了落实科学的操作过程，工人必须经过科学的挑选，并对工人进行培训、教育，使之成长，而在过去，则是由工人们自己挑选工作，并尽自己的可能进行自我培训。

(3) 按科学的原则办事

管理者应与工人们衷心地合作，以保证一切工作都按已经形成的科学原则去办。

(4) 管理人员应承担起自己的责任

管理人员与工人在工作和职责的划分上几乎是相同的，管理人员应把相较于工人自己更能胜任的各种工作都承揽过来，而在过去几乎所有的工作和大部分责任都被推到了工人身上。

4. 科学管理理论的其他代表人物

泰勒的科学管理理论在20世纪初得到了广泛的传播和应用，影响很大。因此在他同时代和他以后的年代中，有许多人也积极从事于管理实践与理论的研究，丰富和发展了科学管理理论，其中比较著名的有以下几人。

（1）卡尔·乔治·巴思（Carl George Barth）

美籍数学家，他是泰勒最早、最亲密的合作者，为科学管理工作做出了很大贡献。他是个很有造诣的数学家，其研究的许多数学方法和公式，为泰勒的工时研究、动作研究、金属切削试验等研究工作提供了理论依据。

（2）亨利·甘特（Henry L. Gantt）

美国管理学家、机械工程师，是泰勒在创建和推广科学管理理念时的亲密合作者，他与泰勒密切配合，使科学管理理论得到了进一步的发展，特别是他的“甘特图”（Gantt Chart），是当时计划和控制生产的有效工具，并为后来的PERT（计划评审技术）奠定了基石。他还提出了“计件奖励工资制”，即除了按日支付有保证的工资外，超额部分给予奖励；完不成定额的，依然可以得到原定日工资。这种制度弥补了泰勒差别计件工资制的不足。此外，甘特还很重视管理中人的因素，强调“工业民主”，更重视人的领导方式，这对后来的人际关系理论有很大的影响。

（3）吉尔布雷斯夫妇（Frank B. Gilbreth and Lillian M. Gilbreth）

美国工程师弗兰克·吉尔布雷斯与夫人（心理学博士莉莲·吉尔布雷斯）在动作研究和工作简化方面做出了特殊贡献。他们采用两种手段进行时间与动作研究：① 工人的操作动作分解为17种基本动作，吉尔布雷斯称之为“Therbligs”（这个字即为吉尔布雷斯英文字母的倒写）；② 用拍影片的方法记录和分析工人的操作动作，寻找合理的最佳动作，以提高工作效率。通过这些手段，他们纠正了工人操作时某些不必要的多余动作，形成了快速准确的工作方法。与泰勒不同的是，吉尔布雷斯夫妇在工作中开始注意到人的因素，在一定程度上试图把效率和人结合起来。吉尔布雷斯毕生致力于提高效率，即通过减少劳动中的动作浪费来提高效率，被人们称为“动作研究之父”。

5. 泰勒科学管理的意义和局限性

泰勒的科学管理原理在美国发挥了十分积极的作用，其影响十分深远。20世纪10年代，美国铁路运输业在科学管理原理的指导下，每天可以节约100万美元的运行费用（相当于1994年的1 400万美元），这意味着美国铁路票价可以大幅度降低。由于美国制造公司较早地接受了科学管理方法，从而使得它们比外国公司处于相对优势的地位，至少在泰勒其后的50年里，美国制造业的效率一直领先于世界。

泰勒的科学管理原理不仅在美国各地传播，而且传播到当时的法国、德国、俄国和日本。第二次世界大战之后，日本将泰勒科学管理原理引入日本汽车制造业和家用电器制造业中，并发展出具有日本特色的质量管理模式，制造出价廉物美的日本产品，大大提高了日本产品在国际市场的竞争力，有效促进了日本经济的复苏和繁荣。目前，许多大公司的管理仍然遵循泰勒的科学管理方法。例如，UPS联合邮包服务快递公司的送货司机，其工资是每小时18美元，加上加班工资，每年的平均收入超过50 000美元，该公司也能够持续地获得高利润。

然而，泰勒的科学管理虽然有很大的历史贡献，但它也有一定的局限性。

（1）“经济人”的假设

泰勒认为，经济动机是人们工作的主要目的。例如，企业家的目的是获取最大限度的利润，工人的目的是获取最大限度的工资收入。基于“经济人”假设，管理者一方面需要采用科学的方法，另一方面需要采用报酬激励，这样就能有效提高生产效率。然而，事实上这种“经济人”假设是不全面的，人作为一种社会存在，除了物质、经济利益之外，还有安全、自尊、情感、社会地位等需求。人所做出的选择，必须建立在他个人的社会经验、学习过程以及构成其日常生活组成的个人之间相互作用的基础之上。因此，人的行为是直接依赖于他生活在其中的社会文化环境的，所以要从每个人的现实存在和他与环境的关系上去解释人的经济行为。

（2）机械模式

泰勒把管理职能与执行职能分开后，工人只是被动地接受监督命令和从事作业的生产工具，就像机器人那样，被当作时间和动作研究的对象。滑稽大师卓别林的电影《摩登时代》，生动地反映了当时工人所扮演的角色，白天在流水线上机械地重复同一动作，晚上在家由于习惯性所致，也重复该动作。事实上，泰勒对工人是同情的，当他进行时间研究时，总是事先向工人进行说明，强调要取得工人的同意，指出与工人对话的重要性。然而，由于科学管理总体上是用科学的管理体制取代靠个人经验和主观判断的工作方法，所以该理论对人的因素缺乏充分的考察和研究。

（二）法约尔的一般管理理论

1. 法约尔介绍

亨利·法约尔（Henri Fayol，1841—1925），法国人，采矿工程师，总经理。1860 年，20 岁的法约尔从圣艾帝安国立矿业学院毕业后，进入康门塔里—福尔香堡（Comerntry-Fourchambault）采矿冶金公司，成为一名采矿工程师，并在此度过了整个职业生涯。从采矿工程师后任矿井经理直至公司总经理，法约尔从一名工程技术人员，逐渐成为专业管理者。1888—1918 年，他担任总经理期间，这家公司曾濒临破产，经过他的改革，公司转危为安。

在数十年的管理生涯中，法约尔积累了丰富的经验，在晚年，他总结归纳并著书《工业管理与一般管理》（*General and Industrial Management*，1916），那时他已经 75 岁了。法约尔认为，他的管理理论虽然是以大企业为研究对象，但除了可以应用于工商企业之外，还适用于政府、教会、慈善团体、军事组织以及其他各种组织机构。

人们认为，法约尔是第一个概括和阐述一般管理理论的管理学家，他的贡献在于从理论上概括出一般管理的职能、要素和原则，将管理提高到一个新的高度。法约尔对管理职能的划分，至今仍影响着管理学教科书的逻辑结构框架。

2. 一般管理理论的内容

（1）企业经营的基本活动

法约尔认为，任何企业经营都存在六种基本活动：技术、商务、财务、安全、会计和管理。技术活动是指生产、制造和加工等，商务活动是指采购、销售和交换等，财务活动是指资金的筹措和运用，安全活动是指设备维护和职工安全等，会计活动是指货物盘存、成本统计、成本核算等，管理活动是指计划、组织、指挥、协调和控制等。在企业经营六项基本活动中，管理活动处于核心地位，其他活动是对物的活动，而管理活动是对人的活动，而且以组织为基础。同时，企业经营本身需要管理，同样其他五项活动的开展也需要管理。

（2）管理职能

在上述基本活动分类的基础上，法约尔重点分析了第六类活动，即管理活动，提出了管理活动的五项职能：计划、组织、指挥、协调和控制（见图2－2）。

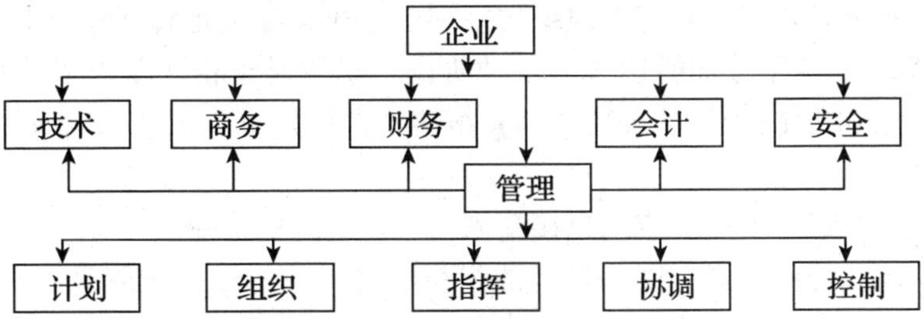

图2－2　法约尔提出的管理五项职能

法约尔认为，管理意味着要考虑未来，这就使得预测和计划过程成为主要的经营管理活动。计划的本质是未来最有效地利用企业的资源，因此计划必须有“统一性、连续性、灵活性和精确性”。有关组织职能，法约尔认为，确立企业的组织结构是管理部门所要解决的中心问题。组织结构必须能以最有效的方式从事基本的活动，必须能使企业的计划得到很好的制订和实施。为了使企业人员的活动得到保证，管理人员应依靠自己的指挥能力，尽可能地使下级有上乘的工作表现，增进下级的工作责任感，有效展开整个企业的工作。协调是让企业人员团结一致，使企业中的所有活动和努力得到统一和谐。控制能保证企业中所进行的一切活动符合制订的计划、既定的原则和发布的命令。

另外，为了有效开展指挥，法约尔对行使指挥权的管理人员提出了八项要求：① 透彻地了解下级；② 淘汰不胜任工作的人；③ 十分了解约束企业和其雇员的协议；④ 树立好的榜样；⑤ 定期检查组织账目，并用概括的图表来促进这项工作；⑥ 召开会议，主要助手也参加，讨论决定统一指导和集中努力的问题；⑦不要陷入日常琐碎事务；⑧力争使成员具备团结、积极、主动和忠诚的精神。

（3）法约尔的14项管理原则

法约尔根据自己的工作经验，归纳出了简明的14项管理原则（见图2－3）。

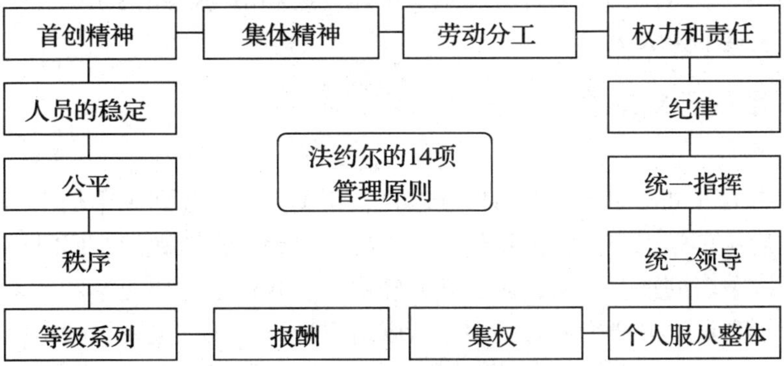

图2－3　法约尔的14项管理原则

1）劳动分工。这一原则与亚当·斯密的“劳动分工”原则是一致的。专业化分工能够提高个人的工作技能，从而提高工作效率和工作成果。分工不仅可用于技术工作，也可用于管理工作。

2）权力和责任。管理者必须有命令下属的权力，职权赋予管理者的就是这种权力。同时，责任应当是权力的孪生物，凡行使职权的地方，就应当建立责任。

3）纪律。雇员必须遵守和尊重组织的规则。纪律实际上是管理者与下属之间在服从、勤勉、积极、举止和尊重方面所达成的一种协议。纪律对于企业取得成功是绝对必要的，纪律是否严明，主要取决于领导人能否以身作则、赏罚分明。领导者应该明智地运用惩罚以对付违反规则的行为。

4）统一指挥。每一个雇员应当只接受来自一位上级的命令。

5）统一领导。每一项具有同一目标的组织活动，应当在一位管理者和一个计划的指导下进行。

6）个人服从整体。任何雇员个人或者雇员集体的利益，不应置于组织的整体利益之上。

7）集权。集权是指下级参与决策的程度。集权在任何组织中都有一个适度的问题。管理层的任务是找到在各种情况下最适合的集权程度。

8）报酬。人员的报酬是其服务的价格，应当公正和合理，对工作成绩与工作效率优良者应给予奖励，但不应超过合理的限度。任何优良的报酬制度都无法取代优良的管理。

9）等级系列。从高层管理到最底层管理的直线职权构成一个等级系列，信息应当按等级系列传递，但为了避免信息的延迟，可允许进行横向交流，条件是所有当事人同意和通知各自的上级。

10）秩序。秩序是指凡事各有其位，这条原则既适用于物质资源，也适用于人力资源，关键在于要按照事物的内在联系事先选择恰当的位置。

11）公平。公平由善意和公道产生。管理者应当公平地对待其下属。

12）人员的稳定。组织成员的高流动率会导致低效率，管理当局应当提供有规则的人事计划，有秩序地安排人员并补充人员。

13）首创精神。管理当局应当允许成员发起和实施他们的计划，这会调动员工的极大热情和积极性，这对组织来说是一种巨大的动力。

14）集体精神。鼓励团队精神将在组织中建立起和谐与团结的氛围，全体成员的和谐与团结是企业发展的巨大力量。

（三）韦伯的行政组织理论

1. 韦伯介绍

马克斯·韦伯（Max Weber，1864—1920），德国人。马克斯·韦伯出生于德国一个富裕家庭，毕生后从事学术研究，曾担任大学教授、主编、政府顾问，同时还是一名作家。

韦伯是德国著名的社会学家，对法学、经济学、政治学、历史学和宗教学都有广泛的兴趣。他在管理理论上的研究主要集中在行政组织理论方面，主要贡献是提出了“理想的行政组织体系”，主要代表作有《经济史》、《新教伦理和资本主义精神》、《社会组织和经济组织理论》等。

人们认为，韦伯是与泰勒、法约尔同时代的另一位古典管理理论的代表人物。他由于对理想的行政组织体系理论的贡献，因而被称为“组织理论之父”。

2. 权力、权威和三种组织状态

韦伯对行政组织问题的研究是从组织内部的权威关系问题展开的，以此揭示不同组织的特性和运行效率。

韦伯提出了两个基本问题：个人为何会服从命令？人们为什么会按他们被告知的方式去行事？为了解答这两个问题，韦伯进行了长久的思考和研究分析。

韦伯引入了“权力”和“权威”的概念来解释行政组织体系下人们的行为方式。所谓权力，即组织赋予个人的一种力量，是按组织内部职位高低分配的。权力无视人们内心的意见和反对，具有强制人们服从的能力。所谓权威，则意味着人们在接受命令时是出于自愿，出于对领导者个人魅力的信服和依赖。因此，在权威制度体系下，下级把上级发布的命令看作是合法的（或称为合法的权力）。

韦伯认为，按不同组织权力和权威类型的划分，存在三种不同类型的组织状态。

（1）个人崇拜式组织

这种组织形态是以组织领袖人物的超凡魅力为基础的。组织领袖被赋予了超自然和超人的权力权威。先知、救世主、政治领袖就属于这类人物。韦伯认为，以宗教或政治形式出现的小规模革命运动、处于创业阶段的著名企业等，有许多组织都有这种具有“超凡魅力”的创始人，如美国福特汽车公司的创始人亨利·福特。但是，个人崇拜式组织的内在基础并不稳固，一旦领袖人物离去，这类组织就有可能出现分裂和瓦解。

（2）传统式组织

这种组织的基础是先例、惯例和传统。这类组织的行为方式，往往不是基于理性分析，而是根据习惯，或者根据组织以往一直采用的工作方式来确定的。这种组织认为，过去一直采用的工作方式就是合理的。这类组织的运行较为稳定，但往往缺乏活力和创新。

（3）理性和法律化组织

这种组织的基础是理性、法律、规则和制度。下级对上级的服从是由于有了依法建立的等级制度，如企业、军事组织、政府机构和社会团体。韦伯认为，这类组织是现代社会中占主导地位的组织形态，具有合理性并达到法律化。其“合理性”表现在该类组织具有既定目标和功能体系，整个组织好比一架精心设计的机器，机器上的每一个部件都为整个机器发挥最大功能而起着各自的作用。其“法律化”表现在该类组织有一系列的规则和程序，组织成员均应该按相应的规则和制度行事。

韦伯分析和比较三种类型的组织状态之后，认为从纯技术的角度分析，第一类组织（个人崇拜式组织）能够取得最大程度的效率，就对人进行绝对的、必要的控制而言，这种组织状态无疑是最合理的方式。然而，韦伯认为，理想行政组织体系应该是基于第三类组织（理性和法律化组织）形成的，即理性和法律化组织。对韦伯来说，“理想”一词不仅指合乎需要，还应包括人和人的协调以及组织的长期发展。由此，韦伯提出了“理想行政组织体系”的概念。

3. 韦伯的理想行政组织体系

（1）社会组织应当是理性和法律化的组织

在依法而治的组织里，通过正式的方式选拔领导人，因具有能力而提升上来的人获得权力，这种权力是理性和合乎法律的。只有具备了理性和合乎法律，权力才能作为行政组织体系的基础。

（2）理想行政组织体系应该具备的特点

1）劳动分工。工作应当分解成为简单的、例行的和明确定义的任务。组织成员按职业专业化分工。

2）职权等级。组织内部的职位和岗位按权力等级组织起来，形成一个自上而下的指挥链或等级体系，每个下级应当接受上级的控制和监督，每个管理者不仅要对自己的决定和行动负责，而且要对下级的决定和行动负责。

3）正式的选拔。所有的组织成员应该通过正式考试选拔，或者通过训练和教育使其获得技术资格而选拔。

4）正式的规则和制度。为了确保一贯性和组织全体成员的协调工作，管理者必须倚重正式的组织规则。组织成员的活动应该受到组织正式规则和制度的约束。

5）非人格化。组织规则和控制的实施，应具有一致性，避免掺杂个人感情和偏好。

6）职业定向。管理者是职业化的人员，而不是其所管理组织的所有者，管理者领取固定的工资，在组织中追求其职业生涯的成就，有明文规定的升迁制度。

韦伯提出的理想行政组织体系，实际上是以制度为中心的、等级化和专业化的组织形态。这是一种体现合理的劳动分工、明确的组织等级和详细的规则制度以及避免掺杂个人情感和偏好的组织模式。韦伯认为，尽管这种“理想行政组织体系”在现实中是不存在的，但它为现实世界提供了一种目标组织模式。事实上，在设计大型企业组织模式中，韦伯的理想行政组织体系已经成为重要的理论基础之一。

最后，若对古典管理理论作以归纳，从总体上说，古典管理理论是基于“经济人”假设而提出和形成的管理理论。实际上，人们的工作目的和动机不完全是单纯经济性的。随着管理实践的深入，新的管理理论应运而生。

二、行为科学理论

行为科学是指利用多学科的知识来研究人类行为的产生、发展和变化的规律，以预测、引导和控制人的行为，达到充分发挥人的作用、调动人的积极性的目的。该理论力图克服科学管理理论的缺点，从社会学、心理学和人类学的角度出发，研究工作环境中的个人和群体行为。

行为科学理论是管理理论发展史上的一个重要里程碑。早期的行为科学理论被称为人际关系学说，以后发展成为行为科学，也被称为组织行为学。行为科学理论起源于 20 世纪 30 年代，吸引了心理学、社会学、人类学、管理学和人机工程等众多领域的研究者，1949 年美国芝加哥召开的一次学术会议上正式将之命名为“行为科学”。后来，为了区别于一般的行为科学，有些致力于研究行为科学在企业中应用的学者提出了“组织行为学”这一概念。

行为科学理论中的主要事件和代表人物有梅奥与霍桑实验、马斯洛的需求层次理论、赫茨伯格的双因素理论、麦格雷戈的 X—Y 理论、人际关系运动等。

（一）梅奥与霍桑实验

1. 霍桑工厂实验

1924 年，美国国家科学院的全国科学研究委员会开始在西方电气公司的霍桑工厂开展实验研究，以确定与工人生产效率有关的各项因素。

最初，该项实验由西方电气公司的工程师设计。研究人员建立了实验组和对照组，实验组被给予不同的照明强度，而对照组则保持原有的照明强度不变。实验假设，个人产量与照明强度应该有直接关系。但是，实验结果表明，当实验组的照明强度增加时，两个组的产量都增加了。更令人惊讶的是，当实验组照明强度下降时，两个组的生产率继续提高。而当照明强度下降到月光的水平时，实验组的生产率才有所下降。实验研究表明，照明强度和生产率没有关系，但研究人员不能解释这一现象。

1927 年，哈佛大学的埃尔顿·梅奥（Elton Mayo）教授被邀请作为顾问参加该项实验。于是，实验重新开始，一直持续到 1932 年。新的实验含大量新的研究方案，其中，有工作的重新设计，改变工作周和工作日的长度，制定弹性工作制（在工作中间引入休息时间）以及个人工资计划和群体工资计划等。例如，研究群体计件奖金制度对群体生产率的影响，结果表明，奖金计划对工人生产率的影响小于群体的压力、接纳和安全感的影响。研究结果表明，群体的社会准则或标准是决定工人个人行为的关键要素。

例如，采用集体计件工资制，企图形成“快手”对“慢手”的压力以提高工作效率。实验中发现，工人既不会想超定额而充当“快手”，也不会因完不成定额而成“慢手”，当他们自认为“过得去”时，干劲就会自动松懈下来。事实上，生产组织无形中形成了默契行为规范，不要做太多的工作当“害人精”，不要做太少的工作当“懒惰鬼”，不要告诉监工消息当“告密者”，不应当多管闲事和自以为是。主要原因是：怕工作定额再度提高，怕失业，保护速度慢的同伴。

梅奥教授得出的结论是：行为和情绪是密切相关的；群体对个人的行为有巨大影响；群体工作标准规定了单个工人的产量；在决定产量方面，金钱因素的作用要小于群体标准、群体情绪和安全感的作用。这些结论引发对人的因素和人际关系的关注。

2. 人际关系学说

梅奥教授在这些实验结果的基础上发表了他的代表作《工业文明中人的问题》和《工业文明中的社会问题》，总结出了构成人际关系学说（Humanistic Perspective）的主要观点。

（1）“社会人”假设

科学管理理论的人性假设是“经济人”，将金钱视作刺激人的积极性的唯一动力，而霍桑实验则表明人是“社会人”，工人并不仅仅追求物质利益，还追求人与人之间的友情、归属感、安全感及被人尊重等。

（2）企业中存在着“非正式组织”

梅奥教授认为，企业中除了存在“正式组织”以外，还存在“非正式组织”，科学管理理论只看到前者而忽视了后者。事实上，不管是否承认，任何组织中都必然存在非正式组织，它与正式组织相互依存，并且影响工人的工作态度，进而影响企业的生产效率。因此，管理人员必须重视非正式组织的存在。

（3）领导能力在于提高职工的满意度

生产效率主要取决于职工的态度以及他和周围人的关系。为了提高职工的满意度，管理者不仅要具有解决技术和经济问题的能力，为职工提供舒适的工作环境，还要与职工建立良好的人际关系。为此，要改变传统的领导方式，使职工有机会参与管理。

人际关系理论重视人的因素，克服了古典管理理论的不足，奠定了行为科学的基础，将社会学和心理学应用于分析管理问题，为管理思想和实践的发展开辟了新的领域，在管理思想和管理理论的发展史上具有划时代的意义，也对管理实践改革产生了深远影响。

不过，对人际关系理论的批评之声也始终存在，其论点主要是：人际关系理论过于偏重非正式组织的研究，事实上并非每个人的行为都受非正式组织影响，构成社会基本单位的始终是正式组织，起决定性作用的还是正式组织；过分否定科学管理理论的“经济人”假设，过分否定经济报酬、工作条件、外部监督和作业标准的作用；等等。

（二）行为科学的建立与发展

行为科学的重要理论包括马斯洛的需求层次理论、赫茨伯格的双因素理论、弗鲁姆的期望理论、亚当斯的公平理论等，这些将在第十章详细介绍。组织行为学在行为科学前期的研究成果基础上进一步发展，在研究内容方面大体分为个体、群体和组织三个层面。

1. 有关员工个体行为的研究

有关员工个体行为的研究涉及的内容主要包括人的需要、动机和激励，包括需求构成的分析、对追求需求满足的动机与行为的研究、对人的激励的研究等。它将人的管理提升到所有管理对象中最重要的地位，并引发了许多全新的管理理念与方法，比如参与式管理、目标管理、情感管理，等等。

2. 有关员工群体行为的研究

有关员工群体行为的研究主要是将员工置于各种正式和非正式的群体背景中进行研究，以探究彼此之间存在的相互影响和作用关系。比如对基于各种任务和目标的团队的研究，研究团队内部的角色分工、冲突与沟通、团队发展阶段、团队及个人的激励问题，等等。

3. 有关组织行为和领导行为的研究

这主要是针对组织整体展开的行为研究。组织行为学深入研究了组织中的领导问题，探讨领导者的素质和领导方式以及对组织可能产生的影响。组织行为学另一个重要领域是组织变革和发展，主要研究内容包括组织如何根据内外部环境的变化适时调整自己的目标、组织结构和制度、组织文化等，以通过变革实现更好的发展，如组织变革三阶段理论、企业文化理论，等等。

三、现代管理理论

现代管理理论不是一种管理理论，而是对各种不同管理学派理论的统称。1961 年哈罗德·孔茨在美国《管理学》杂志上发表了《管理理论丛林》一文，把各种管理理论学派划分为 6 个学派。1980 年哈罗德·孔茨在该杂志上发表《再论管理理论丛林》一文，在把各种管理理论学派划分为 6 个学派的基础上，又增加了 5 个学派，共划分为 11 个学派。

现代管理理论阶段的主要学派的代表人物与观点如表 2－1 所示，并着重介绍几个重要学派。

表 2－1　现代管理理论阶段主要学派的代表人物及其观点

学派名称	代表人物及代表作或其贡献	理论观点
管理过程学派	孔茨、奥唐奈：《管理学》	① 管理是由相互联系的职能所构成的一种程序 ② 管理的职能与程序是有共性的 ③ 对管理职能的分析可归纳出管理原则，它们可指导实践
经验主义学派	德鲁克：《管理的实践》、《管理：任务、责任、实践》 戴尔：《伟大的组织者》等	① 管理的理论知识解决不了现实问题，充其量是过去的经验 ② 管理科学应建立在目前成功或失败的企业管理经验之上，对它们进行调查、概括、抽象，提供建议
行为科学学派	马斯洛：需要层次理论 赫茨伯格：双因素理论 麦格雷戈：人性假设 布莱克：领导方格理论	① 管理的根本在于人，要探索人的行为规律在于用人和激励人 ② 强调个人目标与组织目标的一致性，强调积极性要考虑人的需求 ③ 尊重人的尊严，实行民主参与管理，启发人的创新、自主精神 ④ 改进工作设计
系统管理学派	卡斯特、约翰逊：《系统理论与管理》 罗森茨韦克：《组织与管理：系统与权变方法》	① 企业是一个人造的由多个职能子系统构成与环境协调的开放系统 ② 企业组织是一个完整的系统 ③ 管理靠系统结构实现
决策理论学派	西蒙：《管理决策新学科》马奇等	① 管理的关键在于决策 ② 决策是一个复杂过程 ③ 决策分程序化决策和非程序化决策 ④ 决策的满意行为准则
权变管理学派	卢桑斯：《一种权变学》 伍德沃德：《工业组织：理论和实践》 劳伦斯、洛希：企业分类研究法	① 组织和成员的行为是复杂的、变化的，因此不可能存在普遍适用的“最好的”管理方法，它完全依环境、自身的变化而变化 ② 管理的规律性与方法应建立在调查、分类的基础上
管理科学学派	伯法：《现代生产管理》 布莱克特、丹齐克、丘奇曼等	① 尽量减少决策中的个人艺术成分，尽量以数量方法客观描述 ② 决策依据尽量准确 ③ 尽量使用数量方法与计算机

（一）管理科学学派

“管理科学”理论是指以现代自然科学和技术科学的最新成果（如先进的数学方法、电子计算机技术以及系统论、信息论、控制论等）为手段，运用数学模型，对管理领域中的人力、物力、财力进行系统的、定量的分析，并做出最优规划和决策的理论。这一理论是在第二次世界大战之后，与行为科学平行发展起来的。从历史渊源来看，管理科学是泰勒科学管理的继续和发展，因为它的主要目标也是探求最有效的工作方法或最优方案，以最短的时间、最少的支出，取得最大的效果。但它的研究范围已远远不是泰勒时代所能比的。管理科学理论的主要内容包括以下三个方面。

1. 运筹学

运筹学是管理科学理论的基础，是在第二次世界大战中，以杰出的物理学家布莱克特（P. M. S. Blackett）为首的一部分英国科学家为了解决雷达的合理布置问题而发展起来的数学分析和计算技术。就其内容讲，这是一种分析的、实验的和定量的科学方法，专门研究在既定的物质条件（人力、物力、财力）下，为达到一定的目的，运用科学的方法（主要是数学的方法），进行数量分析，统筹兼顾研究对象的整个活动及所有各个环节之间的关系，为选择出最优方案提供数量上的依据，以便做出综合性的合理安排，最经济、最有效地使用人力、物力、财力，以达到最佳效果。运筹学后来被运用到管理领域，由于研究的不同，又形成了许多新的分支。

（1）规划论

规划论用来研究如何充分利用企业的一切资源，包括人力、物资、设备、资金和时间，最大限度地完成各项计划任务，以获得最优的经济效益。规划论根据不同情况又可分为线性规划、非线性规划和动态规划。

（2）库存论

库存论用来研究在什么时间、以什么数量、从什么地方供应，来补充零部件、器件、设备、资金等库存，既保证企业能有效运转，又使保持一定库存和补充采购的总费用最少。

（3）排队论

排队论主要是用来研究在公用服务系统中，设置多少服务人员或设备最为合适，既不使顾客或使用者过长地排队等候，又不使服务人员和设备过久地闲置。

（4）对策论

对策论又称博弈论，主要是用来研究在利益相互矛盾的各方竞争性活动中，如何使自己一方获得期望利益最大或期望损失最小，并求出制胜的最优策略。

（5）搜索论

搜索论用来研究在寻找某种对象（如石油、煤矿、铁矿以及产品中的废品）的过程中，如何合理使用搜索手段（包括人、物、资金和时间），以便取得最好的搜索效果。

（6）网络分析

网络分析是利用网络图对工程进行计划和控制的一种管理技术，常用的有“计划评审技术”（简称 PERT）和“关键线路法（简称 CPM ）。

2. 系统分析

系统分析这一概念是由美国兰德公司在 1949 年首先提出的，意思是把系统的观点和思想引入管理的方法之中，认为事物是极其复杂的系统。运用科学和数学的方法对系统中事件的研究和分析，就是系统分析。其特点就是解决管理问题时要从全局出发，进行分析和研究，制定出正确的决策。因此，系统分析一般有如下步骤：第一，弄清并确定这一系统的最终目的，同时明确每个特定阶段的阶段性目标和任务；第二，必须把研究对象看作是一个整体，是一个统一的系统，然后确定每个局部要解决的任务，研究它们之间以及它们与总体目标之间的相互关系和相互影响；第三，寻求达到总体目标及与其相联系的各个局部任务和可供选择的方案；第四，对可供选择的方案进行分析比较，选出最优方案；第五，组织各项工作的实施。

3. 决策科学化

这是指决策时要以充足的事实为依据，采取严密的逻辑思考方法，对大量的资料和数据按照事物的内在联系进行系统分析和计算，遵循科学程序，做出正确决策。上述“管理科学”理论的两项内容就是为决策科学化提供分析思路和分析技术的，同时，它所使用的先进工具——电子计算机和管理信息系统也为决策科学化提供了可能和依据。

总而言之，管理科学理论的基本特征是，以系统的观点，运用数学、统计学的方法和计算机技术，为现代管理的决策提供科学的依据，通过计划与控制来解决各项生产与经营问题。这一理论认为，管理就是应用各种数学模型和特征来表示计划、组织、控制、决策等合乎逻辑的程序，求出最优的解决方案，以达到企业的目标。管理科学理论把现代科学方法运用到管理领域中，为现代管理决策提供了科学的方法。它使管理理论研究从定性到定量在科学的轨道上前进了一大步，同时它的应用对企业管理水平和效率的提高也起到了很大作用。但是，同其他理论一样，它也有自己的弱点：① 把管理中与决策有关的各种复杂因素全部量化，是不可能也不现实的；② 这一理论忽略了人的因素，这不能不说是它的一大缺陷；③ 管理问题的研究与实践，不可能也不应该完全只依靠定量的分析，而忽视定性的分析。尽管管理科学理论存在这么多缺点，但它的科学性还是被人们普遍承认。

（二）社会合作系统学派

这个学派认为，人与人的相互关系就是一个社会系统，它是人们在意见、力量、愿望以及思想等方面的一种合作关系。管理人员的作用就是要围绕物质的（材料与机器）、生物的（作为一个呼吸空气和需要空间的抽象存在的人）和社会的（群体的相互作用、态度和信息）因素去适应总的合作系统。

这个学派是从社会学的角度来分析各类组织的，它的特点是将组织看作是一种社会系统，是一种人的相互关系的协作体系，是社会大系统中的一部分，受到社会环境各方面因素的影响。美国的切斯特·巴纳德是这一学派的创始人，他的著作《经理的职能》对该学派有很大的影响。总的来说，该学派的理论有以下三个要点。

1. 组织是一个社会协作系统

这个系统能否继续生存，取决于：① 协作的效果，即能否顺利完成协作目标；② 协作的效率，即在达到目标的过程中，是否使协作的成员损失最小且心理满足程度较高；③ 协作目标能适应协作环境。

2. 正式组织需要满足三个条件

正式组织需要满足三个条件：① 有一个统一的共同目标；② 其中每一成员都能够自觉自愿地为组织目标实现做出贡献；③ 组织内部有一个能够彼此沟通的信息联系系统。此外，还指出在正式组织内部还存在着非正式组织。

3. 对经理人员的职能提出三点要求

对经理人员的职能提出三点要求：① 建立和维持一个信息联系的系统；② 善于使组织成员能够为实现组织目标作贡献；③ 规定组织目标。

此外，美国的怀特·贝克（White Bake）从社会学角度提出了“组织结合力”的概念，对管理理论也有很大意义。贝克指出，企业中的组织结合力包括：① 职能规范系统，即由于协作而划分和安排工作岗位所产生的合作系统；② 职位系统，即直线的职权层次；③ 沟通联络系统；④ 奖惩制度；⑤ 组织规程，即使企业具有特征和个性的构想与手段。

（三）经验主义学派

经验主义学派主张通过分析经验（案例）来研究管理问题。最早提出这一见解的是美国的德鲁克（P. F. Drucher）、戴尔（E. Dale）、纽曼（W. Newman）、斯隆（A. P. Sloan）等人。他们认为应该从企业管理的实际出发，以大企业的管理经验为主要研究对象，通过研究各种各样成功和失败的管理案例就可以了解该如何管理。这一学派的主要观点大致如下。

1. 管理者的作用十分重要

作为企业的管理者，其工作任务着重于两方面：① 形成一个“生产的统一体”，有效调动企业各种资源，尤其是人力资源作用的发挥；② 管理者做出每一项决策或采取某一行动时，一定要把眼前利益与长远利益协调起来。

2. 普遍重视建立合理组织结构问题

德鲁克认为，当今世界上管理组织的新模式可以概括为以下五种：① 集权的职能性结构；② 分权联邦式结构；③ 矩阵结构；④ 模拟性分散管理结构；⑤ 系统结构。他还强调，各类组织要根据自己的工作性质、特殊条件以及管理人员的特点，来确定本组织的管理结构，切忌照搬别人的模式。

3. 重新评价科学管理和行为科学理论

这一学派中的许多人提出，科学管理和行为科学理论都不能完全适应企业实际需要，只有经验学派将这二者结合起来，所以才真正实用。

4. 提倡实行目标管理

德鲁克首先提出目标管理的建议，其后又有许多学者共同参与了研究。

总之，经验主义学派并未形成完整的理论体系，其内容也比较庞杂，但其中的一些研究反映了当时社会化大生产的客观要求，是值得注意的。

（四）决策理论学派

该学派的主要代表人物是曾获诺贝尔经济学奖的赫伯特·西蒙（Herbert Simon）。这一学派是在社会系统学派的基础上发展起来的。他们把第二次世界大战以后发展起来的系统理论、运筹学、计算机科学等综合运用于管理决策问题，形成了一门有关决策过程、准则、类型及方法的较完整的理论体系。其理论要点如下。

1. 决策的重要性

决策贯穿于管理的全过程，管理就是决策。

2. 决策过程的四个阶段

决策过程有四个阶段：① 搜集信息阶段，即搜集组织所处环境中有关经济、技术、社会各方面的信息以及组织内部的有关信息；② 拟订计划阶段，即在确定目标的基础上，依据所搜集到的信息，编制可能采取的行动方案；③ 选定方案阶段，即从可供选用的方案中选定一个行动方案；④ 评价计划阶段，即在决策执行过程中，对过去所做的抉择进行评价。需要注意的是，这四个阶段中的每一个阶段本身就是一个复杂的决策过程。

3. 在决策标准上，用“令人满意”的准则代替“最优化”准则

以往的管理学家往往把人看成是以“绝对的理性”为指导，按最优化准则行动的“理性人”。西蒙认为事实上这是做不到的，应该用“管理人”假设代替“理性人”假设。这种“管理人”不考虑一切可能的复杂情况，只考虑与问题有关的情况，采用“令人满意”的决策准则，从而可以做出令人满意的决策。

4. 决策的分类

一个组织的决策根据其活动是否反复出现可分为程序化决策和非程序化决策。此外，根据决策条件，决策还可以分为肯定型决策、风险型决策和非肯定型决策，每一种决策所采用的方法和技术都是不同的。

5. 集权和分权

一个组织中集权和分权的问题是和决策过程联系在一起的，有关整个组织的决策必须是集权的；而由于组织内决策过程本身的性质及个人认识能力的有限，分权也是必需的。

（五）社会技术系统学派

创立这一学派的是英国的特里斯特（E. L. Trist）及其同事，他们根据对煤矿中“长壁采煤法”研究的结果认为，要解决管理问题，只分析社会协作系统是不够的，还必须分析研究技术系统对社会的影响以及对个人的心理影响。他们认为管理的绩效，乃至组织的绩效，不仅取决于人们的行为态度及其相互影响，也取决于人们工作所处的技术环境。管理人员的主要任务之一就是确保社会协作系统与技术系统的相互协调。这个学派的大部分著作都集中于研究科学技术对个人、群体行为方式、组织方式和管理方式等的影响，因此，特别注重于工业工程、人机工程等方面问题的研究。其代表著作有《长壁采煤法的某些社会学的和心理学的意义》、《社会技术系统的特性》等。这个学派虽然也没有研究到管理的全部理论，但却首次把组织作为一个社会系统和技术系统综合起来考虑，可以说是填补了管理理论的一部分空白，并且对管理实践也是很有意义的。

（六）群体行为学派

这个学派同人际关系行为学派密切相关，以致常常被混同，但它关心的主要是一定群体中的人的行为，而不是一般的人际关系和个人行为；它以社会学、人类文化学、社会心理学为基础，而不是以个人心理学为基础。这个学派着重研究各种群体的行为方式，从小群体的文化和行为方式到大群体的行为特点，均在研究之列。有人把这个学派的研究内容

称为“组织行为”（Organizational Behavior）研究，其中“组织”一词被用来表示公司、企业、政府机关、医院以及任何一种事业中一组群体关系的体系和类型。这个学派的最早代表人物和研究活动就是梅奥和霍桑实验。20 世纪 50 年代，美国管理学家克里斯·阿吉里斯（Chris Argyris）提出所谓“不成熟—成熟交替循环的模式”，指出“如果一个组织不为人们提供使他们成熟起来的机会，或不提供把他们作为已经成熟的个人来对待的机会，那么人们就会变得忧虑、沮丧，甚至还会按违背组织目标的方式行事”。

（七）行为科学学派

这个学派的依据是，既然管理就是让别人或同别人一起去把事情办好，那么就必须以人与人之间的关系为中心来研究管理问题。这个学派用社会科学方面已有的和新近提出的有关理论、方法和技术来研究人与人之间以及个人的各种现象，从个人的个性特点到文化关系，范围广泛，无所不包。这个学派的学者大多数都受过心理学方面的训练，他们注重个人，注重人的行为的动因，把行为的动因看成一种社会心理学现象。其中有些人强调处理人的关系是管理者应该而且能够理解和掌握的一种技巧；有些人把“管理者”笼统地看成是“领导者”，甚至认为管理就是领导，结果把所有的领导工作都当成管理工作；还有不少人则着重研究人的行为与动机之间的关系以及有关激励和领导问题。所有这些，都提出了一些对管理人员大有裨益的见解，如马斯洛的“需要层次理论”，赫茨伯格的“双因素理论”，布莱克和穆顿的“领导方格理论”。

（八）系统管理学派

系统管理理论应用系统理论的范畴、原理，全面分析和研究企业和其他组织的管理活动和管理过程，并建立起系统模型以便于分析。这一理论重视对组织结构和模式的分析，代表人物有卡斯特（F. E. Kast）、罗森茨威克（J. E. Rosenzweig）和约翰逊（R. A. Johnson）等。系统管理理论是在一般系统论的基础上建立起来的，其要点主要有以下几个。

1. 人是系统的主要因素

企业是由人、物资、机器和其他资源在一定的目标下组成的一体化系统，它的成长和发展同时受这些组成要素的影响。在这些要素的相互关系中，人是主体，其他要素则是被动的。

2. 企业是一个由许多子系统组成的、开放的社会技术系统

企业是社会这个大系统中的一个子系统，它受到周围环境（顾客、竞争者、供货者、政府等）的影响，同时也影响环境。它只有在与环境的相互影响中才能达到动态平衡。在企业内部又包含若干子系统，它们是：① 目标和准则子系统，包括遵照社会的要求和准则，确定战略目标；② 技术子系统，包括完成任务必需的机器、工具、程序、方法和专业知识；③ 社会心理子系统，包括个人行为和动机、地位和作用关系、组织成员的智力开发、领导方式以及正式组织系统与非正式组织系统等；④ 组织结构子系统，包括对组织及其任务进行合理划分和分配、协调它们的活动，并由组织图表、工作流程设计、职位和职责规定、章程与案例来说明，还涉及权力类型、信息沟通方式等问题；⑤ 外界因素子系统，包括各种市场信息、人力与物力资源的获得以及外界环境的反映与影响等。此

外，还有一些子系统，如经营子系统、生产子系统等。这些子系统还可以继续分为更小的子系统。

3. 系统观点强调全面性

运用系统观点来考察管理的基本职能，可以提高组织的整体效率，使管理人员不至于只重视某些与自己有关的特殊职能而忽视了大目标，也不至于忽视自己在组织中的地位与作用。

（九）权变管理学派

权变管理理论（Contingency Theory of Management）是20世纪70年代在美国形成的一种管理理论。这一理论的核心就是力图研究组织的各子系统内部和各子系统之间的相互联系，以及组织和它所处的环境之间的联系，并确定各种变数的关系类型和结构类型。它强调在管理中要根据组织所处的内外部条件随机应变，针对不同的具体条件寻求不同的最合适的管理模式、方案或方法。美国尼布拉加斯大学教授卢桑斯（F. Luthans）在1976年出版的《管理导论：一种权变学》一书中系统地概括了权变管理理论，主要内容有以下几方面。

1. 过去的管理理论可分为四种，即过程学说、计量学说、行为学说和系统学说

上述这些学说由于没有把管理和环境妥善地联系起来，其管理观念和技术在理论与实践上脱节，所以都不能使管理有效地进行，而权变理论就是要把环境对管理的作用具体化，并使管理理论与管理实践紧密地联系起来。

2. 权变管理理论考虑到了有关环境的变数同相应的管理观念和技术之间的关系

在通常情况下，环境是自变量，而管理的观念和技术是因变量。也就是说，如果在某种环境条件下，要更快地达到目标，就要采用某种管理原理、方法和技术。比如，如果在经济衰退时期，企业在供过于求的市场中经营，采用集权的组织结构，就更适于达到组织目标；如果在经济繁荣时期，在供不应求的市场中经营，那么采用分权的组织结构可能会更好一些。

3. 环境变量与管理变量之间的函数关系是权变管理理论的核心内容

环境可分为外部环境和内部环境。外部环境又可以分为两种：一种由社会、技术、经济和政治、法律等所组成，另一种由供应者、顾客、竞争者、雇员、股东等组成。内部环境基本上是正式组织系统，它的各个变量与外部环境各变量之间是相互关联的。决策、交流和控制、技术状况等管理变量包括上面所列四种学说所主张的管理观念和技术。总之，权变管理理论的最大特点是：① 它强调根据不同的具体条件，采取相应的组织结构、领导方式、管理机制；② 把一个组织看作是社会系统中的分系统，要求组织各方面的活动都要适应外部环境的要求。

（十）沟通（信息）中心学派

这一学派同决策理论学派关系密切，它主张把管理人员看成是一个信息中心，并围绕这一概念来形成管理理论。这一学派认为：管理人员的作用就是接收信息、储存与发出信息，每一位管理人员的岗位犹如电话交换台。

这一学派强调计算机技术在管理活动和决策中的应用，强调计算机科学同管理思想和

行为的结合。大多数计算机科学家和决策理论家都赞成这个学派的观点。这个学派的代表人物有：美国的李维特（H. J. Leavitt），其代表作是《沟通联络类型对群体绩效的影响》；申农（Claude Shannou）和韦弗（Warren Weaver），其代表作是《沟通联络的数理统计理论》。

除上面介绍的几个学派外，还有一些学派，如管理过程学派以及近几年出现的还不太成熟的经理角色学派等，在管理理论丛林中也都是比较活跃和有代表性的。这里限于篇幅，就不一一介绍了。总之，这些学派都是在已有的管理理论基础上，力图吸收和利用其他学科的成就，从不同的角度来探索管理的原理和方法，它们之间既有观点相同、继承发展的地方，也有许多观点不一致之处。从理论上讲，各学派经过一定阶段的发展是需要走向统一，走向更高级的新的管理理论方面去的；从实践上看，在现代化管理工作中，分散的、各抒己见的理论应用起来也会有很大的局限性，因而也需要有一套系统的、全面的管理理论来作指导。

四、当代管理理论

随着社会的发展、科学技术的进步，人们对管理思想进一步加以总结，提出管理中带有规律性的东西，并将其作为一种假设，结合科学技术的发展，在管理实践中进行验证，继而对验证结果加以分析研究，从中提炼出属于管理活动普遍原理的东西。对这些原理的抽象综合，就形成了管理的基本理论。这些理论又被人们运用到管理实践中，指导管理活动的进行，同时又进一步对这些理论进行实践验证，这就是管理学的整个形成过程。从以上的介绍，我们可以把系统管理理论和权变管理理论，看成是现代管理理论的雏形。这两种理论都在兼收并蓄了传统管理理论，诸如行为科学理论、管理科学理论以及相应发展起来的各学派理论的基础上，突破原有的框框，使管理理论朝着统一的方向前进了一大步。具体地讲，当代管理理论有学习型组织理论、竞争战略理论、企业再造理论。

（一）学习型组织理论

学习型组织（Learning Organization）——未来企业模式，是美国学者彼得·圣吉（Peter M. Senge）在《第五项修炼》（*The Fifth Discipline*）一书中提出的管理观念。他指出企业应建立学习型组织，其含义为面临变化剧烈的外在环境，组织应力求精简、扁平化、弹性应变、终身学习及不断自我组织再造，以维持竞争力。知识管理是建设学习型组织最重要的手段之一。

学习型组织一般具有以下几个基本特征：

1）有在周密计划的基础上敢冒风险、带头实践的领导者；

2）分层式的决策和对职工授权；

3）提倡一专多能，考核学习能力；

4）有共享学习并把它应用到工作中去的系统；

5）有鼓励职工积极工作的薪酬制度；

6）关心长期性成果和对别人工作的影响；

7）有经常运用横向式组织功能作业的团队；

8）有从日常经验中学习的机会；

9）提倡信息反馈和信息展示。

学习型组织更多地强调组织不断学习、适应环境的功能，没有人给出学习型组织的具体构架，彼得·圣吉总结了在学习型组织中员工精神世界的进步过程，称之为五项修炼。

第一项修炼：自我超越。

“自我超越”的修炼是指不断理清并加深个人的真正愿望，集中精力，培养耐心，并客观地观察现实。它是学习型组织的精神基础。精通“自我超越”的人，能够不断实现他们内心深处最想实现的愿望，他们对生命的态度就如同艺术家对艺术作品一般，全身心投入，不断创造和超越，是一种真正的终身“学习”。组织整体对学习的意愿与能力，根植于个别成员对于学习的意愿与能力。此项修炼兼容并蓄了东方与西方的精神传统。

第二项修炼：心智模式。

“心智模式”是根深蒂固于心中，影响我们如何了解这个世界以及如何采取行动的许多假设、成见，甚至图像、印象。人们通常不易察觉自己的心智模式以及它对行为的影响。在管理的许多决策模式中，什么可以做什么不可以做，也常是一种根深蒂固的心智模式。如果你无法掌握市场的契机和推行组织的变革，很可能是因为它们与我们心中隐藏的、强而有力的心智模式相抵触。

第三项修炼：建立共同愿景。

共同的愿景就是共同的目标和共享价值观。共同愿景的整合能够帮助组织培养成员主动而真挚地奉献和投入，而非被动地遵从。一个缺少全体成员衷心共有的目标、价值观与使命的组织，必定难成大器。而有了衷心渴望实现的目标，大家就会努力学习，追求卓越，不是因为他们被要求这样做，而是因为他们衷心想要如此。

第四项修炼：团体学习。

在现代组织中，学习的基本单位是团体而不是个人。当团体真正学习的时候，不仅团体整体产生出色的效果，成员自身的成长速度也比其他的学习方式快。可见，团体学习的修炼是非常重要的。团体学习的修炼从“深度会谈开始”。“深度会谈”是指一个团体的所有成员，提出心中的假设而真正一起思考的能力，它不同于一般的“对话”或“讨论”。

第五项修炼：系统思考。

世界是一个系统，企业和人类其他活动一样，也是一种“系统”，也都受到细微且息息相关的行动的牵连，彼此影响着，这种影响往往要经年累月才完全展现出来。进行系统思考就要养成对系统整体，而不是对它的任何一个单独的部分，深入地加以思考的习惯。另外，还要理解系统论的完备的知识体系，掌握它所拥有的实用工具，以认清整个变化形态，开创新的局面。

以上五项修炼，缺一不可，应该把它们融合起来。而且，“修炼”的境界并非靠强制命令就能实现，而是必须精通整套理论、技巧，进而付诸实行。学习每一项修炼，便更向学习型组织的理想跨进一步。

学习型组织没有强调组织的框架，而是强调了组织中员工心灵的超越和系统思考，这与我国儒家思想的“修身、齐家、治国、平天下”的思想是一致的。想干大事，员工的思想要修炼到一定的境界，人心齐，泰山移。

（二）竞争战略理论

竞争战略理论最主要的代表人物是迈克尔·波特（Michael E. Porter）。他是哈佛大学商学研究院著名教授，当今世界上最有影响力的管理学家之一。到现在为止，波特已有14本著作，其中最有影响的有《品牌间选择、战略及双边市场力量》（1976）、《竞争战略》（1980）、《竞争优势》（1985）、《国家竞争力》（1990）等。波特对于竞争战略理论做出了非常重要的贡献，五种竞争力量（买方、供方、潜在入侵者、替代品、产业竞争者）分析产业环境的结构化方法就是他的杰出思想；他更具影响的贡献是在《竞争战略》一书中明确地提出了三种通用战略（总成本领先战略、差异化战略和目标聚集战略）。

（三）企业再造理论

企业再造也译为“公司再造”、“再造工程”。它是1993年在美国出现的关于企业经营管理方式的一种新的理论和方法，强调“以工作流程为中心，重新设计企业的经营、管理及运作方式”。该理论的创始人为原美国麻省理工学院教授迈克·哈默（M. Hammer）与詹姆斯·钱皮（J. Champy）。他们认为“为了飞越性地改善成本、质量、服务、速度等重大的现代企业的运营基准，须对工作流程（Business Process）进行根本性重新思考并彻底改革”，也就是说，“从头改变，重新设计”。为了能够适应新的世界竞争环境，企业必须摒弃已成惯例的运营模式和工作方法，以工作流程为中心，重新设计企业的经营、管理及运营方式。

企业再造包括：企业战略再造、企业文化再造、市场营销再造、企业组织再造、企业生产流程再造和质量控制系统再造等。

企业“再造工程”的主要程序如下：

1）对原有流程进行全面的功能和效率分析，发现其存在的问题；

2）设计新的流程改进方案，并进行评估；

3）制定与流程改进方案相配套的组织结构、人力资源配置和业务规范等方面的改进规划，形成系统的企业再造方案；

4）组织实施与持续改善。

第三节　管理理论的发展趋势

20世纪80年代以来，由于科学技术的迅猛发展、劳动性质和人们对工作定义认识的改变以及国际经济逐步走向一体化，企业管理发生了重大变化。这些变化主要表现在以下七个方面。

一、从管理科学到管理艺术

管理究竟是科学还是艺术？这个问题自管理活动作为一个独立的研究对象以来就一直被争论不休。第二次世界大战以后的20多年里，“管理是科学”的观点占了上风。这个观点在两个方面促进了管理理论和实践的发展。第一，只有把管理活动视为一种具有科学规律的活动，才能促使人们以科学的眼光去看待它、研究它，寻找管理理论的内涵，透过管理活动的表象和管理活动中各种因素之间错综复杂的关系，揭示管理活动的一般原则和规律，从而促进管理理论的百花齐放。可以认为，没有“管理是科学”的主导观点，第二次世界大战后在西方国家就不会出现“管理理论的丛林”，也就不会有管理理论的渐趋成熟和发展。第二，“管理是科学”的观点，促使人们把其他学科的科学方法和理论引入管理的理论研究与实践。无论是决策理论、盈亏平衡分析、关键路径等运筹学方法的应用，还是系统论、控制论、信息论的引入，或是耗散结构理论、协同理论、突变理论在管理研究中的应用，无不说明了这一点。这些研究方法在管理领域中的应用，不仅促进了理论研究的发展，而且对改善管理工作、提高管理绩效，发挥了重要作用。

然而，20 世纪以来，特别是 20 世纪 50 年代以来，管理理论的研究似乎已经穷尽，该说的好像都说了：管理的原则、过程、方法似乎已毫无遮掩地展现在人们的面前。除了用更新、更时髦的语句去描述已被揭示的问题外，人们似乎再也提不出真正新颖的观点了。人们，特别是从事管理实践的人们越来越多地认识到，管理的原则是简单的，管理的方法是明确的，正是这些基本原则和方法的不同组合与运用构成了不同组织管理成败的原因：成功的管理是一种在适当的时间对适当的对象运用适当的方法和原则的艺术。强调管理就是艺术的管理大师们的自传，如《艾柯卡自传》、《松下幸之助经营之道》等无不成了图书市场的抢手货，更多的人抱着浓厚的兴趣在这些自传中去寻找管理艺术的真谛，而不愿从逻辑严谨的教科书中去解读理论的精华。

二、从硬管理到软管理

管理发展的这种趋势与第一种变化无疑是相互影响的。

19 世纪末 20 世纪初，随着企业规模的扩大、活动内容的复杂化和参与要素的增加，仅靠传统的经验，企业家及其委托人再也无法管理好复杂的企业活动，于是人们开始认识到，必须在总结管理经验的基础上，提炼出一些科学的管理原则和方法，还必须制订严密的生产经营计划，设计合理的组织机构或结构，建立严格的符合工业生产要求的规章和制度。做好这些工作以后，管理者只需监督计划的执行、维护机构的运转、保证规章的贯彻即可。在很长一段时间内，事情确实是这样，或基本上是这样。经营成功的企业通常是那些计划严密、结构合理、规章细致的企业。管理方法，特别是数量方法的发展、科学技术的进步、市场的扩张等因素促进了企业对计划、组织、规章等后来被人们称为“硬管理”的重视。

然而，20 世纪 70 年代以后，随着两次石油危机的冲击及国际市场的形成，国际竞争日益加剧。特别是由于日本经济的强大，人们开始研究在国际竞争中迅速崛起的日本企业的成功秘密。《Z 理论》、《日本的管理艺术》等书便是这些研究的结果。为什么组织结构大致相同，规章制度相似，计划工具同样先进，计划体系同样严密，而不同企业却会产生不同甚至截然相反的经营结果呢？通过研究，人们发现，在新的形势、新的环境中日本企业成功的奥秘在于“软件”的优越：领导方式的灵活、对人的重视、集体决策等帮助那些结构、制度、计划与竞争对手相差无几的企业取得了更好的经营效果。于是，“软管理”方式渐渐得到管理者的推崇。

三、从“手段人”到“目的人”

在西方企业管理中，对人的态度经历了三个阶段、两次转变。

在20世纪20年代以前，不论是企业主的经验管理，还是泰勒倡导的科学管理，都把人当作类似于机器的要素来看待，都认为人的需要主要体现在物质和经济方面，即人是经济人、理性人，驱使其工作的动机是经济方面的需要，人在工作过程中是具有理性的，善于计算。因此，企业管理者的任务是要设计出合理的工作结构和分配制度，只要能使员工通过提高劳动生产率获得更多收入，他们就能在劳动中表现出较高的积极性。

20世纪20年代梅奥等人在霍桑工厂进行的实验表明：人不仅有物质方面的需要，还有社交、归属、自我实现等社会心理方面的需要；工人的劳动生产率不仅受到劳动条件、技术水平、体力状况和企业分配制度的影响，而且还与其在劳动过程中的情绪、态度、士气有关。要改善劳动者的工作态度，提高其士气，就要设法满足他们在物质和精神、生理和心理上的各种需要，提高他们的满意程度。

这是企业管理中对人的认识的第一次转变，即从“物质人”、“经济人”到“心理人”、“社会人”的转变。但是，不论是泰勒的科学管理理论，还是梅奥在霍桑工厂实验基础上发展起来的工业心理学，或是这以后马斯洛、赫茨伯格等行为科学的研究，都有一个共同的特点：把人视为企业经营的手段；研究人的目的是提高人的工作效率，从而更加有效地完成企业任务，实现企业目标。

毫无疑问，人是企业经营中需要投入的资源之一，但这种资源是主动地参与企业活动的，因此，人不可能仅仅是一种手段。“手段人”的看法到了20世纪80年代受到了越来越多的冲击，原因主要有三点。

1）人已逐渐成为一种特殊的资源。当今社会是一个信息无处不在的社会，而信息社会中对企业生产来说最重要的资源是信息、知识和创造力。由于这些资源的唯一来源是人，人也因此成为比资本更重要的资源。比如，在信息社会，创办一家高科技企业，所需的资金可能是有限的，而技术信息的数量和质量则是至关重要的。闻名于世的惠普公司正是依靠两个大学生的技术信息和几百美元在一个小车库里发展起来的。

2）劳动力资源的匮乏。西方国家人口增长率普遍下降，使得劳动力市场的供给不断减少，企业为了扩大经营规模而需要不断增加、补充或更新劳动力，而这种需求也越来越难以满足。据奈斯比特在《展望90年代》一书中的分析，20世纪70年代，美国劳动人口每年增加2.5%，80年代后期年均增加1.2%，而90年代以后将缩减为0.8%。企业之间关于人力资源的竞争将因此而更加激烈。

3）劳动者的受教育程度和收入水平不断提高。文化教育的发展是经济发展的必然结果。第二次世界大战以来，东西方各国劳动者的文化程度普遍得到提高，据《企业文化》作者肯尼迪和迪尔的研究，西方国家1978年进入劳动力市场的人口中，有50%左右的人受过不同程度的大学教育。经济的发展也直接带来劳动者收入的提高，从而使其生活条件得到改善。肯尼迪和迪尔在《企业文化》中还指出，在1950—1980年的30年中，美国家庭的实际购买力翻了一番。受教育程度的提高使劳动者的追求更加广泛，而生活条件的改善使工作不再是单纯的谋生手段，越来越多的劳动者把工作看成是自己实现个人社会价值的重要手段，在工作中寻找人生的意义。

这些冲击促使企业不得不更加重视对人的管理，不得不注重“工作和生活质量”的改善，不得不把员工当作“目的人”来看待。

从“手段人”到“目的人”的转变目前主要表现在以下几个方面。

1）注重员工的个人发展。西方许多企业广泛地采用在职进修、工作丰富化以及岗位轮换等手段来促进员工的知识发展和能力提高。

2）改善劳动组织。弹性工作制、岗位分担制（两个以上的工人分担相同的工作岗位）、部分工作制、非连续工作制等新方法的运用，使员工有更灵活、更自由的时间去处理个人事务或进修学习。

3）通过推广“目标管理”、“质量管理小组”等方法，组织员工参与管理，倡导员工自我控制。

四、从强调个人之间的竞争到重视组织成员之间的协作

随着“手段人”向“目的人”的转变，管理的趋向不是把员工当作孤立的个人来对待，而是将其视为群体的一分子来激励；不仅通过内部的个人竞争来刺激工作热情，而且还希望通过强调群体的协作来提高其工作效率。

整个西方文化是以个人主义为核心的。比如，美国宪法明确规定保障个人的权利与自由；美国人始终追求的理想与目标是“个人自由”原则的全面贯彻和个性的全面发展。在这种文化的熏陶下，西方企业，特别是美国企业在对人的管理中必须以个人为中心，尊重个人的价值，鼓励个人之间的竞争，强调个人的成功，以个人为激励对象：工资和奖金的计算是以个人为单位的；企业树立的“英雄”也往往是那种独自在实验室中研究至深夜，或单枪匹马地推销产品的个人奋斗式人物。这种以个人为激励对象的管理方式虽然可以在一定程度上刺激个人的工作热情，但在根本上与现代工业生产的协作要求是相悖的：现代工业生产分工精细，任何产品的制造都要经过许多环节、经由许多人的努力才能完成。没有劳动协作，任何产品的制造和科研的完成，都是难以想象的。在这种背景下，以个人为刺激对象的管理和激励机制很可能会引起群体内部个人之间的过度竞争，还有可能使部门之间以及个人之间的协作精神消失殆尽，因为在这种机制下，其他部门和个人的成功就意味着自己的失败。这样，部门、个人之间相互保密、封锁、不合作的现象就屡见不鲜了。

在经济不景气背景的冲击下，在日本企业成功的震撼中，许多西方企业开始检讨自己在管理上的失误。通过对日美企业管理的比较研究，许多美国学者发现：日本企业员工大多具有强烈的“企业家族主义”的集体精神和协作意识，在日本企业中，个人的成功首先要归功于集体协作的结果，而不是自己个人的努力；首先不是将其视为自己的个人成功，而是视为公司集体中一员的成功。日本企业的奖励制度，往往不是以个人为计核对象，而是以集体为单位。因为他们知道，没有与同事的商讨和相互启发，个人难以产生任何有价值的设想和建议，更谈不上完善实施了。所以，在日本企业中，“采用以个人为单位的计奖制度和计资制度是难以想象的”。认识到协作精神的重要性，许多美国企业试图模仿日本企业转向以集体（小组）为单位的奖励制度，注重培养协作精神。比如，在美国的惠普公司，成员之间的协作意识十分强烈，以至于每个设计人员（传统上是个人奋斗型的职

业）在任何时候都将设计图纸摊开在写字台上，不仅不怕同事模仿或剽窃自己的构思，而且还希望能对他人有所启迪，或希望通过他人的意见来改善自己的设想。

五、从集中（集权）到分散（分权）

以职能分工为基础、以统一指挥为核心原则、以集权倾向为主要特征的职责分明、结构严谨的等级制度曾经是，现在仍然是许多西方企业的主要组织形式。这种组织的基本运行规则是高层决策、中层传达、基层执行。然而，随着技术进步的加快、环境的日趋复杂以及信息手段的广泛运用，这种集权式的组织形式逐渐受到挑战，组织内部的分权化已逐渐成为一种趋势，大规模的高度集中统一的大企业，正逐渐演变成由若干自主经营的小单元组成的原子合成型的组织。

促进分权化、分散化趋势的原因很多，主要有以下几点。

第一，环境更加复杂，变化速度加快。

任何企业都是在一定环境中经营的，环境的特点对组织结构和决策都有重要的影响。第二次世界大战以后，特别是20世纪70年代以来，企业环境变得更加复杂、更加不稳定。这主要是由两个原因造成的。首先，技术以惊人的速度不断地变化。工业文明是建立在现代科学技术广泛运用的基础上的，科学技术发展速度的加快，对企业的生产设施、生产组织、生产成果有着非常重要的影响，这种影响主要表现在促进了产品创新。据托夫勒在《适应性公司》中的介绍，美国电话电报公司所属的西方电气公司20世纪80年代生产的产品中65%推出不到10年，从而缩短了产品寿命周期。美国IBM公司20世纪50年代第一代电子计算机的设计用了4年，而1979年第四代计算机从研制到投放使用只用了5个月，从而降低了产品价格。20世纪50年代的计算机价值100万美元，而20世纪80年代初的苹果计算机只需3 000美元，从而加快了生产设施的更新速度。直至20世纪60年代，企业设备的标准更新时间还在10年左右，到了20世纪80年代，许多国家规定的标准折旧期只为5年，而日本松下公司却在1984年宣布，半导体生产设施每年更新一次。其次，全球经济的国际化，“地球村”正在形成，企业不仅要与本国同行竞争，还要面对外来经济强人的挑战。20世纪60年代，美国汽车市场主要由通用、福特、克莱斯勒占据，而今天，美、日、德、法等10多个国家的近30家汽车公司活跃在美国市场上。经济国际化使得世界上任何一个国家发生的每一件甚至是微小的政治、经济事件都有可能对企业经营产生直接或间接的影响。

环境日趋复杂要求企业经营内容和方针灵活多变，迅速适应。然而，正如《日本经济评论》上一篇文章所指出的：“一艘30万吨的巨轮掉转航向，需要30~40分钟。同样，拥有数万甚至数十万员工的大企业难以迅速适应业务环境的突变……因此，大企业必须从小企业灵活机动的成功经营中受到启示。”

第二，信息手段的广泛应用，促进了中层管理人员的减少。

传统的企业组织中，从高层决策到基层执行，要经过若干中间管理层次的媒介。中层管理人员，除了监视和督促基层的执行工作外，其主要职能是对信息的中转：将高层决策的信息层层传达给基层，同时将基层的执行情况及其所处环境的变化及时上报给高层管理者，以使之掌握信息，把握全局，进行整体上的协调和控制。然而，由于计算机系统等现代信息手段的广泛应用，中间层次信息传递功能的重要性已大大削弱。中层管理人员的数量也因此而大大缩减。据奈斯比特在《展望90年代》中的介绍，1979—1985年，西方企业的中层管理人员减少了15%以上，有的甚至高达40%。

第三，从“手段人”到“目的人”的转变也是促进分权的原因之一。

对“目的人”的管理，要求为他们提供充分条件，帮助他们实现自我价值。管理心理学的研究表明：每个人都有强烈的自我表现欲望，都有相当的自我控制甚至领导他人的能力。个人的这种表现欲和领导欲只有在自主权充分、规模不大的群体中才能得到充分的表现。

集中（集权）到分散（分权）的转变，除了上文已提到的强调参与决策、自主管理外，还表现在以下几点。

1）试行公司“内企业”制。日美一些优秀的高级管理人员开始认识到，为了克服大企业的弊端，恢复企业的活力，必须引进小企业机制，在公司内部建立“内企业”。这些“内企业”具有更多的在人、财、物等方面的经营权力，像真正独立的小企业那样经营，特别是那些被希望发展的部门，公司给予足够的人力，但只拨付较少的开发资金，让有关管理者像真正的创业者那样，在极差的条件下去创建自己的事业。

2）维持较小的事业部规模。规模较小能保持良好的沟通，具备较强的活力和适应性。日美一些大企业为事业部门限制一个“最大规模”，比如人数在1 000人以下，营业额限制在5 000万美元左右，一旦超过这个规模，公司就会着手创建从事相同业务的新的事业部门。

3）发展具有充分自主权的工作小组。一些结构严谨的大公司正逐渐演变成由若干灵活机动的工作小组综合组成的联合体，根据彼得斯等人在《追求卓越》中的介绍，美国许多成功的企业中活跃着成百上千个“臭鼬小组”。这些小组一般由8～10人组成，确定一个3～6个月能够实现的目标，小组自己组织工作并衡量进展情况。奈斯比特在《展望90年代》中也指出，为了充分发挥基层的积极性，企业的等级结构正逐渐被网络组织或生物组织所取代。这种组织由若干相对独立的小组构成，每个小组有不同或相同的产品或科研任务，成员有充分的自由。比如，日本的夏普公司在研究与开发部门的5 000名成员中，选出300名组成一个独立机构，分成若干小组，每组10人，负责一项课题。各组组长任意挑选人员，充分利用公司的人力及其他资源，其要求甚至连公司的董事和业务主管也不得拒绝。这种具有充分独立性的小组，由于规模小，灵活机动，工作效率高，给许多部门甚至整个企业注入了极大的活力。

正如肯尼迪和迪尔在《企业文化》中指出的，种种迹象表明，企业组织正逐渐从等级森严的金字塔式结构转向原子型组织。这种原子型组织的特点是：

1）企业由若干以具体任务为中心的小型工作单元组成；

2）每个工作单元都在经济和经营上掌握自己的命运；

3）这些工作单元通过良好的信息手段相互沟通，借助强有力的文化纽带结为一体。

六、从强调理性到重视直觉

企业经营受到内外许多因素的制约。通过研究企业内外环境在历史上的变化状况，可以找到这些因素之间的相互联系，从而可以确定企业环境的变化规律。根据这些规律，企业就可以预测市场的未来前景，正确地制定未来的发展战略和经营计划。正是鉴于这种认识，第二次世界大战以来，西方的管理研究者发展了大量的定量预测方法和决策技术，并试图说服人们，只要利用这些用符号表示的、科学的符合逻辑的数学方程式，就可以保证决策合理、行动正确。这种观点确实在相当长的时间内诱惑了许多高级管理者，他们找来许多掌握大量数量分析方法的工商管理硕士，请他们利用计算机，以几十页甚至上百页的篇幅来描述企业的未来环境，制定和解释企业长期发展战略。然而，由于环境日趋复杂，其变化速度日趋加快，影响环境的许多因素也难以定量地加以描述，如中东战争、石油危机、海湾战争，谁都难以预料，人们逐渐认识到数学方程式的局限性，至少管理者在实践中体会到，“数学方程式唯有当它们事后被用来描述某一事件的变化轨迹时才是正确的”，“尽管计量学家的模式日益精密，但没有任何一个数字、一个人、一个模型能事先说出最终结果”，从而抱怨现在的经济预测“可能与过去几十年中的任何一次预测一样不可靠”。意识到数学方法的局限性，这些管理人员不得不重新依靠他们自己的那些虽然难以证实、难以描述但经常是正确的直觉，并根据这些直觉来判断环境的变化，制订行动方案，决定某项技术是否立即开发、某个产品是否立即投向市场。

七、从外延式管理到内涵式管理

外延式管理是希望通过联合与兼并来扩大经营规模，提高市场占有率；内涵式管理则力求通过充分利用内部条件、加强企业创新、提高内部生产能力来增强企业竞争实力。20世纪60年代，欧美企业盛行外延式管理，人们经常可以在传播媒介上看到企业兼并或收购的连篇累牍的报道。受“规模效益”的诱惑，许多大公司的老板们处心积虑地分析收购对象的市场状况和财务能力，设法通过暗地或公开地收购其股票来达到吞并的目的，以扩大业务范围，获取规模效益。但规模效益的神话逐渐被打破，因为人们发现，企业经营超过某种规模后，带来的不是效益的增加，而是机构的臃肿、决策的迟缓、信息渠道的堵塞、管理的困难，从而使效益下降。特别是那些收购自己不熟悉行业企业的大公司，更是从中尝尽了苦头。于是，20世纪70年代中后期开始，一些企业开始将提高竞争实力的途径从盲目的外延式管理转向内涵式管理。这种转变主要表现在以下两个方面。

（一）有选择地扩展业务

彼得斯等人在《追求卓越》中对美国60多家成功企业的详细研究表明，凡成功企业在业务内容的扩展上都是有选择地进行的。那些只经营自己所熟悉的业务的企业要比别的企业经营得更好。这些企业将业务建立在核心力量或能力的基础上，然后借助这个基础力量逐渐扩展业务范围，而不愿在不熟悉的领域进行投资。

（二）强调内部创业

20世纪60年代，由于电子技术在生产领域的应用刚刚开始，许多新产品刚刚问世，因此，以扩大业务规模为主要特征的外延式管理受到了企业的普遍欢迎。然而随着生产同类型产品的企业增多，市场供给的不断增加，而与此同时，消费者逐渐拥有这些产品，市场趋于饱和，标准化产品的大批量生产已不能给企业带来任何竞争优势，企业必须注意满足一些尚未满足的特殊消费者的特殊消费需求，不能忽视一些小批量、甚至是单件生产产品的需求，同时，重视创新，在产品的品种、规格、结构、外观、功能等方面向消费者提供更新、更好的服务。

案例分析

案例2-1

清华同方实施“以人为本”高科技人才战略

众所周知，在以知识经济为背景的高科技企业里，智力资本，也就是以人才为核心的人力资源，是具有决定意义的力量，也是企业间竞争的焦点。因此，建立一个充满凝聚力的团队，开创一个健康向上的发展舞台，是同方六年来投入最大精力所做的工作。

一、开展共同价值观教育

（一）确立明确的战略目标，以此作为价值观的基础

清华同方在2000年明确提出企业今后的发展目标：创建世界一流高科技企业，进入世界500强。这个标准包含了拥有世界一流的自主核心技术、世界一流的企业管理体系、世界一流的坚实产业资本等要素。

根据这个目标，他们制定了有步骤的战略规划、经营策略和相应的管理制度乃至企业文化，在员工中广泛开展“如何创建世界一流”的专题讨论，鼓励员工发表见解，献计献策。目前，“创建世界一流”成为所有同方人共同追求的事业。

（二）通过企业文化建设，促进共同价值观的形成

接受企业文化的培训，是每一位新员工进入同方后的第一件事。在同方文化中，非常强调“承担”，也就是承担责任。从整体来讲，作为一个正在向“世界一流”迈进的高科技企业，清华同方肩负着重要的社会责任；从个体来讲，同方的每一位员工，为着一个共同的目标，都肩负着各自的职责，并要坚持走下去。因此，要实现企业的价值、个人的价值，首先必须要承担起责任。

在共同的价值观下，同方各团队的凝聚力和工作效率六年来始终保持着非常好的状态。在同方工作四年以上的员工有将近650人，他们中有94人是分公司部门经理以上的干部，31人担任了分公司总经理。由此可见，与企业共同成长，已经成为这批稳定的骨干们的共同价值追求。

二、建立目标培养体系

清华同方以岗位责任为基础，建立起一套“目标培养体系”，充分激发员工的学习热情和创新行为。

（一）持续的知识更新

清华同方充分利用清华大学丰富的教育资源，注重对员工进行针对职位需求的能力培训，同时创造条件，鼓励员工完成各种在职继续教育。这不仅极大地吸引了具有上进心的人才到公司，而且也为公司培养了高级人才，更重要的是为公司人才队伍的成长、提高和稳定打下了坚实的基础。

清华同方还与清华大学等高等院校合作，每年推荐一定名额的员工，进行不同方向硕士研究生的培养。凡被推荐的员工由公司承担部分或全部费用，同时享受在职攻读的优惠条件。

（二）一线实践培养

把一些从事管理工作的员工定期充实到第一线参与具体的生产、工程、市场管理，同时对新员工实行岗位导师培养制以及在一线员工中有计划地推行轮岗制，这些措施构成了同方的一线实践培养模式。

（三）充分发挥舞台效应

为了使员工得到更多、更好的锻炼机会，同方提倡在合理的范围内采用高岗低聘的人才培养方式。这样，每个工作职位就好比一个舞台，员工既可以根据明确的职位职责和考核标准来检查自己和团队在“舞台”上的表现，又可以通过观察其他“舞台”上老员工的表现和因此取得的成绩，激励自己不断充实知识，不断提高能力。

此外，同方于近期在企业内部试行“同方职称”。“同方职称”与社会职称最显著的不同，就是对能力、潜力的评价大于对资历、学历的限制。在这种机制下，一批讲效益、讲实干的年轻骨干员工脱颖而出，走上了公司高级职称岗位。

在六年的实践探索中，同方的管理层深刻体会到，只有建立在“以人为本”理念上的管理制度，才能真正有利于员工的发展，才能真正成为企业生命力的保证。现代企业管理，应立足于对企业每一位员工的能力发挥与评价，这才是“以人为本”的根本意义所在。

资料来源：陆致成：《清华同方：实施“以人为本”高科技人才战略》，光明日报，2005-10-24。

问题

1. 清华同方实施高科技人才战略运用了哪些管理思想？其意义何在？
2. 清华同方的管理模式是否符合当代管理发展的新趋势？
3. 如何把“以人为本”的管理理念转化成管理成效？什么情景下采用这种管理思想会比较有效？

案例 2－2

儒家管理思想对中国企业管理的负面影响

众所周知，管理不是一种单纯的政治或经济行为，它是一定民族文化背景下的产物。传统的儒家管理思想至今还深深影响着当代企业的管理意识和行为，这种影响既有正面的，也有负面的。负面影响具体表现在以下几方面。

1）重人治轻法治。过分重视人情关系管理，忽视企业规章制度的作用，忽视了管理的规范化、原则化。

2）重权威而轻民主。传统社会的皇权官权使权威观念影响极深，在现代管理中表现为独断专行、专制、集权、家长制，不尊重下属和员工的意见。

3）重共性轻个性。传统文化中以办事稳健、不出风头为要诀，以致于管理人员思想僵化保守，不敢开拓创新，缺乏应有的应变能力和活力。企业职工个性上，共同性胜于特殊性，群体性高于个性性，排斥个人主义，员工个体需求得不到尊重，使一些企业失去了生机和活力。

4）注重大一统集权，缺乏必要的分权意识，而在复杂多变的外部经营环境中，适度的分权可以减少管理者的负担，提高组织的适应性。

5）注重经验，忽视管理的科学化、规范化和标准化。

6）重传统轻变革。中国历史上一些变革变法事件中“从反到护、反则必险、护则相安”的教训和结局仍在一些企业的变革实践中重演。一些企业习惯了因循守旧，知足常乐，处事退缩，不思进取。

中国儒家管理思想在现代企业管理中仍具有旺盛的生命力。其中包含着许多被国人认为不能违背的人生价值、处世态度、理念追求。应该说，无论是主观还是客观上，中国儒家管理思想已渗透、扎根于中华民族文化。因此，只有通过对它的解析、组合和选择，革新其中陈旧落后的部分，将其合理成分和西方现代管理思想的科学精神相融会，才能创造出新的适合中国特色的科学管理思想。

资料来源：根据网络资料整理。

问题

运用本章相关管理理论，谈谈如何克服儒家思想对企业管理的上述负面影响。

本章思考题

1. 中国古代管理思想的主要内容是什么？
2. 西方管理思想的发展经历了哪几个阶段？
3. 简述泰勒科学管理的内容。
4. 简述管理发展的新趋势。
5. 当代管理理论有哪些？
6. 简述法约尔的 14 项管理原则，并就其中 4 项举例说明。
7. 简述韦伯理想行政组织体系应具备的特点。

第三章　社会责任与管理伦理

学习目标

通过这一章的学习，希望你能够掌握：

1. 社会责任的概念、社会责任与经营绩效、社会责任的标准及具体内容；

2. 管理伦理的产生和含义、道德与企业道德；

3. 提高管理伦理水平的途径。

引例

经济利润和社会责任，孰轻孰重

上海宝钢集团公司是中国现代化程度最高、最具竞争力的钢铁联合企业，2011 年产量为 4 427 万吨，位列全球钢铁企业第四位，利润总额 181.5 亿元，赢利居世界钢铁行业第二位。2012 年，宝钢连续第九年被列入美国《财富》杂志评选的世界 500 强榜单，位列第 197 位，并当选为“全球最受尊敬的公司”。宝钢认为安全和健康管理是钢铁生产工业中最重要的任务之一。

宝钢在每一个钢铁生产企业都建立了安全生产委员会，领导和监督各个方面的安全和健康管理工作，并对管理者的安全绩效进行考核。宝钢注重环境保护，推行清洁生产，着力打造绿色宝钢。宝钢股份公司是中国冶金系统第一家通过 ISO14001 环境认证的企业，厂区绿化率达 42.71%，厂区空气质量达到国家风景区标准，是中国第一个国家级工业旅游景区。宝钢热心回报社会，资助社会公益事业。先后设立了宝钢艺术奖、宝钢教育奖，一大批优秀文艺工作者和优秀教师、学生获得了奖励；宝钢为“希望工程”捐资近 900 万元，用于建设 25 所希望小学和 1 所中学。宝钢和社会一起成长，回报社会是宝钢长期的追求。

宝钢、华为和奇瑞这样的民族产业脊梁，正通过自身的不断努力，一步一步推动着中国经济的发展以及社会责任意识的进步。

而发生在另外一个公司的一系列事件也折射出了企业的社会责任问题。某公司频发员工跳楼自杀事件，短短 5 个月的时间里十死两伤。为什么一个大企业的员工，会以跳楼来结束自己的生命？这些事件让我们接近了某公司的管理现状的真相。企业追求利润并没有错，但是公司在追逐经济利益的同时，是否考虑到了自己应承担的社会责任？公司是否真的做到了“以人为本”？在管理中是否做到了人性化，是否考虑到了员工的需要呢？公司发言人声明公司有对员工的福利措施和相应的管理及辅导机构，但当深入去了解时，却发现其实一切都不尽如人意。

如果企业眼光狭隘，不愿承担社会责任，更缺乏重视员工权益的传统，那么结果必然是员工对公司没有归属感，员工对公司的积怨越来越大，工作积极性得不到有效的发挥，人员流失严重，甚至会如此案例中的公司一样，企业的社会形象大打折扣，这对企业的发展是极其不利的。

第一节　社会责任与企业绩效

一、社会责任的概念

从20世纪50年代开始，美国经济和管理学界对企业社会责任（Social Responsibility）展开了热烈的讨论，尽管讨论了几十年，但对什么是企业的社会责任仍众说纷纭。

美国自由市场经济学家、诺贝尔奖获得者密尔顿·弗里德曼（Milton Friedman）认为，企业的社会责任就是增加利润。

里基·W. 格里芬认为，企业社会责任是指在提高本身利润的同时，对保护和增加整个社会福利方面所承担的责任。

斯蒂芬·P. 罗宾斯认为，企业社会责任是指超过法律和经济要求的、企业为谋求对社会有利的长远目标所承担的责任。他区分了社会责任和社会义务（Social Obligation），认为一个企业只要履行了经济和法律责任，就算履行了社会义务，而社会责任则在社会义务的基础上加了一个道德责任，它要求企业分清是非并遵守基本的道德准则。

哈罗德·孔茨和海因茨·韦里克认为，公司的社会责任就是认真地考虑公司的一举一动对社会的影响。

我国一些学者认为，企业社会责任是企业为所处社会的全面和长远利益而必须关心、全力履行的责任和义务，表现为企业对社会的适应和发展的参与。企业社会责任的内容极为丰富，既有强制的法律责任，也有自觉的道义责任。

也有人把企业社会责任看作是对政府履行的责任，内容主要包括：缴纳税金、环境保护、提供就业。还有人把企业社会责任理解成支持文化教育事业，向慈善机构捐钱等。

企业社会责任的含义差异，反映了对企业社会责任的对象和内涵的不同认识。目前国际上普遍认同的企业的社会责任概念是：企业在创造利润、对股东利益负责的同时，还要承担对相关利益方（消费者、员工、社会和环境）的社会责任，包括遵守商业道德、生产安全、重视员工合法权益、保护环境和节约资源等。

二、两种典型的社会责任观

在社会责任的认识上，有两种截然相反的观点：一种是古典观，另一种是社会经济观。

（一）古典观（纯经济观）

古典观的代表人物当首推密尔顿·弗里德曼。他认为，“公司都接受社会责任，而不是为股东赚尽可能多的钱，这种潮流将彻底破坏我们这个自由社会的基础”。

在弗里德曼看来，当管理者自行决定将公司的资源用于社会目的时，他们是在削弱市场机制的作用，有人必然为此付出代价。具体来说，如果社会责任行动使利润和股利下降，必然就会损害股东的利益。如果社会责任行动使工资和福利下降，则会损害员工的利益。如果社会行责任行动使价格上升，则会损害顾客的利益。如果顾客不愿支付或支付不起较高的价格，销售额就会下降，从而企业很难维持下去，在这种情况下，企业的所有利益相关者都会遭受或多或少的损失。除此之外，弗里德曼还认为，当职业管理者追求利润以外的其他目标时，他们其实是在扮演非选举产生的政策制定者的角色。他怀疑企业管理者是否具有决定“社会应该怎样”的专长，至于“社会应该怎样”，弗里德曼说，应该由我们选举出来的政治代表来决定。也就是说，如果公司不将目标集中在利润最大化上，那么公司上下就无法集中精力提供产品和服务为股东赢利、促进经济增长——这才是公司真正存在的社会原因。

（二）社会经济观

美国经济学家保罗·萨缪尔森（Paul Samuelson）说：“现在的大型公司都会承担社会责任，而且肯定要尽量去做。”即公司必须对社会福利与公司利润予以同样的关注。支持社会经济观的人提出了不同的看法，他们指出，时代发生了变化，社会对企业的期望也发生了变化。公司的法律形式可以很好地说明这一点。公司的设立和经营要经过政府的许可，政府也可以撤销许可。因此，公司不是一个仅对股东负责的独立实体，同时要对产生和支持它的社会负责。

在社会经济观的支持者们看来，古典观的主要缺陷在于其时间框架。社会经济观的支持者们认为，管理者应该关心长期财务收益的最大化。为此，他们必须承担一些必要的社会义务及相应的成本。他们必须以不污染、不歧视、不发布欺骗性广告等方式来维护社会利益。他们还必须在增进社会利益方面发挥积极的作用，如参与所在社区的一些活动和捐钱给慈善组织等。

在2005年《财富》全球论坛上，海尔集团首席执行官张瑞敏指出：“利润和企业社会责任不是博弈关系。一般情况下，追求利润的最大化是企业的生存之本，也是企业应享有的基本权利。但同时，企业也承担着必要的社会义务。这种权利和义务的对等关系构成了企业理念的基础。”

三、赞成和反对企业承担社会责任的理由

在“企业应不应该承担社会责任”这一问题上，有两种不同的意见，一种意见认为企业应该承担社会责任，另一种意见则认为企业不应该承担社会责任。每种意见都有很多理由。

（一）赞成企业承担社会责任的理由

1. 满足公众期望

自20世纪60年代以来，社会对企业的期望越来越多，企业应追求经济和社会双重

目标。

2. 增加长期利润

有社会责任的企业能可靠地获取较多的长期社会责任行为所带来的良好社会关系和企业形象。

3. 承担道德义务

现在有很多人支持这个观点，这在很大程度上归因于企业能够而且应该具有社会意识。企业承担社会责任不仅是道义上的要求，还符合自身的利益。

4. 塑造良好的公众形象

企业在公众心目中的良好形象对企业的好处是多方面的，如使销售额上升、雇用到更多更好的员工、更容易筹集到资金等。由于公众通常认为社会目标是重要的，企业通过追求社会目标就能够产生一个良好的公众形象。

5. 创造良好的环境

参与社会活动有助于解决比较棘手的社会问题，有助于提高生活质量和改善所在社区的状况，这种良好的环境适合企业的生存和发展。

6. 阻止政府的进一步管制

政府管制使经济成本上升并使管理者的决策缺乏一定的灵活性。企业承担社会责任可以减少政府管制。

7. 责任和权利相称

企业在社会中拥有很多权利和同样多的责任，根据权利和责任相等的原则，企业必须承担同样多的责任。

8. 符合股东利益

从长期看，承担社会责任会使企业的股票价格上涨。在股票市场上，有社会责任的企业通常被看作是风险较低的和透明度较高的，从而持有该企业的股票会带来较高的效益。

9. 拥有资源

企业拥有财力资源、技术专家和管理才能，可以为那些需要援助的公共工程和慈善事业提供支持。

10. 预防胜于治疗

社会问题必须提早预防，不能等到问题已变得相当严重、处理起来较困难时才采取行动。

（二）反对企业承担社会责任的理由

1. 违反利润最大化原则

企业只参加那些可带来经济利益的活动，而把其他活动交给其他机构去做，就是有社会责任的。

2. 冲淡目标

追求社会目标冲淡了企业的基本目标——提高生产率。

3. 不能补偿成本

许多社会责任活动不能补偿成本，有人必须为它们支付成本。

4. 权利过多

企业在当今社会中权利已经很多了，如果让它追求社会目标，则其权利就更多了。

5. 缺乏技能

企业领导者的视角和能力基本上是经济方面的，不适合处理社会问题。

6. 缺乏责任

政治代表追求社会目标并对其行为负责，但对企业领导者来说，情况却不是这样。企业对公众没有直接的社会责任。

7. 缺乏广泛的公众支持

社会上对企业处理社会问题的呼声不是很高。公众在社会责任问题上意见不一。实际上，这是一个极易引起激烈争论的话题。在缺乏一致支持的情况下采取行动，很可能会失败。

四、社会责任与经营绩效

企业承担社会责任与经营业绩之间有什么关系，这值得我们思考。提出这个问题其实也带有很强的功利思想——不过这值得企业思考。很多企业之所以不想考虑社会责任问题就是因为考虑到自身关注的焦点和利益有别于其他组织。有些人担心企业承担社会责任会增加成本，有损其经营业绩。因为在大多数情况下，社会责任活动确实不能补偿成本，这意味着有关企业要额外支付成本，从而损害了其短期利益。但是，企业在力所能及的范围内进行一些社会责任活动相当于投资。虽然短期内这种投资或许牺牲了企业的经营业绩，但从长期看，这种投资由于改善了企业在公众心目中的形象、吸引了大量人才等，可以增加收益，并且所增加的收益足以抵补企业当初所额外支付的成本。从这种意义上讲，企业在利他的同时也在利己。

上述判断已基本上为实证研究所证实，尽管在社会责任和经营业绩的度量方面存在着一些困难。罗宾斯等人认为："大多数研究表明，在公司的社会参与与经营业绩之间有着正的相关关系。"从而最有意义的结论是："……没有确凿的证据表明，公司的社会责任行动会显著损害其长期经营业绩。"

优秀的企业家都热衷于公共事业，做优秀的"企业公民"，主动承担社会责任，因为这样做有助于企业巩固市场领导地位和获取持续的竞争优势，从而能持续健康发展。如中国移动公司在高校设立奖学金、中国石油集团旗下的新疆油田出资50亿元为城市引水、塔里木油田修建穿越塔里木盆地的沙漠公路、胜利油田修建黄河大桥等大型国有企业对社会的贡献不可胜数。近年来发展起来的民营企业，也在努力承担社会责任，如吉利汽车出资支持高等教育，而娃哈哈集团也以在落后地区投资设厂让当地群众脱贫致富的形式做慈善。

五、社会责任的标准及具体内容

（一）社会责任的标准SA8000

如何评判企业的道德行为，需要有个标准。SA8000是世界上第一个企业社会道德责任标准，是近年来管理体系的新发展。对于企业的社会责任，SA8000 从九个主要的方面来界定。

1. 童工

公司不应使用或者支持使用童工，应与其他人员或利益团体采取必要的措施确保儿童和应受当地义务教育的青少年的教育，不得将其置于不安全或不健康的工作环境或条件下。

2. 强迫性劳动

公司不得使用或支持使用强迫性劳动，也不得要求员工在受雇起始时交纳“押金”或寄存身份证件。

3. 健康与安全

公司应具备避免各种工业与特定危害的知识，为员工提供健康、安全的工作环境，采取足够的措施，最大限度地降低工作中的危害隐患，尽量防止意外或伤害的发生；为所有员工提供安全卫生的生活环境，包括干净的浴室、厕所，可饮用的水，洁净安全的宿舍，卫生的食品存储设备等。

4. 结社自由和集体谈判权

公司应尊重所有员工自由组建和参加工会以及集体谈判的权利。

5. 歧视

公司不得因种族、社会等级、国籍、宗教、身体、残疾、性别、性取向、工会会员、政治归属或年龄等而对员工在聘用、报酬、培训机会、升迁、解职或退休等方面有歧视行为；公司不干涉员工行使信仰和风俗的权利和满足涉及种族、社会阶层、国籍、宗教、残疾、性别、性取向、工会会员和政治从属需要的权利；公司不能允许强迫性、虐待性或剥削性的性侵扰行为，包括姿势、语言和身体的接触。

6. 惩戒性措施

公司不得从事或支持体罚、精神或肉体胁迫以及言语侮辱。

7. 工作时间

每周不得经常超过 48 小时，同时，员工每 7 天至少有一天休息时间。所有加班工作应支付额外津贴，任何情况下每个员工每周加班时间不得超过 12 小时，且所有加班行为必须是员工自愿的。

8. 工资报酬

公司支付给员工的工资不应低于法律或行业的最低标准，并且必须足以满足员工的基本需求以及提供一些可随意支配的收入并以方便员工的形式如现金或支票支付；对工资的扣除不能是惩罚性的，并应保证定期向员工清楚详细地列明工资、待遇构成；应保证不采取纯劳务性质的合约安排或虚假的学徒工制度以规避有关法律所规定的对员工应尽的义务。

9. 管理系统

高层管理阶层应根据本标准制定公开透明、各个层面都能了解并实施的符合社会责任与劳工条件的公司政策，并对此进行定期审核；委派专职的资深管理代表具体负责，同时让非管理阶层自选出代表与其沟通；建立并维持适当的程序，证明所选择的供应商与分包商符合本标准的规定。

（二）社会责任的具体内容

具体说来，企业承担的社会责任体现在以下六个方面。

1. 企业对员工的责任

员工是企业最宝贵的财富。企业对员工的责任主要体现在以下四点。

（1）营造一个良好的工作环境

工作环境的好坏直接影响到员工的身心健康和工作效率。企业不仅要为员工营造一个安全、关系融洽、压力适中的工作环境，而且要根据本单位的实际情况为员工配备必要的设施，进行劳动保护，关心员工身心健康。

（2）定期或不定期培训员工

决定员工（尤其是高素质员工）去留的一个关键因素是员工能否在本企业中得到锻炼和发展的机会。有社会责任的企业不仅要根据员工的综合素质，把他安排在合适的工作岗位上，做到人尽其才，才尽其用，而且在工作过程中要根据情况的需要对他进行培训，如送到国外或到国内的学校、科研机构和兄弟单位学习深造。这样做既满足了员工自身的需要，也满足了企业的需要。

（3）不歧视员工

现代企业的一个显著特征是员工队伍的多元化。为了调动各方面的积极性，企业要平等对待所有员工，同工同酬，不搞“三六九等”。

（4）善待员工的其他举措

例如，推行民主管理，提高员工的物质待遇，对工作表现好的员工予以奖励。

2. 企业对环境的责任

企业既受环境的影响又影响着环境。从自身的生存和发展角度来看，企业有承担保护环境的责任。企业对环境的责任主要体现在以下三点。

（1）企业要有较强的环境保护意识

企业要在保护环境方面发挥主导作用，特别要在推动环保技术的应用方面发挥示范作用。有社会责任的企业有着强烈的环境保护意识，它们积极采用清洁生产技术，在生产过程中实现资源合理而充分的利用，使整个生产过程保持高效的生态效率和环境的零污染。企业要紧密跟踪先进生产技术的研究进展，在条件许可的情况下，将最新的生产技术应用到生产中去，使研究出来的生产技术能尽快转化为生产力，造福于人类。

（2）企业要以“绿色产品”为研究和开发的主要对象

企业研制并生产绿色产品，既体现了企业的社会责任，推动着“绿色市场”的发育，也推动着环保宣传教育，提高了整个社会的生态意识。

（3）企业要治理环境

污染环境的企业要采取切实有效的措施来治理环境，“谁污染谁治理”，不能推诿，更不能采取转嫁生态危机的不道德行为。

3. 企业对投资者的责任

企业首先要为投资者带来有吸引力的投资报酬。那种只想从投资者手中获取资金，却不愿或无力给投资者以合理报酬的企业是极不负责的企业，这种企业注定被投资者抛弃。

此外，企业还要将其财务状况及时、准确地报告给投资者。企业不报或假报财务状况，是对投资者的欺骗。

4. 企业对供应商的责任

企业和供应商之间是买卖关系，更是共生关系。企业在与供应商的买卖关系中要恪守信誉，严格执行合同，提供满意的产品和服务。企业和供应商之间还要紧密合作，加强供应链的管理，形成互生共赢、共同发展的和谐关系。

5. 企业对竞争者的责任

在市场经济下，提倡公平竞争、有序竞争。企业要遵守“游戏规则”，处理好与竞争对手的关系，在竞争中合作，在合作中竞争。有社会责任的企业不会为了暂时之利，通过不正当手段挤垮对手。

6. 企业对所在社区的责任

企业不仅要为所在社区提供就业机会和创造财富，还要尽可能为所在社区做出贡献。有社会责任的企业意识到通过适当的方式把利润中的一部分回报给所在社区是其应尽的义务。它们积极寻找途径参与各种社会行动，通过此类活动，不仅回报了社区和社会，还为企业树立了良好的公众形象。

小知识

中国企业的八个社会责任问题

1）无视自己在社会保障方面应起的作用，逃避税收以及社保缴费。

2）较少考虑社会就业问题，将包袱甩给社会。

3）较少考虑环境保护，将利润建立在破坏和污染环境的基础之上。

4）一些企业唯利是图、自私自利，提供不合格的服务产品或虚假信息，与消费者争利或欺骗消费者，为富不仁。

5）依靠压榨企业职工的收入和福利来为所有者谋利润，企业主堕落成资本的奴隶、赚钱的机器。

6）缺乏提供公共产品的意识，对公益事业不闻不问。

7）缺乏公平竞争意识，一些在计划经济时期延续下来的垄断企业，大量侵吞垄断利润，并极力排斥市场竞争。

8）普遍缺少诚信，国有企业对国家缺少诚信，搞假破产逃避债务，民营企业通过假包装到市场上圈钱。

第二节　管理伦理

道德与社会责任是管理学研究的新课题。组织是社会的一个细胞，组织在追求自身利益时，一般会使社会受益，即组织的目标和社会的目标在许多方面是一致的。例如，企业可以解决就业问题，提供社会所需要的产品或服务；企业为了获利，必须提高劳动生产率，改进产品质量，改善服务，从而提高社会生产效率和公众的生活质量。但是，有时有些企业为了获利，可能会不择手段，甚至不惜违反法律，如生产伪劣产品、不顾工人的健康和利益、造成环境污染、损害其他单位的利益等。为规范企业的经营行为，各国都颁布了一系列保护公众利益的法律，如环境保护法、反不正当竞争法、消费者权益保护法、劳动法、合同法、产品质量法、反垄断法等，通过这些法规来调节企业与社会公众的利益。一般来说，企业只要遵纪守法、合法经营，它在谋求自己利益的同时就会使公众受益。但法律不可能解决所有问题，企业还应受到企业道德和管理伦理的约束。

一、管理伦理的产生

伦理是指人们处理相互关系时遵循的各种道德规则和规范。管理伦理（Management Ethics），又称企业伦理或商业伦理（Business Ethics），是伴随着企业经营生产的一系列问题而出现的。

20 世纪 50 年代末 60 年代初，美国出现了一系列商业丑闻，包括受贿、内部交易、欺诈交易、环境污染等。公众对此反应强烈，要求政府进行调查，由此，掀开了企业伦理活动的序幕。

20 世纪 70 年代初期，美国企业越来越多地卷入了非法政治捐款、非法股票交易、行贿受贿、弄虚作假、窃取商业机密等活动，人们感叹企业中相当一部分管理者已达到了道德沦丧的地步，企业伦理问题引起了美国社会更为广泛的关注。针对这种现象，学术界就企业的社会责任、企业伦理问题进行了热烈的讨论，并由此引发了“利润先于伦理”与“伦理先于利润”之争。1974 年 11 月，在美国堪萨斯大学召开了第一届企业伦理学讨论会，标志着企业伦理学的正式确立。

进入 20 世纪 80 年代，国外企业伦理学进入了全面发展阶段。第一，企业伦理学从美国和日本扩展到了加拿大、西欧等其他国家和地区。第二，企业伦理学开始进入大学的课堂，各种企业伦理学的刊物和研究机构纷纷问世。理论研究进一步深化，就企业的道德地位问题、伦理道德与企业活动能否相容问题、企业伦理学的理论基础问题等展开了讨论。第三，在企业伦理的实践方面，20 世纪 80 年代企业伦理规范在美国大企业中得到了广泛应用，英国、加拿大和澳大利亚的企业也开始引入书面的企业伦理规范，少数企业开始设立伦理委员会和负责处理企业伦理问题的经理。

二、管理伦理的含义

管理伦理是指在管理领域内所涉及的是非规则或准则。管理伦理有两层意思：一是组织管理者的伦理，二是组织的伦理。组织是各种管理对象，它可以是企业，也可以是学校、医院等非营利性组织及社会其他单位。管理者的伦理与组织的伦理，两者之间有一定的区别，又有一定的联系。因为管理者在组织中的特殊地位，管理者的伦理是组织的伦理的核心和基础，前者对后者起着重要的主导影响作用。因为管理者的伦理选择以及决策中的道德取向必然影响组织的道德行为。作为导向，也必然影响组织中个体的道德行为。在组织管理的实践中，管理者伦理具体物化为组织的伦理，组织的伦理是管理者伦理的体现。

三、道德与企业道德

（一）道德与企业道德的含义

道德通常是指那些用来明辨是非的规则或原则。道德在本质上是规则或原则，这些规则或原则旨在帮助决策人判断某种行为是正确的或错误的，或这种行为是否为组织所接受。不同组织的道德标准可能不一样，即使是同一组织，也可能在不同的时期有不同的道德标准。此外，组织的道德标准要与社会的道德标准兼容，否则这个组织很难为社会所容纳。

企业道德可以有广义与狭义两种理解。广义的企业道德是指导企业经营活动参与各方行为善恶的规范。企业及其员工是经营活动的参与者，它们的经营活动会给顾客、供应者、竞争者、政府、社区等利益相关者带来影响，可以说这些利益相关者也是经营活动的参与者。没有顾客就不可能完成销售活动，没有供应者就不可能有采购活动，没有政府的指导、社区的支持，经营活动也不可能正常开展。既然参与企业经营活动的不仅仅是企业及其成员，那么，单纯要求企业及其成员遵守一定的规范而对其他参与者不作要求，这既不公平也不利于经营活动的健康开展。

狭义的企业道德是关于企业及其成员行为的规范，是关于企业经营活动的善与恶、应该与不应该的规范，关于怎样正确处理企业及其成员与利益相关者关系的规范。它是通过社会舆论、传统习俗、内心信念和内部规范来起作用的，所以企业道德既有外在性又有内在性。

（二）四种道德观

1. 道德的功利观

这种观点认为决策要完全依据其后果或结果做出。功利主义的目标是为尽可能多的人提供尽可能多的利益。接受功利观的管理者可能认为解雇其工厂中20%的工人是正当的，因为这将增强工厂的赢利能力，使余下的80%的工人的工作更有保障以及符合股东的利益。一方面，功利主义对效率和生产率有促进作用，并符合利润最大化的目标。另一方面，它会造成资源配置的扭曲，尤其是在那些受决策影响的人没有参与决策的情况下，同时，功利主义也会导致一些利益相关者的权利受到忽视。

2. 道德的权利观

这种观点认为决策要在尊重和保护个人基本权利（如隐私权、言论自由和游行自由等）的前提下做出。例如，当雇员揭发雇主违反法律时，应当对他们的言论自由加以保护。权利观的积极一面是它保护了个人的自由和隐私。但对组织而言它也有消极的一面：接受这种观点的管理者把对个人权利的保护看得比工作的完成更加重要，从而在组织中会产生对生产率和效率有不利影响的工作氛围。

3. 公平理论道德观

这种观点要求管理者公平地实施规则。接受公平理论观的管理者可能决定向新来的员工支付比最低工资高一些的工资，因为在他看来，最低工资不足以维持该员工的基本生活。按公平原则行事，也会有得有失。得的是它保护了那些未被充分代表的或缺乏权力的利益相关者的利益，失的是它可能不利于培养员工的风险意识和创新精神。

4. 综合社会契约理论观

这种观点主张把实证（是什么）和规范（应该是什么）两种方法并入商业道德中，

即要求决策人在决策时综合考虑实证和规范两方面的因素。这种道德观综合了两种“契约”：一种是经济参与人当中的一般社会契约，这种契约规定了做生意的程序；另一种是一个社区中特定数量的人当中的较特定的契约，这种契约规定了哪些行为方式是可接受的。这种商业道德观与其他三种的区别在于它要求管理者考察各行业和各公司中的现有道德准则，以决定什么是对的、什么是错的。

研究表明，大多数人对道德行为持功利主义态度。比如美国的一项对200个专业人士的调查表明，35%的人承认对顾客和同事撒谎；另一个对158个资深管理者的调查显示，65%的人认同对中层和高层管理者来说，企业的利润比产品安全更为重要。这不足为奇，因为功利主义与诸如效率、生产率和高额利润之类的目标相一致。例如，在追求利润最大化的过程中，管理者可以从容地争辩说他正在为尽可能多的人谋取尽可能多的利益。

随着个人权利和社会公平的日益被重视，功利主义遭到了越来越多的非议，因为它在顾及多数人的利益的时候，忽视了个人和少数人的利益。对个人权利和社会公平的考虑，意味着管理者要在非功利标准的基础上建立道德标准。这对当今的管理者来说无疑是个严峻的挑战，因为使用诸如个人权利、社会公平和社区标准之类的标准来进行决策，要比使用诸如对效率和利润的影响之类的标准来进行决策，更让管理者感到迷惑。其结果是，管理者不断发现自己处在道德困境中。

四、企业伦理与法律的关系

人们也许会问，国家颁布了许多法律，我只要依法经营，就没有什么事了，何必遵循什么企业道德呢？为了回答这个问题，我们来看一下企业道德与法律、法规之间的关系。

（一）两者的调节方式不同

法律是统治阶级依靠国家机器等强制力量执行的，体现了强制性和外在性；而道德则依靠社会舆论、传统习惯和内心信念起作用，体现了自觉性和内在性。

（二）两者所要规范的行为不同

法律是人们所必须共同遵守的起码的行为规范，它只能对触犯了“最起码的行为规范”的行为予以追究，对一般不道德行为并不追究。如产品质量差致人伤亡或造成重大财产损失，就要对制造者绳之以法；而把次品当正品卖，只要对社会没有造成重大损失，法律就不追究。但这种行为显然是不道德的，要受到社会舆论的谴责。可见，道德比法律有更广泛的渗透性，法律惩治的行为道德予以谴责，法律不追究的不善的行为道德也予以谴责。

（三）法律只能惩恶，不能劝善

法律只规定什么是不应该的；道德则既指出什么是恶的、不应该的，又指出什么是善的、应该的。

（四）法律与道德在内容上相互渗透，在作用上相互补充

道德规范往往是法律制定的依据，许多法律起初只是一种道德规范，随着问题的恶化

和公众呼声的提高，一些道德规范上升到了法律。道德可以引导人们尊重并信守法律，而法律可以作为维护道德的威慑力量。道德可以用来防范尚未发生的违法行为，而法律可以用来制止已经发生的违法和严重不道德的行为。

（五）法律反映的是昨天的道德准则，不一定符合今天和明天的社会期望

法律的起草和颁布是数年磨一剑，而社会是在不断发展变化的，因此，难免会出现法律滞后于现实的情形，此时，就需要由道德来填补空缺或漏洞。

五、影响管理伦理的因素

（一）管理者因素

管理者在组织中地位特殊，影响较大，他们的道德水平、个人素质和信心及控制力对管理伦理有直接的影响。

1. 管理者的道德发展阶段

管理者的伦理道德对组织伦理道德有深刻的影响。作为一个管理者，不仅要有正常人的道德标准，还要有高于普通人的良好道德风范。西方道德心理学家通过研究发现，人们的道德发展存在三个水平，每个水平包含两个阶段。随着阶段的持续上升，个人道德判断变得越来越不受外界的影响。一个管理者达到的阶段越高，他就越倾向于采取符合道德标准的行为。

（1）前惯例水平

处于前惯例水平的人们，其道德选择只受个人利益的影响，个人仅当物质惩罚、报酬或互相帮助等个人后果卷入时，才对正确或错误的概念做出反应。其行为特征是：为避免物质惩罚，谨遵规则，或只在符合直接利益时才遵守规则。

（2）惯例水平

处于惯例阶段的人们，其道德选择受他人期望的影响，道德价值存在于维护传统秩序和他人的期望之中。其行为特征是：做自己周围人所期望做的事，或通过遵循、履行他人所认同的准则、义务来维护传统的秩序和标准。

（3）原则阶段

处于原则阶段的人们，其道德选择具有自主性，受自己认为是正确的个人行为准则的影响，个人做出明确的努力，摆脱其所属团体或一般社会的权威，确定自己的道德原则，其行为特征表现为：遵循自己长期以来的道德准则，而不受外界的影响。

2. 管理者道德行为的个人特征

成熟的人一般都有相对稳定的个人价值准则和道德规范，都有关于正确与错误、善与恶、勤奋与懒惰、公平与偏倚、诚信与虚假等基本信条的认识。这些认识是个人在长期生活实践中发展起来的，也是教育与训练的结果。管理者通常也有不同的个人准则，它构成了管理者道德行为的个人特征。由于管理者的特殊地位，这些个人特征很可能转化为组织的道德理念与道德准则。

3. 管理者自信心强度与自我控制的能力

在管理过程中，一般要求管理者的谋与断、胆与识是统一的。但管理者作为一个个

体，能否把自己的价值认识转化为行动以及在多大程度上转化为行动，是“寡断”还是“立断”，其个性品质中的自信心的强度是极为重要的决定因素。因此，美国著名的管理学教授斯蒂芬·罗宾斯认为，管理者的自信心强度对管理者的道德选择至关重要。实践表明，自信心强的人比自信心弱的人更能克制冲动，也更能遵循自己的判断，去做自己认为正确的事，从而在道德判断与道德行为之间表现出更大的一致性。斯蒂芬·罗宾斯在《管理学》中提出了“控制中心”的概念。“控制中心”即“衡量人们相信自己掌握自己命运的个性特征”，它实际上是管理者自我判断、自我控制、自我决策的能力。

（二）管理组织的文化建设

斯蒂芬·罗宾斯认为，管理组织的文化建设对管理道德的影响主要表现为两个方面：一是组织文化的内容和性质，二是组织文化的力度。一个组织若拥有健康的和较高的道德标准文化，这种文化的向心力和凝聚力必然对其中的每个人的行为具有很强的控制能力。另外，组织文化的力度对管理道德也有着很大的影响。如果组织文化的力量很强并且支持高道德标准，那么，它会对管理者的道德行为产生强烈的和积极的影响；相反，在一个较弱的组织文化中，即使人们具有正确的道德标准，在遇到矛盾和冲突时也难以坚持原有的道德标准，从而导致管理者的非道德行为。

（三）管理组织结构的设计

合理的管理组织结构可以对组织中的个体道德行为起到明确的指导、评价、奖惩的作用，因而也就对管理者的道德行为有约束作用。为此，首先要做到减少组织结构设计中的模糊性，因为“模糊性最小的设计有助于促进管理者的道德行为”。而减少模糊性的最重要的方法，就是制定严格的、正式的规则和制度。其次，组织要根据内外环境和条件的变化适时调整自身的组织结构，其管理层次设计要有助于各级、各部门管理者的分工与协作，这样才能在组织管理层形成和谐、有效的人际关系，也才能够协调、激励管理者的道德行为和道德信念，进而为成员确定出可接受的和期望的行为标准。因为“上级行为对个人道德或不道德行为具有最强有力的影响”。再次，组织要有一个合理的绩效评估系统。其合理性表现在，要用科学的方法制定出切实可行的评估指标和评估程序。要从客观、全面的角度评价每一位员工。如果仅以成果作为唯一的评价标准，则会使人们在指标的压力面前“不择手段”，从而加大违反道德的可能性。最后，激励的强度和频率，尤其是报酬的分配方式、赏罚的标准是否合理，也是影响管理道德行为的重要方面。因为它直接与道德的一个重要标准——公正相联系，组织收入分配中的公正程度关系着人们的道德选择，也关系着人们对道德的信念和坚持。

六、提高管理伦理水平的途径

（一）提高管理人员的素质

管理者的道德发展阶段、自信心、自控能力等都是影响管理道德的重要因素，而这些因素其实是管理人员素质高低的体现。要改善管理道德，首先要提高管理人员的素质。一方面，由于担任管理职务具有相当大的职权，而组织对权力的运用往往难以进行严密、细致、及时、有效的监督，所以权力能否正确运用，在很大程度上取决于管理人员的素质。另一方面，因为每个组织相对社会来说都是极小的，对社会的影响不大，所以调整组织道德的是伦理规范，而组织的道德水准如何则完全取决于其主要负责人的个人修养。管理者素质低下极有可能转向腐败或极易造成决策失误，导致组织夭折。法约尔认为，一个人在组织阶梯上的位置越高，明确其责任范围就越难。避免滥用权力的最好办法是提高管理者的个人素质，尤其是要提高其道德方面的素质。

（二）建立恰当的道德准则

道德准则是表明一个组织基本价值观和它希望员工遵守的道德规则。一方面，道德准则应尽量具体，以向员工表明他们应以什么精神从事工作；另一方面，道德准则应当足够宽松，从而允许员工有判断的自由。如果管理者认为这些准则很重要，经常宣讲其内容，并当众训斥违反者，那么道德准则就能为道德计划提供坚实的基础。

（三）管理人员以身作则

道德准则要求管理者尤其是高层管理者以身作则。高层管理者通过他们的言行和奖惩建立了某种文化基调，这种文化基调向员工传递和暗示了某些信息。例如，如果高层管理者公车私用，无度挥霍，这等于向员工暗示，这些行为是被允许的。如果管理者选择关系密切者作为提升或奖赏的对象，则表明靠拉关系这种不正当的方法获得好处不仅是可能的，而且是有效的。于是“关系文化”就可能盛行，人们的注意力就不会集中在工作实绩的创造上，而是转向人际方面的钻营。而如果管理者当众惩罚投机者，员工就会得出这样的结论：投机是不受欢迎的，是要付出代价的。所以，不良的纪律来自不良的管理者。组织管理者如果不能严于律己，以身作则，势必会在组织内部形成管理松弛、制度涣散、风气败坏、上行下效的局面。因此，管理者律己不严，就不能严整纲纪。只有以身作则，才可能军令如山、执法如山。

（四）加强管理者的职业道德修养

每一种职业活动不仅贯穿着专门的业务要求，而且贯穿着与职业活动相关的道德行为准则，这是个人道德行为特征的最具体、最重要的表现。要加强管理者的道德修养，必须加强管理者的职业道德建设。

职业道德建设有两个方向：一个方向是职工道德，另一方向则是组织领导者、管理者的道德。两者相互联结、相互作用，构成一个完整的职业道德模式。职业道德教育同道德教育、文化科学教育一样是终身的，应不断反复进行。但职业道德建设的关键环节在于管理者的道德水平。管理者的职业道德建设好了，各行各业组织成员、群众的职业道德建设就会卓有成效。

（五）加强企业文化建设与道德引导

伦理道德与组织文化具有互动作用，加强道德建设可以促进和稳定组织文化的形成；而组织在培植组织文化过程中，可以潜移默化地对员工进行职业道德教育，可以分辨、控制、支持及影响个体的道德行为。所以，要提高管理道德，必须加强组织文化的建设。通过组织文化的熏陶和潜移默化的影响，可塑造出高素质的员工，进而为组织的发展做出卓越贡献。

建立正式的保护机制可以使那些面临道德困境的员工及时得到指导，在不用担心受斥责的情况下自主行事。例如，西方大企业大都有道德顾问，当员工面临道德困境时，可以从道德顾问那里得到指导。道德顾问首先要成为那些遇到道德问题的人的诉说对象，倾听他们陈述道德问题、产生这一问题的原因以及自己的解决方法。在各种解决方法变得清晰之后，道德顾问应该积极引导员工选择正确的方法。另外，组织也可以建立专门的渠道，使员工能放心地举报道德问题或告发践踏道德准则的人。

（六）综合评价绩效

如果仅以经济成果来衡量绩效，人们为了取得结果，就会不择手段，从而有可能产生不道德行为。如果组织想让其管理者坚持高的道德标准，在评价过程中就必须把道德方面的要求包括进去。例如，在对管理者的年度评价中，不仅要考查其决策带来的经济成果，还要考查其决策带来的道德后果。

（七）严格而独立的社会审计与监督

斯蒂芬指出："一种重要的制止非道德行为的因素是害怕被抓的心理。按照组织的道德评价决策和管理的独立审计，提高了发现非道德行为的可能性。"英美国家靠发挥注册会计师的"警察"作用，来保证管理者披露的财务会计信息的真实可靠。西方发达国家普遍设有组织伦理顾问。加强社会的各项各类型的检查和监督，进行独立的社会审计与社会监察，是改善管理伦理的重要手段。

案例分析

案例3-1

壳牌——企业社会责任实践的领跑者

壳牌公司成立于1897年，它的两个母公司分别是荷兰的皇家荷兰石油公司（持股60%）和英国的壳牌运输公司（持股40%）。2005年7月之前，两家公司在运营上彼此独立，拥有各自独立的董事会，分别在荷兰和英国挂牌上市，可以互相购买对方的股票。2005年7月20日，在两大母公司董事会合并方案获得通过后，皇家荷兰石油公司和壳牌运输公司实现了内部的整合。合并后公司名称仍为荷兰皇家壳牌有限公司，总部设在荷兰海牙。目前公司拥有10.8万名员工，业务遍及全球130多个国家和地区，是世界上最大的集石油、天然气、发电、化工、可再生能源以及其他业务的上下游一体化的综合性能源公司之一。在美国《财富》杂志最新500强排名中位居第4名，并连续四年被世界优秀管理评估机构M&E评为全球最具可持续发展能力和道德感的大石油公司。

一、壳牌企业社会责任实践的发展与演变

壳牌的企业社会责任实践大体可以分为以下三个阶段。

（一）19世纪末—20世纪70年代前期

壳牌处于早期发展和注重履行经济责任阶段。这期间壳牌集团的CSR实践主要以生产经营为主线，以为股东创造价值为核心。1898 年，壳牌出版了第一本《壳牌运输和贸易审计报告》；1953 年，壳牌出版了第一本《壳牌集团总报告》。以上报告是壳牌早期围绕经济责任开展企业社会责任实践的例证。

（二）20 世纪 70 年代中期—20 世纪 90 年代中期

此阶段为壳牌开始注重社会回应阶段。此间，全球商业环境发生重大变化，壳牌的一系列丑闻事件使其公众形象受到很大争议，壳牌开始重视外界反应对业务的影响，并积极反思和采取改进措施。壳牌初步将 CSR 理念与集团战略相结合，制定并修订《壳牌商业原则》。

（三）20 世纪 90 年代中期至今

此阶段为壳牌全面提升企业社会责任管理阶段。1987 年制定了《环境管理指南》；1989 年制定了《职业健康管理指南》；1997 年对在公司的企业社会责任实践中具有“宪章”意义的《壳牌商业原则》进行了重大修订，发布了《壳牌集团健康安全与环境报告》及以企业社会责任为主要内容的首份《壳牌报告》；1998 年首次对集团非财务业绩进行财务分析，与企业伦理和社会责任方面的专家进行对话，并与壳牌员工在社会责任和商业原则上的专题讨论中取得进展。这期间，壳牌对可持续发展战略进行了重新阐释，并将 CSR 管理全面融入到公司的发展战略之中。

二、丑闻事件的推动作用

翻开壳牌的历史，今天壳牌的辉煌很难让人联想到其备受指责的丑闻事件。但正是这些不堪回首的往事，成为推动壳牌全面梳理其企业社会责任理念、重新打造公司管理体系的重要外因。

（一）Brent Spar 海上平台事件

1995 年 4 月，壳牌要沉掉一艘废弃的重 4 000 吨、高 137 米的名为 Brent Spar 的海上储油废弃平台，遭到德国绿色和平组织的强烈反对。此后的几个月里，绿色和平组织精心设计了一场公众响应极其默契的闪电战，引起公众对壳牌的强烈抨击，联合国环境规划署及全球 100 多个国家达成一致，采取法律措施阻止了平台的下沉。Brent Spar 平台最终被壳牌花费重金拉回挪威。该事件使壳牌当年在德国的汽油销量猛跌了 50%。

（二）尼日利亚环保事件

就在 Brent Spar 平台事件发生几个月后，尼日利亚环保论者 Ken Saro-Wiwa 和其他八个反对壳牌的激进分子被当时的尼日利亚政府以煽动暗杀罪名处死。壳牌被疑与处决了上述人物的尼日利亚独裁政权有染，在公众舆论中掀起了轩然大波，壳牌遭受到严重的形象危机，此事件至今仍令壳牌心有余悸。

（三）储量虚报事件

2004 年 1 月 9 日，壳牌将占其已探明油气储量 20% 的 27 亿桶原油、12 亿桶天然气的储量等级由“确定储量”降为“可能储量”，其后 3 次不断下调，最终公布了 44.7 亿桶的虚报储量。储量虚报丑闻直接导致壳牌原董事长菲利浦·沃茨的黯然离职。丑闻就像噩梦一样将壳牌缠绕，让壳牌原有的痼疾渐渐进入人们的视线。投资者称看不到壳牌长期的业务增长点，油气储量“注水”甚至引发了壳牌信用危机。

三、企业社会责任行动宪章:《壳牌商业原则》

上述事件的发生对当时内部管理和财务状况都不佳的壳牌来说等于雪上加霜。这促使壳牌开始深思和反省:“做了错事怎么办?”壳牌认识到,要改变公司的严峻形势,需要建造一个快速、灵活、注重环保的组织,这一组织要有效运作、更具创新精神,并能将壳牌公司引向获利丰厚的新征程。壳牌开始通过聘请顾问和摸底调查进行改革。作为改革的重要一步,1997 年壳牌首先修订了《壳牌商业原则》,新修订的《壳牌商业原则》增加了人权的内容,并确定了壳牌可持续发展的商业战略。壳牌承诺以一种可持续发展的方式开展业务,这让壳牌在发展中要通过股东的眼睛观察世界,要了解和应对壳牌运营及产品可能对社会和环境产生的正负面影响,为壳牌的未来发展争取先机。

壳牌认为,有原则的运营方式是壳牌保持长期成功的关键。《壳牌商业原则》与联合国《全球契约》、《全球沙利文原则》及经济合作与发展组织制定的《跨国公司行为准则》在指导思想上是相吻合的,它们都建立在三个基本的价值观基础上:诚实、正直和对人尊重。

自 1976 年以来,壳牌一直坚持把《壳牌商业原则》纳入到自己的战略规划当中,并随环境和时代的发展不断完善。目前,《壳牌商业原则》已成为壳牌企业社会责任体系的重要组成部分,并已经渗透到壳牌全球业务的每个角落。《壳牌商业原则》包括经济、竞争、商业道德、政治活动(包括公司的政治捐助和员工参与社区活动)、健康与安全、保安与环保、当地社区、沟通和交流及遵纪守法八个方面的内容。

(一)相对完善的 CSR 管理机构

壳牌作为业界 CSR 实践领先者的一个重要表现就是成立了一个比较完善的企业社会责任组织管理机构,内设有专门的社会责任委员会,外设外部评价委员会。

社会责任委员会于 1999 年成立,是壳牌董事会下设的四个专门委员会之一。目前,社会责任委员会由三名非执行董事组成,协助董事会代表集团按照《壳牌商业原则》、《壳牌行为准则》、《健康安全环境政策》、《壳牌可持续发展政策》等对集团的企业社会责任政策和行为进行评估,并提出建议。其主要职能还包括:了解集团健康安全环境管理和社会表现、了解集团在主要项目和业务所在地对环境和社会影响的管理;为可持续报告提供信息和草案,与外部评价委员会进行面对面会谈;到业务所在地与当地员工和外部股东进行会谈,获取业务所在地责任表现的第一手资料等。

壳牌的外部评价系统已经发展得比较完善,呈现系统化,其成员全部是来自美国商务社会责任协会、国际环境与发展学会、英美市场可持续发展组织、世界资源研究所、国际透明度组织等一些国际权威机构的主要负责人。他们与社会责任委员会一起对公司的可持续发展报告进行评价并提出建议,对壳牌报告是否选择了最重要的主题、如何回应股东关心的问题、是否已经提供了足够多的信息等进行评价,并提供建议。

(二)完善的报告体系

壳牌的报告体系经历了漫长的演变过程。早期主要是公司对内和对外信息通报,20 世纪 70 年代中期开始发布公司的财务、环境及社会报告。2000 年,壳牌把健康安全环境报告合并到《壳牌报告》。

目前壳牌的可持续发展报告体系分为三个层次。一是集团年度可持续发展报告。壳牌已连续10年发布集团年度可持续发展报告。报告有一套完善的企业社会责任指标体系，除了独立的业绩指标外，还引入了《可持续发展报告指南》、《油气行业可持续发展报告指南》等相关国际指南和指标。二是可持续发展国别报告。壳牌很重视业务所在地的业绩表现，特别关注影响到壳牌名声和商业表现的业务所在地的环境和社会问题，并且致力于与当地社区一起提高这些地方的环境和社会表现。为此，壳牌还发布重点业务所在国的可持续发展报告，如《壳牌巴西报告》、《壳牌菲律宾可持续发展报告》、《壳牌澳大利亚报告》、《壳牌加拿大可持续发展报告》、《壳牌中国可持续发展报告》等。三是重点项目可持续发展报告，如《俄罗斯萨哈林Ⅱ石油和液化天然气项目》《加拿大阿萨巴斯卡油砂项目》等，这些都大大加强了壳牌与各利益相关方的对话、沟通和交流。

壳牌集团可持续发展报告每年都会有一个主题，主题随着壳牌商业战略和社会责任实践的发展而进行调整。从2003年起，壳牌开始采用了一种新的方式改进报告，即根据股东和其他利益相关方的意见反馈，对重点业务所在地进行重点报告回应，削减报告篇幅，减少报告的信息量，而把更多、全面、及时的信息链接到了壳牌网站上发布。

资料来源：李文、杨静：《WTO经济导刊》。

问题

1. 请对壳牌集团企业社会责任实践的发展作简要评价。
2. 壳牌集团的发展对你有什么启示？
3. 结合壳牌企业的发展，你认为应如何提高企业的社会责任？

案例3－2

陈光标的慈善之路

陈光标，江苏人，任江苏黄埔再生资源利用有限公司董事长，被媒体称为“中国首善”。陈光标有过多次慈善壮举，如自己组织慈善团队赴日救灾、在云南灾区派钱后与村民举钱合影、在贵州开演唱会向观众发猪羊。但是，曾经的“中国首善”陈光标近日陷入一场形象危机，遭到部分媒体曝光，被称慈善行为虚报不实，而且他过分关注慈善，导致企业陷入经营危机。报道中，有媒体指出陈光标利用慈善行为，为自家和企业谋利，把慈善行为当成一种投资，利用慈善进行“道义绑架”，让地方政府为其企业经营发展谋利。

对于他高调的慈善行为赞誉有之，认为他为中国富豪做出了榜样；反对有之，代表性的观点认为这是一种慈善的暴力行为，即以牺牲受助人的尊严来获得自己的满足，是一种慈善的倒退。但陈光标认为他是想通过这种高调的方式让大家关注慈善，让更多的人参与到慈善捐赠中来。

资料来源：2012年国家公务员考试申论热点时评：陈光标“暴力慈善”。

问题

你如何评价陈光标的慈善行为？

本章思考题

1. 什么是社会责任？
2. 赞成和反对企业承担社会责任有哪些理由？
3. 社会责任与经营绩效有什么关系？
4. 社会责任的标准及具体内容是什么？
5. 管理伦理是如何产生的？简述管理伦理的含义。
6. 企业伦理与法律有什么关系？
7. 简述影响管理伦理的因素。
8. 提高管理伦理水平有哪些途径？

第四章　决策

学习目标

通过这一章的学习，希望你能够掌握：

1. 决策的概念、基本特点和类型；
2. 决策的标准；
3. 决策的过程；
4. 决策的定量与定性研究方法。

引例

对柯达破产的反思

世界最大影像产品商美国柯达公司2012年1月19日上午向纽约地方法院提出申请破产保护。柯达是一个拥有131年历史的百年企业，它所提供的优质胶卷曾经独占全球胶卷市场的鳌头，在中国，柯达“串起每一刻，别让她溜走”的广告语曾经深入人心。但是，20多年之后，柯达却已经风光不再。柯达的严重衰退也早已不是新闻，公司从2004年以后便亏损不断，从2008年开始连续4年严重亏损，股票市值从1997年2月最高时的310亿美元下降至2012年的21亿美元。

1974年美国柯达实验室研发出了世界上第一台数码相机，它不需要胶卷，直接通过电子方式拍摄和记录影像。可惜的是，作为当时全球最大的传统胶片企业，柯达担心胶卷销量受到影响，一直没有大力发展数码业务。事实证明，这一错误的战略决策导致了灾难性后果，在迅猛到来的数码相机普及潮中，柯达手足无措。至2011年，公司不得不筹划出售专利以求得生存，并最终走向了破产的悲惨结局。

柯达的案例为包括中国企业在内的企业经营教科书增添了极富殷鉴意义的一章。其实，在柯达之前，已经有很多全球性的知名企业为我们提供了活生生的例子，比如曾经在手机市场上处于领先地位的诺基亚、很多中国企业其实面临着与柯达等企业同样的战略决策问题。做百年老店，让基业长青，是所有企业梦寐以求的目标。但是，今天的企业面临的是一个复杂多变、竞争激烈的市场，因此，审时度势，正确果断地决策，对企业的发展具有至关重要的意义。

据对近20年来的400余例企业高层战略决策进行的分析表明，半数的决策最终都归于失败。在中国，企业CEO们决策方面所犯的错误不仅远远多于国外的同行，而且往往是致命的。新希望集团董事长刘永好谈及中国企业家失败的原因时说：70% ~80%的原因是投资失败，而投资失败源于决策失败。曾经的飞龙集团的总裁姜伟反省出的20大失误，头三条赫然是“决策的浪漫化、决策的模糊性、决策的急躁化”。可见决策失误给姜伟带来的切肤之痛，而其他国内企业家在反思失败时，也无一例外地检讨自己的决策错误。

《财富》杂志根据对企业CEO失败原因的长期分析后，认为决策的独断和无制约是重要原因之一。巨人总裁史玉柱在检讨失败时曾坦言：“巨人的董事会是空的，决策是一个人说了算。因我一人的失误，给集团整体利益带来了巨大的损失，这也恰好说明，权力必须有制约。”不仅是巨人，我国大多数企业决策基本上是独断体制。因此，没有人能够阻止姜伟“决策的浪漫化、决策的模糊性、决策的急躁化”。正如史玉柱所言：“决策权过度集中在少数高层决策人手中，尤其是一人手中，负面效果同样突出。特别是这个决策人兼具所有权和经营权，而其他人很难干预其决策，危险更大。

企业CEO失败的另外一个重要原因是对决策执行的不力。《财富》引用了康柏的董事会主席本杰明的话：“我们的战略无懈可击，我们真正要做的是加快速度，让整个公司更有效率。”同样，柯达公司解雇凯·威特摩尔的时候，人们也都认为，他下台的原因是不知道“柯达应该在数字化世界里扮演什么样的角色”。但据说柯达早已秘密制定了一套重塑公司数字化形象的积极战略，威特摩尔也举双手赞成，但是他根本无法实施这一战略，这才是他下台的根本原因。

思考：这一段资料对你有什么启发？

第一节　决策概述

一、决策的概念

决策是管理活动中的一项重要内容，在一定意义上就是为了解决问题而采取的对策。有学者认为，决策是组织的决策者以其知识、经验、信息为依据，遵循决策的原理和原则，采用科学的方法确定组织未来的行动目标，并从两个及以上可行的行动方案中选择一个合理方案的分析判断过程。综合各种观点，我们认为，决策是人们为实现一定的目标而制定行动方案，并准备实施的活动，也是一个提出问题、分析问题、解决问题的过程。

科学决策对组织的活动成败有着决定性的影响。科学的决策要求决策者有知识、经验和能力，并充分、及时和准确地掌握相关信息，遵循决策的基本原理和原则，采用科学的决策方法，做出符合事物发展规律的决策。因此，决策技术日益受到管理层的重视。决策的科学性并不否认决策可能出现的失误，关键是要善于从失误中总结经验教训，不断增强决策的科学性。

决策是现代企业成败的关键。决策正确意味着企业成功了一半，决策尤其是战略决策失误意味着企业将陷入深渊。现代管理的重心是经营，经营的核心是决策。决策在现代管理中的作用越来越重要。从战略的角度来看，决策为企业的发展指明方向；从日常经营管理的角度来看，每一个管理问题都面临多种选择，需要从诸多方案中寻找一个最佳方案，这就需要决策，所以决策贯穿了管理的始终。决策不只是高层管理者的责任，也是所有管理者的日常工作。面对日益复杂和不确定的经营环境，科学的决策能使企业最大限度地避免失败，将企业的经营风险降至最低。

二、决策的基本特点

（一）决策是行动的基础

任何一项管理活动都要预先明确该项活动要解决什么问题，达到何种目的，达到预期目的的方法及程序、时机。决策要对每个可行方案进行综合分析与评价，按照一定的标准及原则选择一个较优的方案并以此作为实施的方案，之后还要对实施的结果进行评估，并为下一阶段的行动提供经验和调整方案。

（二）决策具有超前性

任何决策都是针对未来行动的。决策涉及的问题一般都是为了解决目前及未来可能面临的待解决的问题，找出各种可行的解决方案。决策要求决策者具有超前意识，思维敏锐，并能预见到事物的发展变化，适时做出正确的决策。

（三）决策具有明确的目的性

决策是为了解决一定的问题，达到一定的目标。在对行动方案进行选择前，首先要明确决策的目的。如果缺乏目的或目的性不明，决策就没有方向，往往会导致决策无效甚至失误。

（四）决策方案的可选择性和可行性

决策方案选择是决策的重要内容。决策必须有两个及以上的方案可供选择，解决问题的最佳方案往往不是一目了然的，必须通过对不同方案进行多方面的评价，依据一定标准从方案中择优。寻找方案是一个建立在大量信息基础上的创造过程。单个方案不存在决策的问题。另外，所选择的方案能保证目标的实现，而不是凭空想象。而最优方案是在一定标准下的最优，标准不同，最优方案也不同。例如，工程招标中，如果以价格为标准，出价最低的就会中标；如果以质量为标准，那么质量最好的方案可能中标；如果既要考虑质量，又要考虑价格，所选的方案便是在保证所要求的质量水平的前提下出价最低的方案。

（五）决策的过程性

决策在本质上是一个多阶段、多步骤的分析判断过程，而不是一个“拍脑袋”或瞬时能完成的决定。决策是一个提出问题、分析问题和解决问题的系统过程。在进行决策时，决策者首先需要做大量的调研分析和预测工作，掌握足够的信息，然后确定决策目标，并找出可行的方案，通过对方案进行评价权衡、选择，并实施方案，达成目标。

第二节 决策的类型

决策贯穿于整个组织活动的全过程，涉及各方面的内容。因此，根据不同的要求，从不同的角度对决策过程进行分类，将有助于决策者把握各类决策的特点，根据决策问题的特征，按不同的决策种类采用相应的方法，进行科学有效的决策。

一、长期决策和短期决策

按决策影响时间的长短，决策可以分为长期决策和短期决策。长期决策是指有关组织今后发展方向的长远性、全局性的重大决策，又称长期战略决策，如企业经营方向选择、市场定位等问题的决策；短期决策则是为实现长期战略目标所采取的较短期策略手段，又称短期战术决策，如企业的日常营销决策、人力资源管理决策等。

二、战略决策、战术决策和业务决策

按重要程度划分，决策可分为战略决策、战术决策和业务决策。

（一）战略决策

战略决策，是对涉及组织未来发展目标、战略规划等全局性的、长期性的、作用大和影响深远的根本问题的决策活动，如企业的经营方向和目标、经营战略规划、新产品开发、企业兼并等。战略决策主要是协调组织与内外部环境的关系，所需解决的问题复杂，环境变动性较大，而且一般需要经过较长时间才能看出决策的效果。战略决策对决策者的洞察能力、分析判断能力等有很高的要求，往往并不过分依赖复杂的数学工具及技术，强调定量分析与定性分析并重，在战略决策中，找出关键影响因素和存在的主要矛盾比利用复杂计算和模型更为重要。战略决策通常由组织的高层管理者做出，必要时也借助于外部力量。

（二）战术决策

战术决策，又称管理决策，是针对战略性决策的支持性决策，包括对组织的人力、资金、物资等资源进行合理配置等。相较于战略决策具有局部性、中期性和战术性。譬如机构重组、人力资源配置、市场营销策划、产品开发方案制定、设备更新的选择等。战术决策旨在实现组织内部各个环节活动的高度协调和资源的合理利用以提高经济效益和管理效能。战术决策不直接决定组织的生存和发展，但其正确与否，也将在很大程度上影响组织目标的实现程度和工作效率的高低。战术决策主要由组织的中层管理者做出。

（三）业务决策

业务决策，又称执行性决策，是日常活动中有关提高效率和效益的决策，涉及组织的一般管理和日常业务活动，是组织决策中涉及范围和影响程度最小的，如企业生产管理、销售管理、人力资源日常管理、设备维修、文件整理、企业库存控制、原材料采购等。业务决策是组织运行的基础，一般由中下层管理人员做出。

上述三种决策的重要性不同，各级管理者侧重不同。高层管理者负责战略性决策，中层管理负责战术性决策，而基层管理者负责业务性决策。

三、单一目标决策和多目标决策

按照目标数量划分，决策可分为单一目标决策和多目标决策。在单一目标决策中，决策行动只为实现一个目标；多目标决策服务于多种目标的实现，管理的实际问题往往存在多个目标诉求，所以多目标决策应用很广泛。在多目标决策中，由于资源是稀缺的，所以必须给不同的目标规定优先等级，决策目标的优先等级体现出了决策者的价值判断。

四、程序化决策和非程序化决策

按照所要解决的问题的重复程度来划分，决策可分为程序化决策和非程序化决策。西蒙将组织活动分为两类：一类是反复出现的例行活动，另一类是非重复出现的非例行活动。这两类活动对应的决策分别称为程序化决策和非程序化决策。

（一）程序化决策

程序化决策，又称常规决策、例行决策，是指能够按规定的程序、处理方法和标准去解决管理中经常出现的问题的决策。比如日常的人力资源管理决策、定期的会计与统计报表的编制及分析等。在组织管理工作中，约有 80% 的决策属于程序化决策。在组织管理中，有很多问题是反复出现的，所以目标比较明确，信息比较完全，处理经验比较丰富。组织应将解决此类问题的经验和基本过程，用程序、规范等规定下来，并作为处理此类问题的依据和准则，以降低管理成本，提高管理的效率。通过程序化决策，大量的重复性管理活动能被授权至下一级管理层，使高级管理层避免被日常繁杂的事务所累，能有更多的时间考虑有关组织生存及发展的方向性决策。

（二）非程序化决策

非程序化决策，又称非常规决策、例外决策，是针对解决以往无先例可循的、具有极大的偶然性和随机性、很少重复发生的新问题所进行的决策活动，比如企业合并、重大人事变动、组织变革等。当偶然性问题出现的频率增加时，应及时将解决方案程序化，纳入至程序化决策的范围内。

五、确定型决策、风险型决策和不确定型决策

按照决策问题所面临的条件和决策结果的确定性程度，决策可分为确定型决策、风险型决策和不确定型决策。

（一）确定型决策

确定型决策是指各种决策方案未来的各种情况都非常明确，需要解决的问题、环境条件、决策过程及未来的结果的相关信息比较全面，决策者在决策过程中只要直接比较各种备选方案已知的执行后果，就能做出精确估计的决策。比如在了解市场需求量、市场价格和成本等条件的情况下进行的产量决策就是确定型决策。事实上确定型决策是一种非常理想化的决策，在组织管理中，确定型决策并不多见，因为一般的决策问题总会面临一定的

不确定性。

（二）风险型决策

风险型决策是问题明确，解决方案可行，但环境条件不能确定，即每种决策方案可能面临若干种状态条件，但是每种状态条件的概率能够通过统计等方法加以确定的决策。如企业的产量决策通常就是一种风险型决策，产品的市场需求量往往可能会出现几种不同的情况，但能通过预测分析出每一种情况出现的概率大小，如果市场价格和成本等条件已知，这样的决策就是风险型决策。企业中针对利润、效益等问题的决策一般都属于风险型决策。

（三）不确定型决策

不确定型决策是指决策者对决策问题所面临的状态条件知之甚少，无法估计可能出现的状态及相应概率，主要依赖决策者的经验和主观判断进行的决策。例如，在知道市场需求量可能出现几种结果但不能测出每一种结果出现的可能性大小，知道市场价格和成本等条件的情况下进行的产量决策就是不确定型决策。不确定型决策在组织管理中普遍存在，比如企业战略决策一般属于不确定型决策。

六、个人决策和群体决策

按决策者的数量，决策可分为个人决策和群体决策。如果决策的整个过程由一个人完成，称为个人决策。如果决策的整个过程由两个人以上的群体完成，称为群体决策。

一般而言，群体决策整体上优于个人决策，所以越来越多的问题采用群体决策方式。但是个人决策仍有其不可替代的优点。下面将从几个方面对两种决策方式进行比较。

（一）时效性

由于群体决策时需要足够的时间进行沟通与讨论，因此，个人决策的时效性强于群体决策。在紧急情况下，必须发挥个人决策的优势，由一个决策者拍板，以避免因决策者之间沟通时间过久而导致决策机会的丧失。

（二）质量性

由于个人的能力、信息、知识及经验等一般难以超越一个群体，所以一般情况下群体决策的质量高于个人决策。但也不排除个人决策者有极其丰富的经验、敏锐的直觉和判断力的情况。

（三）责任性

个人决策的责任明确，而集体决策责任分散，可能会导致无人对最后决策结果负责的局面。

（四）可执行性

群体决策通过群策群力，较好地综合了群体的意见和利益诉求，而且在决策过程中人们的参与性较高，所以决策结果易于被人们接受和执行。个人决策时，决策结果更多地代表了决策者的意愿和利益，所以执行时可能会遇到阻力，需要较多时间及精力与执行者进行沟通。当采用个人决策时，决策者应借助群体决策的优势，加强与组织成员的沟通，采纳其合理建议，以增强决策的可执行性。

（五）效率性

相较于个人决策，群体决策耗费的时间较多，成本较高。因此，采用集体决策时，必须比较成本及收益，一般比较重要的决策才采用群体决策方式，而较为简单的决策由个人负责即可。在群体决策中，应该控制决策者的数量，一般 5 ~ 7 人的群体决策最有效，否则，决策者数量越多，意见冲突性大，决策的效果和效率越低。

（六）创造性

群体决策中，如果能为参与者提供畅所欲言的环境，使其发挥出创新能力，则决策方案表现出的创造性程度往往要大于个人决策。

（七）风险性

一般而言，群体决策的风险高于个人决策。在群体决策中，由于各成员共同承担决策责任，因此，相较于个人决策，群体决策成员的顾虑较小，责任感较弱，冒险心理更强，因此有可能做出风险程度较大的决策。

七、经验决策和科学决策

（一）经验决策

经验决策是指依靠过去的经验和对未来的直觉进行决策，即所谓的“拍脑袋”决策。决策者的主观经验、个人判断和价值观会对经验决策产生重大影响。由于现代社会环境的复杂多变，经验决策往往不再适应现代决策要求，因此，科学决策越来越受到人们的重视。但是在决策信息不充分和不准确的情况下，管理者的经验及个人能力仍有重要的作用。

（二）科学决策

科学决策是指决策者按科学的程序，依据科学的理论，用科学的方法进行决策。科学决策讲究严密的程序，即在大量的调查、分析及预测的基础上，依照决策目标的要求确定各种备选方案，并从多个角度、方面对现有方案进行评价、权衡，然后进行方案择优，执行该方案并进行决策信息的反馈。在现代科学决策过程中，通常要借助于现代化的决策技术及工具，如数学分析、计算机模拟、决策支持系统等，来完成整个决策过程，提高管理效率。

第三节　决策的标准

在决策理论中，对决策者的假设主要有完全理性与有限理性两种。对决策者的假设不同，相应的决策标准也不同，分别为最优决策标准和满意决策标准。

一、最优决策标准

最优决策标准基于对决策者的完全理性假设，即认为决策者具备完全的理性知识，拥有与决策相关的完备信息，能穷尽所有可能的方案及每一方案可能的结果，决策者追求效用最大，通过冷静客观的思考进行决策，从而获取最优的决策方案。在完全理性假设下，决策遵循的是最优决策标准，偏重于通过定量分析和模型求解来获得最优解，比如成本最低、收益最多、市场份额最大化，等等。

但是，现代决策学认为，完全理性假设是一种理想化状态。现实中的决策者不可能获得决策的完全信息及所有方案，而且在方案的评价及选择中也会受决策者个人因素的影响，所以往往不可能获取最佳的解决方案。比如，有甲、乙两个投资项目，甲项目在获利和未来发展上均优于乙项目，但决策者仍然有可能会选择乙项目，比如当甲项目的风险大于乙项目，决策者是风险规避型时；或决策者出于个人原因对乙项目的所在地有特殊的感情时，等等。

二、满意决策标准

决策学的代表人物西蒙认为，现实中人的理性是介于完全理性和完全非理性之间的一种有限理性，并提出了决策的满意标准和有限理性标准，构建了更适用于实际决策问题的有限理性模型（亦称为西蒙满意模型）。有限理性模型认为，作为决策者的个体，其有限理性限制他做出完全理性的判断及决策。这是因为：首先，人的知识能力有限，不可能获取所有的信息和列出所有可能的备选方案，而且完备信息和所有方案的获取付出的成本过高，耗时过长，可能会错过决策的最好时机；其次，人的价值观存在差异，评价和判断事物的标准不同，带有个人的偏好，具有主观性；再次，最优决策针对的是单一目标，无法适用于现实中经常存在的多个目标决策。

所以，在现实中决策者更多地遵循满意决策标准，而非最优决策标准。在决策中，决策者设立一个基本要求，然后在考虑各方因素后，在现有的备选方案中选择一个被各方较易接受、能较好满足所设定的基本要求的满意的方案，或称次优方案。

满意决策标准使人们意识到各种因素对决策的影响，比如成本、时间、决策者的个人偏好，等等，并设想加以综合考虑和协调，以使决策结果更合理、更符合现实要求和更具有效率。

满意决策（或次优决策）的思维对管理者非常重要，能够提高决策效率。事实上，现实生活中我们也通常做出满意决策（或次优决策）。比如到商店买衣服，不可能把所有服装店全逛一遍，把所有衣服的颜色、式样、价格都记录下来，然后买一件性价比最高的、最满意的，这样做花费的成本太高，通常都是看几家之后挑比较满意的就买下了。

小知识

艾森豪威尔的英明决策

1944 年 6 月 4 日，盟军集中 45 个师、1 万多架飞机和各型舰船几千艘，即将开始规模宏大的诺曼底登陆作战。盟军万事俱备，海、陆、空蓄势待发，只需要选定一个登陆日期即可。登陆战役对气象、天文、潮汐这三种自然条件因素都有要求，因此，登陆日期的选择范围是十分有限的。老天似乎也和盟军开了一个玩笑，从 6 月 4 日开始，英吉利海峡天气变得恶劣。而且，根据气象预报，今后三天，英吉利海峡将在低压槽控制之下，将有大雨，风力也达到五级，舰船出航十分危险。就在盟军司令部一筹莫展之时，盟军联合气象组的负责人、气象学家斯塔琪提出一份预报，有一股冷风正向英吉利海峡移动，在冷风过后和低压槽到来之前，可能会出现一段晴好天气。联合气象组对6月6日的天气又作了较为详细的预报：上午晴，夜间转阴，之后天气将继续恶劣下去，但10天之后，会有数天的晴好天气。是利用近在眼前的12个小时的短暂晴天，还是等待十余天后长达数天的好天气？盟军最高统帅艾森豪威尔沉思片刻，果断做出最后决定："好，我们行动吧！"于是著名的诺曼底登陆最终确定在6月6日。后来虽因天气不好，使盟军空降兵损失了60%的装备，汹涌的海浪使一些登陆艇沉没，轰炸投弹效果差，但诺曼底登陆作战一举成功，却是不可否认的事实。

案例中所体现的决策属于满意决策。艾森豪威尔在选择登陆日时并没有追求完美，他们选择的6月6日并不理想，但是，6月6日的天气状况基本能满足登陆的要求，所以选择6月6日为登陆日，符合满意准则。反之，如果艾森豪威尔因为寻求一个适合登陆的十全十美的好天气而延期登陆，后果将不堪设想：诺曼底登陆很可能化为泡影，这将给战争带来难以估量的影响，历史也可能会改写。从这个角度看，艾森豪威尔的决策无疑是正确的。

尽管现实中的决策往往遵循的是满意标准，但并非意味着轻率和不负责任。一个正确合理的决策需要全面考虑各种因素，保证决策的有效性。首先，整个决策过程必须目标明确，问题清楚，决策评判标准合理；其次，在合理成本和时间的前提下信息搜集尽量完整充分，方案齐全；再次，决策过程必须依照科学的程序，正确有效，在拟订和分析方案、确定和实施方案以及在贯穿于整个决策过程的追踪反馈中，都需要保证落实。

第四节 决策的过程

任何决策都有一个过程，绝非决策者灵机一动拍板就行。管理者必须经过科学合理的决策过程，进行有效的决策。决策的过程可分为如下几个步骤。

一、分析问题和确定目标

决策就是一个发现问题、分析问题及解决问题的过程。问题是决策的起点和首要任务，如果问题确定错了，即使后面的步骤再正确，也不能解决问题。此处所说的问题是指应有的状况和实际状况之间存在的差距。发现问题后还必须对问题进行分析，分清问题的性质、重要程度、范围、影响、后果、起因等，以为决策的下一步骤做好准备。

明确要解决的问题后，就需要确立决策目标。目标是管理者在特定的条件下所要达到的一定结果，与管理者追求有效管理是相联系的。目标是决策活动的开始。

二、搜集信息

确定问题和目标后，必须着手调查研究，搜集信息并加以整理和分析，这就是西蒙所说的情报活动。事实上，这种活动贯穿了决策的全过程，决策的每一步都是以信息为基础的。对组织内外部的相关信息都应加以搜集和整理。在搜集和分析相关信息时，应尽可能将注意力集中在与决策目标相关和重要的信息上。虽然信息越多越能够保证决策的正确性，但是必须付出很大的成本和时间代价，另外，过多的信息也会分散决策者的注意力。

三、确定决策标准

决策标准，就是评价和选择方案的基本依据和标准。由于决策问题本身的复杂性，决策标准的确定往往也是一个复杂的问题。决策标准归纳起来大致分为如下两个方面：物质性的价值准则和精神性的价值准则。

物质性的价值准则包括经济指标、技术指标、环境指标等。其中经济指标又可分为耗费性指标、收益性指标，技术性指标又可分为性能指标、可靠性指标、安全性指标、可扩展性指标。

精神性的价值准则包括对社会的影响及对精神的影响等方面的指标，如对人的心理、伦理、审美及道德规范的影响等。

四、拟订可行方案

拟订方案主要是寻找达到目标的有效途径。对任何一种行动而言，都有多种可行的方案存在。国外的决策人员常用的格言是："如果感到只有一条路可走，那么这条路通常是错误的，也是危险的。"因此必须制定多种可供选择的方案，反复比较，每个方案必须有原则性的差异。

对于复杂的决策问题，方案的拟订分为设想和精心设计两个阶段。

设想阶段的重点在于保证备选方案的多样性，以便为决策者提供尽可能广阔的思考与选择空间。方案的提出需要决策者具有丰富的想象力、创造力、广博的专业知识背景和敢于突破传统思维的精神。可广泛地运用智囊技术，如"头脑风暴"等来激发人的创造性，相互启发且集思广益。

精心设计阶段主要包括确定方案的细节和预测方案的实施结果。此阶段需要有关人员具备冷静的头脑和求真务实的精神。确定方案的细节即是将方案变成具体的行动规划，包括政策、日程安排、人员配备、经费落实，等等。估计方案的实施结果时，决策分析人员要应用现代技术和方法对各种方案的可行性进行详细的技术设计与定量的论证，包括建立数学模型进行模拟，以便增强决策方案拟订的科学性。在决策方案中，通常应附有约束条件要求、价值分析、可行性分析、经济效益分析、潜在问题分析、技术评估、风险分析等文件，方便决策者参考。

有关企业发展的战略性决策，必须通过各种相互冲突的意见争辩，各种不同可行方案的评判，才能做出满意的决策。

五、分析评价和选择方案

拟订出可行方案后，决策者必须根据决策标准，认真地对每一方案加以分析和评价，并从中挑选一个优化方案作为执行方案。方案的选择和决断是决策的最关键阶段。在此阶段，决策者必须依靠定量分析和定性分析相结合的方法，尽量科学地揭示各种方案的利弊，对各备选方案的优劣进行综合评价，并初步确定各方案的优劣顺序。

方案选择常用的方法包括：① 经验判断法，即决策者根据以往的经验和掌握的材料，经过权衡利弊，做出决断，此时，决策者个人的素养、性格、知识和能力等起着决定性作用；② 数学分析方法，包括决策树法、统计分析方法等，数学分析方法是保证决策科学性和准确性的基础；③ 试验方法，即通过在选择的试验对象上实施方案来观察实施后果以比较方案的优劣。三种方法各有利弊，决策者应根据具体情况灵活运用。

六、实施方案

方案确定后便要实施，以实现决策目标。实施阶段花费的时间和成本，远大于前几个阶段的总和。

决策方案的实施至少应包括如下几方面的内容：① 具体实施措施的制定及任务分配，即应将比较简单和抽象的决策方案转化成能够实施的具体计划，并按照组织结构和职能，将计划分解下去，形成每一部门和每个人的任务；② 与决策实施有关的人员对方案及实施措施能充分接受与了解决策方案和自己的任务；③ 建立反馈机制，如工作报告制度，以便及时了解方案实施的进展情况，便于控制与调整。

七、决策实施的控制

决策实施过程中及实施后，应不断检查和评价实施的结果，检查是否达到预期的决策目标，并采取措施调整执行中出现的偏差，以保证决策的效果，为今后的决策提供信息。有时，如果方案本身有误，或者环境条件发生了变化，原方案不再适用，则还必须推倒重来，在重新分析环境信息及评价方案的基础上，修改原决策方案或重新拟订新的方案。此过程就是西蒙所说的审查活动。

决策的追踪反馈贯穿了决策的整个过程，因为决策的环境条件是不断变化的，通过反馈可以及时了解环境信息，调整决策方案，使决策更加适应环境的变化要求，更具有针对性。

上述从发现问题到问题的解决构成了一个完整的决策过程。研究决策的过程，主要是给决策者实施科学决策提供一个大致的思路，尤其是在重大决策中不可忽略某些重要的阶段。当然，在实际决策中应灵活应用上述决策过程，不必过分拘泥行事，以免影响决策效率。

第五节　决策的方法

一、定性决策方法

定性决策的优点是方法灵活简便，通用性强，易为一般管理者采纳。但其缺点在于：① 定性决策建立于专家个人主观意见的基础之上，未经严格论证；② 所选专家的知识类型及个人特质对意见倾向性影响很大，所以如果组织者选择专家不当，决策的正确性会受到极大影响；③ 易受既定观念的影响。

定性决策方法包括德尔菲法、头脑风暴法和名义小组法等，下面主要介绍德尔菲法和头脑风暴法。

（一）德尔菲法（Delphi Technique）

德尔菲法亦称专家意见法，属于一种主观、定性的群体决策方法。德尔菲法是由美国的兰德公司于1948年发明的，最早是一种预测方法，后被用于决策。德尔菲法的基本程序如下：成立一个由专家组成的小组（约20人），成员之间互相不沟通讨论；用意见征询表的方式提出要解决的问题，让每个成员独立自主发表意见且不记名，然后将专家意见进行统计归纳；再将统计结果制成征询表反馈给每个成员，要求其再次分析判断和重新发表意见；接着再一次进行统计研究。如此重复上述程序，直到每个专家的意见基本稳定，统计分析的结果与上一次的结果差异不大为止。

德尔菲法的优点是专家互相不交流，因此不会影响彼此，有利于真实坦率地表达各自的意见。同时采用多轮反馈的方法来逐步集中意见，结论的可靠性比较大。德尔菲法也是国际上很多大型企业常用的决策方法，比如在新技术发展和新产品开发决策中，此方法卓有成效。

德尔菲法不仅应用于预测领域，而且也可以广泛应用于各种评价指标体系的建立和具体指标的确定中。例如，对某产品的市场销售预测，可以选择相关人员组成专家小组。将该产品和一些相关背景材料分发给各位专家，并要求大家给出该产品的最高、最可能和最低销售量数字，同时说明理由。然后将专家们的意见搜集起来，归纳整理后返还给专家，并要求其参考他人意见重新预测。这样反复若干次，如果第 n 次的结果和第 $n-1$ 次的结果相同，则过程终止。比如在第5次，所有人不再修改自己的意见，则第5次的预测为最终结果。又如，我们评价一项投资项目时，需要用若干指标进行衡量，比如市场规模、年市场增长率、历史毛利率、市场竞争强度、技术性能、环境影响等。到底哪些指标应列入其中以及每种指标在整个评价中的重要度（权重），都可以采用德尔菲法来确定。

（二）头脑风暴法（Brain Storming）

头脑风暴法，又称智力激励法、BS法，是由美国创造学家A. F. 奥斯本于1939年首次提出、1953年正式发表的一种激发创造性思维的方法。它通过小型会议的组织形式，让所有参加者在自由愉快、畅所欲言的气氛中，自由交换想法或点子，并以此激发与会者的创意及灵感，使各种设想在相互碰撞中激起脑海的创造性“风暴”。它适合于解决那些比较简单、严格确定的问题，比如研究产品名称、广告口号、销售方法、产品的多样化等，以及需要大量的构思、创意的行业，如广告业。

典型的头脑风暴会议中，参与者人数最佳为5~6人，多则10余人为宜。参与者围坐一起，主持人明确阐明要解决的问题，然后参与者在一定时间内自由地提出尽可能多的方案，不允许对方案进行批评和反驳，并且将所有方案记录在案，以备稍后的讨论和分析，意见或建议越多越好，允许相互之间矛盾。

小知识

有一年，美国北方格外寒冷，大雪纷飞，电线上积满冰雪，大跨度的电线常被积雪压断，严重影响通信。过去，许多人试图解决这一问题，但都未能如愿。这次，电信公司经理应用奥斯本发明的头脑风暴法，尝试解决这一难题。他召开了一种能让头脑掀起“风暴”的座谈会，参加会议的是不同专业的技术人员，要求他们必须遵守以下原则。

第一，自由思考。即要求与会者尽可能解放思想，无拘无束地思考问题并畅所欲言，不必顾虑自己的想法或说法是否“离经叛道”或“荒唐可笑”。

第二，延迟评判。即要求与会者在会上不要对他人的设想评头论足，不要发表“这主意好极了!”“这种想法太离谱了!”之类的“捧杀句”或“扼杀句”。对设想的评判留在会后组织专人考虑。

第三，以量求质。即鼓励与会者尽可能多而广地提出设想，以大量的设想来保证质量较高的设想的存在。

第四，结合改善。即鼓励与会者积极进行智力互补，在增加自己提出设想的同时，注意思考如何把两个或更多的设想结合成另一个更完善的设想。

按照这种会议规则，大家七嘴八舌地议论开来。有人提出设计一种专用的电线清雪机；有人想到用电热来化解冰雪；也有人建议用振荡技术来清除积雪；还有人提出能否带上几把大扫帚，乘坐直升机去扫电线上的积雪。对于这种“坐飞机扫雪”的设想，大家心里尽管觉得滑稽可笑，但在会上也无人提出批评。相反，有位工程师在百思不得其解时，听到乘飞机扫雪的想法后，大脑突然受到冲击，一种简单可行且高效率的清雪方法冒了出来。他想，每当大雪过后，出动直升机沿积雪严重的电线飞行，依靠高速旋转的螺旋桨即可将电线上的积雪迅速扇落。他马上提出“用直升机扇雪”的新设想，顿时又引起其他与会者的联想，有关用飞机除雪的主意一下子又多了七八条。不到 1 小时，与会的 10 名技术人员共提出 90 多条新设想。

会后，公司组织专家对设想进行分类论证。专家们认为设计专用清雪机、采用电热或电磁振荡等方法清除电线上的积雪，在技术上虽然可行，但研制费用大，周期长，一时难以见效。那种因“坐飞机扫雪”激发出来的几种设想，倒是一种大胆的新方案，如果可行，将是一种既简单又高效的好办法。经过现场试验，发现用直升机扇雪真能奏效，一个久悬未决的难题，终于在头脑风暴会中得到了巧妙的解决方案。

二、定量决策方法

（一）线性规划方法

线性规划方法是通过建立线性规划模型，在一定的约束条件下，寻求最优方案。评价最优方案的标准通常是目标函数值最大（利润、效用等）或最小（成本、时间等）。

［例 4－1］某企业生产两种产品 A 和 B，它们都要消耗某种原材料，并采用某种设备加工，有关资料如表 4－1 所示。假设所有产品均能卖出，试求利润最大的生产方案。

表 4－1　某企业的生产数据

	产品 A	产品 B	每天的供应
设备的消耗／（台·时）	2	3	20
原材料的消耗／千克	4	2	30
单位产品利润／元	8	6	

解：

1. 确定决策变量

在本例中，设产品 A、B 的产量分别为 x_1、x_2，不同的产量组合构成不同的决策方案。

2. 列出目标函数方程

线性规划问题的目标函数一定是求最优值（最大/最小）。本例中是要求利润最大。

3. 找出约束条件

在本例中，两种产品所消耗的设备台时和原材料不能超过每天的供应量。可行的决策方案一定要满足所有约束条件，然后在可行方案中确定利润最大的方案。

由此确定线性规划模型为：

$$\max Z = 8x_1 + 6x_2$$
$$\begin{cases} 2x_1 + 3x_2 \leqslant 20 \\ 4x_1 + 2x_2 \leqslant 30 \\ x_1,\ x_2 \geqslant 0 \end{cases}$$

最后，利用线性规划模型的求解方法，得 $x_1^* = 7$，$x_2^* = 1$，最大利润 $\max Z = 62$（元）。

（二）不确定型决策

不确定型决策面临的问题是决策的目标、备选方案可知，但不同自然状态（环境条件）发生的概率未知。这时需要决策者根据自己的经验、智力和主观倾向进行决策。

[例 4－2] 某工厂按批生产某产品并销售，每件产品的成本为 30 元，批发价格为每件 35 元。若每月生产的产品当月销售不完，则每件损失 1 元。工厂每投产一批是 10 件，最大月生产能力为 40 件。决策者可选择的生产方案为 0、10、20、30、40 五种。假设决策者对其产品的需求情况一无所知，试问这时决策者应如何决策？

解：

此问题可用决策矩阵来描述。决策者可选的行动方案有五种，这是他的策略集合，经分析他可断定将发生五种销售情况（事件）：即销售 0、10、20、30、40 件，但每种情况的概率未知。每一策略—事件均可以计算出相应的损益值。如当选择月产量为 20 件时，而销出量为 10 件时，此时收益为：

$$10 \times (35 - 30) - 1 \times (20 - 10) = 40 \text{（元）}$$

由此，可计算出各策略—事件对应的损益值，并建立表 4－2 中所示的决策矩阵。

表 4－2　决策矩阵

		事件				
		0	10	20	30	40
策略	0	0	0	0	0	0
	10	－10	50	50	50	50
	20	－20	40	100	100	100
	30	－30	30	90	150	150
	40	－40	20	80	140	200

根据元素所示含义不同，决策矩阵可称为收益矩阵、损失矩阵、风险矩阵、后悔值矩阵等。

1. 悲观主义决策准则

悲观主义决策准则亦称为保守主义决策准则。当自然状态发生的概率不清楚时，决策者在处理问题时采取谨慎和保守的态度，分析各种最坏的可能结果，并从中选择最好者，以其对应的策略为决策策略。此方法又称为小中取大，具体方法是：在收益矩阵中先从各策略所对应的可能发生的结果中选出最小值，并从中选出最大者，以其对应的策略为最终决策策略（见表4－3）。

表4－3　决策矩阵

		事　件					min
		0	10	20	30	40	
策略	0	0	0	0	0	0	0*
	10	－10	50	50	50	50	－10
	20	－20	40	100	100	100	－20
	30	－30	30	90	150	150	－30
	40	－40	20	80	140	200	－40

2. 乐观主义决策准则

乐观主义的决策者对待风险的态度与悲观主义者完全不同，在情况不明时，乐观主义者绝不放弃任何可获得最好结果的机会。因此，决策者会在所有结果中选取收益最大者对应的策略为最终策略。此种方法是大中取大，计算结果见表4－4。

表4－4　决策矩阵

		事　件					max
		0	10	20	30	40	
策略	0	0	0	0	0	0	0
	10	－10	50	50	50	50	50
	20	－20	40	100	100	100	100
	30	－30	30	90	150	150	150
	40	－40	20	80	140	200	200*

3. 等可能性准则

等可能性准则是19世纪数学家拉普拉斯提出的。他认为，当一个人面临着某事件集合时，在没有确切理由来说明某事件比另一事件有更高概率发生时，只能认为各事件发生的概率是均等的。决策者根据等概率原则计算各策略的收益期望值，然后选择期望值最大者所对应的策略为最终决策策略，见表4－5。在本例中，各事件发生的概率为1/5。

表4－5　决策矩阵

		事　件					$E(S_i)=\sum_j pa_{ij}$
		0	10	20	30	40	
策略	0	0	0	0	0	0	0
	10	－10	50	50	50	50	38
	20	－20	40	100	100	100	64
	30	－30	30	90	150	150	78
	40	－40	20	80	140	200	80*

4. 最小最大后悔值准则

最小最大后悔值准则亦称为最小机会损失准则决策。当某一自然状态出现后，由于决策者没有选用收益最大的策略而采用了其他策略，这时就会感到后悔。决策者只想尽量少后悔。决策者首先将收益矩阵中各元素变换为相应的后悔值（机会损失值），然后比较每种方案的最大后悔值，取其最小值对应的方案作为决策方案。所谓后悔值，是指每一种自然状态下的最大收益值与所采用的方案收益值之间的差额。如表 4－6 所示，对于销售量为 20 的事件，最大收益是 100，因此，选择策略为生产 0、10、20、30、40 件的机会损失值分别为 100、50、0、10、20。

最终计算结果如表 4－6 所示。

表 4－6　最小最大后悔值法决策矩阵

		事　件					max
		0	10	20	30	40	
策略	0	0	50	100	150	200	200
	10	－10	0	50	100	150	150
	20	－20	10	0	50	100	100
	30	－30	20	10	0	50	50
	40	－40	30	20	10	0	30*

5. 折中主义准则

有些决策者可能觉得用小中取大或大中取大等方法处理决策问题过于极端，于是提出将两种决策准则予以综合，取一个乐观系数 a（$0 \leqslant a \leqslant 1$），并用以下关系式求出对应的决策值 H_i：

$$H_i = a a_{i\max} + (1-a)\ a_{i\min}$$

$a_{i\max}$ 和 $a_{i\min}$ 分别表示第 i 个策略可能得到的最大收益值与最小收益值。设 $a = 1/3$，计算得到的 H_i 值见表 4－7。选择 H_i 值中最大者所对应的策略为最终策略。

表 4－7　折中议法决策矩阵

		事　件					H_i
		0	10	20	30	40	
策略	0	0	0	0	0	0	0
	10	－10	50	50	50	50	10
	20	－20	40	100	100	100	20
	30	－30	30	90	150	150	30
	40	－40	20	80	140	200	40*

当然，在不确定型决策中是因人因地因时选择决策准则的，而在实际中当决策者面临不确定型决策问题时，他首先是获取有关各事件发生的信息，尽量使不确定型决策问题转化为风险决策。

（三）风险决策

风险决策有明确的目标，可供选择的两个及以上方案，每种方案在不同自然状态下的结果可知，虽对自然状态不甚了解，但各自然状态发生的概率已知。在此过程中，决策者往往通过调查统计，或依据过去的经验或主观估计来获取各自然状态发生的概率。在风险决策中，一般采用期望值作为决策准则，常用的有最大期望收益决策准则和最小机会损失决策准则。

决策树法是风险决策中应用最广泛、效果最显著的一种方法，对分析复杂的问题较为适宜。

所谓决策树是对决策问题的图形表示，表明了未来的决策点和可能发生的偶然事件，并用记号标明不同事件发生的概率，从而将可行方案及可能的结果直接描述出来。决策树是以“□”和“○”为结点，并由结点直接连接而成的一种树形结构图。“□”表示决策结点，由它引出若干树枝，每一根树枝对应表示一个可行的决策方案，称为方案枝。“○”表示状态结点，由它引出的若干树枝表示不同的自然状态，称为概率枝。在概率枝的末端列出不同状态下的损益值，如图 4－1 所示。当决策问题比较复杂时，会出现多级多层的决策树。

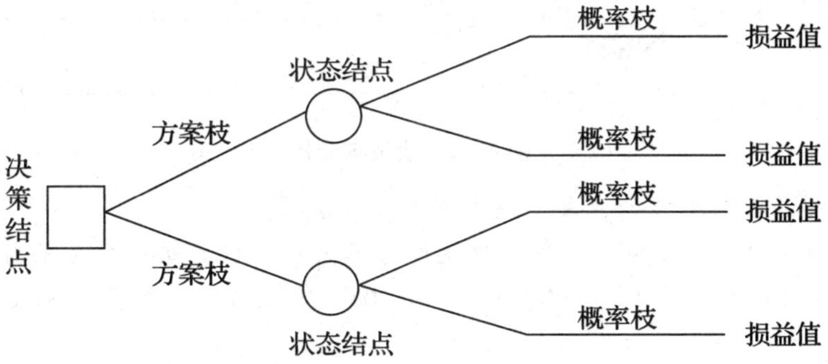

图 4－1　决策树模型

进行决策树分析的程序如下。

1. 绘制决策树

根据上述内容绘制决策树。

2. 计算不同方案的期望值

将各自然状态的概率和相应的损益值标于概率枝上，计算各方案的数学期望值。期望值的计算要从右向左依次进行，最后将期望值标于该方案对应的状态结点上。所谓数学期望值是指随机状态变量的一切可能取值与取得该值的概率乘积之和。

3. 剪枝确定方案

比较各方案的期望值，得出最佳方案，将同级的其他决策树枝去掉，即剪枝。当决策指标为收益时，应选择期望值最大的方案；当决策指标为成本、费用等时，应选择期望值最小的方案。

［例 4－3］某企业为了上马一种新产品，有两种选择：可以先试投产，然后决定是否上马；也可以不试投产直接上马。试投产的投入为 10 万元。已知试投产时该产品市场销

路好的可能性为0.7，试投产后如果选择正式投产，则销路好的可能性为0.8，销路差的可能性为0.2。试投产时该产品市场销路差的可能性为0.3，这时如果选择正式投产，则销路好的可能性为0.3，销路差的可能性为0.7。如果不试验直接正式投产，则销路好的可能性为0.6，销路差的可能性为0.4。已知正式投产后，如果销路好则产生的收入为100万元，如果销路差则亏损60万元。问该企业的决策者该如何做出决策使收入的期望值最大？

解：

先画出决策树，这里面有四个决策点1，2，3，4，如图4－2所示。

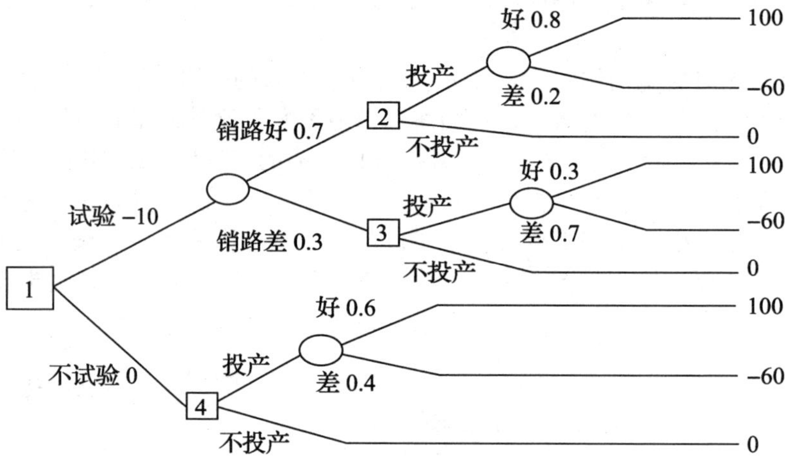

图4－2 决策树分析

先从决策树的最末端开始，每个决策点都要作决策。

先看决策点2，此时有两种方案，即投产与不投产，计算每个方案的期望收益。投产的期望收益为：$100\times0.8+(-60)\times0.2=68$（万元），不投产的收益为0，所以选投产。

决策点3，也同样计算每个方案的期望收益，选不投产，期望收益为0。

决策点4，选投产，期望收益为36（万元）。

决策点1，先试验的期望收益为：$0.7\times68+0.3\times0-10=37.6$（万元），而不试验直接投产的期望收益为36万元。所以，最后应该选择先试验，期望收益为37.6万元。

因此，本问题的最终方案是：选择先试验，如果销路好则投产，如果销路差则不投产。

小知识

决策的两种技术

一、决策的“硬”技术

决策的“硬”技术是指建立在数学模型基础上，运用电子计算机辅助决策的方法。其中应用比较广泛、比较成熟的技术是以统筹学和管理科学为主要内容的计算机决策支持系统，其大大提高了决策的准确性和实时性。由于“硬”技术的数学模型要求的条件往往必须是明确的，而社会经济活动和管理活动却是不断变化的，存在着决策者难以控制的和不确定的条件因素，使“硬”技术在运用上具有局限性。

二、决策的"软"技术

决策的"软"技术是指建立在心理学、社会学、行为学等基础上的"专家法"，即"专家创造力技术"。其通过有合理结构的专家群体，依靠用现代科学手段掌握的大量信息，迅速严密地分析、归纳和演绎，提出决策的目标、方案、参数，并做出相应的评价和选择。"软"技术最适合于受社会因素影响较大、所含不确定因素多的综合性决策，特别是战略决策问题。"软"技术弥补了"硬"技术对政治、社会和人文因素无法定量测算分析的缺陷，从着重通过数学解析手段求最优解的方法，转向大力采用模拟法、探试法、推演法等灵活实用的方法。这些方法的特点是决策模拟。决策模拟在管理决策中的实用性具有明显的积极作用，其不受直接求解的限制，可以包括更多、更全面的决策影响因素，使决策更加接近实际，在实际应用中更为有效。

案例分析

案例 4－1

巴巴拉零售联盟组织的集体决策

近年来北京的高中低各档商场以多种不同的经营形式与风格出现在首都人民的面前。商业网络密布致使许多零售企业的赢利下降，而此时的巴巴拉零售联盟组织的利润却大幅度上升。

巴巴拉零售联盟组织的高级管理人员将这一成绩归功于其相对新型的管理方法。这种方法是从日本同行那里学来的——以"集体决策"的方式作为企业管理的中心。

巴巴拉零售联盟组织现任董事长王勃先生的这一管理方法使管理人员有足够的机会参与企业的主要决策。这样做的最大好处是可以帮助管理人员了解公司组织各个层次的工作状况。同时，集体管理的方法有利于培养管理人员。例如，某委员会的工作涉及诸如策略问题等政策领域，通过集体参与决策的方式使许多年轻的管理人员逐渐熟悉了公司所面临的关键问题。

尽管巴巴拉零售联盟组织的大多数管理人员认为集体管理方法很成功，但也有少数人持反对态度，马骏就是其中态度最坚决的一位。他认为管理人员参加委员会会议是浪费时间，集体决策是妥协的产物，而且最终产生的可能不是最佳决策。

然而，他的同事指出，集体管理方法打破了一些部门之间的壁垒，促进了部门之间的协调。他们承认集体制订计划可能是费时的，但计划的实施却很迅速。再者，他们认为集体管理方法鼓励管理人员去探索比个人决策更多的可供选择的方案，有年龄不同、观点不同的人参加是一种极佳的选择。

马骏则不同意这些意见。他指出，集体管理之所以在巴巴拉联盟行得通只是由于现任董事长的管理风格在很大程度上影响着大家。一旦他退休了，新的董事长是否会保持这一管理风格并不能肯定。到那时巴巴拉联盟管理人员之间的合作也就结束了。

资料来源：百度文库。

问题

试比较个人决策和群体决策的优缺点。

案例 4－2

决策失误的危害

国家审计署前审计长李金华曾说，领导干部因决策失误带来的巨大浪费，比装进个人腰包更严重。他还说，有的领导干部贪污几百万元被查处大家拍手称快，但有的领导大笔一挥造成决策失误，可能一下子就损失十几个亿、几十个亿，比贪污受贿更可怕。如果我们细加剖析，就会发现，一些工程项目之所以令人匪夷所思，往往就是决策失误造成的，决策失误对中国的经济建设、社会发展造成了极大的影响。

国家审计署报告披露，2002 年全国审计机关查出，违规担保等决策失误给国家造成了 72.3 亿元的损失；2004 年，在其对 10 家中央企业领导人任期经济责任审计中查出，这些企业转移挪用、贪污受贿等涉及经济犯罪的金额为 16 亿元，而由于决策失误、管理不善所造成的经济损失高达 145 亿元，竟是前者的 9 倍之多。2005 年的审计报告又指出，当年 1 至 11 月，全国共查出各类违法违规问题金额 2 900 多亿元，揭示损失浪费问题金额也达 150 多亿元，其中相当一部分损失浪费是由于决策失误造成的。

一些国有企业领导大慷国家之慨，在投资、担保等方面，根本不予充分的调查、分析和研究，往往是“脑袋一拍，大笔一挥”，便擅自盲目决策，致使国家的巨额财产付诸东流。还有由于一些地方的领导盲目追求经济的发展速度，没有树立起科学发展观和正确的政绩观，因而不顾当地实际、群众意愿和经济社会发展的规律，独断专行，这就出现了许多“三拍现象”，即拍脑袋决策、拍胸脯承诺、拍屁股走人，屡屡因决策失误而劳民伤财，贻害一方。

河南省卢氏县委原书记杜保乾提出在卢氏这座北方小山城创建“突出山城特色，体现南国风光，争创全国一流”的城市化建设的决策，也荒唐透顶。为了“形象”，他竟然别出心裁地用自己的“构想”代替城建部门的规划，刨掉了原有郁郁葱葱的泡桐树，建起了 7 条不同风格的绿色街道：棕榈树一条街、云杉一条街、四季桂一条街、竹子一条街、柳树一条街、黄杨树一条街、泡桐一条街。那些只适宜南方环境的树种，自然成活率极低，是栽了死，死了栽，栽了再死。为建造这些“形象工程”，仅资金耗费就达 1 300 多万元，而且这些资金都是国家拨给卢氏县的扶贫款。还有所谓的“红色革命”，也是荒唐透顶。他规定，全县无论城乡，沿公路的人家必须刷上铁锈红。因此，该县沿线公路两侧目力所及的砖房、土房以及厕所、猪圈，皆是一片红色，就连偏远的山区小村也未能幸免。而且凡是上级领导来检查工作，就必须重新粉刷一遍。

人类无法保证决策没有失误，但很重要的是我们要尽量保证决策的科学性，减少决策的风险。而上述某些领导舞弄权力所造成的“拍脑袋”“出政绩”和“心血来潮”式的决策显然不是建立在科学决策理论及方法上的决策。

资料来源：肖华：《问责“决策失误”》，载《检察风云》，2006（23），20～23 页。

问题

根据文中的案例分析：决策中可能存在哪些风险？如何减少决策的风险？

案例 4-3

超音速飞机研发的失败教训

1962 年，英法航空公司开始合作研制“协和”式超音速民航客机，其特点是快速、豪华、舒适。经过 10 多年的研制，耗资上亿英磅，终于在 1975 年研制成功。然而随着时间的流逝，情况发生了很大变化。能源危机、生态危机威胁着西方世界，乘客和许多航空公司都因此而改变了对在航客机的要求。乘客的要求是票价不要太贵，航空公司的要求是节省能源，多载乘客，噪声小。

但“协和”式飞机却不能满足消费者的这些要求。首先是噪声大，运行费用也高。这些情况表明，消费者对这种飞机需求量不会很大，因此，不应大批量投入生产。但是，由于公司没有决策运行控制计划，也没有重新进行评审，而且，飞机是由两国合作研制的，如果项目中途下马，就要大量解雇人员。上述情况使得飞机的研制生产决策不宜中断，只能勉强将决策继续实施下去。结果，飞机生产出来后卖不出去，原来的宠儿变成了弃儿。

问题

结合本案例阐述决策的追踪反馈的重要性。

本章思考题

1. 结合你平时的生活学习，简述科学决策的基本过程。
2. 什么是程序化决策和非程序化决策？试举例说明。
3. 管理者在决策过程中会受到哪些因素的影响？
4. 什么是决策的满意准则？有什么意义？

第五章　计划

学习目标

通过这一章的学习，希望你能够掌握：

1. 计划的含义、性质、作用和类型；
2. 计划工作的过程；
3. 滚动计划法的基本思想；
4. 网络计划方法；
5. 目标的基本性质；
6. 目标管理的概念、特点、过程以及对目标管理的评价。

引例

关于如何面对不确定的未来

人们面对具有不确定性的未来，可以有三种不同的处理态度：第一种是边观察边处理，第二种是进行预测及准备，第三种是积极促成想要达成的未来。将这三种不同的处理态度放在企业经营上，企业将会有三种表现。

第一种是成为没有计划的企业。企业内没有文字的计划，根据以往经验见招拆招，每天进行例行性工作或处理突发性事件。

第二种是成为有预测数值计划的企业。企业对未来会做某种程度的预测，如市场的好坏程度、市场的成长状况和竞争对手的动态、消费者的喜好趋势等。根据以上预测，预估新年度的产量和销售量、成本、现金流量等，作为企业的目标。

第三种是成为拥有策略导向的年度计划的企业。策略导向的年度计划是企业通过全面评估经营环境，包括政治法律、经济、技术、社会、产业、市场、竞争等带来的机会和威胁，分析自身的资源条件、竞争优势和劣势，并考虑企业的长远目标后，设定企业的年度目标及策略作为企业的年度执行计划。

第一节　计划概述

计划在我们日常生活、学习和工作中无处不在。简单地说，计划是对未来行动的预先安排。大到国家未来发展，小到学习工作、假期旅行、家庭开支等，都需要计划和预先安排。一个组织必须为自己制订短期、中期和长期的发展计划，以更好地指导组织的行动。古典管理理论的创始人法约尔认为，计划“是所有管理职能中最基本的职能”，“是管理的基础”。哈罗德·孔茨认为，“计划工作是一座桥梁，它把我们所处的这岸和我们要去的对岸连接起来，以克服这一天堑”。

计划是管理的首要职能，是一切管理活动的开始，并贯穿整个管理活动过程。管理者计划工作的水平决定着组织绩效的高低。

一、计划的定义

从组织管理的角度出发，计划通常有两种含义。

计划的第一种含义是一个过程，是管理者用以识别并选择适当目标和行动方案的过程。具体而言，计划就是指一个组织根据环境的需要和自身特点，对过去的和现在的信息进行分析，对将来可能发生的情况进行估计，确定该组织在一定时期内的目标和相应的行动方案的一种活动。从这个定义可以看出，组织的计划工作包含预测与决策工作，它要求用科学的方法对未来可能发生的情况进行估计，还要用科学的方法拟订各种可行方案并选择一个作为实际的行动方案。因此，计划的内容主要包括确定做什么（目标）和如何做（确定实现目标的方案）两个部分。

计划的第二种含义是指计划工作的结果。它确定了组织在未来一段时间内为什么做、做什么、何时做、何地做、由谁做和怎么做等问题。计划的内容常用“5W1H”来表示。为什么做（Why）即明确计划的宗旨和目标，使计划执行者了解、接受和支持这项计划，把“要我做”变为“我要做”，以充分发挥下属的积极性、主动性和创造性，实现预期目标。做什么（What）是要明确计划的具体任务和要求，明确每一个时期的中心任务和工作重点。如企业生产计划，就要明确所生产产品的品种、数量、进度、费用等，在保证按期、按质和按量完成生产的前提下，使得生产能力得到尽可能充分的利用。何时做（When）表示要规定计划中各项工作的开始以及完成的时间和进度，并以此为控制和资源配置的基准。何地做（Where）表示要规定计划的实施地点或场所，了解计划实施的环境条件和限制因素，以便合理安排计划实施的空间组织和布局。由谁做（Who）即规定由哪个主管部门负责。这需要划分各部门和组织单位的任务，规定由哪些部门和人员负责实施计划，包括每一阶段的责任者和协助者，各阶段交接时由谁鉴定、审核等。怎么做（How）即是制定实现目标的具体方案措施以及相应的政策、规则、程序等，还包括相应任务的评价标准，即规定做成什么样和达到什么标准才算是完成了计划。

小知识

计划与决策的关系

人们在运用计划和决策这两个词时，通常容易混淆。事实上，决策与计划是两个既相互区别又相互联系的概念。

一、决策是计划的前提，计划则是决策的逻辑延续

任何一件事情在行动之前，都必须进行目标和方向的决择，这就是一种决策，然后在此基础之上才能制订行动计划。因此，决策为计划的任务安排提供了依据，计划则为决策所选择的目标活动实施提供了组织保证。以西蒙为代表的决策理论学派认为管理就是决策，决策是管理的核心，决策贯穿于整个管理过程。确定组织发展的方向中，确定目标、制订计划、选择方案，是目标及计划决策；机构设置、人事安排、权限分配，是组织决策；计划执行活动的检查及检查的时点、检查手段的选择，是控制决策。

二、决策与计划不是分离的，而是相互渗透的

在实际工作中，决策与计划是相互渗透的，有时甚至是不可分割地交织在一起的。首先，作为管理的首要工作，计划过程显然是一个决策过程。比如，如前文所述，计划包括制定一个行动方案来实现一个预期目标，其中，选择行动方案就是一个决策过程。其次，任何一个目标的制定都孕育着计划的形成，计划则是对决策的检验和修正。例如，对组织而言，探寻组织未来的发展方向和目标是一种战略性决策，在此决策过程中，不论是对组织内外部形势的分析，还是在方案选择时关于各个方案执行效果或要求的评价，实际上都已经开始孕育着未来的实施计划。反过来，计划的编制过程，既是决策所制定的目标的落实过程，也是决策的更为详细的检查和修订过程。无法用计划落实的决策，或者说决策选择活动中某些任务无法安排，必然导致该决策一定程度的调整。

二、计划的性质

计划的性质可以概括为五个方面：目的性、首要性、普遍性、效率性和创新性。

（一）目的性

任何组织或个人制订的各种计划都是为了促进组织的总目标和一定时期的目标的实现。计划是实现目标的方法和手段。计划一经制订，就确定了目标或希望达到的可选结果。

（二）首要性

计划是其他管理职能的基础或前提条件。组织的管理过程首先必须明确管理目标及实现目标的方式和途径。管理过程中的其他职能都是为了支持、保证目标的实现，这些职能只能在计划工作确定了目标及行动方案后才能进行。组织结构设计和权责的划分是以实现组织目标为目的的，而组织目标的变化往往会导致组织结构在局部和整体上的调整和权责的重新划分。各级管理者在行使领导职能时，对员工的激励和约束，包括绩效评价和奖惩，也都是为了实现计划指定的组织目标。计划工作和控制工作也是分不开的，因为控制就是以目标和拟订的计划为基准，纠正脱离计划的偏差，以保持活动的既定方向。此外，控制职能的有效行使，往往需要根据情况的变化拟订新的计划或修改原定计划。计划工作与控制工作的这种连续不断的关系，通常被称为计划—控制—计划循环。因此，计划具有首要性。

（三）普遍性

实际的计划工作涉及组织中的每位管理者及员工。一种错误的理解认为只有高层管理者才从事计划工作，其实并非如此。一个组织的总目标确定后，各级管理者为了实现组织目标，必须制订相应的分目标和计划，围绕总目标开展各级的工作。这些具有不同广度和深度的计划有机地结合在一起，便形成了一个多层次的计划系统。因此，计划具有普遍性。

（四）效率性

计划的效率性主要是指时效性和经济性两个方面。任何计划都有计划期的限制，也有实施计划时机的选择。计划的时效性表现在两个方面，一是必须在计划期开始之前完成计划的制订工作，二是任何计划必须慎重选择计划期的开始时间和截止时间。例如，在企业中，一般会制订五年或十年期的长期规划、年度计划、季度计划、月度计划等，这些计划具有不同的计划期。经济性是指组织计划应该以最小的资源投入获得尽可能多的产出。如果一个计划能够达到目标，但它需要的代价太大，这个计划的效率就很低，因此不是一份好的计划。只有能够实现收入大于支出，并且顾及国家、集体和个人三者利益的计划才是一个好的计划，才能真正体现出计划的效率。应该注意的是，在衡量代价时，不仅要用时间、金钱等来衡量，而且还要用个人、集体甚至社会的满意度来衡量。

（五）创造性

计划工作总是针对需要解决的新问题和可能发生的新变化、新机会而做出的决定。针对新的机遇或挑战，必须有创新的思想和计划方案，既要借鉴前面的成功经验，但也不能墨守陈规，要有所突破，不断适应新的变化。

第二节 计划体系

在一个组织中，计划是多种多样的，同时也是一个互相关联的体系。划分计划类型的最普遍的方法，是根据计划的时间框架（长期、中期、短期）、职能空间（业务、财务、人事）、综合性程度或影响范围（战略性、战术性）、明确性（指导性、具体性）、程序化程度（程序性、非程序性）进行分类。事实上，这些分类方法所划分出的计划构成了一个组织的计划体系，不同的计划对应于不同的条件要求。

一、计划的类型

（一）长期计划、中期计划与短期计划

依据计划的时间长短，可以将计划分为长期、中期和短期计划。长期计划通常是指 5 年以上的计划，短期计划一般指 1 年以内的计划，而中期计划则是介于两者之间的计划。这种划分不是绝对的。

1. 长期计划

长期计划通常指时间跨度为 5 年及以上的计划。长期计划主要回答两方面的问题：① 组织的长远目标和发展方向是什么；② 怎样实现本组织的长远目标。以企业为例，长期计划表现为企业未来较长时间的经营目标、经营策略等，它是企业长远发展的纲领性计划，一般包括企业未来的投资领域、产品的发展方向、工艺技术的发展趋势和要达到的水平、主要经济技术指标、人力资源规划等。

2. 中期计划

中期计划的时间通常为 1 年以上到 5 年左右。组织的中期计划来自长期计划，并按照

长期计划的执行情况和预测到的具体条件而进行编制。中期计划与长期计划的内容基本一致，但更为详细和具体，具有衔接长期计划和短期计划的作用。中期计划往往依照组织的各种职能进行制订，并注重各计划之间的综合平衡，使粗略松散的长期计划有了比较严密的内容，从而保证了计划的连续性和稳定性。所以说，中期计划赋予长期计划具体内容，又为短期计划指明了方向。

3. 短期计划

短期计划一般是指 1 年或 1 年以内时间范围的计划，它比中期计划更为详细具体，能够满足具体实施的需要。仍以企业为例，短期计划包括利润、销售量、生产量、品种和质量等多种目标。此外，还包括像生产率提高幅度、成本降低率等具体的绩效目标。短期计划可以是综合性的，也可以是单一目标的。短期计划由于对各种活动有了非常详细的说明或规定，在执行当中可选择的范围很小，因此有效地执行计划成为最重要的要求。此外，短期计划往往涉及的是环境的连续变化，各因素较为确定，容易预测，也容易评价。长期计划多是组织粗线条的发展构想，短期计划则是很具体的实施性方案。

长期、中期和短期计划之间的关系是：长期计划起主导作用，中期计划、短期计划以长期计划为基础，是逐步落实长期计划的计划。长期计划为组织指明方向，中期计划则为组织指明路径，而短期计划则为组织规定行进的具体方案和步骤。因此，将长、中、短期计划结合起来有着极为重要的意义，可以说，短期计划一旦脱离了中、长期计划，那么三者就都失去了存在的意义。在短期计划与中、长期计划脱节的情况下，短期计划不仅无助于实现中、长期计划，而且会阻碍中、长期计划的实现。例如，一家小企业为了一张临时得到的大额订单而改变资金和人力、物力的投向，结果是虽然订单完成了，却使真正符合公司发展战略的项目得不到正常的人、财、物供给。因此，管理者只有牢记企业的中、长期计划，才能在制订和实施短期计划时，注意长、中、短期计划的一致性。

（二）业务计划、财务计划与人事计划

根据职能空间，可以将计划分为业务计划、财务计划及人事计划。

1. 业务计划

组织是通过从事一定业务活动而存在于社会的，因此，业务计划是组织的主要计划。以企业为例，企业业务计划涉及“物、产、供、销”，财务计划涉及“财”，人事计划涉及“人”。企业业务计划包括产品开发、物资采购、仓储后勤、生产作业以及市场销售等内容。长期业务计划主要涉及业务方面的调整或业务规模的发展，短期业务计划则主要涉及业务活动的具体安排。比如，长期产品计划主要涉及新产品的研究开发，短期产品计划则主要与现有品种的结构改进、功能完善有关；长期生产计划安排了企业生产规模的扩张及实施步骤，短期生产计划则主要涉及不同车间、班组的季、月、旬乃至周的作业进度安排；长期营销计划关系到营销方式和销售渠道的选择与建设，而短期营销计划则主要涉及现有营销方案和渠道的充分利用。

2. 财务计划

财务计划与人事计划是为业务计划服务的，也是围绕着业务计划展开的。财务计划为

决策和控制提供了一个量化的基础，财务数据告知管理人员经营的好坏程度、所需要的流动资金数量以及是否需要扩大生产经营规模及资金来源等，研究如何从资本的提供和利用上促进业务活动的有效进行。比如，为了满足业务规模发展，长期财务计划要决定如何建立新的融资渠道或选择不同的融资方式，而短期财务计划则研究如何保证资本的供应或如何监督这些资本的利用效率。

3. 人事计划

人事计划分析如何为业务规模的维持或扩大提供人力资源的保证，包括用系统的方法确定长期计划和短期计划中所需要的各类人员，在适当的时候能够招聘到不同素质及数量的人员。为了实现这一目标，也必须对劳动力市场的供求状况进行预测。长期人事计划要研究如何保证组织的发展，提高成员的素质，准备必要的干部力量，而短期人事计划则要研究如何将具备不同素质特点的组织成员安排在不同的岗位上，使他们的能力和积极性得到充分的发挥。

（三）战略性计划与战术性计划

根据涉及时间长短及范围广狭的综合性程度标准，可以将计划分为战略性计划与战术性计划。

1. 战略性计划

战略性计划是指应用于整体组织的，为组织未来较长时期设立总体目标和寻求组织在特定环境中的地位的计划。战略性计划是关于组织活动总体目标和定位的规划，通常不可轻易改变，所以这种计划的周期一般较长。战略性计划的制订者必须具备对组织的外部环境和内部现状进行系统分析的能力，并具备创新意识和创新能力。对企业而言，更需要战略性计划来规划自身的长远发展。对于在多个产业开展多种（多元化）经营的企业来说，其内部负责各产业业务经营的事业部也都需要制订相应的战略性计划。企业整体层次的战略通常称为总战略或发展战略，而事业部层次的经营战略则称为经营战略或竞争战略。

战略性计划具有以下几个特点：① 由组织最高层的管理者负责制订；② 指明了组织发展的方向；③ 着重于对组织未来的行动做出总的概括性的规定；④ 突出了组织对未来发展机会的把握和对风险的估计。

虽然战略性计划通常表现为一种长期计划，但战略性计划与长期计划不一样。长期计划的特点主要是表现在计划期限的长期性上，而战略性计划的特点则主要是表现在计划的内容与性质着重于对组织发展方向的确定和对资源使用的决策上。长期计划也有可能是为了战略性计划的实现而制订的。比如说，在一个企业中，战略性计划确定了开发什么产品，企业由此可能制订一个如何安排该产品生产的长期计划。

2. 战术性计划

战术性计划是指在明确的战略目标指引下如何实现目标的细节性计划。战术性计划需要解决的是组织各部门在未来各个较短时期内的具体行动方案及资源安排。它通常是短期的作业计划，要求精确性和效率性。为此，组织的有关管理人员应掌握一定的作业计划方法，特别是各种优化方法，如线性规划、动态规划等。

战术性计划的主要特点是：① 计划所涉及的时间跨度比较短，覆盖的范围较窄；② 计划的内容具体、明确，并通常要求具有可操作性；③ 计划的任务主要是规定如何在已知条件下实现根据企业总体目标分解而提出的具体行动目标，计划制订的依据比较明确。另外，战术性计划的风险程度也低于战略性计划。

战略性计划一般包含较长的时期，通常为 5 年甚至更长，它们覆盖较宽的领域，不规定具体的细节；战术性计划一般覆盖较短的时期，如月度计划、周计划、日计划，内容相对更细化和具体。战略性计划与战术性计划最大的区别是战略性计划涉及组织目标的确立，即侧重于确定组织要做“什么事”（What）以及“为什么”（Why）做这事，战术性计划则是在目标已经确定的前提下，提供一种实现目标的具体途径，即规定由“何人”（Who）在“何时”（When）、“何地”（Where）通过“何种办法”（How）来做这件事。简单地说，战略性计划的目的就是保证组织“做正确的事”，而战术性计划则旨在追求“正确地做事”。对于每个组织来说，既要编制战略性计划，也要编制战术性计划。编制战略性计划能提高组织对未来环境变化的应变能力，使组织对外部环境的变化不再是被动的就事论事的反应，而是基于全局的、整体的、长远的视角来主动地选择组织未来所要达到的目标和行动规划。编制战术性计划则是保证组织以最优的效率来落实战略性计划的目标要求。

（四）指导性计划与具体性计划

按照计划内容的明确性程度，可以将计划分为指导性计划和具体性计划。

1. 指导性计划

指导性计划只是指出方向性目标，规定重要的方针和指导原则，给予行动者较大的自由处置权。

2. 具体性计划

相对于指导性计划，具体性计划具有明确的可衡量的具体目标以及具体的可操作的行动方案和规定。

具体性计划具有目标明确可操作性强的特点，利于管理者对下属的管理和指导。但是当环境条件不确定性很大时，指导性计划便显得更有优势，因为它只指出方向或行动重点，并不将管理者限定在具体的目标或特定的行动方案上，可以让管理者在不违反一般性方针及原则的基础上，根据环境条件的变化调整行动方案，因此更具有灵活性。例如，一个增加利润的具体性计划，可能具体规定在未来的 6 个月中，成本要降低 4%，销售额要增加 6%；而指导性计划也许只提出未来的 6 个月中计划使利润增加 5% ~10%。当然，这种优势的发挥必须与牺牲具体性计划的明确性进行权衡。

（五）程序性计划与非程序性计划

根据第四章的相关论述，对应于组织中的例行活动和非例行活动的计划分别称为程序性计划和非程序性计划。每当一种具体常见的问题发生时，程序性计划就能提供一种现成的行动指导，如订货、材料的出入库、人员考勤等。非程序性计划是为那些一次性的、非反复出现的独特问题所专门设计的方案、流程和一些特殊的处理方法等，比如新产品的开发、生产规模的扩大、品种结构的调整、工资制度的改变等问题的方案和规划。

二、计划的层次

哈罗德·孔茨和海因茨·韦里克从抽象到具体把计划分为一种层次体系：目的或使命、目标、战略、政策、程序、规则、方案、预算，见图5-1。

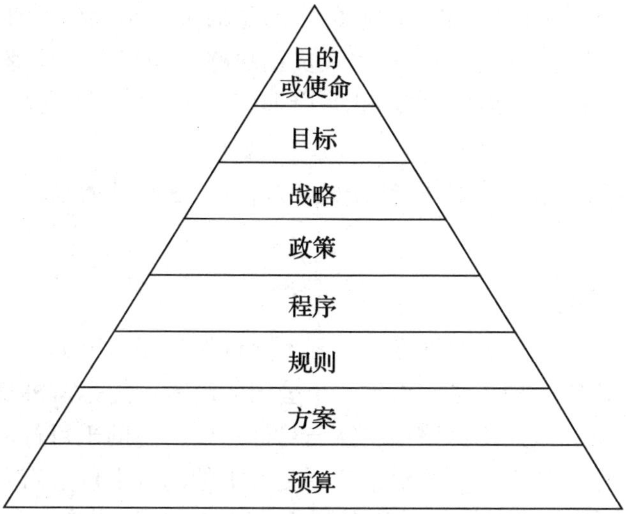

图5-1 计划的层次体系

（一）目的或使命（Purpose）

目的或使命指明一定的组织在社会上应起的作用和所处的地位，它表明一个组织及其任意部分的基本职能或任务。使命决定组织的性质，决定此组织区别于彼组织的本质特征。任何一个组织都应该有自己的使命。企业的使命通常是提供产品、服务和现实社会赋予的其他基本职能，大学的使命是教学与研究，等等。

（二）目标（Objective）

组织的目标是一个组织根据其宗旨提出的在一定时期内要达到的预期效果，是一个组织各项管理活动所指向的终点。组织的目的或使命往往抽象化和原则化，它需要进一步具体为组织一定时期的目标和各部门的目标。没有一个明确的目标作为前提，计划工作只能盲目进行，难有成效。组织的目标可分为社会层、组织层和个人层三个层次，这三个层次的目标不是彼此孤立而是交织在一起的，共同构成组织的目标。

组织的使命支配着组织各个时期的目标和各部门的目标，组织各个时期的目标和各部门的目标是围绕着组织存在的使命所制定的，是为完成组织使命而努力的。一个企业有企业目标，企业的一个部门也有自己的目标。部门目标应当有助于企业目标的实现，尽管这两种目标可能看起来不同。例如，一个企业的目标是通过生产某种家庭娱乐设施来获取利润，而生产部门的目标是按照规定的设计和成本来生产所需数量的电视机。生产部门的目标是为企业目标的实现而服务的，当然这还需要其他部门，如财务部门、人力部门和营销部门的目标来共同确保实现整个企业的目标。

（三）战略（Strategy）

战略是组织为了实现组织目标，在分析组织内外部情况的前提下，对组织未来一段时间内的行动及资源的使用做出的总体性和方向性规划。制定战略是计划中间层次的内容，是目标和具体计划之间的桥梁。战略的目的是通过一系列的主要目标和政策去决定和传达指望成为什么样组织的情景。管理人员用战略来描述组织未来活动的全貌。以企业为例，某公司在未来若干年将涉足相关产业以实现多样化经营，这就是一种经营战略。

战略并不确切地概述组织该如何去完成它的目标，这些是无数主要的和次要的支持性计划的任务。

（四）政策（Policy）

政策是行动的指南，规定了允许做什么和不允许做什么。比如，一个公司的人事政策可能规定从内部提拔高级管理人员，而另一个公司的政策可能是从外部招聘。政策规定对要做的事情的决策范围，从而确保该项决策与目标一致，有助于目标的实现。政策帮助事先决定问题处理的方法，从而减少了对某些反复发生的例行事件进行分析处理的成本。政策支持分权，即允许管理人员授权给下级并且保持对下级的控制，从而减少管理的工作量。

政策一般存在于组织的各个层次中，既有应用于组织的政策，又有应用于主要部门的政策，还有适用于组织中最小部门的细微政策。政策的表现形式可能是指导决策思想的书面陈述，但也常常会从主管人员的行动中含蓄、隐晦地反映出来。比如，主管人员处理某问题的习惯方式往往会被下属作为处理该类问题的模式。

同时，政策也允许对某些事情有酌情处理的自由权限。比如，公司规定从外部招聘高管，但对于非常优秀的人员则可以考虑内部提升。自由处理的权限大小一方面取决于政策自身，另一方面取决于主管人员的管理艺术。

（五）程序（Procedure）

程序也属于计划，它详细规定了完成某项任务的必要活动，并按时间顺序对活动进行排列。与战略不同，程序是行动的具体指南，而非思想性指南。与政策不同，程序使完成某项任务与行动的方式具体化，基本没有自由权限。在实践工作中，程序往往表现为组织的规章制度和操作规程。组织中每个部门都有程序，并且越在基层程序越变得更加具体化。例如，在一个制造企业，生产车间会对某种机器的操作制定详细的操作规程，服务性企业也会制定严格的服务操作规程。程序常常打破部门界限。例如，在一个制造企业中，处理订单的程序肯定会涉及销售部门（获取原始订货单）、财务部门（取得资金及顾客信用评审）、会计部门（记录交易）、生产部门（根据订单生产产品或决定出库）、运输部门（决定运输方式及途径）。几个例子可以说明程序和政策之间的关系。公司政策规定雇员享有假期，那么贯彻这项政策的程序应当是安排假期时间以避免工作中断、规定假期工资的报酬与支付方式、做好记录以确保每位员工都享有假期、明文规定申请假期的方式。公司可能制定有快速发货的政策，这样，特别是在大公司里，就有必要制定周密的步骤以确保货物发送能以一种特殊的方式妥善处理。公司政策要求公关部搜集员工的公共意见，为了贯彻这项政策，管理人员必须制定程序以便能方便、及时地获取这些意见。

（六）规则（Rule）

规则是明文规定了允许或必须实施或禁止的特定行为，并基本不允许有自由处置权的简单计划。比如“上班必须打卡”就阐明了上班打卡记到是必需的行为，一般情况下是不允许违反的。

人们常常将规则与政策和程序相混淆。规则与程序的不同之处在于规则并不规定行为的时间顺序。程序每一个步骤规定的行为都是规则，因此程序可以被看作是一系列规则。但是，一条规则也完全可能脱离程序而独立存在。例如，“禁止左转”这一交通规则与任何程序都没有关系。规则和政策的区别在于规则所反映的是某一个管理决策，即某一行为必须执行或严禁执行。政策的目的是指导决策，明确管理人员的权力范围。尽管规则和政策一样也用作指南，但是在执行过程中不允许有自由处置权。所以，管理者只有在不希望员工运用自由处置权的时候，才应用规则和程序。

（七）方案（Plan）

方案是一个综合性的计划，包括目标、政策、程序、规则、任务分配、要采取的步骤、要使用的资源以及为完成既定行动方针所需的其他因素。一项方案可能很大，也可能很小。通常情况下，一个主要方案的实现可能需要制订很多支持计划，所有这些计划都必须加以协调，进行合理的资源和时间安排。

（八）预算（Budget）

预算是一种“数字化”的计划，把预期的结果用数字化的方式表示出来就形成了预算。一般来说，财务预算是组织最重要的预算，因为组织的各项经营活动几乎都可以用数字化、货币化的方式在财务预算表上体现出来。预算作为一种计划，勾勒出了未来一段时间的现金流量、收入、资本支出等具体安排。另外，预算还是一种重要的控制手段，是作为计划实施过程中进行控制的衡量基准。

第三节 计划的基本流程和方法

一、计划的基本流程

虽然计划有不同的类型，但计划的制订过程基本是相似的，一般包括如下步骤：识别机会，确定目标，确定计划的前提条件，拟订可供选择的方案，评价及选择方案，制订派生性计划，制定预算。

（一）识别机会

这是指对组织的内外部情况进行分析，以确定组织未来可能具有的机会，并全面分析评价这些机会和组织所要解决的问题，以确定合理的目标。

（二）确定目标

首先，计划所确定的目标应与组织的总体目标一致，下级目标要与上级目标一致，不能有冲突，同级目标之间也要协调；其次，同级目标要有一定的优先度分配，即为目标确定重要性级别，因为这涉及资源的合理配置，通常资源要先满足优先级别较高的目标。最后，目标应具有明确的衡量标准，比如用量化标准来描述目标，这样将有利于下属对目标的理解和执行以及作为对下属工作的考核标准。

（三）确定计划的前提条件

这是指分析预测计划的内外部条件和制约因素。比如，一个企业制订一个产品的营销计划，就必须分析外部的各种影响因素，如市场容量、顾客需求、国家政策、收入水平等，还要分析企业内部的有利条件，比如技术水平、财务状况、人力资源、生产能力等，因为这些因素都会影响企业营销目标和计划的实施。通过这些分析，确定影响计划实施目标实现的关键性因素，并为后面的决策提供前提依据。

（四）拟订可供选择的方案

在确定前提条件，分析出关键影响因素后，便可以拟订可行的实施方案和对策。根据决策的规律，通常是确定若干可能的方案。

（五）评价及选择方案

这是根据某一个或一组标准，采用定量和定性的方法，对拟订的方案进行评价和选择的过程。

（六）制订派生性计划

派生性计划是对基本计划更详细的分解，其作用是支持基本性计划的落实和计划目标的实现，并由此形成一个计划体系。例如，企业的战略计划制订出来后，接着会按照职能落实一系列的派生性计划，如新产品研究开发计划、生产计划、销售计划、财务计划、人力资源计划等，这构成了一个企业的计划体系。

（七）制定预算

制定预算就是指在确定计划体系后，将计划转化为数字，用数字来反映计划。其作用有两方面：一是通过数字来分析与平衡不同计划之间的资源分配与协调；二是作为计划实施情况的衡量标准。例如，一家食品企业，根据销售预测来制定每一种食品的销售数量、价格、销售收入等的销售预算，并编制生产制造的成本预算，编制企业预计损益表、预计资产负债表和企业财务状况表等，以此来反映和监控企业计划执行后的赢利情况、现金流和资产负债情况。

二、计划的方法

（一）滚动计划法

滚动计划法是指根据计划的执行情况及环境变化来定期修订未来的计划，并逐期向前推进，使短期、中期和长期计划有机结合起来的一种方法。由于这种方法在每次编制和修订的时候都要根据前期计划的执行情况和客观条件的变化，将计划向前延伸一段时间，使计划不断向前滚动、延伸，所以称为滚动计划法，如图 5－2 所示。此方法尤其适合于长期计划的制订及执行。

滚动性计划法的基本思想是：由于长期计划所涉及的周期较长，因此计划制订时对未来不确定性因素的预测不可能很准确。因此，较远时间的计划不宜过于详细和周密，否则将导致计划实施的失败，甚至造成巨大的损失。计划应该随着时间的推进和客观条件的明朗化，不断地细化和修正。此方法加强了计划的弹性，能够提高组织对环境的适应性，这在组织生存环境日益复杂和变化日益迅速的今天尤为重要。

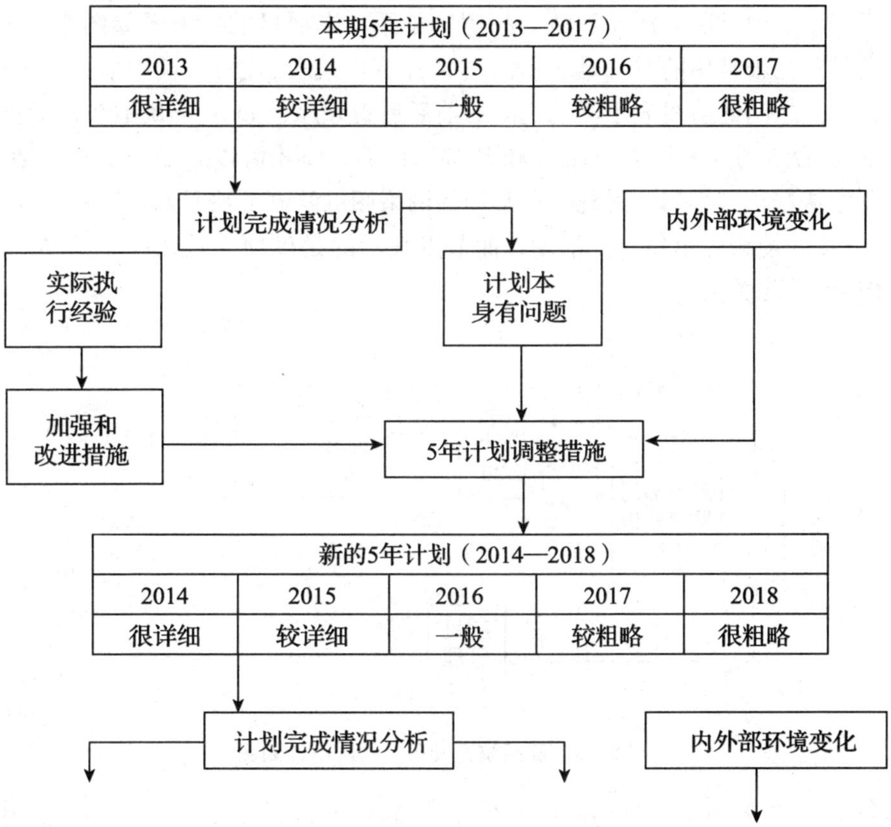

图 5－2　五年计划的滚动编制示意图

（二）网络计划技术

网络计划技术主要分为关键路线法（Critical Path Method，CPM）和计划评审技术

(Program Evaluation and Review Technology) 两种。网络计划技术广泛应用于项目管理和具有项目特征的组织活动的管理。其基本思想是：任何一项复杂的任务都应该分解成利于管理和执行的简单活动，并配置相应的人员和其他资源来完成，当所有的活动完成后，任务也就完成了，目标自然也就实现了。

下面结合一个系统开发项目的例子来说明网络计划技术的具体步骤。

1. 分析确定实现某一项目目标所要完成的全部任务

这个系统开发项目的目标是设计一个满足客户需求的小型销售管理系统，需要完成的任务是系统分析和设计、系统实现和系统测试、项目管理。

2. 将任务分解成利于管理的一个个活动，分别设立基本的评价标准和所需资源

根据此项目的任务复杂程度和人员能力水平，将任务进一步分为计划部门需求分析、销售部门需求分析、系统设计、系统实现、系统测试和项目管理，并设立活动完成的评判验收标准和负责人员。

3. 确定各项活动之间的前后顺序和逻辑关系，并利用网络图的方式表示出来

网络图表示了项目所有活动和活动的逻辑关系。本项目的网络图如图 5－3 所示：本图采用的是目前比较常用的单代号表示法（又称节点式表示法），其中节点（方框）表示各项活动，节点之间的箭线表示活动之间的前后逻辑顺序，如 A 和 B 是 C 的紧前活动，C 是 A 和 B 的紧后活动。表示必须在 A 和 B 都结束后，C 才可以开始。所有的活动按照发生的先后顺序从左至右排列。另外一种常用的网络图的绘制方法是双代号法（又称箭线式表示法），其中，箭线表示每一个活动，而节点表示的是事项（代表一个活动的开始或结束），具体请参见相关文献。

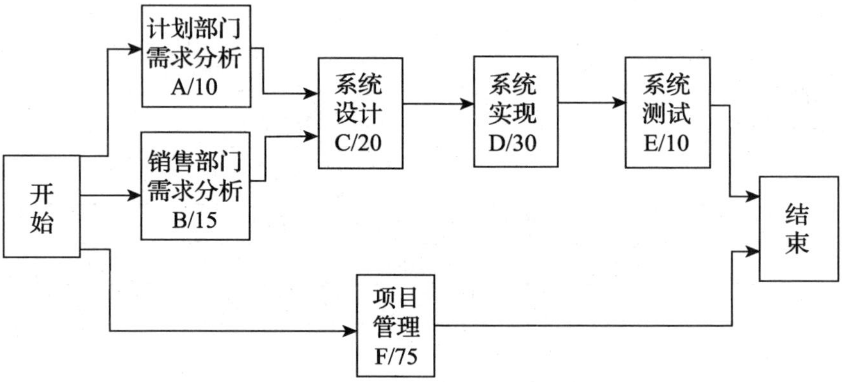

图 5－3　某系统开发项目的网络计划图

从图 5－3 中可以看出，此网络图共有三条路线：A→C→D→E；B→C→D→E；F。其中，有一条或几条路线上面的所有活动的总时间最长，则此路线称为关键路线，相应地，关键路线上的活动称为关键活动。关键路线的总时间长度就等于项目的最早可能结束的总工期。关键路线以外的路线称为非关键路线，相应的活动称为非关键活动。如果要压缩一个项目的总工期，必须压缩关键路线上的关键活动的时间长度。

从图5-3中还可以看出，本项目有两条关键路线：B→C→D→E和F，总时间都为75天。关键活动为B、C、D、E、F。本例中非关键路线是A→C→D→E，非关键活动是A。本项目的总工期是75天。

4. 分析计算每项活动的耗时时长和每项活动的时间参数，并确定项目的总工期

估算出每个活动所耗用的时间后，便可以计算各活动的时间参数。其中，最早时间是从前往后计算的，一般先假设项目的起始时间是零时；最晚时间是从后往前计算的，一般将项目的最早完工工期当作最晚完工工期。各时间参数计算公式如下。

某活动最早开始时间 $ES(j)$ 是其所有紧前活动的最早结束时间的最大值，即

$$\begin{cases} ES(1)=0 \\ ES(j)=\max\left[ES(i)+t_i\right] \\ j>i,\ (i=1,\ 2,\ \cdots,\ n-1) \end{cases}$$

某活动最早结束时间 $EF(j)$ 是其最早开始时间加上活动作业时间，即

$$EF(j)=ES(j)+t_j$$

某活动最晚结束时间 $LF(j)$ 是其所有紧后活动的最晚开始时间的最小值，即

$$\begin{cases} LF(n)=T \\ LF(j)=\min\left[LF(k)-t_k\right] \\ j<k,\ (j=n-1,\ \cdots,\ 2,\ 1) \end{cases}$$

其中，T 表示项目的最晚结束的总工期。如不考虑外在要求，比如合同规定等，可以将项目的最早结束的总工期当成最晚总工期，主要是为了促使项目尽快完成。

某活动最晚开始时间是其最晚结束时间减去活动作业时间，即：

$$LS(j)=LF(j)-t_j$$

一个活动的最晚时间是其开始和结束的底限，否则总工期将受影响。

某活动的总时差是某活动在不影响项目的总工期的前提下，能够延迟机动的时间，等于最晚时间和最早时间之间的差额，即

$$TF(j)=LS(j)-ES(j)$$

$$TF(j)=LF(j)-EF(j)$$

而活动的自由时差是指该活动在不影响其紧后活动的最早开始时间的前提下，所拥有的机动时间。某活动的自由时差等于该活动的最早结束时间和其所有紧后活动的最早开始时间之间的差额的最小值，即

$$\begin{cases} FF(j)=\min\left[ES(k)-EF(j)\right] \\ j<k,\ (j=1,\ 2,\ \cdots,\ n-1) \end{cases}$$

一个活动的总时差不会小于其自由时差。

由此，最终计算结果如表5-1所示。

其中，项目的最早结束工期为75天，同时，在计算时间参数时，也将此时间当作项目的最晚结束时间。从表中可以发现，项目的关键路线是B→C→D→E和F，即本项目有两条关键路线，其总时间等于项目的总工期。同时，关键路线上所有关键活动的总时差为

零，没有机动时间。

表 5-1　某系统开发项目的时间参数计算表　（单位：天）

代号	活动	活动时长 (t_i)	活动最早开始时间 (*ES*)	活动最早结束时间 (*EF*)	活动最晚开始时间 (*LS*)	活动最晚结束时间 (*LF*)	活动总时差（*TF*）	活动自由时差（*FF*）
A	计划部门需求分析	10	0	10	5	15	5	5
B	销售部门需求分析	15	0	15	0	15	0	0
C	系统设计	20	15	35	15	35	0	0
D	系统实现	30	35	65	35	65	0	0
E	系统测试	10	65	75	65	75	0	0
F	项目管理	75	0	75	0	75	0	0

5. 根据资源、成本、工期的需要，并根据时间参数制订优化的进度计划

绘制出了网络图并计算时间参数后，就可以用最早时间或最晚时间来编制项目的时间进度计划了。按最早时间制订的时间计划如表 5-2 所示。

表 5-2　某系统开发项目的进度计划

代号	活动名称	活动开始时间	活动结束时间	活动负责人	活动流程	活动前提条件	活动验收标准
A	计划部门需求分析	2013-04-09	2013-04-18	王长朝	…	…	…
B	销售部门需求分析	2013-04-09	2013-04-23	周亚文	…	…	…
C	系统设计	2013-04-24	2013-05-13	张兰	…	…	…
D	系统实现	2013-05-14	2013-06-12	李静	…	…	…
E	系统测试	2013-06-13	2013-06-22	何爱民	…	…	…
F	项目管理	2013-04-09	2013-06-22	刘绍军	…	…	…

时间计划的表示方法有很多，除列表外，还可以直接用网络图，也可以用甘特图等形式。

在很多情况下，由于进度的要求（比如项目需要提前完工），或由于资源的约束，费用的考虑等，通常要对进度计划进行调整，使其符合实际完工时间的要求，或实现成本最小化及资源均衡使用等。这个过程称之为网络计划的优化。网络计划的优化要利用非关键活动的时差，将非关键活动的开始和结束时间推迟或将活动的持续时间拉长，从而优先保证关键活动的资源配置需求。因为关键活动是不能耽搁的，否则就会影响总工期。

6. 根据网络图和进度计划还可以制订资源需求计划和费用需求计划等

如果预计出每个活动所需要的人力和其他资源的数量和质量，便可以估算出相应的费用，从而编制出按照时间进度的资源需求计划和费用计划，以帮助管理者了解资源的需求，有利于资源的合理配置和目标的实现。

第四节 目标管理

一、目标及其性质

目标是目的或宗旨的具体化，它是指组织、部门或个人根据自身的需求而提出的，在一定时期内经过努力要达到的预期成果。

一般而言，目标具有如下特性。

（一）多样性

不论是组织或个人，在其基本目的和宗旨一定的前提下，其所期望和所确定的目标往往不是单一的，而是多种多样的。以企业为例，除了一定的经济利益目标外，还包括企业的市场地位的追求、技术水平的提升、股东利益的实现、员工需求的满足等多种目标诉求。同样，一个大学的目标包括人才培养、师资队伍建设、资金筹措、科研水平，等等。

当然，在众多目标中必须对其重要性和完成的时间序列做出合理的评价和规划，分出主要目标和次要目标，这样才能保证有限资源的合理配置。另外，过多的目标设置也会增加管理和执行的成本，因此，设置目标的数量要慎重考虑，尽量突出主要目标，并减少不必要的目标。以个人学习为例，当精力有限时，必须对各课程的学习区分主次，以保证主要课程的目标实现，然后再考虑次要课程的要求，甚至在必要时放弃一些选修的课目。以企业为例，如果资金有限，既要开拓新的经营领域又要维持原有的产品经营时，就必须在投资上进行主次的抉择。

（二）关键指标性

目标的多样性告诉我们，组织和个人的目标不可能面面俱到，那样管理成本是无法控制的。因此，应该确定少数关键的结果，这些关键结果是对组织或个人贡献最大、影响最大的活动。例如，一个在校的大学生，可以根据下列关键结果设置目标：提高专业技能、培养适应社会需要的能力、形成健全的人格、保持健康的身体。

（三）层次性

确定组织目标后，为了在既定的时间内实现既定的目标，必须要将目标在组织结构体系中的各方面（部门）、各个层次、各个时间段进行分解，形成与组织结构相对应的、权责分明的、分解落实到个人的、能保证目标实现的目标体系。

按照层次，组织目标可以分为三个层次，即社会目标、组织目标和个人目标。以企业为例，企业的社会目标是企业实现社会发展的目标，包括企业为社会提供所需要的产品和服务，实现社会价值等；企业的组织目标是指企业对自身发展的未来预期，包括市场地位、利润指标、生产率、技术水平、员工福利等；企业的个人目标是指员工的收入水平、专业技能、个人职业发展等。

按照时间，组织目标还可以分为长期目标和短期目标。短期目标是长期目标实现的基础，体现着长期目标的要求。

（四）网络性

在组织的目标体系中，各目标相互联系、相互支持、彼此协调，形成一个有机网络。在这个目标网络中，首先，一定要分清各个目标的重要顺序，即主次之分，先集中力量实现必须达到的重要目标。其次，必须注意多个目标之间的协调性，这包括同级目标之间、上下级目标之间、主次目标之间、长期目标与短期目标之间的协调，互相之间不要有矛盾。其中，次要目标不要与主要目标发生冲突，下级目标要支持上级目标，短期目标要体现长期目标。

在一个组织中，各部门的管理人员往往更关注于本部门的利益，很少从目标网络的总体去把握和考虑，这样便不可避免地造成局部与整体目标网络的冲突。比如，生产部门强调产品生产的质量而不太考虑生产时间的紧迫性，这可能与销售部门要求尽快生产供货的愿望相矛盾，也可能与仓储管理部门希望减少库存的要求相抵触。再比如，销售人员为完成销售任务在推销中蒙骗顾客，这与企业提高顾客满意度的上级目标是矛盾的。

（五）时效性

目标必须强调时效性，即使目标再好，但错过了实现的最佳时机，也只能看着稍纵即逝的机会望洋兴叹。因此，目标中必须包括实现目标的期限，即使将来在执行过程中有可能会因情况变化而对实现的期限做一定的调整，确定目标时也必须有明确的进度安排作为控制的基准。

（六）可衡量性

一般而言，目标必须定义清楚明确，不会产生歧义，能被实施者理解和执行，也利于实施后的效果和效率评价。

目标可分为定量目标和定性目标。所谓定量目标是指目标规定出了数量标准，如产值、产量、利润、市场占有率等。这类目标有具体的数量标准，将来目标的实现情况能够被确切地衡量。但是，在组织中，还有些目标是不宜用数量来表示的，硬性地将之数量化也不科学，只能定性描述。定性目标在某些组织，如政府机构中比较常见，在某些情况下，过于追求量化的目标可能导致某些急功近利和弄虚作假的行为，而设置一个定性目标可能比规定一个定量目标使管理人员更主动灵活，眼光更长远，考虑问题更全面。但定性目标的实施衡量是一个问题。

在确定目标时，能量化的要根据客观规律科学明确地规定具体数值指标。有些属于定性的问题，其实也可以通过间接测量的方法，转化成量化指标。比如，用产品合格率、返修率等来作为衡量质量的指标；又如，服务质量可以用“将顾客投诉率控制在0.01%之内”来衡量；再比如，对于服务标准中的一项，沃尔玛规定员工面对顾客微笑的标准是必须露出八颗牙。目标的定量化，有利于明确目标和衡量执行的效果，而且还便于采用现代化的方法和手段进行处理。事实上，定性目标也能通过详细的说明规划或其他方法来提高其可考核的程度。比如对于一个政府人员的行政业绩目标的考核，可以通过测量上下级和普通公民的信任度和满意度来实现。

（七）激励性

目标的激励性又称目标的挑战性，是指目标设置既要合理又要切实可行，指标要适当，必须是通过一定努力才能达到，也是必能达到的。太过容易实现的目标，或超出目标实施者的能力范围的目标都不具有激励性。俗话说，“跳一跳，摘桃子”，意思是一个好的目标能激发人的潜力。而一个不切实际、不可能实现的目标则可能使人放弃对该目标的追求。另外，目标的激励性还反映在目标达成后所包含的奖励上，这是人们努力实现目标的动力，因此，目标必须与对目标实施者的奖励挂钩。

（八）应变性

虽然目标设立后一般不能轻易改变，但由于组织的外部环境和内部条件是在不断发展变化的，所以当情况发生变化使原来的目标失去了预见性和科学性时，必须对目标进行调整和必要的修正，使其继续起到对组织行为的引导作用。

以上所阐述的目标的性质，也是我们在制定目标时必须注意的要点。

二、目标管理概念

（一）目标管理的特点

1954年，德鲁克在他的《管理实践》一书中，首先提出了“目标管理与自我控制”的主张。德鲁克认为，“企业的使命和任务，必须转化为目标”，如果一个领域没有目标，这个领域的工作必将被忽视。因此，管理者应该通过目标对下级进行管理，组织目标层层落实到员工，而员工根据总目标的要求，自己制定个人目标，并自我控制，努力达到个人目标，使总目标的实现更有把握。

所谓目标管理（Management by Objectives，MBO），就是组织的管理人员和员工一起制定目标，将组织目标具体化至组织的每个部门、每个层次、每个成员，明确规定其责任、绩效标准和奖罚，员工在工作中实行自我控制，并努力完成目标的一种管理制度或方式。目标管理与传统管理方式相比有鲜明的特点。

1. 目标管理是一种“以人为本”的管理方法

目标管理是一种参与式的、民主的、自我控制的管理制度，也是一种把个人需求与组织目标结合起来的管理制度。传统的设置目标的方法是自上而下的，由上级给下级规定目标，是典型的命令式管理。这种目标设定的方法容易使下级丧失对目标明确性和一致性的认识。要使组织上下目标一致，全体成员完全了解，应该让组织成员亲自参与工作目标的制定，实现“自我控制”。在这一管理方式下，上级与下级的关系是平等、尊重、依赖、支持的，下级在承诺目标和被授权之后是自觉、自主和自治的。

2. 目标管理是一种系统的管理方法

目标管理通过专门设计的过程，将组织的整体目标逐级分解，转换为各单位、各员工的分目标。从组织目标到经营单位目标，再到部门目标，最后到个人目标。这些目标方向一致，环环相扣，相互配合，形成协调统一的目标体系。只有每个人员完成了自己的分目标，整个企业的总目标才有完成的希望。通过目标分解，明确了各方的权、责、利，有效地避免了各部门、各单位各行其是、各自为政等现象的发生。

3. 目标管理是一种重视绩效的管理方法

目标管理以制定目标为起点，以目标完成情况的考核为终结。工作成果是评定目标完成程度的标准，也是考核和奖罚的依据。目标管理注重任务的完成情况，不大关注完成目标的具体过程、途径和方法。所以，在目标管理制度下，下级能比较充分地发挥主观能动性。

（二）目标管理的基本程序

目标管理的过程一般包括建立目标体系、目标实施、成果评价三个阶段。

1. 建立目标体系

（1）确定组织总目标

组织的最高管理层全面分析和研究组织的外部环境和内部条件，根据客观环境带来的机会和面临的威胁以及组织自身存在的优势和劣势，确定组织在未来一定时期内要达到的总目标。

（2）确立部门和员工的目标

这是一个目标分解的过程。这项工作是从组织的最高管理层开始的，然后由上而下逐级确定目标。这个过程比较复杂。首先，目标管理这种方式和所分解的目标一定要由上级管理部门向下属传达解释，保证每一个员工都明确理解和接受。其次，设置部门和员工的目标需要上下级共同参与完成，目标既可以由上级提出再同下级讨论，也可以由下级提出再由上级批准。目标制定是一个反复协商和审查的过程，上级帮助下级建立与组织目标一致的支持性目标。再次，分目标要具体量化，便于考核；分清轻重缓急，以免顾此失彼；既要有挑战性，又要有可行性。每个员工和部门的分目标要和其他的分目标协调一致，共同支持组织总目标的实现。这样，总体目标指导分目标，分目标保证总体目标，组织内部上下左右都有自己的具体目标，从而形成一个完整的目标体系。

2. 目标实施

目标管理重视结果，强调自主、自治和自觉。这并不等于管理者可以放手不管，相反，由于形成了目标体系，一环失误就会牵动全局。因此，管理者在目标实施过程中的管理仍然是不可缺少的。目标实施阶段的工作内容主要包括以下几个方面。

1）进行充分授权，保证每个部门和员工能独立地实现各自的目标的条件。

2）加强与下属的交流，在实现下级的自我管理的同时，进行必要的指导，最大限度地发挥下属的积极性和创造性。

3）建立信息反馈系统，保持定期的或经常的成果反馈或检查，严格按照目标要求对进展情况进行过程控制。

3. 成果评价

目标管理的一个运行周期结束时，下级首先进行自我评估，提交书面报告；然后上下级一起考核目标完成情况，决定奖惩，对于非个人原因造成的问题一般不采取惩罚措施；同时讨论下一阶段目标，开始新循环。如果目标没有完成，应分析原因、总结教训，将未实现的目标转入下一轮目标管理过程。

三、对目标管理的评价

目标管理在全世界产生了很大影响，但实施过程中也出现了许多问题。因此，必须客观分析其优劣势，才能扬长避短，收到实效。

（一）目标管理的优点

1. 带来良好的绩效

目标管理对组织内易于度量和分解的目标会带来良好的绩效。对于那些在技术上具有可分性的工作，由于责任、任务明确，目标管理常常会收到立竿见影的效果。

2. 有助于改进组织结构的职责分工

由于组织目标的成果和责任力图划归一个职位或部门，容易发现授权不足与职责不清等缺陷，有利于组织结构的优化。

3. 调动了员工的主动性、积极性、创造性

由于强调自我控制、自我调节，将个人利益和组织利益紧密联系起来，提高了组织凝聚力和员工士气。

4. 改善了人际关系

目标管理促进了上下级之间、部门之间、个人之间的意见交流和相互了解，改善了人际关系。

（二）目标管理的缺点

在实际操作中，目标管理也存在许多明显的缺点，主要表现在以下几个方面。

1. 目标设置比较困难

德鲁克说过："真正的困难不是确定我们需要哪些目标，而是决定如何设立这些目标。"第一，组织内的许多目标难以量化和确定考核指标，而且过分强调量化目标，可能导致一些非量化的重要目标被忽略，从而产生短期行为，以致影响组织的长远利益。比如

过分奖励高生产率而忽视了创造性，只强调销售额而忽视顾客满意度，等等。第二，许多团队工作是需要集体协作完成的，难以分解到个人。第三，目标的设置会增加管理成本。目标商定需要上下沟通和统一思想，这是很耗费时间和管理成本的。第四，组织环境的不确定性越来越大，组织的内部活动日益复杂，这些都使得组织的许多活动很难制定量化目标。因此，一般认为目标管理更适合中等范围和短期任务的管理，因为这样的范围和时间内的任务更容易确定明确的目标，从而提高目标管理的效率和效益。

2. 目标管理的人性假设不一定成立

目标管理对于人类的动机做了过分乐观的假设：勇于承担责任、有创造力、富有成就感和事业心。但是，现实中，人是有惰性的，尤其在监督不力的情况下。因此，目标管理所要求的承诺、自觉和自治气氛往往难以形成。

3. 过分强调结果有风险

如果目标管理过分强调结果的话，会使每个业务单位、部门和个人都关注自身目标的完成，甚至为了结果不择手段，这将很可能忽略了相互协作和集体目标的实现，容易滋长本位主义、临时观点和急功近利倾向。因此，在目标管理的考核指标设置中，一定要包括对目标达成的过程的考核，也不能忽视对团队协作和集体精神的评价。

4. 奖惩不一定公正

有时奖惩不一定能和目标成果相匹配，从而削弱了目标管理的效果。

以上是目标管理可能存在的问题，也是我们在进行目标管理过程中一定要注意的地方。

案例分析

案例 5－1

东方电力公司

东方电力公司是美国东部的大型电力公司之一。总经理玛格丽特·奎因一直认为有效的计划对企业的成功是绝对必要的。她花了十几年的时间致力于让公司的计划工作正规起来，但是成效不大。在这段时间里，她先后指派了三位副总经理来掌管计划编制工作。虽然每位副总经理似乎都在努力工作，但她注意到，各个部门经理都是自行其是，他们就发生的问题做出决策，并对做“救火”的有效工作而自鸣得意。

然而，公司各部门的决策相互之间总是不能一致。主管调解事务的经理总是催促州委员会准许将电价提高，但进展不大。因为委员会觉得虽然费用上涨，但上涨电价仍不合理。公共关系的领导不断向公众呼吁理解电力公用事业存在的问题，但是各社区的用户总觉得电力公司赚的钱已经够多了，因此，公司应该解决自己的问题，而不应该提高电价。负责电力供应的副总经理受到来自社区的压力，要求他扩大电路，将所有线路埋入地下，以避免影响景观，同时还要求他向顾客提供更好的服务。

应奎因女士的要求，一位咨询顾问来公司检查情况。他发现，公司并没有真正地将计划做好。副总经理负责编制计划，他的下属正努力进行研究和预测，并提交给他结果。由于所有部门的管理者都认为这些文案工作不属于日常工作，因此兴趣并不大。

资源来源：吴照云：《管理学通论》，北京，中国社会科学出版社，2007。

问题

1. 如果你是咨询顾问，你将采取什么方法让公司有效地制订计划？
2. 关于未来的计划期限的长短，你将给公司提出什么样的建议？

案例5－2

目标的制定

乔森家具公司是乔森先生在20世纪中期创建的，开始时主要经营卧室和会客室家具，取得了相当大的成功。随着规模的扩大，自70年代开始，公司又进一步经营餐桌和儿童家具。1975年，乔森退休，他的儿子约翰继承父业，不断拓展卧室家具业务，扩大市场占有率，使得公司产品深受顾客欢迎。到1985年，公司卧室家具方面的销售量比1975年增长了近两倍。

乔森家具公司自创建之日起便规定，每年12月份召开一次公司中、高层管理人员会议，研究讨论战略和有关的政策。1985年12月14日，公司又召开了每年一次的例会，会议由董事长兼总经理约翰主持。约翰在会上首先指出了公司存在的员工思想懒散、生产效率不高的问题，并对此进行了严厉的批评，要求迅速扭转这种局面。与此同时，他还为公司制定了今后五年的发展目标。具体包括：① 卧室和会客室家具销售量增加20%；② 餐桌和儿童家具销售量增长100%；③ 总生产费用降低10%；④ 减少补缺职工人数3%；⑤ 建立一条庭院金属桌椅生产线，争取五年内达到年销售额500万美元。这些目标主要是想增加公司收入，降低成本，获取更大的利润。

公司副总经理托马斯跟随乔森多年，对公司很了解，但他意识到自己历来与约翰的意见不一致，因此在会议上没有发表什么意见。会议很快就结束了，大部分与会者都带着冷淡的表情离开了会场。托马斯有些垂头丧气，但他仍想在会后找董事长就公司发展目标问题谈谈自己的看法。托马斯觉得，董事长根本就不了解公司的具体情况，不知道他所制定的目标意味着什么。这些目标听起来很好，但托马斯认为并不适合本公司的情况。

第一项目标太容易。这是本公司最强的业务，不用花什么力气就可以使销售量增加20%。

第二项目标很不现实。在这一领域的市场上，本公司不如竞争对手，绝不可能实现100%的增长。

第三、四项目标亦难以实现。由于要扩大生产，又要降低成本，这无疑会对工人施加更大的压力，从而也就迫使更多的工人离开公司，这样空缺的岗位就越来越多，在这种情况下，怎么可能减少补缺职工人数3%呢？

第五项目标有些意义。可是改变本公司现有产品线都是以木材为主的经营格局，却未经市场调查和预测，怎么能确定五年内公司的年销售额达到500万美元呢？

经过这样的分析后，托马斯认为他有足够的理由对董事长所制定的目标提出质疑。除此之外，还有另外一些问题使他困惑不解。尽管约翰开始承接父业时，对家具经营还颇感兴趣，但后来他的兴趣开始转移，试图经营房地产业。约翰已50多岁快要退休了，他独身一人，也从未提起他家族将由谁来接替他的工作；如果他退休以后，那该怎么办呢？托马斯认为约翰先生想将这家公司卖掉，并企图通过扩大销售量，开辟新的生产线，增加利润收入，使公司具有更大的吸引力，以便捞个好价钱。“如果董事长真是这样打算的话，我也无话可说了。他退休以后，公司将会变成什么样子，他是不会在乎的。他自己愿意在短期内葬送掉自己的公司，我有什么办法呢？”

资源来源：《MBA必读核心课程》编写组：《MBA管理方法与情景案例》，郑州，郑州大学出版社，2004。

问题

1. 约翰为公司制定的发展目标合理吗？为什么？从本案例中概括出制定目标的要点。
2. 约翰在目标制定过程中体现了何种决策方式？其利弊如何？
3. 假如你是托马斯，约翰在听取了你的意见后同意重新考虑公司目标的制定，并责成你提出更合理的公司发展目标，你将如何做？

案例5-3

某机床厂的目标管理

某机床厂推行目标管理。为了充分发挥各职能部门的作用，充分调动1 000多名职能部门人员的积极性，该厂首先对厂部和科室实施了目标管理。经过一段时间的试点后，逐步推广到全厂各车间、工段和班组。多年的实践表明，目标管理改善了企业经营管理，挖掘了企业内部潜力，增强了企业的应变能力，提高了企业素质，取得了较好的经济效益。按照目标管理的原则，该厂把目标管理分为三个阶段进行。

一、目标制定阶段

（一）总目标的制定

该厂通过对国内外市场机床需求的调查，结合长远规划的要求，并根据企业的具体生产能力，提出“三提高”、“三突破”的总方针，即提高经济效益、提高管理水平、提高竞争能力，在新产品数目、创汇和增收节支方面要有较大的突破。在此基础上，该厂把总方针具体化、数量化，初步制定出总目标方案，并发动全厂员工反复讨论、不断补充，送职工代表大会研究通过，正式制定出全厂××××年的总目标。

（二）部门目标的制定

各部门的分目标由各部门和厂企业管理委员会共同商定，先确定项目，再制定各项目的指标标准。其制定依据是厂总目标和有关部门负责拟定、经厂部批准下达的各项计划任务，原则是各部门的工作目标值只能高于总目标中的定量目标值，同时，为了集中精力抓好目标完成工作，目标的数量不可太多。为此，各部门的目标分为必考目标和参考目标两种。必考目标包括厂部明确下达的目标和部门主要的经济技术指标，参考目标包括部门的日常工作目标或主要协作项目。其中必考目标一般控制在2～4项，参考目标项目可以多一些。目标完成标准由各部门以目标卡片的形式填报厂部，通过协调和讨论最后由厂部批准。

（三）目标的进一步分解和落实

先将部门目标分解落实到职能组，职能组再分解落实到工段，工段再下达给个人。通过层层分解，全厂的总目标就落实到了每一个人身上。

二、目标实施阶段

该厂在目标实施过程中，主要抓了以下三项工作。

（一）自我检查、自我控制和自我管理

由于每一个部门、每一个人都有了具体的、定量的明确目标，所以在目标实施过程中，每个人都会自觉地、努力地实现这些目标，并对照目标进行自我检查、自我控制和自我管理，完全改变了过去那种上级只管下达任务、下级只管汇报完成情况，并由上级不断检查、监督的传统管理模式。

（二）加强经济考核

为了进一步落实经济责任制，及时纠正目标实施过程中出现的偏差，该厂实行每一季度考核一次和年终总评定。这种加强经济考核的做法，进一步调动了广大职工的积极性，有力地促进了经济责任制的落实。

（三）重视信息反馈工作

为了随时了解目标实施过程中的动态情况，以便采取措施及时协调，使目标能顺利实现，该厂采用了两种信息反馈方法。首先，建立工作质量联系单来及时反映工作质量和服务协作方面的情况。尤其当两个部门发生工作纠纷时，厂管理部门就能从工作质量联系单中及时了解情况，经过深入调查，尽快加以解决，这样就大大提高了工作效率，减少了部门之间不协调现象。其次，通过修正目标方案来调整目标。内容包括目标项目、原定目标、修正目标以及修正原因等，并规定在工作条件发生重大变化需修改目标时，责任部门必须填写已修正目标方案提交企业管理委员会，由该委员会提出意见交主管副厂长批准后方能修正目标。

三、目标成果评定阶段

该厂采用了自我评价和上级主管部门评价相结合的做法。即在下一个季度第一个月的10日之前，每个部门必须把一份季度工作目标完成情况表报送企业管理委员会，要求每个部门自己对上一阶段的工作做一个恰如其分的评价；企业管理委员会核实后，也给予恰当的评分，如必考目标为30分、一般目标为15分。每一项目标超过指标3%加1分，以后每增加3%加1分。一般目标有一项未完成而不影响其他部门目标完成的，扣一般项目中的3分；影响其他部门目标完成的则扣分增加到5分。加1分相当于增加该部门基本奖金的1%，减1分则扣该部门奖金的1%。如果有一项必考目标未完成则扣至少10%的奖金。

资料来源：蒋丽君：《管理学原理》，杭州，浙江大学出版社，2004。

问题

1. 实施目标管理的要点是什么？
2. 试评价目标管理的优缺点。

本章思考题

1. 计划的作用是什么?
2. 假设你所在的班级准备举办舞会，试筹划并草拟一份计划书。
3. 你对未来有何规划? 请拟订一份5年计划书。
4. 如何区分长期计划、中期计划和短期计划?
5. 如何区分战略性计划和战术性计划?
6. 结合实际例子，简述计划的基本制订过程。
7. 有人对制定长期目标提出异议，认为不可能知道在未来的很长时间里会发生什么事情，这是一种明智的态度吗?
8. 目标管理的基本流程是什么? 请简述目标管理的优缺点。
9. 下表是某项目的活动资料一览表，试计算各活动的时间参数并确定关键路线和项目的总工期。

某项目活动资料一览表

活动代码	紧后活动	活动时间/天
A	C，D	4
B	C，D	6
C	E	3
D	E	4
E	—	7

第六章　组　织

学习目标

通过这一章的学习，希望你能够掌握：

1. 组织的概念与类型；
2. 组织设计的概念、任务和原则；
3. 组织部门化的概念和主要方式；
4. 组织层级化的相关概念；
5. 组织结构的基本类型和发展趋势；
6. 组织设计的影响因素。

引例

福特与通用：两种战略，两种结构

在1903年亨利·福特的福特汽车公司成立时，汽车是富人专有的玩具，价格昂贵，性能也谈不上稳定可靠。汽车制造是手工制作，一次只能生产一辆。福特的目标非常明确，就是要制造一种普罗大众都买得起的汽车。经过多年的精心研制，亨利·福特终于推出了T型车，它坚固结实、容易操纵，售价也低。1913年，福特汽车的年销量已接近25万辆。

福特具有突破性的改进是建立了利于大规模制造的流水装配线。这一发明来自于福特参观芝加哥一家肉品包装厂时受到的启发，当时他看到肉品切割生产线上的电动车将屠宰后的肉品传送到每位工人面前，每一位工人只负责切割事先指定部位的肉品，效率很高。汽车制造的每个环节和程序都经过了分析，层层分解为最简单的部分，实施标准化生产，每一环节只完成一项工作。这些都大大地提高了生产效率，并将成本控制到了最低，结果是形成了一个高度专业化和具有规模经济效应的生产系统。新的装配线的建立，并将自己的生产线限定为只制造一类汽车，让福特公司拥有了远胜其对手的生产效率和成本优势。1914年，福特公司13 000名工人生产的汽车超过26万辆。而同年其他所有汽车制造商总共生产了28.7万辆汽车，仅比福特公司多出10%，但是他们的工人数量是福特公司的5倍。在1908—1912年间，装配线的建立让汽车售价降低了30%。这一切完全实现了福特当年定下的目标。

福特的目标决定了它的战略——低成本领先、单一品种产品的无差异市场战略。福特的战略又决定了公司的结构、规模和经营范围。与其战略相对应，福特公司是典型的命令和支配型的管理模式。每个环节都由最高层决定，由福特本人发布命令，实行垂直统一管理，集中化经营。毫无疑问，在福特汽车公司，权力的界限是很明晰的。

1920年，美国经济出现衰退，汽车的需求量大大减少。由于福特汽车的成本很低，因此能够将价格再降低25%。不过，另一家汽车公司——通用汽车公司却无法像福特汽车公司那样去做，因此销售额急剧下滑。到了1921年，福特汽车的销量占了整个市场份额的55%，而通用汽车公司所有汽车的销量仅占整个市场份额的11%。

但是，福特的经营战略主要是创建低成本优势，因此，公司的管理体系主要关注公司内部事务，也就是生产本身，如何降低成本是企业的主要任务，但对消费人群的细分和市场营销重视不够。

亨利·福特的T型车正式投放市场的那一年，威廉·杜兰特成为别克公司的总裁。他将一些独立的汽车和汽车配件生产商联合起来，成立了通用汽车公司，后来又收购了凯迪拉克和雪佛兰公司。与福特的统一经营管理不同，通用公司内部各个厂家之间也是相互竞争的对手。杜兰特组成了我们熟悉的通用汽车公司，但是他没有想出如何将公司下属的所有厂家真正整合成为一个生产体系的方法。这项工作落在比杜兰特更为著名的继任者——阿尔弗雷德·斯隆的身上。斯隆明白自己不能与福特公司低价位的单一品种的T型车展开竞争。不过，他选择将自己的雪佛兰汽车定位为不只是普通的交通工具。通过增加配置，通用汽车公司为消费者提供了价位高于福特汽车的“超值”产品。而且，通用汽车公司根据人们不同的经济状况和消费需求，提供“满足各类钱袋、各种需求”的汽车。

产品多样化、消费者分层化是斯隆为通用汽车公司制定的新战略，这符合汽车消费市场的需求变化趋势。但是，让通用汽车公司各种品牌的汽车满足不同消费者的需求，说起来容易，做起来却很难。斯隆根据这种经营战略在公司组织结构上进行了大幅度变革，建立了“分权事业部”。如他所言，这种模式代表了一种“恰当的中间状态，就是让公司的管理处于像福特公司那样的高度集中与通用汽车公司原来的过于松散之间”。

斯隆将整个公司重新分解，每个分公司被授权负责几个特定的消费群，从事日常的生产、销售等具体业务活动，并独立核算，从而使产品和营销的决策更加敏锐和快速地根据市场变化做出反应，也能将高层管理人员解放出来致力于整个公司的重要决策。同时，他设立了一个强大的专业办公中心，以协调管理各分公司之间的关系和业务，实现公司整体目标，包括制定经营方针，确立不同的消费市场，规划产品技术发展，重要的人事任免，帮助分公司在产品设计、采购和营销等方面达到非常重要的经济指标，等等。这样的中心协调机构，一方面能帮助提高分公司的经营效率，另一方面还能有效减少由于权力分散、各自为政所导致的一些浪费和内耗，比如通过统一采购、协调产品设计增加共同的零部件需求，等等，以实现规模经济和降低成本，否则，人们可能还是买不起通用公司的汽车。

在斯隆的领导之下，1940年通用汽车公司的市场份额上升至45%，而福特汽车公司的市场份额则下跌到16%。斯隆的战略和组织变革设计取得了辉煌成就。

在今天看来，斯隆的改革稀松平常。但在当时，这却是一个具有划时代意义的变革。如果消费者永远只想得到福特汽车公司生产的T型车，那么福特公司高度集中的管理体系或许会长期占据主导地位，因为那是生产T型车的最佳途径。但是，市场的需求变化是不可避免的。斯隆设计的这种“集中政策，分散管理”的事业部制组织结构，让通用公司更加贴近市场，适应性更强，从而使公司能够不断成长发展。第一次世界大战之后，通用汽车的事业部制逐渐成为公司组织结构的主流模式。

资料来源：（美）琼·玛格丽塔，南·斯通：《什么是管理》，北京，电子工业出版社，2003，有改动。

思考：这一段资料对你有什么启发？本案例中两个企业的组织结构和其经营战略是如何协调的？

第一节　组织概述

组织（Organization）是人类社会最常见和最普遍的构成单位之一。一项工作的完成往往需要通过组织这样一种群体协作的形式来实现。组织通过形成合理的内部分工协作结构，并整合配置人力和其他资源，来达成群体目标。因此，在管理学理论中，组织（Organizing）是管理的基本职能之一，同时也是重要的管理结果。

一、组织的概念

（一）作为一种实体的组织

作为一种实体的组织是指为了实现某一共同目标而建立起来的，合理地安排人力、物力、财力等资源，拥有一定的权责结构的社会协作系统。组织具有四个重要特点：① 组织必须有共同的目标；② 组织必须存在分工与协作；③ 组织必须有不同层次的权力和责任制度；④ 组织必须适应环境。组织是人类社会最常见和最普遍的现象，企业、机关、学校、各级政府部门、各个党派和政治团体等都是组织。

（二）作为一种管理职能的组织

作为管理的基本职能之一的组织是指在特定的环境中，为了有效地实现组织的目标和任务，对资源进行合理配置的过程。组织职能主要包括：组织设计、人力资源配置及管理、组织文化建设、组织运行及变革。本章主要阐述组织设计这一部分的内容。

二、组织的作用

组织和人群的本质区别就在于一个组织有合理的组织结构、科学的管理制度和权力指挥系统，从而保证人员和资源的协调配置，实现组织目标。同一群士兵，通过合理的组织、列阵编排和严明的指挥制度等，在战斗力上便会表现出质的差异，从一群“乌合之众”变成一支富有战斗力的“军队”。

组织的基本作用是汇集人力和资源，并设计、形成、保持一种良好的集体环境，使人们能够相互配合、协调行动，以获得优化的群体效应。在人类社会的发展过程中，经常需要将分散的个人力量汇集起来，通过分工协作来实现非一人之力所能为的目标，久而久之，便有了组织的形成和发展。但是，人力汇集起来的力量绝不等于个体力量的简单相加，组织通过合理的分工协作实现了人力的放大作用，形成了群体效应，即“$1+1>2$”的效应。

三、组织类型

组织类型的划分标准很多。比如按社会功能，可分为企业、学校、政治团体等；按营利与否，可分为营利性组织和非营利性组织；按组织规模，可分为大型、中型、小型组织等。下面介绍两种划分类型。

（一）营利性组织和非营利性组织

根据目标不同，组织可以分为营利性组织和非营利性组织。

1. 营利性组织

营利性组织是现代社会的基石，它们以产品或服务来满足社会中组织和个人的需要，并因此而获得收益和向政府纳税。所有的企业都是营利性组织。企业设立和发展的最重要目标之一就是追求利润最大化，这也是企业实现其他社会职能的前提基础。企业不能赢利便无法保障员工的生活需要，无法回报投资人，不能保持持续的生产和服务，也无法进行新产品的研究开发，以为社会提供更多更富价值的新产品和服务；同时，政府的税收也就成为无源之水和无本之木，其他组织的正常运行也得不到支持，这将影响整个社会的发展。因此，利润动机并非自私的，因为在市场机制的诱导下，营利性组织在追求自身利润的同时也会带来整个社会福利的改进。从现在来看，营利性组织的外延更加广泛，一些医院、学校也正在成为营利性组织。

2. 非营利性组织

非营利性组织的主要宗旨是向社会提供服务，如行政管理、教育、医疗、安全等。这些服务可能会收取一定的费用以维持组织的生存。但这些组织一般情况下无须向政府纳税，有时还会受到政府的财政补贴。非营利性组织是营利性组织的重要目标市场，也承担着许多的社会职能。

（二）正式组织和非正式组织

根据正规性和是否自发形成，组织可分为正式组织和非正式组织。

1. 正式组织

正式组织是为了有效地实现组织目标而规定组织成员之间职责范围和相互关系的一种结构。正式组织的特点如下。

（1）目的性

正式组织是为了实现明确的目标而有意识建立的，不是自发形成的。因此，正式组织要采取什么样的组织结构，从本质上说应服从于实现组织目标和落实战略规划的需要，并且为实现组织目标制定组织规范，期望以最经济有效的方式达到目标。

（2）正规性

正式组织中所有成员的职责范围和相互关系通常都会通过成文的方案、规范、程序等加以明确规定，以确保行为的合法性和可靠性。

（3）强制性

正式组织通过方针、政策、规则、制度以及正式设置的组织层级和地位等建立权威，约束和影响成员的行为。

（4）稳定性

正式组织一旦建立，通常会维持一段时间相对不变，只有在内外环境条件发生了较大变化时，才可能会导致组织的变革甚至消亡。

2. 非正式组织

非正式组织是正式组织中的成员在共同工作或活动中，由于社会地位相当、对一些问题的认识相似、兴趣爱好和性格情感比较相合等原因，以共同的利益和需要为基础而自发形成的社会关系群体。非正式组织具有如下特点。

（1）自发性

非正式组织是未经筹划而由人们在工作和交往中自发形成的。

（2）内聚性

非正式组织并不靠严格的制度约束成员，主要是依靠在交往中逐步形成的群体意识来凝聚和维系其成员关系。

（3）不稳定性

非正式组织往往随着环境的变化、观念的更新和人际关系的变化等发生变动。

（4）领袖人物作用较大

非正式组织中往往有一个或几个自然形成的核心人物，他们起着提出权威性意见、负责维系组织的相对稳定、提供行为模式等作用，对其他成员影响较大。

任何正式组织都必然伴随着非正式组织，非正式组织是一种不可避免的客观存在。了解非正式组织的特点和作用，对管理人员而言是非常重要的。

非正式组织的积极作用：可以弥补正式组织中成员个人的心理和感情需要，创造一种更加和谐融洽的人际关系，改善员工的工作氛围，提高员工的协作精神和工作效率。

非正式组织的消极作用：如果小团体的目标和其领袖人物的意见与正式组织的目标发生冲突，可能会影响其成员对工作的投入和热情，对正式组织的运行产生极为不利影响。另外，非正式组织的压力可能会影响正式组织的变革进程，阻碍组织创新。

对于非正式组织，管理者既不能放任自流也不能简单地禁止或取缔，而应该在组织工作中，扬长避短，利用非正式组织的优势，避免其劣势。一方面，非正式组织形式灵活，存在广泛，管理人员应有意识、有计划地促进那些对组织目标具有积极意义的非正式组织的形成和发展。另一方面，考虑到非正式组织可能带来的不利影响，管理者要注意关注一些非正式组织及领袖人物与正式组织的管理存在的冲突，及时采取措施避免管理风险。

第二节　组织设计的内容和原则

所谓组织设计，是为了达到组织目标，规划、构建、创新和变革一个组织所需的结构和正式的沟通、劳动分工、协调、控制、权威以及责任体系的过程。组织设计的结果是形成一种协作关系系统。

一、组织设计的内容

(一) 组织设计的具体工作

1. 确定设计的目标

组织设计目标确定是指根据组织的性质、规模、目标、计划或战略，提出新组织结构或改革原有组织结构的设计要求。另外，还要搜集和分析资料，除组织自身资料外，还可调查研究同类型组织的组织结构，结合上述设计目标分析它们的优缺点，为接下来的设计工作提供参考借鉴。

2. 业务活动确认

在设计新组织结构时，要从组织的目标、计划任务出发，将必须从事的业务加以确认和分类，明确各类活动的范围和大概的工作。

3. 工作岗位分析与设计

这是组织设计的最基础工作，它是在对组织目标进行逐级分解的基础上，具体确定开展组织内各项活动所需要设置的岗位，并定义每个岗位所应赋予的职责权限和任职人员应具备的素质。

4. 部门划分和层次设计

这是根据各个岗位所从事工作的性质、内容及相互关系，将职务或岗位适当组合和归口形成相应的管理“部门”或“单位”。这些部门和单位又可以按一定的归类方式组合成更高一层的更大的部门或单位，由此形成组织的“层级”。这是组织设计中的关键性步骤。

5. 组织结构形成

按照组织目标和计划的要求，规定各个管理层次和部门、单位应承担的职责范围，进行权责划分，形成合理的规章制度。通过定义职责和分配权力以及明确它们之间的分工协作关系和信息沟通方式，使组织中的各构成部分（各岗位、各部门或单位、各层级）联结成一个有机的整体。

6. 评价

根据组织外部环境和内部条件的变化，适时地评价和改革组织结构和规章制度，促进组织持续发展。

(二) 组织设计的结果

组织设计工作的结果通常体现在如下书面文件上。

1. 组织结构图

组织结构图一般是以树形图的形式简洁明了地展示组织构成、各部门及岗位的隶属和权力关系。

2. 岗位说明书

岗位说明书一般是以文字的形式描述每一岗位的工作内容、职责和职权，与组织中其他岗位及部门的关系，任职者的任职条件，包括基本素质、学历要求、工作经验要求、专业素养和能力要求等。

3. 组织基本的规章制度

组织基本的规章制度一般包括各部门的职责和规章制度、适用于整个组织的相关制度、规则、程序等。

二、组织设计的原则

（一）目标原则

组织结构是实现组织目标的手段，组织在一定时期内所要实现的战略目标和关键职能，对组织设计起着决定性作用。所以进行组织设计时，无论是职位、分支机构和部门的设置，层级和权力的划分，还是组织整体框架结构的设计，都要围绕组织整体目标的实现来进行。

（二）统一指挥原则

统一指挥原则是法约尔提出的 14 条管理原则之一。它是指组织中每个下属只能接受一个上级的指挥，即一个下属只应对一个上级负责，应避免“多头管理”。下属对自己的上级领导承担工作责任，而上级应对下属的工作承担领导责任，并由此保持一条由上至下的、垂直的、连续的指挥链（指挥系统）。在这条指挥链上，上级能了解下属情况，下属也容易领会上级的意图，保证政令畅通，提高管理的有效性。组织内部分工越是细致和深入，统一指挥原则对于保证组织目标实现的作用就越重要，命令不统一会使下属无所适从，也容易导致下级利用上级领导之间的矛盾推脱责任。

在组织中，造成“多头领导”现象的主要原因是组织管理工作的复杂程度增加，原本属于一个管理者负责的工作可能需要将部分职权授予更有专长的专家去指挥，这样其下属在工作中可能面临几个领导，如果这样的职能职权范围缺乏明确性或设置上重复交叉混乱，则下属在一件事情上面临“多头指挥”的现象便在所难免。多头指挥会造成严重的组织管理混乱和责任混乱。针对这种现象，首先，应该明确组织内的指挥链；其次，当管理者的管理职能需要他人分担时，应明确划分各职能职权的责任和权力范围，使组织内部的上级明白自己的职责所在和指挥的下属是哪些，并使下级明白应由谁指挥，对谁负责。

（三）权责对等原则

在进行组织设计时，既要明确每一部门或职务的责任范围，又要赋予其完成职责所必需的权力，使职权和职责两者保持一致，这是组织有效运行的前提，也是组织设计中必须遵循的基本原则。只有责任，没有职权或权限太小，会使执行者的积极性和主动性受到严重束缚；相反，只有职权而无责任，或者责任程度小于职权，则会导致组织中出现权力滥用和无人负责的现象。

（四）适度管理幅度原则

管理幅度，又称管理宽度或管理跨度，是一个管理者有效领导的直接下属的数量。一般来讲，任何管理者能够直接有效地指挥和监督的下属数量总是有限的。管理幅度过大，会造成指导监督不力，使组织陷入失控状态；管理幅度过小，又会增加管理者的配备，使管理效率降低。有关管理幅度的相关内容将在后面详述。

（五）因事设职兼顾因人设职的原则

因事设职是指所设计的岗位都来自为完成目标和计划任务所不可缺少的业务活动，如不设此岗位安排人从事此项活动，就将影响组织目标和计划的实现。相反，因人设职是指根据现有人员的需要来设置岗位，而不问此岗位是否是完成目标和计划任务所不可或缺的。按照前述的目标一致等组织设计的原则，我们显然应当因事设职、因职用人，而不能因人设职。做到“事事有人做”，而不是“人人有事做”。在组织机构臃肿、人浮于事时，尤其应该如此。

但是，因事设职并不是意味着组织设计可以忽略人的因素。因此，在岗位设计中也会考虑到“因人设职”。具体原因有以下几方面。第一，组织设计不仅是要完成工作和实现组织目标，而且要保证组织成员的能力在组织中获得不断的提高和发展。第二，很多组织设计工作是在原组织设计之上的变革和再设计，这意味着不能不考虑组织现有人员的能力和素质特点，所以除了要保证“事事有人做”外，还要考虑如何“人尽其才”，发挥现有人员的潜力，使其去做最能胜任的工作。第三，即便是新组织的设计，组织也可能无法为每个岗位都寻找到最理想的人选，所以在岗位设计时也必须要考虑到组织内外所能招聘到的人员的实际能力和素质。特别是组织发展的初期，所谓“一将难求”，领导团队的组建往往是根据现有管理者的能力和人数来解决做什么事、做多少事。第四，组织为了发展，必须有一定的人才储备，也就是适当地养一些“闲人”，以备组织发展所需，此时便可能做不到“一个萝卜一个坑”。

小知识

工作岗位分析与设计中的因事设职和因人设职

在工作岗位分析与设计时，将根据组织目标而需要执行的各项任务划分成不同活动步骤并设置相应的工作岗位，并设定相应的人员来完成，这体现的就是“事事有人做”的原则。这是一个工作专业化的过程。实行专业化的优点在于能提高员工的工作技能和工作效率。专业化的分工与协作系统对促进生产效率起了很大作用。但是，后来人们发现，分工过细也会导致负面效应，比如重复一种岗位工作容易产生厌烦情绪、疲劳感和压力感，从而导致低生产率、低质量及缺勤率上升，另外，长期从事单一工作员工的未来发展前途受限，等等。所以，20 世纪 60 年代后，企业在工作岗位设计时日趋灵活，分工不再过细，必要时还根据员工的素质和发展情况，通过工作扩大化和工作丰富化的方式，将几种工作纳入一个岗位中，使岗位更具挑战性，或采用岗位设计围绕小组而不是个人的做法，将为完成某项任务而相互协作的有关岗位和员工组成一个工作小组，以提高员工工作的自主性，从而提升工作效率，并使员工的能力得到更好的提高。这实际体现的是“因人设职”原则。

第三节　组织部门设计

部门是指组织中设置的子单位，在不同的组织类型中称呼不同。企业组织的部门包括分公司、部、组等，政府则称部、局、处、科等。部门化是按一定的标准将若干岗位组合成可以管理的子单位的过程。这是组织设计的一个重要内容。其目的是明确组织中各项任务的分配与责任的归属，以求分工合理、职责分明，有效地达到组织的目标。

一、职能部门化

职能部门化是根据专业化的需要，按照组织目标实现而需要的业务活动的相似性来设置部门，如企业中设立的生产、营销、财务、人力资源管理等职能部门。这是运用最广泛的部门化方式之一。

职能部门化的优点：部门中人员从事同一专业工作，有利于管理，能提高各部门的管理效率；另外，有利于人员的培训交流和专业技术水平的提高。

职能部门化的缺点：各职能部门都有自己确定的任务目标和行动准则，部门之间缺乏沟通交流，也容易产生利益冲突，如果协调不好，将会影响整个组织目标的实现。

二、产品部门化

产品部门化是以某一种产品或服务为中心，将一切业务活动按是否与该产品有关进行归类，凡与该产品或服务有关的业务归置为一个部门。各产品部门类似于一个“独立的企业”进行运作。这种部门化的方式是随着社会化大生产的发展，组织规模和运作领域不断扩大而产生的，因为，在多样化经营的企业中，不同的产品和服务的相关业务活动如果按照职能部门来归类管理显然不利于该产品和服务的发展。比如多样化经营的家电企业可能同时经营电冰箱、洗衣机、电视机、空调等，便可以按照不同的产品组织部门，设置电冰箱部、洗衣机部等，每个产品部门下面再设置相应的职能部门。另外，如果企业经营的产品种类较多，其下属的职能部门，比如营销部门，也可以按照此方式进一步设置分部门，比如 A 产品销售部、B 产品销售部，等等。再比如餐饮企业中设置中餐部、西餐部等。

产品部门化的优点：首先，对于规模较大的组织，按产品或服务划分部门便于管理者集中精力于某一产品或服务的专门生产和经营，能提高决策效率和对外界环境的适应性，这对产品或服务的改进和发展是有利的；其次，各部门都是一个明确的“责任中心”，能区别和评价不同产品或服务的管理绩效，从而提高整个组织投资和经营决策的科学性，并有利于激发各部门的积极性和创造性；最后，各个部门负责人均独立负责一个完整的子单位，有利于其能力的全面发展，有助于培养组织高层人才。

产品部门化的缺点：首先，各部门机构重复，增加了管理成本；其次，各部门独立性强，增加了组织整体指挥和协调控制的难度；最后，需要部门管理者具有较全面的管理素质和能力。

三、地区部门化

地区部门化是指按照企业的经营地区，将涉及某一地区的业务活动及职责归置于同一部门。这种方式比较适用于业务范围广泛的组织。这种部门化方式同产品部门化方式一样，主要是为了更好地针对不同地区的具体情况来组织生产及经营活动。跨国经营的公司一般都采用这种部门化方式。一些企业的营销部门也常常采用这种方式设置下级子部门，比如分别设立A地区销售部门及经理、B地区销售部门及经理等。

地区部门化的优缺点与产品部门化相同。

四、流程部门化

流程部门化是指依据产品或服务的实现流程来设置部门。比如，在一个制造企业的生产部门，一个产品的生产要经过锻压、机械加工、电镀、装配和检验等流程，企业的生产部门便可以按照此顺序设置下属分厂或车间。

流程部门化的优点：将不同产品的流程统一管理，能提高管理效率，同时也能提高生产效率，扩大规模经营效益。

流程部门化的缺点：会增加部门之间的衔接和协作管理难度，增加管理成本。

五、顾客部门化

顾客部门化是根据组织的产品和服务的对象来设置部门。这种划分方式被许多不同类型的组织所广泛采用，比如大学中的研究生院、函授部、MBA中心，还有企业营销服务部门的大客户部、中小客户部等。

顾客部门化的优点：能满足不同对象的个性化需求。

顾客部门化的缺点：存在部门之间的协调问题以及下属部门的重复设置问题。

其他的部门化方式还包括设备部门化（比如医院的放射科、心电图室、脑电图室、超声波室等部门的设置）、人数部门化（比如军队中的师、团、营、连）。

不同的部门化方式除了运用于整个组织的划分，还可能运用在组织下一级部门的划分中，而且有些组织是不同的方式混合使用的。比如医院既有按顾客部门化方式形成的儿科、男科、妇科，还会设置独立的放射中心，以集中放射检查及治疗业务。

第四节　组织层级设计

一、管理幅度与管理层级

（一）管理幅度的确定

管理幅度的设计是组织设计的重要内容。一个管理者直接指挥的下属人数为多少才合适呢？一个管理者的时间、精力和能力是有限的，下属的人数决定了管理者直接涉及的工作关系数量，从而决定了他所承担的工作量的大小。法国的V. A. 格兰丘纳斯提出了如下模型，以计算相关的工作关系数：

$$C = N\ (2^{N-1} + N - 1)$$

式中　C——可能的工作关系总数；

N——向管理者直接负责的下属人数。

通过此模型可以发现，管理者所直接涉及的工作关系总数是随着下属人数的增加而呈几何级数增加的。当下属人数为2时，其可能涉及的工作关系数为6，当下属人数增加到

6时，可能的工作关系数为222。这个公式并非精准的预测，但能说明一个管理者所管理的下属的确是有限的。事实上，在一个组织中，有效管理幅度的大小受到组织成员的能力和素质、工作性质、下属职权明确及合理性、授权程度、组织状况等多种因素的影响。

1. 人员素质

一般而言，管理者个人素质和能力较高，管理经验丰富，则可以采用较大的管理幅度，反则反之。同时，如果下属人员的素质高，主动性和独立性强，则管理者的管理幅度可以大些。

2. 工作性质

如果管理者和下属的工作复杂性、创造性高，需要耗费较多的精力，控制幅度自然会小些。而简单重复性高、易于程序化、计划完善的工作，则控制幅度可以大些。处于较高位置的管理者，需要花费更多的时间与精力从事复杂性和挑战性较高的组织决策和对外联络工作，因此其管理幅度较低层管理者要小。下属的工作越相似，程序化程度越高，则越易于管理人员的管理，因此，扩大管理幅度是可行的。

3. 下属职权明确及合理性、授权程度

适当充分的授权可以使下属职责明确、责权一致，使其在职权范围内独立工作，既能充分发挥其积极性和主动性，还能节约管理者的时间和精力，这种情况下管理者的管理幅度可以增大。相反，不授权，或授权不足，管理者需要花费更多时间和精力监督和指导下属工作，管理幅度则相对较小。

4. 组织状况

首先，组织变革的速度会影响管理幅度。组织变革的速度慢，意味着组织政策比较稳定，计划和措施比较详尽，组织成员对此较为熟悉，易培养出工作行为模式，能够按既定程序和要求妥善处理各种问题，减轻了管理者负担，控制幅度可以大一点，反则反之。其次，组织信息沟通渠道和控制系统的状况会影响管理幅度。组织的信息沟通渠道畅通，信息技术水平较高，则信息传递迅速、准确。如果控制系统有效，能够快速、准确地反映实际活动与计划的偏离状况，对下属的考核制度也比较健全，则管理幅度可以大些，反则反之。

（二）管理幅度与管理层级的关系

由管理幅度可知，任何一个组织中的最高管理者都不可能直接领导整个组织的所有人及相关活动。管理者需要监督管理的下属数目超过了其管理幅度时，就必须增加一个管理层次，将工作委托给下一级的管理者分担。由此，在一个组织中便形成了从最高管理者至最下面的普通员工之间的管理层级。从管理的效率和质量来看，管理层级的多少一定要合适组织的需要。组织层级数的影响因素很多，其中主要受组织规模和管理幅度的影响。在管理幅度一定的情况下，管理层级与组织规模大小成正比，组织的规模越大，员工越多，所需要的管理层级一般就越多。在组织规模一定的前提下，管理层级与管理幅度成反比。

根据管理层级和管理幅度的不同，组织结构可分为两种不同的结构，即锥形结构和扁平结构。

锥型组织的优点是管理严密、分工明确，每级的管理者都能对下属进行及时有效的指导和控制，层级之间工作任务的衔接较好，同时也为下属提供了更多的提升职位。锥形结构的缺点是由于管理层级多影响了信息的纵向传递速度，增大了信息失真度，增加了高层与基层之间的沟通和协调成本，降低了决策的速度；另外，容易导致对下属的过分严格的监控，影响其积极性和创造性。

扁平组织的特点是管理层级少，信息纵向传递速度快，信息失真度低，管理成本低；强调下属之间的横向协调而不是垂直领导，下属有较大的自主性，有利于调动下属的积极性和创造性，有利于提高组织对外部环境的反应速度。扁平组织的缺点是过大的控制幅度增加了管理者对下属的监督和协调控制难度；同时，下属也缺少足够的提升机会。

随着组织中管理者素质的提高和管理信息化水平的提高以及为了应对外部环境的变化而更多地授权下属，管理者的管理幅度变大，组织的管理层次减少，组织结构更趋向于扁平化。

二、集权与分权

（一）职位、职责和职权

职位是指组织机构中具有特定功能的位置，如总经理、部门经理、普通工作人员等。职位是保证组织目标实现的基本单位。职责是某特定职位必须履行的义务。职权是指组织内部经一定正式程序赋予某一职位行使职责的一种权力，通过职权关系传递上级命令和反馈下级信息，以促进合理决策和有效控制。在组织中，职权与职责必须对等，权力过多而承担的责任过小会导致权力滥用，而赋予的职责没有对等的职权保证则相关人员难以完成既定的任务。

（二）职权的类型

职权分为直线职权、参谋职权和职能职权。

1. 直线职权

直线职权是指管理者直接指挥下级工作的权力，又称指挥权。直线职权是沿着组织等级发生的职权关系，并遵循统一指挥原则，从上向下形成一条指挥链。如在一个生产企业中形成的一个严密指挥链：总经理→生产制造副总经理→生产部经理→分厂厂长→车间主任→班组长→工人。链中每一个环节的人员都有权直接指挥下属，同时也必须接受上级指挥。

2. 参谋职权

参谋职权是管理者拥有的特定的建议权和咨询权，主要是评价直线指挥链的活动情况，进而提出建议或提供服务。参谋职权首先出现在军队中的参谋组织中，随着企业活动越来越复杂，高层管理者开始设置一些职能机构作为管理的辅助部门，利用参谋人员的专业知识和技能来帮助自己对组织进行管理。在基于指挥链的管理关系中，纯粹的参谋人员的作用仅限于提供咨询和建议，并无指挥权。

3. 职能职权

职能职权是参谋人员获得的原属于直线指挥人员的部分直线职权。随着管理活动日趋复杂，直线指挥人员向个人或职能部门授予本属于自己的直线职权，允许其按照一定的程序和制度，在一定职能范围内行使权力。

（三）集权和分权的概念

集权和分权是组织设计中的两种相反的权力配置方式，反映的是组织中纵向指挥和决策权力的集中与分散程度。集权和分权是相对概念。

1. 集权

集权是指决策指挥权在组织层级系统中较高层次的集中。集权程度较高的组织中，下属部门和人员只能依据上级决定、命令和指示办事，一切行动必须服从上级指挥。这样的情况下，组织命令传达速度快，统一指挥效率高；但组织的机动性和灵活性会受影响。

2. 分权

分权是指决策权在组织层级系统中较低管理层次上的分散。分权程度较高的组织中，下属部门和人员有较高的自主性，组织对外界的灵敏性会增强；但高层管理者对组织的掌控和协调变得困难。

判断组织集权和分权程度的标准如下。

1）较低层的管理者做出的决策数量越多，分权程度越大。

2）较低层的管理者承担的决策重要性越大，分权程度越大。重要性可以用决策的影响程度和金额来衡量。影响程度主要是指决策的空间影响（涉及的部门和人员、组织层级）和时间影响（现在或未来）。在组织中，低层部门决策涉及的金额越大，也反映出分权程度越大。

3）较低层的管理者承担的决策范围越大，涉及职能越多，分权程度越大。

4）较低层的管理者承担的决策受上级控制和干涉的程度越小，分权程度越大。这可以用上级对下属决策的监督和控制程度，组织政策、程序和规则等的多少和细致程度来衡量。

（四）集权和分权的影响因素

在组织层级设计中，影响组织集权和分权程度的因素主要有以下五个。

1. 决策的重要性

重要的决策通常由高层管理者掌控，一般不会授予下属。因为重要的决策关系到组织的生存和发展，影响面大，影响程度深远，需要慎重。在一个企业中，关于企业未来发展方向的战略性决策通常都是由企业的最高管理部门负责的。

2. 组织状况

首先，组织规模大小和空间分布广度会影响集权和分权。组织规模越大，空间分布越广，决策工作量越大，协调越困难，此时便需要通过分权来提高组织运作的效率。比如在多种产品经营的企业中，经营分散化多样化，不同产品的经营各不相同，企业便通常将权力分配给各产品单位，让其分散自主经营。其次，组织变动的速度和程度也会影响权力的分散程度。比如，一个迅速成长的企业可能需要通过分权来应付扩张和分散的业务。再次，企业控制技术及手段的完善性也会影响集权和分权。信息技术的发展和控制系统的完善会促进职权的分散，因为管理者对分权能更好地监控。另外，组织的成长历史、发展阶段、高层管理者的偏好、组织文化等也会对集权和分权产生影响。

3. 政策和决策的统一性

如果组织需要保持政策和决策的统一性，往往采用较高程度的集权，以期达到政令统一。比如在面临重大挑战和危机时，组织往往采取集权的办法。又比如秦国在统一六国后，为了保证各项政令的推行，政府采取的便是高度的中央集权形式。

4. 人员基本素质

下属人员素质较高，则可以考虑多授予权力，以发挥其积极性，并减轻管理者的负担，降低管理成本。

5. 组织环境

复杂多变的组织环境会使组织高层决策的时效性变差，从而迫使高层管理者进行分权，通过增加下属部门和人员的自主性来提高组织对外部环境的适应性。

（五）分权的途径

权力的分散可以通过是两个途径来实现：组织设计中的权力配置（通过制度分权）和管理者在工作中的授权。授权包括向授权对象托付任务、授予相应的权力并明确责任，使之有权处理相应的任务，并对所要完成的任务承担全部责任，包括向上级汇报任务的情况和成果。

制度分权和授权是互相补充的，制度分权是基础，但是在组织设计中难以准确把握每项职权的运用和环境变化导致的新问题，也难以准确预料每个岗位的工作人员的能力，因此需要各级管理者在工作中通过授权来补充制度分权的不足。

第五节　基本组织结构类型

组织结构是组织中分工与协作关系的基本框架。一个组织的组织结构会随着组织外部环境和内部因素的变化而不断变化。常见的组织结构有以下几类。

一、直线制结构

直线制结构是一种最古老的组织形式，最初用于军事组织，后来推广到企业。直线制结构的突出特点是，组织一切活动均由组织的各级主管人员直接进行指挥和管理，不设专门的职能参谋人员和机构，至多只有助手来协助管理人员完成管理工作，如图 6－1 所示。

直线制的优点：指挥关系清晰，命令统一，权责明晰，决策迅速，适合比较简单的管理系统。

直线制的缺点：没有进行专业分工，要求管理者具有多方面的知识和才能。

生产规模小、生产很简单的工业企业常常采用这种形式。

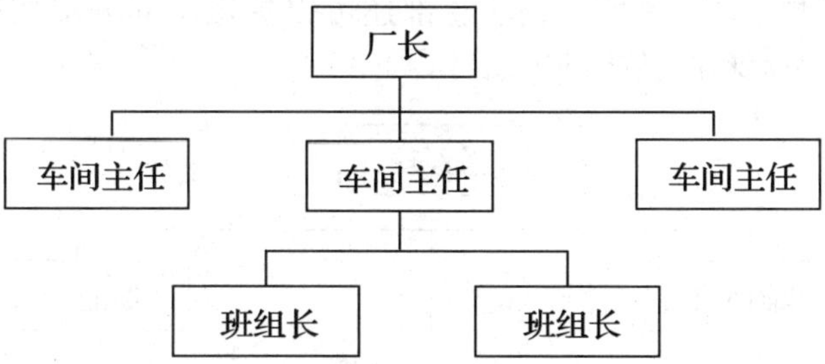

图 6－1 直线制组织结构示意图

二、直线职能制结构

直线职能制结构，又称 U 形结构，是按组织的职能划分出部门的一种组织结构，这些部门包括生产、采购、营销、技术、财务、人力资源，等等，如图 6－2 所示。各部门下级接受上级的直接指挥，跨部门之间只有建议权和咨询权，不能直接指挥。它是在组织规模不断扩大，管理工作日趋复杂，需要进行专业化分工的形势下产生的。

直线职能制的优点：领导集中、指挥统一、权责清楚、管理效率较高；从事同类活动的人员归于同一部门，有利于其业务水平的提升，获得专业化分工的好处。

直线职能制的缺点：部门之间的协调沟通难度增加，不利于具备全面素质的高级管理人才的培养。

这种组织类型适合于中小规模企业，但对规模较大且业务类型较多的企业不适用。

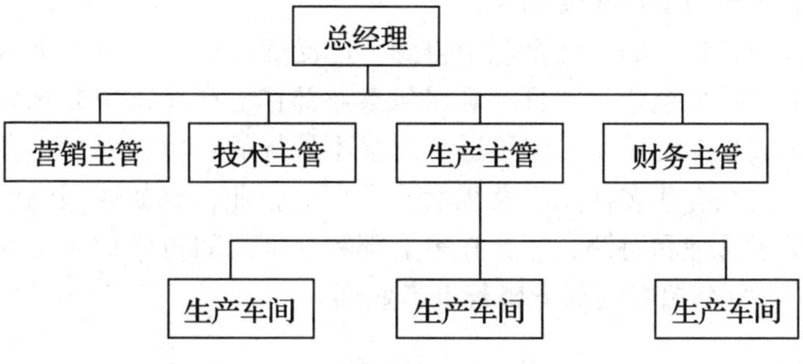

图 6－2 直线职能制组织结构示意图

三、事业部制结构

事业部制结构，又称 M 形结构，是一种分权制的企业组织形式，由美国通用公司的前总裁斯隆首创，又称斯隆模式、联邦分权制。它是指在企业内按产品类别、地区或经营部门，分别成立若干分权管理、自主营运的事业部（战略单位）的一种组织类型。整个企业采取的是“集中决策，分散经营”的模式，见图 6－3。每个事业部是利润和责任中心，在企业目标和方针的引导下，自主经营、独立核算、自负盈亏。企业总部是投资决策中心，为了保持企业运行的高效率和有效的控制，负责企业方针政策制定、重要人事任免、投资组合决策、资本供应等。另外，企业总部还可以提供不同分部共同需要的某些服务，与分部合作进行技术开发和产品改进等。

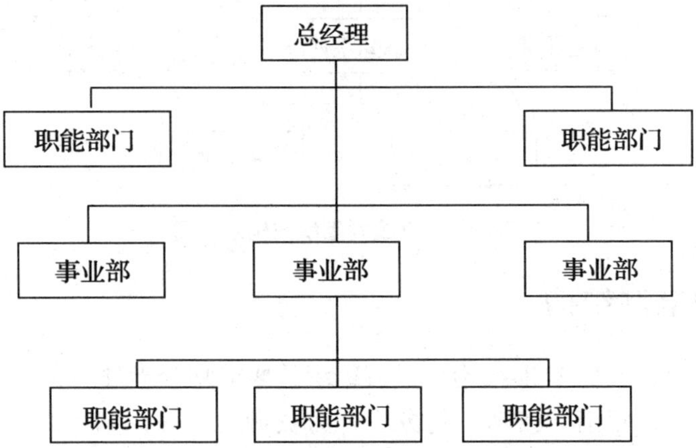

图 6－3　事业部制组织结构示意图

事业部制的优点：多种经营单位专门化管理和总部的集中统一领导很好地结合起来，企业和各事业部之间形成比较明确的责、权、利关系；事业部能发挥经营管理的灵活性和主动性，对环境的适应性强；各事业部权力较大，以利润为核心展开经营，积极性高；能培养具备综合性素质的高级管理人才。

事业部制的缺点：对事业部经理素质要求较高；各事业部职能机构重叠，管理成本上升；各事业部之间容易产生对公司资源和共同市场的不良竞争，内耗增大，协调难度增加；企业总部对事业部的掌控难度加大。

事业部制在欧美和日本的大型企业中得到了广泛的应用，它适合于需要按经营的领域或地域划分经营单位的大企业，并且能确保各事业部在生产经营中的充分自主性。此种组织结构适用于企业成长期的扩张，但不适于动荡不景气的环境，因为它会破坏企业整体资源的集中调配使用。在有些多样化经营程度非常高的企业，比如通用电气（GE），由于事业部众多，为了便于管理和协调，还会在事业部和总部之间再增加一层管理层级，包括若干个“超事业部”，每个超事业部下属若干事业部。

四、矩阵制结构

矩阵制结构是在直线职能制垂直指挥链系统的基础上，再增设一套横向指挥链系统，形成具有双重职权关系的组织矩阵，如图 6－4 所示。矩阵制结构组织由纵横两套管理系统组成，一是按管理职能设置的纵向职能系统，一是按规划目标（产品、项目、任务）划分的横向组织系统。

矩阵制结构最初是为了项目建立的。为了一个特定的项目，比如产品的研究开发、产品的推广等，需要从不同职能部门抽调人员组成一个项目组，项目组成员在项目实施期间由项目经理指挥，但同时仍隶属于原职能部门，接受原职能部门经理的领导。当项目结束后，项目组解散，所有成员回到原来的职能部门，等待下一个项目的人员重组。矩阵制结构打破了统一指挥的传统原则，有多重的指挥链，矩阵制结构中的员工接受项目经理和职能经理的双层领导，并对其负责。

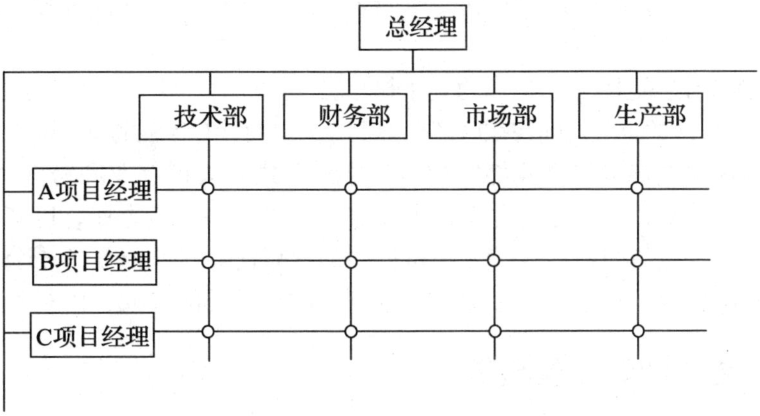

图 6－4　矩阵制组织结构示意图

矩阵制的优点：不同背景和知识技能的人员为某一特定的项目共同工作，可以同时取得专业化分工的好处和各职能部门间的协调与信息沟通，从而能较好地应对环境的复杂性和不确定性。另外，当项目之间存在共享稀缺资源的压力时，可以促进资源的共享和合理使用。

矩阵制的缺点：多头领导可能导致员工心理压力大、责任心不强和责任不清等负面效应，权力不平衡易导致经理人员之间发生冲突，员工的考核和升级存在困难。

因此，采取矩阵制结构进行项目运作的企业，通常要有一个完善科学的管理体系为支撑，减少经理人员之间的权力冲突，并保证对员工的激励。以项目为基本业务形式的企业通常采用矩阵制结构来运作项目，如软件开发企业。

根据矩阵制结构组织的特点，有些企业开发出了更复杂的多维组织形式。1967 年，美国道科宁化学工业公司（Dow Corning）建立了三维立体组织结构形式，这种形式由三重指挥系统构成：① 按产品（项目或服务）划分的部门（事业部），是产品利润中心；② 按职能如市场研究、生产、技术等划分的专业参谋机构，是职能利润中心；③ 按地区划分的管理机构，是地区利润中心。在这种组织结构形式下，围绕某种产品的研发、生产和销售等重大问题，每一系统都不能单独行动，而必须由三方代表通过共同协调才能采取行动，进而突出了整体利益，加强了相互之间的信息沟通和联系，减少了产品事业部之间、地区部门之间的矛盾。这种三维结构适用于跨地区从事大规模生产经营但又需要保持较强灵活反应能力的大型企业。

五、控股制结构

控股制又称为企业集团的组织结构、H 形结构，也是一种分权的组织形式。与事业部制不同，此种结构中的事业部门是具有独立法人资格的子公司或分公司，产权关系是把众多的企业联合在一起形成企业集团的最重要的纽带。企业集团的母公司持有子公司部分或全部股份。按产权关系可以把集团中的企业划分为全资子公司、控股公司和参股公司。

子公司是独立的法人，因而具有更大的经营独立性，母公司对子公司的投资承担有限责任。子公司对母公司的利润承担增值责任，母公司的影响必须通过子公司的董事会，监督与控制比较间接。整体战略运用存在一定困难，子公司往往独立性过强，缺乏必要的战略联系和协调。

企业集团的联合是多层次的，往往由处于核心层、紧密层、半紧密层、协作层的众多企业所组成，处于不同层次的企业之间往往因产权关系等因素而具有很强的制约甚至控制关系。

企业集团的优缺点基本与事业部制相似，这种形式对大型企业和跨国公司比较适用。跨国公司在跨国经营时，往往通过并购的方式兼并购买一些当地企业，以产权为纽带实现公司业务的扩张。企业集团模式既能发挥母公司的战略优势，又能发挥子公司的积极性和灵活性；而且在必要时，母公司可以放弃无利可图的子公司的产权，以规避经营风险。

六、组织结构的新发展趋势

（一）网络组织

网络组织是一种以契约为主要纽带的组织之间的合作联盟。网络组织实现了组织内部核心资源与外部资源优势的动态有机结合，其目的在于优势互补、风险共担和利益共享。企业通过与其他组织协作共同合作完成一项特定的任务和实现特定目标，比如产品的产销、复杂的技术创新等。随着现代信息技术的发展，企业与外界的联系更加紧密更有效率，这种组织类型越来越普遍。

1. 虚拟企业（Virtual Corporation）

虚拟企业是指几个企业基于某一特定目标，以契约为纽带结成的一种暂时性的合作关系（见图6－5）。传统的企业业务包括原材料采购、产品研发、制造、营销等诸多环节，有些企业却通过重新定位业务边界，专注于自己的优势核心业务，而将其他业务外包出去，通过与原材料供应企业、生产企业等的合作，如同一个企业一样实现了从产品设计到市场销售的全过程，为企业创造了利润。

虚拟企业的优点：给予组织高度的灵活性和适应性，特别适合科技进步快、消费需求变化快的外部环境，组织可集中力量从事自己具有竞争优势的那些专业化活动。

虚拟企业的缺点：将某些基本职能外包，必然会增加控制上的困难。例如，将生产外包，对质量、交货期等就较难控制，新产品设计的创新也难于保密；各企业之间的矛盾和冲突不可避免，组织协调难度增加，需要主导企业（核心企业）较强的关系管理能力。

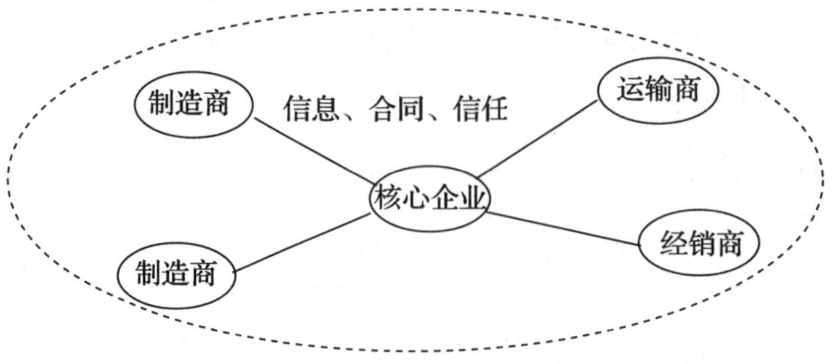

图6－5　虚拟企业结构示意图

小知识

耐克（Nike）公司是利用虚拟公司成功抢占市场的企业之一。耐克公司是世界上最大的旅游鞋供应商和制造商之一，公司将主要的财力、物力和人力投入到产品设计和市场营销环节，甚至样鞋也不靠自己生产，其生产活动完全在台湾企业和其他地区的企业中进行。公司的许多经理经常穿梭于世界各地寻找合适的生产合作伙伴。20 世纪 70 年代，耐克与菲律宾、马来西亚、英国、爱尔兰的制鞋厂合作，80 年代耐克转向中国台湾、韩国等地谋求合作，90 年代耐克又对中国大陆、印度尼西亚、泰国等地产生了兴趣。耐克的成绩是惊人的。从 1985 年到 1992 年，耐克的纯利润增长了 24 倍。耐克成功的关键是恰当地组建虚拟公司，并在虚拟公司中牢牢掌握控制权，从而获得了低成本、高利润。

2. 战略联盟（Strategic Alliance）

战略联盟是两个或多个企业为了实现某个战略性目标而形成的较长期的联盟关系。20 世纪 70 年代惠普和佳能作为业务上存在直接竞争的对手结成了一个“合作无间”、互惠互利的战略联盟，成功地将惠普的计算机技术和佳能的激光技术联合起来，开发出激光打印机。微软和英特尔结成 Wintel 联盟，旨在技术创新方面加强合作。

战略联盟的优点是：优势互补，资源共享，风险共担。

战略联盟的问题：组织协调困难，矛盾和冲突不可避免；在技术和商业秘密以及自身竞争优势的保护方面存在风险。

3. 产业集群（Industrial Cluster）

产业集群是一些基于产业分工协作的企业（比如上下游的供应关系）和相关组织机构（包括科研机构、高校、金融教育服务机构、中介机构和政府部门）在特定地理区域内组成的合作关系网络。比如美国硅谷高技术产业集群、底特律汽车产业集群。在我国，产业集群是重要的区域经济发展模式。我国高新技术产业集群包括中关村、武汉东湖高新技术产业开发区和苏州高科技产业园等。制造业产业集群则广泛分布在我国各地，以江浙和其他东部沿海发达地区较为集中，如浙江宁海的纺织服装产业集群、温州低压电器产业集群等。

产业集群的主要优势在于：第一，各种类型企业的聚集能形成对某种产品的大量市场需求，供应此种产品的企业可以获得规模经济效益；第二，与供应商和客户在地理位置上的邻近能降低协作成本，业务关联企业的大量集聚也可以使企业通过共同采购、共建相关设施等方式降低相关成本；第三，集群内企业和机构在地理上的邻近性和产业的关联性以及随着人才在产业集群内部不同企业之间的流动，有利于组织之间知识和经验的交流扩散，促进组织技能和知识的学习和累积，能提升企业竞争能力；第四，优秀企业的标杆作用对其他企业有正面影响，如惠普的管理理念被其他企业所效仿，并进一步促成了硅谷创新性文化的形成；第五，大量企业的聚集能让在合作中有不良倾向的企业顾及到声誉的影响，从而降低交易的风险。

（二）柔性化组织

企业在长期的发展过程中，会逐渐形成一套等级森严的层级组织体系和严格的制度，层级越来越多，信息的处理和传递要经过的环节就越多，致使整个组织对外部环境变化的反应迟钝，并且内部协调和管理难度也增加。20 世纪 90 年代企业开始了“组织再造”运动，通过使锥形组织扁平化和提高组织结构柔性以克服组织刚性，提高组织对环境动态变化的适应能力。

组织结构柔性化表现如下。

1. 组织结构的扁平化

扁平化形成条件有两个：一是现代化信息处理和传递技术，促进信息在组织内的快捷高效处理和传递，使管理者的管理幅度变大，原来的一些中间管理层次消失；二是员工的独立工作能力提高，管理者能向员工大量授权，使之承担更多的责任，这样中间的管理层级便不再必要，员工可以组建工作团队自主完成工作，而且员工与管理者之间的关系也由传统的被动执行者和发号施令者转变为协作者。

2. 结构的稳定性和动态性的统一

为适应外部环境变化和组织目标的需要，组织结构分为两个组成部分：一部分是保证组织基础性运营的比较稳定的基础性组织结构，一部分是为了完成某些临时性任务或特定需要的组织结构。后者是补充性结构，体现着组织的柔性化，比如临时工作团队、项目组等。

所谓团队是指由致力于共同的宗旨和绩效目标、承担一定职责、技能互补的异质成员组成的群体。团队通过其成员的共同努力能够产生积极协同作用，其团队成员努力的结果使团队的绩效水平远大于个体成员绩效的总和。这些团队能打破组织原有的部门界限，直接面向任务，以群体协作优势实现任务目标。团队可以快速组合和运行，目标达成后便解散。在团队中，成员有一定自主权，重视成员之间的分工协作和充分的沟通交流。在一些小型的专业性强的企业中，团队结构甚至成为了组织的主导形式。比如一家只有 30 人的市场营销公司完全按照团队来组织工作，团队对包括日常运作在内的所有业务负全责。

另外，柔性化组织内部注重通过分权提高下属的自主性，同时也注重保持一定集权，主要是通过上下级之间的充分沟通，把握授权的尺度，适当地调整下级的权限。

3. 重视学习

如同个人一样，企业必须通过持续学习来提高竞争力，以增强组织对外界环境的适应性。因此柔性化组织重视在组织中培养学习氛围和理念，建立利于学习和知识交流的制度和机制，以充分发挥员工的创造性思维和自由性，促使员工不断学习进步。学习的目的是促进知识的积累和能力的提升，因此，柔性化组织还需要建立对于组织和员工知识的管理系统，以实现知识的管理和共享。

4. 无边界化

为了提高对外部环境的适应性，企业还必须努力寻求与顾客和供应商之间的合作。与顾客的合作能更好地掌握市场需求信息，而与供应商的合作则会促进更快捷、更优质的原材料供应，以应对市场需求的变化，同时通过协作还能有效降低成本和提升企业经营效益。

小知识

在Dell之前，苹果、IBM、康柏、惠普等都是利用批发商和零售商将个人电脑产品投放到市场，但Dell公司却反其道而行之，采用了直销模式。Dell建立专门的网站进行电脑的直销，顾客可以按照自己的喜好进行选择，此外还可以通过电话和邮件订货，从而保证了以最快的速度响应顾客的个性化需求。另外，直销绕过了中间商，使得公司能以更低的价格提供产品，这一切都显著提高了顾客的满意程度和忠诚度。为了保证直销模式的顺利运作，Dell公司依赖先进的网络信息技术，与供应商实时共享一切重要的客户与生产信息。原配件供应商大多将自己的仓库建在Dell工厂的附近，以保证生产所需原配件在20分钟之内可以运到其装配车间。在新产品研发中必然会涉及配件的支持，Dell的技术设计小组全部配有供应商的工程师，在推出新产品时这些工程师会常驻Dell，以保证新产品的顺利推出。为了维持这种相互信任、高度默契的企业关系，Dell公司严格挑选供应商，逐步减少供应商数量，同时努力与供应商建立长期合作关系。

第六节 组织设计的影响因素

每一组织内外部各种因素的变化，都会对组织设计产生重大影响。因此，在组织设计过程中，除应当遵循前述组织工作的原则外，还要充分考虑诸影响因素。同时，在影响因素发生重大变化时，应采取严肃态度，有原则、有计划地及时进行组织变革。

一、组织性质和组织战略

政府机关、工商企业、学校、医院等社会组织，因性质和使命不同，其组织结构自然各不相同。组织结构是为完成组织的使命和任务服务的。另外，组织战略与组织设计具有较强的相关性，组织结构应当为战略服务，如果管理者对组织战略做出了重大调整，则须进行组织再设计，以适应和支持战略调整。

二、组织规模和发展阶段

大企业的组织结构比小企业的组织结构要复杂得多，这也反映在企业发展的不同阶段上。例如，以一个制造企业为例，在初创时企业规模很小、业务简单，往往无正式的组织结构或采用很简单的直线制结构；随着规模的扩大，才会建立组织结构并逐步发展完善，可能较多的是直线职能制；随着企业进一步发展和规模扩张，可能会出现事业部制、控股制等。

三、组织的技术特点

企业采用不同的生产技术，它们的组织结构就有差别。法约尔就曾指出，规模相同的煤矿和冶金工厂的组织机构设置便有区别。传统技术的制造业和高新技术企业的组织结构也不相同，高新技术企业由于技术更新迅速，对技术创新要求较高，组织结构稳定性差，柔性要求较高，所以较多采用项目组和团队运作模式，组织结构扁平化，组织的制度规范和程序相对宽松和灵活。而传统制造业一般以相对成熟的生产技术为支撑，主要目标是提高产品质量和降低产品成本，所以组织结构相对稳定，采用层级制较多，组织的制度规范和程序等严格而细致，以保证命令统一、执行有力。

四、组织的人员素质

组织的人员素质包括各级管理者及其下属人员的素质。它对组织设计的各要素（岗位和部门设置、层级划分、权责分工、协作配合、制度规范）都有影响，从而带来组织结构的差别和变化。

五、组织所处的环境

传统产业企业由于外部环境较稳定，其机构设置、权责分工等就可能稳定些，规定可以细致些。新兴产业的企业由于外部环境变化快，其组织结构就不稳定，职责分工不严格，重在临时协调和发挥员工的主动性。

案例分析

案例 6－1

联想的组织结构变革

联想集团创立于1984年，目前是一家全球领先的个人计算机企业，拥有近2万名员工。2009—2010年，联想集团的营业额达166亿美元，占全球个人计算机生产市场份额的8.8%。目前，联想集团在北京、日本和美国三大研发基地建立了全球性的研发机构，拥有近2 000名一流研发人才、2 000多项专利，并且开创了诸多世界第一。联想集团在2009年和2010年连续2年入选《商业周刊》全球创新50强。联想集团顺应企业不同发展阶段对创新的要求，进行持续的、适时的组织结构变革，重新设计企业全新的运作模式，最终实现了企业的不断成长和超越。

一、“平底快船”模式到“大船结构”模式

1984年10月，联想刚刚成立时，其前身为“中国科学院计算技术研究所新技术发展公司”，规模很小，企业员工只有11人。1985年初，公司设置了简单的组织结构，包括技术开发部、工程部、经营部和一个办公室。公司由总经理直接指挥，权力高度集中；员工一人身兼多职，部门之间的分工还不明晰，职能交叉重叠，只要市场需要，什么事情都做，这就是联想自称的“平底快船”的组织管理模式。总体来看，这种管理模式对规模很小、处于创业阶段的联想十分有效。创业之初，联想的核心管理层还没有形成明确的发展战略，公司的核心经营业务也不清晰。关键性问题即如何解决公司的资金积累问题。

随着企业的发展，联想的核心业务变得突出，职能部门越来越多，此时采用的组织结构模式是“大船结构”模式。这种组织结构模式就是直线职能制结构，主要特点是“集中指挥，分工协作”。权力的高度集中使公司贴近市场并能够快速做出反应和变革。然而，这完全取决于企业所有者或创建者的个性——如果他拒绝或者无法适应市场变化，不能适时地变革，并突破企业原有的发展路径，那么这个组织很快就会消失。此时，联想集团创业者经过一番深入思考之后，认识到公司后续发展的瓶颈在于如何发挥自身的技术和人才优势。鉴于此，柳传志对总工程师倪光南寄予了厚望，并给予其充分的自主权。在倪光南的带领下，联想集团的产品研发迈上了一个新台阶。

二、“大船结构”模式到“舰队结构”模式

1994 年，我国降低了进口个人计算机的关税，世界一流计算机企业大举进入中国，国内市场竞争更加激烈，产品更新速度加快。此时联想集团的内部运营也出现了一些因协调困难而导致的“大企业病”。例如，各销售大区之间的客户争夺；生产制造部门和职能部门之间各成体系，难以协调，内部滋生出不顾整体利益的本位主义和分散主义等。在这种情况下，联想集团对公司的组织结构进行了激进式变革，成立微机事业部。原来涉及个人计算机的 20 多个部门被压缩为销售、市场、技术、综合、生产制造 5 个部门，员工队伍也进行了大幅精简，由 300 多人的队伍精简到 125 人。在该阶段，除了重大决策权、合理监督权和高层人事权之外，其他权力都下放到事业部。这在某种程度上意味着联想集团已经建立起了比较完善的事业部制，并且按照这种组织结构模式对公司的运营进行管理。事业部制作为一种“协调控制下的分权运营模式”，既能够保证各事业部在经营管理方面拥有充分的自主权，又实现了权力的高度集中。变革后的事业部制使联想集团从根本上改变了公司权力分散、各自为政、机构臃肿的局面，既实现了统一指挥的原则，又保证了公司整体运作的步调统一性。需要指出的是，这种模式也容易造成组织结构重叠、管理人员过多的现象。例如，到 2001 年，联想集团的员工总数（不含工人）大约是 4 000 人，而管理者（经理级别以上）的数量约为 710 人。

集权和分权相结合的“舰队结构”模式是联想组织结构发展的第三个阶段。这种模式在释放各条“小船”的同时，又用统一的财务将其“捆绑”成一支“舰队”，有效地解决了“大船”笨重的问题，实现了生产力的又一次解放。联想集团进入了连续 4 年销售量和利润保持高速增长的高峰期，为其以后的持续发展奠定了坚实的基础。

三、“航母联合舰队结构”模式到“超级航母联合舰队结构”模式

新的竞争环境和新的业务模式需要一个更具弹性和更扁平化的组织结构。2000 年以后，联想集团正式实施 ERP，大力推进公司的信息化建设。联想集团的组织结构由原来的事业部制过渡到“业务群 + 职能 + 区域”的矩阵式组织架构。同时，联想集团的管理层也大幅精简，由原来的 11 级压缩至 5 级。联想集团的信息化建设与组织结构的扁平化变革使两者之间发挥了协同作用，一方面推动了流程再造，使各职能部门分工更加明确，提高了组织整体的运作效率；另一方面，也有效地推动了联想集团向“高科技的、服务的和国际化的”未来形象转型。由于联想集团的战略取向是“做大做强”，这就表明其不仅追求公司的快速成长、上市和扩张，而且还追求直接的利润。这可以从联想集团 2001 年以后所实施的一系列大规模的战略并购和开展的相关多元化战略得知。其中最引人注目的是 2004 年 12 月联想集团与 IBM 进行战略合作，以 12.5 亿美元收购了 IBM 个人电脑事业部，其中收购的业务包括 IBM 全球台式及笔记本电脑的全部业务。这次战略收购使得联想集团迅速成长为一家真正的跨国公司。2005年，联想集团在实现国际化之后，其组织架构一直是国际化企业通用的组织设计方法，即采用了“三维矩阵结构”。在此期间，联想集团为了建立起统一的业务模式和业务流程，将联想国际与联想中国进行整合，成立了3个全新的组织：全球产品集团、全球供应链组织和五大区域。由此，公司的组织结构模式正式过渡到“立体多维矩阵制”。这种组织结构模式的最大优点就是保证了联想集团既能够实现组织运行的快速、高效、灵活和专业化，又兼顾了全球不同市场的特点。在接下来的几年里，联想集团对“立体多维矩阵制”进行了一些微调，如销售系统和供应链的全球整合、两个新业务集团（针对成熟市场和新兴市场）的成立等。

总体而言，组织结构的创新性设计是联想集团实现全球化运营的重要保障，其对组织结构的一系列微调主要是为了使公司的职能单位能够与公司的战略方向以及市场特性更加匹配、更好地服务客户。

资料来源：根据相关资料整理。

问题

联想在不同发展时期的组织结构特点是什么？对其发展战略有什么作用？

案例 6－2

某企业的问题

某地方生产传统工艺品的企业，伴随着我国对外开放政策，逐渐发展壮大起来。销售额和出口额近十年来平均每年增长15%以上。员工也由原来的不足200人增加到了2 000多人。但是企业还是采用过去的直线制组织结构，企业一把手王厂长既管销售，又管生产，是一个多面全能型的管理者。最近企业发生了一些事情，让王厂长应接不暇。其一，生产基本是按订单生产，基本由厂长传达生产指令。碰到交货紧的情况，往往是厂长带头，和员工一起挑灯夜战。虽然按时交货，但质量不过关，产品被退回，并被索赔。其二，以前企业招聘人员人数少，所以王厂长一人就可以决定了。现在每年要招收大中专学生近50人，还要牵涉到人员的培训等，以前的做法就行不通了。其三，过去总是王厂长临时抓人去做后勤等工作，现在这方面工作太多，临时抓人去做，已经做不了、做不好了。凡此种种，以前有效的管理方法失去了作用。

资料来源：根据相关资料整理。

问题

请从组织工作的角度说明该企业存在的问题并提出建议措施。

案例 6－3

惠普和佳能的战略联盟

在20世纪70年代末，惠普既有计算机业务，又有成功的外围业务，这样的公司为数不多。那时候，佳能为复印机产品开发了激光技术，而激光打印机尚未问世。惠普公司在开发优质、廉价的打印机上受尽了挫折，因此它愉快地接受了佳能的合作意向，将惠普的计算机技术和佳能的激光技术结合起来。经过反复研究，两家公司于1984年推出了台式打印机。早期预测月销售量是几百台，而实际达到了3 000多台，并很快上升到40 000台。打印机销售额飞速上升，联盟很快成为两家公司的重要业务。

尽管两家公司在喷墨打印机上是主要竞争对手，但在激光打印机上的联盟却是生机勃勃。它们合作生产多种产品，从业人员1 000多人，联盟充满了活力。更确切地说，联盟完全建立在相互信任的基础上。

惠普和佳能之间的联盟运行得非常好。几十年来，两家公司的联盟业务蒸蒸日上。惠普主导了世界的激光打印机市场，年收入在20亿美元以上；同时，佳能通过向惠普供应零部件，也收入颇丰。惠普的高级副总裁说："没有佳能，我们只能停留在原来的水平，我们会在台式打印机的市场上落伍。而有了联盟，我们就主导了市场。"激光打印机的合作说明了联盟的最重要特征：仅有相互需要是远远不够的。在联盟中，公司必须共享重要的资源，必须调整组织结构，以支持合作。两个公司必须认识到联盟的优点、自己承担的任务对双方利益的重要性，这是诚信的前提，即共同的需要。

联盟中，佳能的目标是通过为惠普提供部件，以保持在全球的技术主导地位，并从中获利；惠普则要建立在激光打印机市场的有利地位。从各公司的目标中，引出了它们共同的目标：扩大打印机的销售量。

基于这一目标，双方确立了保证用户满意的指导方针。它们制定规则以优惠顾客，并在双赢的基础上保持双方的关系。在这些原则的基础上，双方确定了明确的目标以及在产品上的共同行动，包括介入市场的时间、渠道、价格等，并制定出更长远的合作规划。

资料来源：根据相关资料整理。

问题

1. 根据案例分析战略联盟对企业发展的作用。
2. 惠普和佳能是如何保证战略联盟运作成功的？
3. 战略联盟可能存在哪些风险？

案例6－4

修理工的烦恼

某部门的组织管理层次是经理（赵）、班长（钱）、修理工（孙）。某日，钱班长根据工作单和有关信息综合，决定派修理工孙某去修理仓库货架，并要求1小时完成后报告，以便领受新的工作安排。孙某在路上遇见赵经理，赵经理指派孙某立即去维修车间门窗，要求在2小时内完成。两项工作孙某顺利完成，3小时后向钱班长报到。期间，仓库管理人员向赵经理反映仓库货架迟迟没有人修影响工作，赵经理将钱班长叫来训了一通，没听他解释就出去开会了。钱班长赌着气去找孙某，由于孙某去维修车间门窗，未在仓库，于是当孙某来报告工作完成时，钱班长认为孙某未按时间完成工作，而且中途脱岗，造成整体工作被打乱，要处罚孙某。孙某很生气，因为所谓的脱岗是因为赵经理调他去修车间门窗。

资料来源：根据相关资料整理。

问题

本例中的问题是如何造成的？会有什么后果？

本章思考题

1. 根据“三个和尚没水吃”和“三个臭皮匠，顶个诸葛亮”这两个谚语谈谈怎样理解“组织”这一概念。

2. 组织设计的基本原则有哪些？

3. 阐述不同部门化方式的优缺点。

4. 组织结构的基本类型有哪些？简要阐明各种类型的优缺点。

5. 如果你是一位经理，你将如何进行分权？请阐述理由及相应的做法。

6. 组织结构设计中应该考虑的主要因素有哪些？

7. 调查一个企业，了解其组织结构，分析其组织结构和企业的发展目标是否匹配。

第七章　人力资源管理

学习目标

通过这一章的学习，希望你能够掌握：

1. 人力资源及人力资源管理的概念、作用；
2. 人力资源规划的内容；
3. 招聘与录用的流程；
4. 培训与开发的方法；
5. 绩效评估与薪酬管理的方法。

引例

人才：微软的立业之本

作为全球最成功的企业之一，微软公司（Microsoft）在过去的几十年里为全世界数以亿计的用户提供了无数杰出的软件产品，并以自己的实践经历揭示了软件产业蕴藏的旺盛生命力和巨大商业价值。

微软公司把重视人才的管理理念视为公司的核心财富，微软的前董事长比尔·盖茨曾经说："一个公司要发展迅速，得力于聘用好的人才，尤其是聪明的人才。""在市场竞争的条件下，首先是员工素质的竞争。"在信息时代里，人才的价值尤为重要。在工业时代里，一个优秀技工和一个普通技工的效率差异可能是30%，但在信息时代，一个高级程序员和一个普通程序员的效率差异可能高达10倍以上。例如，微软公司有一位编程高手，一次，他对一位经理说："你们的产品里还缺少一项重要的功能。"那位经理说："我也想做这个功能，但至少要50个人做半年时间，现在已经来不及了。"编程高手什么也没说就走了，第二个星期开会时，他对那位经理说："你要的功能我已经帮你做完了。"因为这样一位编程高手可能知道很多其他程序员所不知道的解决问题的捷径，他在一个星期里就能做完50个人半年的工作。可见，这样的人才对公司来讲是有特殊意义的，公司必须善于追踪、挖掘、聘请、评估、培养、重用这样的人才，而且要把人才相关的工作视为公司最重要的任务之一。

一、求贤若渴：追踪和挖掘人才

重视人才的一个最直接的体现就是管理者要善于雇用高水平的人才，而微软公司的各级管理者都非常善于发现和雇用人才，无论对方是大师级的人才，还是应届大学毕业生或是已离开公司的人。

例如，微软公司最重要的领导和大师 Jim Allchin 目前在微软公司负责平台产品研发。当年，比尔·盖茨想请他加入微软，通过朋友多次联系，Jim Allchin 都置之不理。后来，经过比尔再三邀请，Jim 终于答应来面试。结果，Jim 一见到比尔就直截了当地说，微软的软件是世界最烂的，实在不懂比尔请他来做什么。比尔·盖茨不但不介意，反而对他说："正是因为微软的软件存在各种缺陷，微软才需要你这样的人才。"比尔·盖茨的虚怀若谷感动了 Jim Allchin，终于把他请到了微软公司。再例如，IBM 著名的深蓝计算机设计者许峰雄博士此前也加盟了微软公司。比尔·盖茨说："许峰雄博士是我的好朋友，我追踪他至少五年了。逢年过节时，我总会给许峰雄博士打电话，聊一聊他的近况，探听一下他的想法。年复一年，我终于打动了许峰雄博士，有幸邀请他到微软来工作。虽然他最后加入的不是我的团队，但是我一样引以为豪。在微软，许多人都像我一样主动从事着发现人才、跟踪人才和吸引人才的工作。"

除了努力挖掘、追踪许峰雄、Jim Allchin 这样的大师之外，微软也非常善于直接从学校聘用刚毕业的大学生。比尔·盖茨说："每年我都会去两三个大学亲自面试最优秀的应届毕业生。我们曾经做过一个统计，直接从学校聘用的人才，在总体表现上要优于从社会聘用的更有经验的人才。我们也发现，今天微软大部分的副总裁都是在大学毕业后直接进入微软公司的。"直接从学校聘用和培养人才有很多好处：人才可塑性强，对公司忠诚度高，更愿意全力以赴地办事，不怕风险，愿意积累多部门的经验。

此外，微软公司一直追踪着离开公司的优秀员工。他们并不认为员工跳槽是一件坏事。对于离开公司的优秀员工，微软会认真分析该员工离开公司的原因，以便进一步改进工作。同时，微软也会对他们离职后的工作情况进行追踪，准备在合适的时间再把他们请回微软。这种鼓励人才回流的机制可以更好地激发人才的积极性，真正得到员工的信任和支持。

二、任人唯贤：面试和聘请人才

微软的面试机制是众所周知的。微软对于面试采取了严谨的态度，采用精心设计的面试流程。每一个申请者的面试都有多位微软员工参加，每一位参加面试的员工都事先分配好面试时的任务。除了确认专业知识和经验之外，他们也会出很多题目来测试申请者的独立思考能力及面对难关时的表现。微软不只要雇用那些技术上的专家，还应当雇用聪明、学习能力强、有团队精神的人。所以，面试时对这些方面也要深入地询问。每一次面试后，面试者都会把他的意见和下面应该考核的问题交给后续的面试者。最后，只有得到绝大多数参与面试者的同意，并在明察暗访所得的结果令我们满意时，微软才会聘用该申请者。

任人唯贤是微软公司一贯遵循的用人理念。他们深信两句话：① 一流的人雇用一流的人，二流的人雇用三流的人。因此，当一个队伍雇用第一个二流的人的时候，就是它走下坡路的时候。② 雇用人才应以提高组织当前的整体素质为标准。我们必须要求每一个新雇员的素质都超过整个团队的平均水平，以此来提升团队的平均素质，而不是降低团队的素质。所以，微软公司的管理者总是希望雇用到比自己强的人才。如果你雇用的人才最终能成为你的上司，你不但不应当感到羞愧，而应该感到无比自豪。

三、人尽其才：评估和培养人才

雇用员工之后，公司会定期对人才状况进行评估和分析。每年，史蒂夫·鲍尔默都会要求七大商业部门的管理者把本部门最杰出的50到150位人才的详细情况报告上来，史蒂夫把总共约600人的资料装订成一本独特的《人才报告》，然后花上整整两星期的时间来评估这些人才的发展前景，每天还会邀请这些人中的20位共进晚餐，以进一步了解这些人才。这样的工作可以为高级人才在公司内的发展设计最好的路径，也可以在公司有空缺职位的时候迅速找到合适的人选。史蒂夫对600人中的每一位都寄予了期望。他把这本书放在他床前，每晚睡前都会认真地读几页。

微软深信"人尽其才"，所以设计了"双轨道"机制，既允许优秀员工在管理轨道上发展，也允许他们根据自己的意愿，在技术轨道上发展。在每个轨道上，微软为员工提供的机会是平等的，员工并不一定非要做管理工作才能促进个人事业的发展。在微软，一个最高级别的工程师可能比副总裁还要资深。这样的"双轨道"政策从制度上保证了人才发展道路的多样性，有利于吸引人才和留住人才。

微软公司鼓励公司内部人才的流动和发展。各级管理者都遵循人尽其才的方式给每一个优秀的人才发展的空间。各级管理者也深深理解"最优秀的人不属于我，而属于公司"，他们不会把人才据为己有，而是给最优秀的人才更好的发展机会，无论这个机会是不是由自己所管理的机构提供的。在这样的制度下，优秀的人才大多能找到适合自己的发展道路。

除了培养优秀的人才之外，公司也必须发现并督促那些表现较差的员工，给他们机会改进，否则就只有要求他们离开。为了达到这个目的，微软公司建立了完善的分级评估体系，并定期对员工的工作表现进行考核。在每一年度的考核中，每一个副总裁必须把他部门所有的员工分成四个等级：① 超过期望；② 达到期望；③ 达到大部分期望；④ 没有达到期望。每一个等级必须有合理的比例，总会有相当一部分员工被评为第三或第四等。其中，拿到第四等（5%左右）的员工等于是拿到了"不改进就得走"的通牒。

史蒂夫·鲍尔默深深地理解，这样的制度如果不是以身作则，就无法得到员工的支持和信服。所以，即便在副总裁或总经理这一级，微软公司也施行严格的淘汰制。有一次，史蒂夫召集了公司最资深的100个人开会，说，"我要求你们找出最差的5%的员工，不论他们资历如何，都要给他们一个不改进就得走的警告。""不论资历"的意思是，今天有你们这100位高级经理在这里开会，而明年开会时，就应该只有95个人了。结果，下一次开会时，果真有不止5位高级经理离职。

四、才尽其用：重视和留住人才

很多人认为，留住人才的关键是待遇。的确，每个人都应该得到适当的待遇，但对一个软件从业人员来说，他更看重的是工作环境。与提高员工待遇相比，微软更注重提供一个能够吸引人、留住人的环境，这包括：有众多的产品，能让员工发挥才华和潜力，做出最大的贡献；充分的资源支持，让每个人都没有后顾之忧；最佳的队伍和开放、平等的环境，让每个人都有彼此切磋、彼此学习的机会；吸引人的科研工作，让每个人都热爱自己的工作；领导者理解并支持员工的研究，让每个人都能在紧随公司的大方向的同时，仍有足够的空间及自由去发展自己的才能，追求自己的梦想。

资料来源：李开复：《微软的成功之道：人才，微软的立业之本》，2005。

思考：这一段资料对你有什么启发？微软的例子给了我们什么启示？

第一节　人力资源管理概述

随着21世纪钟声的敲响，中国加入WTO，正逐步融入世界经济的大潮中，中国企业正面临着前所未有的机遇和挑战，市场竞争将更加激烈、更加残酷。全球经济发展的关键和竞争的焦点已经转向科技的竞争和知识、人才的竞争。人力资源部门作为现代企业的重要部分之一，也越来越多地受到人们的重视，因此有必要了解人力资源的相关内容。研究人力资源，首先要了解什么是人力资源，什么是人力资源管理。只有在明确理解人力资源、人力资源管理的基础上，才能进一步探讨人力资源的其他相关知识。

一、人力资源管理概述

（一）人力资源管理的概念

1. 人力资源

在了解人力资源管理概念之前，我们有必要了解一下什么是人力资源。人力资源（Human Resources，HR）是当代颇为时尚的管理术语。我们目前所理解的人力资源概念，是由管理大师彼得·德鲁克于1954年在其《管理实践》一书中首先正式提出并加以明确界定的。他认为，与其他资源相比，人力资源是一种特殊的资源，它必须通过有效的激励机制才能开发利用，并为企业带来可观的经济利益。遗憾的是，德鲁克虽然提出了人力资源的概念并指出了其重要性，却未给出详细的定义。20世纪60年代以后，随着西奥多·W. 舒尔茨（Theodore W. Schultz）提出人力资本理论，人力资源的概念更加深入人心，对它的研究也越来越多。综合起来，人力资源是指能够推动社会和经济发展的、能为社会创造物质财富和精神财富的体力劳动者和脑力劳动者的总称。

2. 人力资源管理

所谓人力资源管理，顾名思义，就是组织中人的管理。具体来讲，是企业在人力资源的取得、开发、保持和使用方面所进行的计划、组织、激励和控制的活动，包括一切对组织中员工构成影响的管理决策及实践活动，是影响员工的行为、态度及工作绩效的各种政策、管理实践以及制度。

（二）人力资源管理的主要内容

1. 人力资源规划

人力资源规划是依据组织的战略目标来确定的，目的是提高和改善组织的人力资源的使用状况，减少组织人力资源的浪费。具体来讲是根据工作分析的结果来确定具体岗位和人员的要求，结合组织现有资源，预测组织为实现这些要求而新增对人力资源的需求，制订和实施满足这些需求的计划。

2. 招聘与选拔

首先要对企业所需招聘的人员的数量和质量做出判断，如果现有员工大于所需数，则企业可根据具体情况进行裁员或培训。如果企业现有人数不能满足，则可制订招聘计划。

然后通过一定的途径，寻找适合工作要求的求职者，按照人岗匹配的原则，将合适的人放在合适的职位上。

3. 培训与开发

员工培训和开发是企业人力资源管理与开发的重要组成部分和关键职能，它是指对员工进行知识、技能和态度的培训，以延长职工教育，满足当前或未来工作需要，使组织快速适应外部环境的发展，实现员工个人的成长需要，进而提高组织绩效和企业素质。

4. 绩效评估

绩效评估是人力资源管理的重要工作之一，主要工作内容是：建立评估体系，对员工工作绩效进行评价，及时反馈评价结果信息，奖优罚劣，进而改进和提高员工的工作绩效。绩效考核作为衡量、评价、影响员工表现的正式系统，可起到检查和控制的作用。

5. 薪酬福利管理

一个组织除了要有一个公平合理的考核机制外，还必须有一个好的薪酬制度。良好的薪酬制度不仅能有助于吸引人才，留住人才，而且能在合理成本的基础上激励员工取得更高的绩效。企业在实施薪酬管理时，要结合组织外部因素、内部因素和员工个人因素综合考虑做出选择。

（三）人力资源管理的意义

1. 取得最大的使用价值

根据价值理论 $V=F/C$，若使价值 V 最大，即用最少的劳动时间 C 创造出最丰富的物质财富 F，就要合理地开发和管理，实现人力资源的高效。

2. 改善员工的工作生活质量

工作生活质量是员工在工作中心理和生理方面的主观感受，并直接和员工的工作满意度、组织承诺以及员工的工作参与有关，也和员工的流动率、缺勤率有关。因此，人力资源管理要从真正关心员工工作生活质量着手。了解员工需求，保证信息沟通流畅，提高员工的工作满意度。

3. 获得竞争优势

有效的人力资源管理是获得竞争优势的源泉，为组织提供了核心人才的竞争优势。同时，培养全方面发展的人才与对核心员工的开发和使用都成为人力资源管理中的重要研究课题。

第二节　人力资源管理过程

一、人力资源规划

古人云：“凡事预则立，不预则废。”面对激烈的市场竞争和快速变化的内外部环境，企业为了实现自己的发展目标，提高人力资源的使用效率，必须科学地预测人力资源供求关系，有效配置人力资源。因此要进行成功的人力资源开发与管理，制定适当的人力资源规划是至关重要的。

（一）人力资源规划的概念

人力资源规划又称人才资源规划，是指一个组织根据本组织的战略目标和人力资源的现状，为满足本组织在未来环境中人力资源在数量和质量上的需要，科学地预测在未来的环境变化中人力资源的需求和供应状况，从而制定的人力资源获取、利用、保持、开发的策略，以确保组织战略目标的实现和个人价值的体现。

（二）人力资源规划的制定者

通常我们认为，人力资源部负责制定人力资源规划，其他部门或批准或执行，事实真是如此？其实不然，制定人力资源规划涉及多个部门的人员，包括管理专家、高层管理人员、人力资源部门人员以及其他部门的管理人员。

（三）人力资源规划的内容

人力资源规划的内容主要分两个层次，一是组织的人力资源规划，即根据组织目标指定的人力资源总体规划；二是人力资源的各项具体业务规划，具体包括员工招聘计划、员工使用计划、教育培训计划、评估和激励计划、劳动关系计划、工资与社会保险计划、人员问题及其处理预案等。

（四）人力资源规划的制定程序

制定组织的人力资源规划，必须结合组织内外部现有人力资源的使用状况，处理好组织人力资源的供求平衡问题。人力资源规划的制定程序可以分为以下六步。

1. 核查企业战略信息和现有人力资源状况

制定企业人力资源规划的基础是企业的总体发展战略和经营环境。影响企业战略决策的信息有：企业的技术设备特点、产品的市场占有率、产品的生产和销售状况、消费者结构以及经营规模和扩张方向等。我们在对企业内部现有人力资源的核查时要重点调查人力资源组织结构、人员的损耗与流动、人员的潜能等，因为人力资源的状况直接关系到人力资源的需求和供应状况，对于人力资源规划的制定有着直接的影响，因此对于以上的各方面信息要认真调查，尽可能获取真实的信息，便于人力资源规划的制定。

2. 人力资源需求状况的预测

人力资源需求状况的预测要根据组织的组织结构状况和组织未来的发展目标来进行，同时，还要根据收集来的信息进行分析。人力资源需求预测的方法很多，既有定性的也有定量的预测方法，每一种预测方法都有一定的适用范围，对于不同的对象采用的预测方法也应有所不同。但是对预测方法的选择要求必须建立在现有资料的数量、可靠程度和精确度的基础之上，并考虑预测费用的预算。

3. 人力资源供给状况的预测

人力资源供给状况的预测首先要对组织的人力资源利用状况进行调查分析，然后根据组织内部人员供给状况以及组织外部人力资源供给状况，对组织未来的人力资源供给进行分析。人力资源供给状况的预测方法有：应用内部人员核查法、马尔科夫模型的内部供给量预测法、分析地方劳动力市场以及全国劳动力市场的情况预测外部能够供给的人力资源的预测方法。

4. 制定人力资源规划

通过对组织人力资源的需求和供给预测进行分析后，便可以确定组织未来人力资源的剩余和缺额，在此基础上，制定出具体的、切合实际的人力资源规划。值得注意的是，本步骤中制定的人力资源规划是一个总体规划，要能够在组织内部实施，则需要在此基础上制订出各项具体的业务计划和相应的人力资源政策。

5. 实施人力资源规划

实践是检验真理的唯一标准。一个规划只有在实施以后才可以证明是否是好的规划，否则只能是空中楼阁。通过总体规划和各项具体的业务计划，并分别提出各种具体的调整供大于求或求大于供的政策措施的实施，使企业对人力资源的需求得到满足。

6. 人力资源规划的评估与反馈

我们知道，组织所处的环境是在不断地变化的，因此，在实施人力资源规划的过程中，肯定会发生一些之前规划时没有考虑到的问题。在这种情况下，人力资源规划的评估和反馈就显得尤为重要，评估可以使我们了解人力资源规划是否有效、效果如何，反馈则可以积累一些经验教训，及时调整规划的不足，以便更好地完成规划。

（五）人力资源规划中的人员配备原则

合理用人是组织生存发展的重要保障，也是衡量人力资源规划是否有效的一个重要标准，因此在编制和实施人力资源规划的过程中，必须坚持以下几个重要原则。

1. 用人所长原则

用人所长，是指在用人时不能够求全责备，管理者应注重发挥人的长处。在现实中，由于人的知识、能力、个性发展是不平衡的，组织中的工作任务要求又具有多样性，因此，完全意义上的“通才”“全才”是不存在的，即使存在，组织也不一定非要选择用这种“通才”，而应该选择最适合空缺职位要求的候选人。有效的管理就是要能够发挥人的长处，并使其弱点减少到最小。

2. 因事择人原则

因事择人，是指应以所设职位和工作的实际要求为标准，来选拔符合标准的各类人员。选取人的目的在于使其担当一定的职务，并能按照要求从事与该职务相对应的工作。要使工作圆满完成并卓有成效，首先要求在保证工作效率的前提条件下安排和设置职位，其次要求占据该职位的人员应具备相应的知识和工作能力。因此，因事择人是实现人事匹配的基本要求，也是组织中人员配备的首要原则。

3. 因材起用原则

因材起用，是指根据人的能力和素质的不同，去安排不同要求的工作。从组织中人的角度来考虑，只有根据人的特点来安排工作，才能使人的潜能得到最充分的发挥，使人的工作热情得到最大限度的激发。如果学非所用、大材小用或小材大用，不仅会严重影响组织效率，也会造成人力资源规划的失效。

4. 人事动态平衡原则

处在动态环境中的组织是不断变革和发展的，组织对其成员的要求也是在不断变动的，当然，工作中人的能力和知识也是在不断地提高和丰富的。因此，人与事的配合需要进行不断的协调平衡。所谓动态平衡，就是要使那些能力发展充分的人，去从事组织中更为重要的工作，同时也要使能力平平、不符合职位需要的人得到识别及合理的调整，最终实现人与职位、工作的动态平衡。

二、招聘与选拔

招聘是在企业总体发展战略规划的指导下，制订相应的职位空缺计划，并决定如何寻找合适的人员来填补职位空缺的过程，是企业吸引与获取人才的过程，是获得优秀员工的重要途径。招聘包括两个阶段，一是招募环节，即通过各种手段宣传组织形象，扩大影响来吸引求职者；二是甄选环节，即通过采用各种方法进行测评，选择符合要求的求职者。组织应该注重招募的计划、时间、宣传、渠道选择等，以节约后期成本。

（一）招聘的原则

1. 合法原则

企业在招聘过程中的一切行为应符合国家的有关法律和行政法规，不得发布虚假信息，不得招用未成年人等。

2. 公开原则

企业将招聘信息和招聘方法在组织内部和外部公开发布，既可以使录用工作置于公开监督之下，又可以吸引大量的应试者，有利于企业找到合适的人才。

3. 效率优先原则

效率优先在招聘中的体现就是根据不同的招聘要求，灵活选用适当的招聘形式和方法，在保证招聘质量的基础上，尽可能降低招聘成本。一个好的招聘系统，能够保证企业用最少的雇用成本获得适合职位要求的最佳人选。

4. 公平公正原则

对所有的应聘者一视同仁，不得有任何歧视，制造出各种不平等的限制条件和各种不平等的优先优惠政策。

5. 能岗匹配原则

在招聘中，要尽可能地使人的才能和岗位的要求达到匹配，使个人能力完全胜任岗位的要求，即“人得其职”；使个人完全具备岗位要求的能力，即“职得其人”。

（二）招聘的流程

1. 准备阶段

（1）招聘需求分析

根据组织战略发展的需要对人力资源的需求预测，然后对现有人力资源配置状况进行分析以后，确定招聘需求。

（2）明确招聘工作特征和要求

结合工作分析和其他资料确定要招聘的工作岗位有什么特征和要求，根据这些要求需要求职者具有什么样的知识、技能和素质等具体要求。

(3) 制订招聘计划和招聘策略

在上面两个方面的基础上，制订出具体的、切合实际的招聘计划和具体的招聘策略，并且对招聘活动的组织和实施人员进行明确的分工。

2. 实施阶段

招聘工作的实施是整个招聘活动的核心，是招聘活动成功的条件，包括招募、选择、录用三个环节。

(1) 招募

根据企业的招聘计划和策略确定的用人条件和标准，运用合适的招聘渠道和方法，吸引应聘者，接受他们的申请。

(2) 选择

从应聘者中，采用合适的方法，选出最适合企业职位的应聘者。选择过程大致包括初步筛选、笔试、面试等。

(3) 录用

录用是企业根据选择的结果做出判断并进行安置的活动，同时应聘者也可以再次考虑是否到该企业工作的双向选择过程。

3. 评估阶段

组织招聘到合适的人员后，还应该进行招聘评估，以便及时发现问题、分析问题，寻找解决的对策，有利于及时调整有关的计划，为下次的招聘计划提供经验教训。对招聘活动的评估主要包括两个方面：一是对照招聘计划从质量和数量两个方面对实际录用结果进行评价总结，二是对招聘工作的效率进行评估。

(三) 招聘渠道和方法

人员招聘一般有两个途径，一是内部招聘，二是外部招聘。人们一般认为招聘就是从外面招聘人员，其实企业内部的员工也是空缺岗位的候选者，因此越来越多的企业开始重视从内部招聘人员。

1. 内部招募

(1) 内部晋升

内部晋升是一种用现有员工来填补高于其原级别职位空缺的内部招聘方法。内部晋升的主要优点是：激励员工积极向上，形成良好的企业文化；内部人员对企业内部很熟悉，便于很快上任。主要缺点是不易吸收优秀的人才，自我封闭，使企业缺乏创造力。

(2) 内部公开招聘

企业内部有职位空缺时，可以通过内部公告的形式如企业的官方主页、公告栏或群发电子邮件等方式公开招聘，符合条件的员工可以根据自己的意愿自由应聘。同时为了使招聘过程公平、公正、公开，在进行内部人员招聘时也应该和外部招聘一样，按程序来选拔。

综合考虑，内部聘用的优点有以下几点。

1) 激励效果和榜样力量。内部选拔能够给员工提供晋升机会，使组织和员工一起成长，容易鼓舞员工士气，形成积极进取、追求成功的气氛。获得晋升的员工能为其他员工做出榜样，发挥带头作用。能提高员工的忠诚度。

2）现有的员工更了解和熟悉本组织的运作模式、业务流程、人际关系等，与从外部招聘的新员工相比，定位过程更短，他们能更好地适应新工作。

3）可节约费用。内部招聘可以节约高昂费用，同时还可以省去入职培训等环节，减少了间接损失，而且人才离职、流失的可能性小。

内部招聘虽然有很多优点，但同时也存在着一些缺点。

1）内部人才一脉相承，“近亲繁殖”，往往在观念上和思考中因循守旧，思考范围狭窄，缺乏创新与活力，不利于组织的长期发展。

2）可能造成内部矛盾。内部选拔需要竞争，竞争失败的员工可能会产生不满、心理失衡或心灰意冷，导致士气低下，增加员工的消极情绪。

3）可能会出现“裙带关系”或帮派现象。内部选拔会导致企业内部的拉帮结派的现象，帮派之间彼此竞争，不利于组织的团结。

2. 外部招聘

（1）网络招聘

互联网的出现给社会生活的各个方面带来了翻天覆地的改变，人们足不出户，就可以在网上找到自己想要的信息，因此通过计算机网络向公众发布招聘信息的受众会很广，便于企业尽可能地吸收优秀的人才。网络招聘的主要优点是能快速及时地传递信息，传播面也很广泛。正因为如此，网上招聘已越来越受到各大企业的重视，效果也很明显。

（2）媒体广告

媒体广告是通过报纸、杂志、电视和电台发布招聘信息，其中在报纸上刊登招聘广告是最常用的外部招聘方法。很大的原因是报纸发行量大，读者种类很多，可以涉及不同阶层的人，而且在报纸上发布招聘信息成本较低。对于招聘高级人员和特殊领域的专家可以采用杂志发布招聘信息。相对于其他广告形式来说，杂志广告在招聘特定人员时更有针对性，也更加有效，但杂志出版周期较长，因而在组织急需人员时不能及时发布招聘信息。电台和电视发布招聘广告数量很少，因为其支出费用较高，而且招聘效果深受各频道或节目收视率的影响。

（3）校园招聘

学校是人力资源的重要聚集地，每年有几百万的毕业生走出校门，进入社会。自2000年11月20日国家教育部允许企业进入高校招聘之日起，众多实力雄厚的企业纷纷进入大学校门，争取优秀的应届毕业生，掀起了一年一次或两次的毕业生人才洽谈会，供需双方直接见面，实现双向选择。

外部招聘的优点如下。

1）外部人员会给组织带来新观念、新思想、新技术和新方法，有利于企业的发展和创新，避免企业内部“近亲繁殖”。

2）有利于了解外部信息，树立良好的企业形象。通过招聘可以了解外部市场的行情、企业的动态、招聘岗位的市场薪资状况等。同时，外部招聘会起到广告的作用，树立企业的良好形象，从而形成良好的口碑。

3）鲶鱼效应，激发内部员工的斗志和潜能。企业从外部招聘优秀人员的行为，会在无形中给组织内部的员工施加压力，形成危机意识，树立标杆榜样，激发他们的斗志和潜力，促使大家共同进步。

当然，像内部招聘一样，外部招聘也存在着一定的不足之处。

1）可能会打击内部员工的工作积极性。因为外聘尤其是管理人员的外聘就意味着内部员工晋升机会的减少，不利于员工自身的职业发展。

2）甄选时间较长，成本较高。外部招聘需要通过不同的渠道来发布招聘信息或者通过中介机构、猎头招募，需要支付一定的费用，加上后续的选拔过程，需要很多招聘人员参与，这就需要花费较多的人力、财力，还占用了大量的时间。而且外聘者还需要一段时间来适应该组织环境和工作岗位。

（四）选拔

组织要选拔到合适的人员填补职位空缺，不仅要求在招聘和甄选过程中按照一定的程序和原则进行，并且要求借助科学的选拔方法。人员选拔直接决定组织最后所雇用的人员，因此是招聘工作中关键的一步。常用的人员选拔步骤包括：筛选求职简历、笔试、面试、评估中心、心理测试等。

1. 筛选求职简历

求职者在知道招聘信息后，可以根据自己的意愿，向求职单位提交求职简历。企业根据自己的要求，进行初步的甄选。

2. 笔试

笔试是企业在对求职者进行初步甄选后，对初步适合本企业的人员进行基本知识、专业知识、管理知识和综合分析能力等方面的补充筛选。

3. 面试

面试是获取求职者有关个人资料最常见的方法之一。企业的主考官通过与求职者的交流沟通可以进一步确定求职者的综合素质。

4. 评估中心

评估中心最突出的特点是使用情景性的测验方法，用现场演练或试验来观察和评价应聘者的某一特定的行为，包括公文处理、小组讨论、即席发言、角色扮演、管理游戏等。

5. 心理测试

在进一步深入了解求职者的综合素质以后，企业对求职者进行心理测试，通过一系列手段将人的某些心理特征数量化，来衡量应聘者的智力水平和个性方面的差异。常见的心理测试项目有成就测试、智力测试、人格测试和能力测试等。

三、培训与开发

现代化的组织为了健全组织和提高生产力，必须对员工进行有计划的教育培训，从而使员工充分发挥潜力，实现组织的目标。从人力资源的维护和开发角度来看，培训是人力资源管理中的重要一环。实施员工培训有利于提高员工的个人素质和工作能力，提高组织的整体水平和工作效率。因此，企业管理学教授沃伦·贝尼斯说：“员工培训是企业风险最小、收益最大的战略性投资。”

（一）培训与开发的概念

员工培训（Employee Training）是组织为了在不断变动的经济技术环境下能够生存和发展，为了提高员工的知识技能，改善员工的工作方式，使员工能够胜任本职工作并不断有所创新，在综合考虑组织的发展和员工的个人发展目标的基础上，对员工进行一系列有计划、有组织的学习与培训活动。开发是指为组织或员工的今后发展而开展的正规教育、在职体验、人际互动以及个性和能力测评等活动。

培训和开发的本质都是通过一系列的学习过程使员工在知识、技能和态度方面有所改善。但培训和开发又不是完全一样的，前者着重短期的效果，即促使员工在短期内的工作绩效得到明显的改进；而后者则更看重员工和企业的长期发展，希望通过学习，员工能够适应企业未来的发展要求，同时可以使员工的工作能力更上一层楼。

（二）培训与开发的原则

1. 战略原则

企业的培训不同于一般高校的培训，组织培训是为了适应组织的发展目标，所以企业必须树立战略观念，根据企业发展目标及战略制定培训规划，使培训与开发与企业的长远发展紧密结合，从组织的实际出发，有针对性地决定培训与开发的内容。

2. 理论联系实际，学以致用的原则

实际工作的需要出发与职位特点紧密结合，与培训对象的年龄、知识结构、能力结构、思想状况紧密结合，目的在于通过培训让员工掌握必要的技能，以完成规定的工作，最终为提高企业的经济效益服务。只有这样，培训才能收到实效，才能提高工作效率。

3. 全员培训与重点提高相结合的原则

全员培训就是有计划、有步骤地对所有的在职员工进行培训，这是为了提高全体员工的素质。但企业培训的最终目的是为了提高效率，获得更多利润，所以培训与开发必须有重点，即对企业兴衰有着重大影响的管理和技术骨干，特别是中高层管理人员，再者就是有培养前途的梯队人员，更应该有计划地进行培训与开发。

4. 效果的反馈与强化原则

效果的反馈指的是在培训与开发后对员工的情况进行检验，其作用在于巩固员工学习的技能，及时纠正错误，反馈的信息越及时、准确，培训的效果就越好。强化是指由于反馈而对受训人员进行的奖励或惩罚。因为任何活动实施以后，必须存在效果的反馈和强化过程，这样不仅可以及时了解培训与开发的效果如何，及时调整培训与开发的方向，而且可以为下一次培训与开发积累宝贵的经验和教训。

（三）培训与开发的意义

员工培训与开发能够为企业提供高素质的人才。21 世纪现代企业的竞争归根结底是人才的竞争，一个企业想要寻求长期稳定的发展，对人才的需求是必不可少的。与其去外部高薪寻找一个不太熟悉自己企业的人才，不如按照需要自己培养一批适合本企业的人才。这样不仅能提高企业的竞争力，而且可以让员工看到自己的发展方向，员工通过学习新的知识和技能，接受新的挑战，更容易晋升，有利于提高员工忠诚。

（四）培训的形式

根据不同的标准，员工培训的形式可以分为很多种，大体上可以分为新员工培训、在职人员培训和脱产培训三种。

1. 新员工培训

在现代企业的人力资源管理活动中，新员工刚进入一个企业，都要接受入职培训，一般而言，新员工要进行四项培训。

1）企业文化培训：了解企业的历史、企业宗旨、企业精神、企业发展目标等。

2）规章制度培训：鉴于实际情况，可以先让员工了解薪酬福利制度、考勤制度、请假制度、奖惩制度等。

3）业务培训：主要包括企业经营的产品或服务及其基本知识，企业的基本生产经营特点，本部门的主要职能、基本工作流程、工作要求、操作要点等。

4）熟悉环境：让新员工熟悉其工作场所和环境可以在一定程度上消除新员工的陌生感，有利于员工更快地融入企业，还可以让员工了解他的直属上司，帮助他更好地完成工作，增强归属感。

2. 在职人员培训

在职人员培训是受训人员不离开自己的岗位，利用业余时间来参加培训。对在职员工的培训是组织培训体系的重要部分，主要包括知识、技能和素质的培训。

1）知识培训：包括概念与理论的理解与纠正、知识的灌输与接受、认识的建立与改变等，员工只要听一次讲座、看一本书，就可以获得相应的知识。

2）技能培训：较低层的员工需要的是具体的操作训练，而在高层中，则主要着重思维方面的培训。值得注意的是抽象的理论知识不可能立刻就转化为熟练的操作，需要一个过程，对此，管理者要给与一定的时间和耐性。

3）素质培训：素质培训是组织培训的最高层次。素质高的员工应该有正确的价值观，积极的态度和良好的思维习惯以及较高的目标，素质培训有利于企业长期持续的发展。

3. 脱产培训

脱产培训是受训人员离开自己的工作岗位，利用一段时间专门集中学习一门知识或掌握一门技能。这种情况常常发生在企业引进一项新技术或是为了提高员工的能力的时候。

（五）培训与开发的方法

1. 讲座法

讲座法（Lecture）指培训师用语言传达想要受训者学习的内容。讲座法是人们最熟悉的培训方法，一般学校都是应用这种方法，这种学习的沟通方向是单向的——从培训者到受训者。讲座法最大的优点就是可以系统地将知识传授给受训者，只要教材选择恰当、讲授主次分明，就可以清晰地传递知识，并且可以将大量的知识在短时间内传授给受训者，也可以将深奥难懂的理论知识讲解清楚。但它也有不足之处，如很少有受训者的参与、反馈以及与实际工作环境的联系不是很紧密等，而这些都会阻碍培训成果的转化。而且它强调的是信息的聆听，对受训者的自控能力要求较高。鉴于此，讲座法常和案例研究、讨论法结合起来使用。

2. 角色扮演

角色扮演（Role Playing）是设计一个接近真实情况的场景或情景，安排受训者扮演某个角色，不受任何限制地即兴表演，借助角色的扮演来深入理解该角色，从而提高解决该类问题的能力。表演结束后，培训者引导其他受训者加以评论和讨论，哪里做得好，哪里做得不好，怎样改进，从而学习到要培训的内容。角色扮演的优点是受训者亲身经历，有极大的兴趣投入，主动学习。而且角色扮演不是实际情况，因此受训者可以任意尝试而不用担心不好的后果，从而给受训者提供了观察和感受不同方式处理问题的机会。这种方式虽然几乎不用什么资金成本，但是对培训者的要求较高。如果指导不当，受训者在完成表演后很难有进一步提高，而且，角色扮演需要的时间较长，每轮表演只能让较少的人参与，比较花费时间。

3. 案例方法

案例方法（Case Method）是向受训者描述某个问题，可以是真实的，也可以是虚拟的。受训人根据提供的资料，小组讨论或独自完成整个问题的分析过程，并且提出解决方案。值得注意的是案例方法不是要给受训者一个“正确”的解决方法，而是培养受训者分析问题和解决问题的能力，并且提供一些有益的思路。这种培训方法的优点在于可以大胆地尝试解决某个问题，而无须承担风险，并且通过相互交流，可以激发灵感、打开思路，从而完善思维模式。缺点是案例分析的例子是一个个案，不一定能代表一类现象的正确方法，在实际情况中，受训者应该随机应变。

4. 视听技术培训

视听技术培训是利用幻灯片、电影、录像、录音等视听材料进行培训。这些视听材料可以调动人的视觉和听觉，促进学习效果。培训者在播放某材料前，一定要先说明培训的目的，让受训者思路清晰地接受观看，而不是什么都不说像看电影一样看过就算。在播放完后，培训者要针对材料提出几个问题，了解受训者的接收情况然后再对其中的难点和重点进行剖析，补充说明，强化学习效果。视听培训的优点是调动了受训者的多重感观，易引起他们的兴趣，印象比较深刻。而且视听技术培训可以根据需要重复某个重点、难点片段，加深受训者的理解。缺点是参与感差。

5. 小组培训

小组培训又叫敏感性培训，主要方法是将受训者分为若干小组，每个小组配一个积极观察受训者行为的培训师。培训时间不定，随时随地发现问题，解决问题，主要讨论行为产生的原因，对他们情感的看法及人们是如何相互作用的等。

（六）对培训与开发工作的评价

培训与开发的活动结束以后，企业应该对培训与开发计划的实施过程和效果进行评价，看计划目标完成得如何，包括：受训者对培训计划的反应如何，是否学到了预期要求学到的东西，是否应用到实际工作中去了。根据受训者的反应、知识的增长及工作行为的变化，可以判定这个计划成功与否。

三、绩效考核

绩效考核（Performance Appraisa）是指根据工作要求和考核标准，应用科学的方法，鉴定员工工作的完成情况、工作职责的履行情况和发展情况，并将鉴定的结果反馈给员工的过程。绩效考核的标准是根据组织的战略计划制定的，目的是肯定员工的工作成绩，改进员工的工作方式，提高员工的工作效率和组织的经营效益。

（一）绩效考核的原则

1. 公平、公正、公开的原则

组织在进行绩效考核时要注意做到公平、公正、公开。要做到这点，首先，考核标准要客观公正，尽量消除考核人员主观因素的影响，凡事要实事求是，不可只凭一面之词，要全面思考问题；其次，后为使考核结果让大家都信服，考核的过程应该透明，结果公开。

2. 以工作为重点的原则

组织的考核评估是为了提高员工的工作效率和组织的经营效益，因此考核的重点应该是对工作的表现，在整个考核的过程中都应该贯彻这个标准，明确考核目标，只考核与工作有关的项目，不可舍本逐末，偏离了本来的目的。

3. 反馈与修改的原则

组织在对员工按标准进行考核后，得到的考核结果应该及时公布于众，让员工及时了解自己的考核结果，同时在对考核结果有异议的，应该给予员工反映和修改的机会，进而保证考核结果的正确性。

4. 定期化的原则

组织对员工的考核应该在员工整个就职过程中执行，及时反映员工的工作情况，而不是把考核评估当作一种形式，想起来就举行一次，想不起来就算了。因此考核评估应该定期化、制度化，及时发现问题、解决问题。

5. 可行性和实用性的原则

可行性和实用性的原则要求企业根据绩效考核的目标和要求，制订合理的考核计划，得出的结果对企业的发展有积极的作用。

（二）考核评估的程序

要获得有效的绩效评估结果，执行绩效评估的过程就显得尤为重要。一般而言，绩效评估可以分为以下几个部分。

1. 确定绩效评估的目标

在进行绩效考核前，组织必须明确绩效考核的目标，然后各个岗位根据组织目标制定相应的考核标准，原因是组织中存在不同的工作岗位，不同的工作岗位需要员工的知识、技能和素质也不尽相同，考核标准也相应地有所区别。

2. 确定绩效考评人

为了保证绩效考核的结果公平，绩效考核的考评人应该是跟绩效考评者工作相关的多个方面人，包括考评者的直接上级、同事、直属下级、服务对象和其他专业人士。

3. 实施考评

在确定考核的目标以后，各个考核考评人通过科学的考核评价体系对员工的特定目标评估内容进行正确的考评，然后综合所有考评人的意见，得出员工的考评结果。

4. 公布考评结果

考评结果出来以后，考评人应及时将结果告诉受考评者，让他知道组织对他能力的评估以及对他对组织的贡献的承认程度，了解他的表现与组织对他的期望的差距，及时发现问题、解决问题。

5. 考评结果的评估

通过绩效考评，组织可以识别出一些具有发展潜力的员工，并根据员工的成长特点，确定其发展方向。同时，组织可以通过对考评结果的评估总结经验和教训，以便在下次考核评估中借鉴使用。

（三）绩效考核的方法

绩效考核的方法很多，下面简要介绍几种。

1. 民意测试法

民意测试法是由被评估者的同事、下级和与其有工作联系的人从几个方面进行评价，从而得出被评估者绩效的评估方法。这种方法的优点是参与评估的人较多，意见比较全面；缺点是参与人员的素质参差不齐，主观随意性大。

2. 比较排序法

比较排序法是一种比较简单的员工绩效考核法，常用的方法有简单排序法和配对排序法。简单排序法是评估者按照员工工作的整体情况，将员工的表现依次从最好排到最差的排列方法。配对排序法是评估者根据标准将每一位员工和其他员工相比较，选出优胜者，在进行完所有的比较后，根据优胜次数的多少依次排列的评估方法。比较排序的标准可以是单一的，也可以是多个的，具体根据需要来确定。这种方法操作简单，花费时间和金钱少，但是容易受到评估者的主观影响。而且排序法是相对比较的方法，对于不同部门就不能使用这种方法。

3. 关键事件法

关键事件法又称重要事件法。这种方法着重对完成某件工作起决定性作用的事件即关键事件的记录，利用关键事件作为评估的指标和考核的尺度。这种方法需要评估者长期坚持观察员工的工作行为，充分了解员工的工作情况，且要公正、公平才能使评估的结果更加有效。

4. 等级鉴定法

等级鉴定法又称评级量表法，是考核中最普遍的一种方法，而且不管被评估者的人数是多是少都可以采用这种方法。这种方法是首先确定绩效管理的标准，然后根据每个评价项目列出几种行为程度供评价者选择。具体做法是：先设计等级评估表，列出有关绩效的因素，再把每个绩效因素分成几个等级并赋予一定的分数，说明每一分数的具体含义。评估者结合评估表对员工的各个考核项目进行评价，最后得出总的评估结果。

（四）绩效考核应避免的问题

1. 光环效应

光环效应是指当一个人身上有一个很突出的优点时，人们会主观地认为其在其他方面也会很优秀，进而影响评估者对他的评估。

2. 类己效应

类己效应是指评估者因为被评估者与自己有类似之处而对他产生好感，于是给他一个较高的评估成绩。

3. 近因效应

近因效应是指评估者根据被评估者近期工作业绩的表现和成绩来推断员工整个考核阶段的表现，进而给出评估结果。

4. 溢出效应

溢出效应是指评估者根据被评估者考核期外的表现来对考核期的表现做出评估。

四、薪酬管理

古人云："仓廪实而知礼节，衣食足而知荣辱。"由此可见衣食住行对人们的重要作用。同样的，现代企业中薪酬对员工的意义也十分重大。一个组织不仅要有一个公平合理的绩效考核体系，还必须有一个好的薪酬制度。一个良好的薪酬制度既可以帮助企业吸引人才，留住人才，又能在合理成本的基础上激发员工的积极性。因此企业有必要建立一个完善的薪酬机制。

（一）薪酬的概念

薪酬是企业对员工为企业所做出的贡献，包括他们实现的绩效、付出的努力、时间、学识、技能、经验与创造所付出的相应的回报和答谢。薪酬分非货币形式的内在薪酬和货币形式的外在薪酬。这里主要讲的是外在薪酬，外在薪酬包括基本薪酬、辅助薪酬和福利。

1. 基本薪酬

基本薪酬又称基础薪酬或标准薪酬，是指员工只要在企业工作，就能定期拿到一定数额的报酬。基本薪酬反映的是员工所承担的职位的价值或员工所具备的技能和能力的价值。国外的基本工资有小时工资、周薪、月薪和年薪，国内一般以月薪为主。

2. 辅助薪酬

辅助薪酬是指用来及时反映绩效变动情况的基本补充形式，数额一般不固定，形式多样，主要有奖金（奖励薪酬）和津贴（附加薪酬）等。

（1）奖励薪酬

奖励薪酬即奖金，是指企业为奖励员工的突出贡献和超额的劳动而支付的奖励性报酬。奖励薪酬的目的是鼓励员工提高劳动效率和职务质量，所以又被称为"效率薪酬"或"刺激薪酬"。

（2）附加薪酬

附加薪酬即津贴，是企业对员工在特殊劳动条件下所付出的额外劳动消耗和生活开支的一种物质补偿形式。如危险作业、有毒作业、高温高空、海上野外作业及重体力劳动等都需要给予一定的津贴。

3. 福利

福利是企业向员工提供的一种特殊的福利待遇，目的是吸引、保留和凝聚员工，提高企业整体和长期的绩效水平。福利的形式有很多，如带薪休假、子女教育津贴、廉价住房、失业金、养老金、午餐费、医疗费和退休金等。

（二）薪酬设计的原则

1. 合法原则

任何系统的制定必须是合法的，薪酬设计合法是指企业的薪酬体系与当下国家的法律法规、企业的管理制度相吻合。

2. 公平原则

公平原则是指员工所得到的薪资与员工的付出、企业中其他员工的报酬以及行业的薪资水平相比而言是相当的，既是心理原则又是感受原则。

3. 激励原则

一般企业支付给员工的薪酬不仅是对员工工作表现的肯定，更是通过薪酬体系来激励员工的责任心和积极性，进而提高企业效益。一个科学合理的薪酬体系对员工的激励是最持久、最有效的。

4. 经济合理原则

经济合理原则从表面上看是与激励原则相矛盾的，其实并非如此，只是两者的侧重点有所不同而已。前者是从员工的角度出发，提出高薪资水平以提高员工的积极性；后者是从企业的角度出发，考虑企业承受能力、利润的合理积累等问题，只有两者都考虑到，薪酬体系才能持久。

（三）薪酬设计的流程

一个良好的薪酬设计要经历一个比较复杂的工作过程，一般包括职位分析、职位评价、薪酬调查、薪酬定位、薪酬结构设计、薪酬调整五个步骤。

1. 职位分析

职位分析是薪酬设计的基础，人力资源部门根据组织的战略目标和经营计划对职位信息进行收集、整理、分析与综合，明确各职务和岗位的关系，各业务部门合作编写职位说明书的过程。

2. 职位评价

职位评价又称工作评价或岗位评价，是采用一定的方法对企业各个岗位的价值做出评定，以作为员工等级评定和薪酬分配的依据。职位评价的方法有很多，这里只简单介绍几种。

（1）工作排序法

工作排序法是比较传统的方法，它先列出企业内的所有职位，根据职位说明书，对这些职位做重要性比较，按照职位对企业的相对价值或重要性排列出各职位的相对位置。这种方法的优点是操作简单易行，耗用的时间和资源较少。缺点是过于主观，只能定性而不能定量，不精确，缺少说服力。

（2）因素评分法

因素评分法又称要素计点法或点值法，是目前应用最为广泛、最精确、最复杂的职位评估方法之一。这种方法是在进行职位分析之前，先设计出一套职位分析的标准并附上相应的分数，每个职位按照标准进行评分，最后根据得分多少确定它在报酬结构中的位置。因素评价法的优点是操作简单、量化分析评价，更有说服力。缺点是结果要求的精确度越高，设计的等级越多，分析更加细致，工作量越大，标准的设计也就越复杂。

（3）海氏评价法

海氏评价法是在因素分析法的基础上发展而来的，是由美国薪酬设计专家艾德华·海（E. Hay）于1951年开发出来的一套名叫“指导图表—形状构成法”的职位评价方法。这种方法是将影响薪酬指定的因素转化为普遍适用的三大因素：智力水平、解决问题能力和风险责任。并设计了三套标准评价量表，根据评价量表给各个职位打分，分值加总，算出各个工作职位的相对价值，这样可以较好地解决不同类别职位之间的比较问题。

3. 薪酬调查

薪酬调查是指企业调查本地区本行业其他竞争对手的工资水平，再结合企业自身的情况，制定出符合企业实际情况的薪酬等级标准。企业通常使用薪酬调查表来收集和记录所获取的信息，调查表一般包括调查职位的基本信息和职位描述、调查对象的组织信息和个人信息。

4. 薪酬定位

薪酬定位是指在薪酬体系设计过程中，确定企业的薪酬水平在劳动力市场中相对地位的一个决策过程。它直接决定了企业的薪酬水平在外部劳动力市场上的竞争力，是衡量企业薪酬体系有效性的重要特征之一，也是确定薪酬体系中的薪酬政策线、等级标准和等级范围的基础。企业的薪酬定位可以有四种策略：市场领先型、市场滞后型、市场追随型和混和型。市场领先型是指公司给员工的报酬高于市场的大多数的竞争者，从而使公司薪酬水平更具竞争力，以吸引和留住更多的优秀人才；市场滞后型是指公司给予员工的薪酬低于市场典型的水平，这种薪酬定位虽然可以降低公司的劳动力成本，但会导致人员流失和员工满意度的下降等不良后果；市场追随型即是给予员工的薪酬与市场典型水平线基本持平；混合型是指针对不同员工分别采用上述三种定位策略。制约薪酬定位决策的因素很多，主要包括薪酬战略、薪酬理念、人力资源规划、外部劳动力市场、宏观经济因素、行业特点和行业竞争态势等。

5. 薪酬结构设计

薪酬结构设计是指企业中各职位的相对价值与其实付工资之间的关系的设置。薪酬结构主要反映职位与员工之间薪酬的对比关系，强调职位或者技能等级的数量、不同职位或技能等级之间的薪酬差距，以及用来确定这种差距的标准是什么。薪酬结构必须满足企业经营对薪酬的基本要求：公平性和可操作性。公平性是指对内对外和对员工个人的公平性；可操作性是指能够满足员工岗位调整、晋级等对薪酬调整的要求。薪酬结构的设计主要包括：薪酬政策线的制定、薪酬等级的确定、薪酬等级范围的确定。

6. 薪酬调整

随着企业的发展，组织中各个方面可能会有相应的改变，薪酬体系也不例外。薪酬管理应始终处于一种动态的、有序的调整过程当中。一般薪酬调整的因素有奖励性调整、生活指标性调整、效益型调整和工龄性调整。

第三节 人力资源管理当前面临的问题

21 世纪以来，国家和社会越来越意识到知识和人才是推动经济和社会不断发展的强大动力。在这个背景下，企业作为市场经济的主体也表现出对人才的需求，因此人力资源的重要作用也被企业更加清楚地意识到。当前企业之间的竞争已转变为人才之间的竞争，一个拥有更多人才的企业在市场竞争中会占据更大的优势，也为企业的长期发展提供了保障。因此，从某种程度上讲，作为为企业招聘、培养大量人才的人力资源部门的管理已经越来越成为影响企业进一步发展的决定性因素，在企业成长与壮大过程中扮演着十分重要的角色。所以我们很有必要了解一下当前人力资源管理面临的问题，以便使企业的人力资源管理过程少走一些弯路。

虽然人力资源管理引进我国已经很多年了，但我国的企业在人力资源管理的观念方面还是存在一些落后的地方，具体表现在以下几个方面。

一、人力资源管理理念的问题

（一）人力资源管理的观念还没有改变

企业还没有真正接受以人为本的观念，对人力资源管理的内容和方法还建立在以前的观点上。企业认为人力资源管理就是对员工出勤、奖励、工资分配等方面加以限制和管理，而忽视了人力资源管理的核心：激励员工，提高员工业绩，进而提高企业的利润。

（二）很多企业的经营者还把人当作完全的“经济人”

唯一的激励在于物质激励，导致员工不愿承担责任，不愿主动工作，没有进取心。管理上倡导“胡萝卜加大棒”的管理方式，忽视人的精神需要。企业过于强调钱的重要性，管理者与员工关系紧张，缺少轻松愉悦的工作环境，忽略了心理薪酬，结果是虽然投入了较高的薪酬成本，但对员工的激励效果不佳。

（三）忽视长期绩效

企业管理人员没有真正意识到人力资源的重要地位，过度关注短期结果，而不顾企业长期、持续绩效的提高，将有限的资源集中于能为企业直接带来经济效益的生产和销售等方面，而非“不能带来直接经济效益的、只是花钱的”人力资源管理方面。

二、招聘和录用环节的问题

（一）缺乏规范的招聘流程

企业需要人时就到人才市场去招聘，不需要时就以各种理由裁减人员。在一段时间，招聘企业反复地到本地或地区的人才市场上寻找所需的人才，既费时又费力，招聘成本又高，同时还招不到满意的人才。

（二）选拔的方法单一落后

现在大多数企业在招聘时依然只采用简历和面试的方法，很少采用笔试，基本上不用心理测验、情景模拟、背景调查、体检等测试方法来综合考查应聘者的组织决策能力、分析创造能力和人际交往能力等。面试法具有简单、直观、节省时间等特点，但仅靠面试是很难测试出一个人的实际能力的，难以保证获得的人才真正适合企业。

三、培训和开发方面出现的问题

在培训和开发方面，企业常常很随意，流于形式，没有对企业的具体情况进行深入的分析和研究，对企业人力资源所具有的特点以及在企业发展中所应起到的作用缺乏预测和评估。

（一）对培训认识不到位

我国的劳动力资源数量众多，却整体质量不高，大多数人的潜力有待开发。究其原因，很大的程度上是企业经营者没有意识到培训与开发的重要性，认为组织人员培训既费时也费钱，不如多花钱和时间去提高生产效率，因此，很少有企业进行培训与开发。有的企业虽然对员工进行培训，但对员工培训的效益和价值又不作评估，同样达不到预期的效果。

（二）没有系统科学的培训制度

企业没有制订一个科学的培训计划来确定企业的培训目的、被培训人员、培训时间与地点、培训结果的反馈与评估，再加上由于企业对培训与开发的的认识不够导致培训课程的内容设置不合理，或临时抱佛脚或只培训高层管理者，忽略基层人员等问题，培训与开发的结果可想而知。

（三）不敢培训新进员工

不少企业录用新员工后，不会对新员工进行培训，担心企业花费人力、物力培训新员工，最后却留不住人才，从而造成经济上的损失。这种情况就像因噎废食一样，不能因为担心员工离职而不对员工进行培训，殊不知有些员工离职就是因为没有参加培训，认为在这个企业没有发展前途，缺乏归宿感。如果企业在经营管理过程中，制度健全，推行人性化管理，以人为本，合理地实行激励机制，真正做到奖勤罚懒、公平合理，让员工感觉到这个企业对他的重视，有归属感，员工的离职率必然会下降。

四、绩效评估存在的问题

不少企业在绩效管理方面，不能应用科学、合理的方法制定出一套符合企业自身的绩效考核标准，或者有一套很好的标准却将它束之高阁，仍然使用企业原有的考核标准。

（一）绩效考核体系设计不科学

绩效考核体系设计不科学主要表现为考核目的不明确，考核原则的混乱和自相矛盾，考核内容、项目设定以及权重设置等方面的无相关性，有时甚至是为了考核而考核，一些企业的领导人员特别是高层领导除对以“选拔”干部为目的的考核较为重视以外，对工作中员工的绩效考核与能力考核并不重视。他们认为考核仅仅是人事部门的例行工作罢了，与其他人事工作没有什么必要联系，更与企业经济效益不沾边。因此在考核中往往敷衍了事，不负责任，走过场的现象并不少见。

（二）绩效考核角度单一

绩效考核中有民意调查法，通过了解与被评估者工作有关的上司、同事、下属、服务对象来做出评价，但在人力资源绩效考核的实践中，企业为了图方便，往往是下级对下属进行审查或考核，考核者作为员工的直接上司，其和员工的私人友情或冲突、个人的偏见或喜好等非客观因素将在很大程度上影响绩效考核的公正性，因而难以给出令人信服的考核意见，甚至会引发上下级关系的紧张。

（三）业绩考核方法的选择不当

各国学者和管理人员开发出了多种业绩考核方法和考核技术，如员工比较评价法、行为对照表法、关键事件法、等级鉴定法、目标管理评价法、行为锚定评价法，等等。这些方法都有一定的适用范围，企业应该根据自己的实际情况来决定使用哪一种方法，因此准确地选择和组合考评技术和方法对考核者和绩效考核体系设计者提出了很高的要求。但是，目前大多数企业既无意识、也无能力适当地选择、组合和运用这些成熟的评价方法和评价技术，或者没有考核标准，或者有考核标准但不科学且缺乏可操作性。

五、薪酬管理存在的缺陷

在薪酬管理方面，企业对人力资源的资本性缺乏清醒的认识，不能应用有效的方式和方法激发人力资源的价值潜力，导致企业不能在经济激励方面给企业人才以充分的满足，进而出现企业人才的外流，给企业带来不必要的损失。

（一）工资体系不规范不全面

工资是员工劳动报酬的基本形式，也是调动员工工作积极性的基本手段。同时，它又是每个组织各种关系中最敏感、最细致的因素，维系着每个员工和家庭。因此企业制定一套科学合理的工资体系是薪酬管理最基本也是最重要的工作。但是当前我国企业的工资体系不规范、不全面，企业没有形成科学合理的薪酬管理制度。员工的工资标准是约定俗成或由企业领导随意确定，模糊不清；员工的各种工资性项目的核算缺乏明确的依据和科学的办法；工资体系透明度差，企业薪酬制度及其管理过程没有对内部员工公开。企业内部员工对制度的公平性一般都有高度敏感性，而在人力资源管理制度方面，与员工利益最直接相关的、员工最能感受到公平与否的便是薪酬制度，因此一旦存在不公平，会更加引起员工的不满。

（二）薪酬结构失衡

薪酬结构失衡的主要原因有两种：一种是薪酬结构的失衡，企业往往没有足够重视福利的发放，无法满足多数员工在薪酬方面的不同需求，特别是对员工的短、中、长期激励的组合效果产生影响。企业将福利完全变成了保健因素，激励效果差。另一种是各类人员的薪酬单元组合比例失调，如固定工资过高、绩效工资过低，导致薪酬的激励作用无法有效发挥。

（三）薪酬沟通环节缺失

现在，许多企业都采用薪酬保密制。提薪或奖金发放的不公开，使得员工很难判断在报酬与绩效之间是否存在着联系以及存在多大的联系，以至于员工不能根据薪酬的多少及时调整自己的工作方向、工作效率和工作态度，从而使薪酬的激励作用不能得到有效的发挥。人们既看不到别人的报酬，也不了解自己对公司的贡献价值，自然会削弱这些制度的激励和满足功能。薪酬管理的一个重要原则是“薪酬就是沟通”，管理层只有与员工通过相互交流，开放相关的薪资信息，才能使报酬制度变得更加有效。

案例分析

案例 7－1

王大路的烦恼

王大路是一个开朗、乐观、眼光犀利、思维敏捷的年轻人，他喜欢交友、旅游和体育活动。2008 年他从某大学会计系毕业后应聘到一家电视台的财务部工作，遗憾的是王大路不喜欢会计工作。在电视台工作期间，他对新闻采访部的新闻记者工作产生了浓厚的兴趣，只要有空或单位需要，他就帮着新闻记者现场摄像。后来，他有了调换工作的想法，还将这个想法告诉了他的直接上司——财务部经理。财务部经理没有发表意见，但对他的态度明显下来了，而且还加强了对他的工作监控。王大路并没有放弃，他又将想法告诉了主管财务工作的副台长，但是副台长说：“当初招你进来就是当会计的，现在既然你不想做了，只有一条路，走人！”由于不想离开电视台，王大路只好暂时作罢。但是，王大路因此受到了很大的打击，工作提不起劲，还总是跟部门经理闹别扭。

资料来源：刘汴生：《管理学》，北京，科学出版社，2005。

问题

1. 王大路的烦恼是什么原因导致的？
2. 王大路的烦恼可以避免吗？怎么解决？类似这类情况，组织应该怎样做？

案例 7－2

培训的问题

资料一：几个月之前，张强曾参加过一次培训，学习如何主持会议和提高会议效率。尽管他喜欢那个课程，但觉得对他的工作没有用处。就在上个月，张强作为陪审团主席参加一个很棘手的案件审理工作，在审理过程中，证人的证词互相矛盾，陪审团成员意见很不统一。张强的职责之一是主持陪审团的讨论。在陪审团的房间中，他过去参加过的培训课程突然出现在脑海里。结果，在主持陪审团讨论的两天中，他几乎用遍了那次培训中学到的各种技巧。从此以后，他一直在工作中使用这些方法，他认为这个课程对他来说简直是太重要了。

资料二：王军两年前曾参加过一次培训，但他觉得那次培训没有给他任何效果，所以很久以来，他不再参加任何培训，认为各种培训都是骗人的。况且他认为自己每天都很忙，根本无暇关注这些。面对日益更新的新技术，他认为自己根本就用不着，还是等要用到时再说。随着时间的流逝，王军发现自己的工作效率越来越低，他还惊奇地发现一些新员工的工作能力与他的工作能力差不多，甚至超过了他。这让他很不解，这是为什么呢？

资料三：如今的企业经营者似乎都明白企业最昂贵的资源是人。然而，在现实中，很多企业愿意花大把的钱来维护机器设备，却在维护和培训最昂贵的人力资源方面省之又省。据有关调查显示，多数企业的培训费用占企业总投入的比例很小，培训前做需求分析的比例也小，中小民营企业尤其如此。至于其中的原因，不少企业表示过有这方面的困惑和教训：一方面，投入大量资金，对员工进行培训提高；另一方面，这些员工仿佛丝毫不领情，他们的素质提高了，最后却不是跳槽就是另起炉灶，企业反而打造了自己的竞争对手。山西就有一家这样的企业，为了引进国外先进生产设备和制造工艺，企业花巨资派一些员工到国外进行培训学习，这些员工学成返回企业后，干了两三年后，纷纷跳槽而去，结果企业连正常的生产都无法保证。如此种种，往往成了国内许多企业不对员工进行培训的正当理由。

资料来源：程秀华：《通用能力基础级个人与团队管理案例精选》，2006。

问题

1. 结合本案例说明培训的意义。
2. 针对资料二中王军的这种情况，个人和企业应该如何处理？
3. 请你针对资料三中企业遇到的困惑进行分析并提出解决方案。

本章思考题

1. 什么是人力资源？
2. 人力资源管理的含义是什么？
3. 人力资源规划的作用是什么？
4. 招聘与录用的流程是什么？
5. 培训与开发的方法有哪些？试述它们的适用范围。
6. 什么是绩效管理？
7. 什么是薪酬管理？
8. 角色扮演：班级组织一场模拟招聘会，熟悉招聘的流程。

第八章　组织文化

学习目标

通过这一章的学习，希望你能够掌握：

1. 组织文化的定义、类型和功能；
2. 组织文化的结构和组织文化的形成；
3. 如何创造和维系组织文化；
4. 跨文化管理的模式。

引例

宜家的文化

瑞典宜家（IKEA）是20世纪中少数几个令人眩目的商业奇迹之一，1943年初创建，从一点“可怜”的文具邮购业务开始，不到60年的时间就实现了大规模的飞跃，在全球共有180家连锁商店，分布在42个国家，雇用了7万多名员工，成为全球最大的家居用品零售商。

宜家繁荣的强大支撑力来自其多年来坚定不移的文化理念，而这种文化背后又折射着创始人英格瓦·坎普拉（Ingvar Kamprad）深刻的烙印。

一、平等主义的用人理念

宜家的企业文化来源于北欧斯堪的纳维亚和瑞典文化，如非正式、关注成本、幽默和脚踏实地，其文化的核心之一就是平等主义。坎普拉倡导平等、反官僚、信任员工的直觉、建立扁平化的组织。宜家定期举行反官僚作风周（Antibureaucracy Weeks），在此期间，总监们在店堂后面的寄存间工作。

宜家每年要接收将近20 000名新员工。如何把宜家的文化和价值观传输给他们并贯彻到每一个地方，是一个巨大的挑战。“要注重企业文化，在招聘过程中就必须保持公平的态度，只有这样，在招聘员工时，才能确保企业文化被理解并且被适当地评价。”宜家前CEO达尔维格说。此外，宜家还将不同种类的培训计划作为工作流程随时进行，并设有许多评价方法。

由于过去总是有些岗位招不到合适的人选，宜家也越来越重视员工的职业生涯规划，试图在公司内部尽可能地让员工从事不同的工作，如从零售到采购，并且范围在不断地扩大。

虽然宜家曾认为瑞典人更适合做公司的经理，但五年前它放弃了这一旧例，代之以倡导对不同国家雇员的平等对待。“多样化能够产生更加具有挑战性的工作氛围并且加强了我们的雇员基础。”

二、鼓励员工从顾客的角度看问题

在把平等理念灌输到管理体系中的同时，宜家也在向员工灌输关注顾客服务的文化。曾任宜家CEO的Anders Moberg说，创始人坎普拉对他个人的管理风格有着深刻的影响：“他训练我们从顾客的角度看待每件事情。”这种文化体现在宜家从设计人员到服务人员的所有工作环节中。

例如，在团队层面有一种叫作市场第一（Market Capital）的方法，这是一个由超过100个不同的问题组成的对各个商店的顾客和到访者的调查，每三年做一次，每次的问题都相同。宜家用一种标准化的方式来测量趋势，判断自己在市场上的位置。

为了形成一种以顾客为导向的文化，宜家在雇用员工时就注意：要记住有些人比其他人更令人愉快、更具动力、更合作、更好沟通。即使这一职务不需要与客户有接触，一个与人沟通良好的雇员也将有助于总体的顾客服务理念。

不仅是直接接触顾客的一线员工，即使是在背后的设计人员及管理支持部门也高度重视顾客的感受和需求。为了真正设计出贴近顾客的家具，在瑞典南部的小镇阿姆胡特，12位瑞典籍的全职设计师和80位自由设计师与室内产品团队一起肩并肩工作，并且，公司给他们的试错期长达3年。现在，宜家在设计中会根据不同国家消费者的风俗和习惯对产品和展厅进行改变，还特别重视细节。

三、创始人的魅力

其实，不论是平等主义，还是关注客户，都是坎普拉这位79岁的宜家创始人个人特征的完美体现。“长久以来，坎普拉都是宜家文化的偶像和宜家信仰的推广者。”哈佛商学院教授Christopher Bartlett说，“当他讲话时，不论对象是消费者还是员工，听者无一不被感染。”

拥有超凡魅力、脚踏实地、过分吝啬——从曾经朗读困难的乡村男孩到成为零售业天才的坎普拉有着充满传奇色彩的人生经历。

坎普拉6岁就开始踏足零售业，从卖火柴到卖鱼、圣诞树装饰物、种子、圆珠笔和铅笔等。1943年，17岁的坎普拉凭着零售天分和激情创办了宜家，宜家（IKEA）这一名字就是创始人名字的首写字母（IK）和他所在的农场（Elmtaryd）以及村庄（Agunnaryd）的第一个字母组合而成的。宜家起初销售钢笔、皮夹子、画框、装饰性桌布、手表、珠宝以及尼龙袜等。

1951年，宜家发表第一个目录册（直到1963年，坎普拉一直自己写所有的条目）。“为众人创造更好的生活”“浪费资源是致命的罪过”“发展是我们的责任”这些标语都曾先后出现在宜家的卷角目录中，这本小册子会发到全体员工手中。在《一个家具经销商的遗嘱》中，坎普拉写道：“把你的生活分为10分钟为一单元的部分，在无意义的活动上牺牲尽可能少的时间。”

坎普拉风格中的突出特征就是平等主义和容忍错误。哈佛商学院的一个案例这样描述他，经理要坐头等舱去参加会议，而他回答说：“在宜家，没有头等舱。”直到今天，即使是宜家最高层的经理出差都坐经济舱。

当然，在坎普拉自己颇具争议的过往历史被披露时，他也展现了对自己的宽容。1994

年，一个瑞典记者披露，在16到25岁之间，坎普拉曾多次参加瑞典右翼分子PerEngdable领导的前纳粹会议。

而坎普拉却用一条妙计化解了这场潜在的公关危机，他向当时的25 000名员工发布了一篇名为“我一生中的伟大错误”的道歉信，其中写道：“你们都经历过年轻时代，并且很久之后，你可能发现你曾经做的一些事是荒谬和愚蠢的。”这封信起作用了。成百的员工联名写信支持老板：“无论什么时候你需要我们，我们都在这里、在宜家的大家庭里。”

“这种对坎普拉的忠诚是非常强大的”，一位前宜家高级执行官Steen Kanter说，“他拥有一个核心团队，他们是宜家品牌和文化的忠实信徒，甚至可以为他去打第三次世界大战”。

第一节 组织文化概述

组织文化被广泛关注、研究和运用开始于20世纪80年代。美国历史学家戴维·兰德斯曾在《国家的穷与富》一书中断言：“如果经济发展给了我们什么启示，那就是文化乃举足轻重的因素。”塑造组织文化是领导者必须实践的一项职能，一旦组织文化被融入，它便为全体员工提供了行为准则，不管他们在任何地方工作，都能运用已经融入他们心中的价值观指导自己的行动。对组织文化的研究，将有助于我们对组织成员乃至整个组织行为的理解。

一、组织文化的概念

（一）组织文化的兴起和发展

组织文化的概念产生于对民族文化的类比，人们认识到不同民族和种族间存在文化差异已经有很长历史了，而组织恰恰是处于一定的民族文化之中的。霍夫斯泰德曾对分布在世界50多个国家的著名大型跨国公司进行了调查，对调查结果进行认真的分析后，他发现文化的差异主要表现在以下四个维度。

1. 权力距离

它是对社会不平等程度的测量，也是对文化中不平等现象的象征事物的重要测量。在高权力距离的文化中（高层的人与底层的人之间存在着很大的权力距离），下级不敢对上级的决策提出疑问；而在低权力距离的文化中，等级特征则不甚明显，下级随时准备对上级的决策提出疑问。

2. 不确定回避

这里涉及的是人们对模糊性和不确定性的忍受程度。这一维度上高分值的文化倾向于寻求回避不确定性的方法，常与组织中的官僚形式结合在一起，具有应付所有不测事件的正式规则。

3. 个人主义和集体主义

这是一种对社会结构中松散性和紧密程度的偏好倾向。在“个人主义”文化中，个体之间的联系是松散的，每个成员都只关心自己的利益；而在“集体主义”文化中，个体归属于一个更大的群体，这个群体具有保护和关心个体的责任。

4. 男性化和女性化

这里涉及的是在文化中占主导地位的价值观。传统男性文化的主导价值观是决断、支配和挑战，而女性文化则是合作、关心和安全。

组织文化理论的探讨兴起于20世纪70年代末80年代初。第二次世界大战以来，日本企业的异军突起引起了美国学者对日本式管理模式的浓厚兴趣。通过对日本经济飞速发展的实证分析以及与美国经济发展的比较发现，美国企业更注重的是企业系统（System）、战略（Strategy）、技术（Technology）、结构（Structure）、制度（Institution）等的“硬性管理”因素在企业管理中的作用，而日本企业更多地看重企业目标（Goal）、宗旨（Purpose）、信念（Belief）、人的价值观（Value）等“软性管理”因素。尽管美国人对日本经济迅猛发展的看法不尽一致，但他们都认为日本的成功得益于其独特的管理模式。文化的本质是人的问题，组织文化主要探讨企业文化，企业文化主要探索企业管理本质。20世纪80年代以来，组织理论和企业管理理论发展的一个显著特点，是对组织中的人有了更为深刻的认识，把人在组织和管理中的作用提高到了前所未有的重要位置。这事实上表明企业管理的核心已经演进到以“组织文化”为管理核心的阶段。

（二）组织文化的概念

正确地理解组织文化，首先应该认识什么是文化。文化有广义和狭义两种理解：广义的文化指人类在社会历史发展过程中所创造的物质文明和精神文明的总和；狭义的文化即精神文化，指群体的意识、思维活动和心理状态。同时，文化也有“感性”和“理性”之分。文化的“感性”层面是指可以感觉的、具体实践中可以观察的（物质性）文化作品以及社会行为方式、风俗习惯和宗教仪式；文化的“理性”是指那些在社会历史过程中形成的、与众不同的价值观念、行为准则和思想意识。

对组织文化的界定向来众说纷纭。据学者们统计，到20世纪初，仅用英语给组织文化下的定义就多达160种。下面是一些有代表性的定义。

先看看西方学者们的观点。

美国加州大学管理学教授威廉·G. 大内认为，企业文化是由其传统和风气所构成的，同时文化意味着一个公司的价值观，这些价值观构成公司活力、意见和行为的规范。管理人员身体力行，把这些规范灌输给员工并代代相传。

斯凯因认为组织文化是一个团体为适应内在与外在统整问题而发明、发现、发展出来的运作良好而且有效的特性，并且传给新成员，使其对适应与统整有正确的知觉思考和感受。

欧文斯与斯蒂因霍夫则指出，组织文化是：① 一种解决内在和外在问题的产物，在群体间不断运行，可以传授给新成员，作为了解思考感觉有关问题的正确方式；② 这种解决的产物最后将成为对实体本质、真理、实践、空间、人性、人类活动和人际关系的假设；③ 形成之后会被视为理所当然，并进入脑海中。

相比于西方学者，中国学者一般比较重视确定概念的定义，但由于各人的知识、经验不同，认识各异，在组织文化或企业文化的概念上也存在一些争论，可归纳为以下几点。

1. 三层次说

此观点认为组织文化由三个层次内容组成：① 第一层是文化的外显部分，如制造企业组织中的厂房、设施、机器、产品、服务等外显的、物质形态的东西；② 第二层为制度文化，主要指组织的规章制度、公约、纪律等制度形态的东西；③ 最深层为核心层，称为精神文化，指的是组织的价值观念、信念、理想等精神形态的东西。

2. 两元说

此观点认为组织文化是由组织中物质文化与精神文化两个方面因素的综合。物质文化指有形的、可见的东西，又称为外显文化、硬文化或表层文化；精神文化指的是无形的、不可见的方面，又称为隐形文化或软文化、深层文化。

3. 精神文化说

此观点认为组织文化是以价值观为核心的包括信念、作风、行为规范在内的各种精神文化现象。它体现在物质形态中，并发挥其影响和制约作用，但不能把物质形态的东西包括在内。

总体来说，组织文化是指组织在长期的实践活动中形成的，并为组织成员普遍认可和遵循的，具有本组织特色的价值观念、群体意识、行为规范、道德准则和风俗习惯的总和。

二、组织文化的特点

文化一经形成便有自身的鲜明特征，组织文化也不例外。组织文化的特征是共性与个性的统一、一致性与差异性的统一。概括来说，组织文化具有以下特性。

（一）客观性

组织文化是一种客观存在的文化现象。作为人类文化系统的一个重要组成部分，组织文化如同其他文化一样是与其载体共生的，企业组织文化依赖于企业存在，没有企业就没有企业组织文化，没有企业组织文化的企业亦不可称为完整意义上的企业。

（二）人本性

人是一切文化的缔造者，也是组织的物质、制度及精神文化的创造者，在构成组织文化的诸多要素中，人始终处于主体地位。强调以人为核心是组织文化的重要特征。

（三）凝聚性

组织文化为员工确定了一种共识，在达成共识的基础上，共同的目标、共同的语言在组织中将产生强烈的向心力和凝聚力，推动全体成员齐心协力、整齐划一地为组织的发展进步做出贡献。

（四）稳定性

任何一个组织的文化总是与组织的长期发展相联系的。要形成一种共同的价值观念，使之潜移默化地影响人，并形成相对的定式左右人的行动，要经过长时间的努力才能达到，而一旦形成就会相对稳定。

（五）动态性

时代在进步，社会在发展，组织的管理经验也在不断地丰富和变更，组织文化也必然要跟上时代和社会前进的步伐，反映时代和社会发展的风貌，体现时代和社会发展的要求。故而，组织文化既有相对的稳定性，又有绝对的变动性。

（六）独特性

组织文化的独特性就是组织文化的个性，由组织特性和历史性体现。组织特性是由于不同组织承担着不同的社会职能，各组织在人员构成、人员素质等方面各具特色造成的。历史性是指每一个企业都有自己的历史渊源和文化渊源，特定的历史和文化渊源影响着组织文化的形成和发展，并形成不同于其他组织文化的差异性。

（七）继承性

组织文化的继承性是指组织文化包含组织的优秀传统与习俗，而这些传统与习俗都是依靠领导人和优秀组织成员代代相传沿袭下来的组织优势。它是历史的积累，也是历史与现实的有机结合，随着企业的发展而继续被继承与丰富。

（八）相容性

组织文化的相容性是指组织内部文化与外部文化有某种一致性和融洽性。优秀的组织文化必然包含了多种优秀的文化要素。正所谓集众家之所长，从而与其他优秀的组织文化相融合。

三、组织文化的分类

虽然组织文化会受到各项基本假设的影响而呈现出不同内涵，但基本上我们仍然能够区分出几种不同的组织文化类型。

（一）威廉·G. 大内的组织文化分类

早期的组织文化分类比较粗略，多以实用性为原则来分类。威廉·G. 大内提出了“Z 型文化”、“Z 型组织”等概念，认为企业的控制机制完全被文化所包容。他认为组织文化有三种类型：A 型文化、J 型文化和 Z 型文化。美国式的 A 型文化模式表现为一种人际关系淡漠的模式，而日本式的 J 型文化则表现为一种人际关系融洽的、接近理想的模式（详见表 8－1）。在对两种模式进行研究后，威廉·G. 大内提出：① 这两种模式各自根植于两国固有的特定条件下，很难进行移植和彻底改造；② 虽然难以移植，但可以通过学习和借鉴进行一些改造，为另一方面所吸收和消化；③ 根据美国当前的社会人文环境特点，吸收糅合日本的成功经验，可以提炼出一种兼具两家之长的新型管理模式——Z 型模式。

这种 Z 型模式的核心是 Z 理论文化价值观，Z 型文化一般包括：① 长期雇用、信任及亲密的人际关系；② 员工属于企业整体的信念（即团队精神）；③ 人性化的工作条件；④ 员工心情舒畅和愉快会使工作更有绩效。

威廉·G. 大内认为，这种 Z 型模式既能够满足企业内部紧密团结及更具竞争力的需要，又能够满足员工实现自我利益的需要，是一种迈向未来的企业模式。

表 8－1　A 型文化与 J 型文化的比较

比较对象	美国式（A 型）	日本式（J 型）
基本的雇用制度	短期雇用	终身雇用
企业的决策制度	个人决策	共识式集体决策
责任制	个人负责	集体负责
考评与晋升	快速的考评和晋升	缓慢的考评和晋升
控制机制	明示的控制	暗示的控制
员工培养与职业途径	“专才型”	“通才型”
员工关心	部分关心	全面关心

（二）迪尔和肯尼迪的组织文化分类

早期的公司文化研究者德伦西·E. 迪尔和艾伦·A. 肯尼迪从企业经营活动所具有的风险程度和公司及其员工在决策成功之后获得反馈的速度这两个因素来划分组织文化，从而提出四种组织文化，并认为其象征着管理者在不同的组织文化中发挥着不同作用。这四类文化分别是：爱好赌注型文化、硬汉斗士型文化、过程型文化、工作娱乐型文化，见表 8－2。

表 8－2　迪尔和肯尼迪提出的四类组织文化

组织文化	特　点	适合行业
爱好赌注型文化	高风险，反馈慢；仔细权衡，周密策划，深思熟虑，有远大志向	石油、航空
硬汉斗士型文化	高风险，反馈快；坚强，乐观，有进取心	房地产、批发、餐饮
过程型文化	低风险，反馈慢；注重过程和细节，遵纪守时，严谨	银行、保险、公共事业
工作娱乐型文化	低风险，反馈快；服务周到	房地产、批发、餐饮

1. *爱好赌注型文化*

具有爱好赌注型文化的组织要承担很高的风险，并且要花费很长时间对行动和决策做出反应。这是因为投资是巨大的且长期的，产出也只能在长远的未来才能显现。在这种文化下做出的决策关注的是未来，而且是自上而下做出的决策，从而加强了这种文化的等级划分的本性。在这种文化下生存并进步很快的人将成为遵从权势和技能的成熟工作者。这种工作环境通常会产生很多高质量的创新和新的科学发明，适合于石油、航空等行业。

2. *硬汉斗士型文化*

表现出硬汉斗士型文化的组织，其员工通常要承担很多风险，并能很快得到其工作效果的反馈。这种文化的主要特点是极快的速度和短期的行动。在企业中表现为员工为了在短期内获得成功而要承受巨大的压力，通常员工都很年轻，如果他们成功了，就能在很年轻时获得很高的金钱奖励。具有这类文化的组织，一方面，从它的高风险中能很快获得回报，但是它很难通过长期投资取得成功，这是因为组织内部员工的流失率很高；另一方面，员工之间的合作与忍耐非常有限。企业在这样的主流文化背景下，要创造出具有高度凝聚力的文化几乎是不可能的。

3. 过程型文化

过程型文化是一种低风险、慢速反馈的文化，又被称为公事公办型文化。这样的文化环境下似乎要很久才能做出对行动和决策的反应，如此长久的反馈时间透露出员工只关注工作是如何完成的，即工作过程，而不关注做事的原因及成效。讲究方法和守时的员工在这种文化下往往被认为是最好的员工，能长期待在这种文化的组织中并容忍它的员工会因为长期的服务而受到嘉奖。如果组织的运行环境是可以预计的和稳定的，那么，这种过程型文化将是最为合适的。

4. 工作娱乐型文化

组织如果具有低风险和快速反馈的特点，那么其组织文化就应属于工作娱乐型文化了。典型的工作娱乐型文化一般多出现在制造业和服务业。在这两类组织中，风险相对较小，同时对成绩的反馈相对快速，如某位员工是否完成销售任务或生产任务是很容易看出来的，因此，关注销售量和产量通常是这类企业的导向。由于这类组织有过于关注个人和团队完成的销售额的倾向，有可能导致不惜以牺牲产品或服务质量为代价的现象发生。因此，这类组织更关注短期目标而不是长期发展。

（三）杰弗里·桑南菲尔德的组织文化分类

美国艾莫瑞大学的杰弗里·桑南菲尔德教授提出了一套标签理论，它有助于我们认识组织文化间的差异，认识个体与文化的合理匹配的重要性。通过对组织的研究，他根据组织的开放程度确认了如表 8－3 所示的四种文化类型：学院型文化、俱乐部型文化、棒球队型文化、堡垒型文化。

表 8－3　杰弗里·桑南菲尔德的组织文化

组织的开放程度 / 组织的文化层次	低	高
高	学院型文化 如 IBM 公司、惠普公司	棒球队型文化 如咨询公司、公共关系公司
低	俱乐部型文化 如政府机构、公共事业单位	堡垒型文化 如大型零售商店、航空公司

1. 学院型文化

学院型组织文化更适合那些想全面掌握每一种新工作的人。在这里他们能够获得不断的成长、进步的机会。这种组织喜欢雇用年轻的大学毕业生，为他们提供大量的专门培训，然后指导他们在特定的职能领域内从事各种专业化工作。

2. 俱乐部型文化

俱乐部型组织非常重视适应、忠诚感和承诺。在俱乐部型组织中，资历是关键因素，年龄和经验都至关重要。与学院型组织相反，它们通常把管理人员培养成通才。

3. 棒球队型文化

棒球队型组织是冒险家和革新家的天堂。这类组织鼓励冒险和革新，招聘时更喜欢从各种年龄和经验层次的人中寻求人才，薪酬制度以员工绩效为标准。由于这类组织对工做出色的员工给予巨额奖酬和较大的自由度，员工一般都会拼命工作。在会计、法律、投资银行、咨询公司、广告机构、软件开发等领域中，这种组织比较常见。

4. 堡垒型文化

堡垒型组织着眼于组织的生存。这类组织以前多数是学院型、俱乐部型或棒球队型组织，但在困难时期衰落了，现在尽力来保证组织的生存。这类组织工作安全保障不足，但对流动性、喜欢挑战的人来说，还是具有一定吸引力的。

第二节 组织文化构成要素

一、组织文化的内容

任何一种理论都是以其特有的内涵与外延、特有的研究对象出现的。组织文化理论也是如此，虽然它还在不断发展完善，但本质上，组织文化的内容主要包括以下几个部分。

（一）组织哲学

组织哲学是指导组织生产经营活动，使其符合既定目标的微观世界观和方法论。组织的兴衰成败，关键取决于组织行为正确与否，而在任何一个组织中，指导组织行为有一个根本的指导思想，这个指导思想不是领导人随意决定的，而是该组织在生产经营实践中逐步形成的世界观和方法论，即组织哲学。一个组织制定什么样的目标，培养什么样的组织精神，弘扬什么样的道德规范，这些都必须以组织哲学为指导、为方法论准则。组织哲学就是组织在创造物质财富和精神财富的实践中，从管理的内在规律出发，通过对世界观和方法论的概括性总结，所揭示出的组织本质和组织辩证发展的观念体系。

一般说来，在创造具有本组织特色的组织哲学时应包括和体现以下一些哲学观念。

1. 系统观念

任何组织都应该将自己置身于社会这个大系统中考虑问题，处理好整体与局部的关系。分析解决问题时必须从社会这个大系统的整体出发，使组织在这个大系统中的功能最优化。

2. 物质观念

世界是物质的，组织的经济活动是物质实践活动。因此，组织行为必然受到客观条件的制约。这就要求我们一切从实际出发，按照组织发展的客观规律办事。

3. 动态观念

组织是一个动态系统，物流、资金流、信息流都处在这个动态系统的运动变化之中。这决定了组织文化系统必须时时与外界进行物质、能量、信息的交换，以保持组织的平衡与发展。

4. 市场观念

企业的生产经营离不开市场的作用，组织文化是为企业的生产运营服务，以满足社会需求，故而组织文化都应围绕市场进行。

5. 人才观念

在任何组织中，人都是至关重要的因素，人是一切活动的主体。一个组织经营得好坏，决定因素是组织中各类人员的素质，在各类人员中，领导者素质是最关键的因素。市场竞争是组织间的竞争，组织的竞争归根结底是人才的竞争，在科技高度发展的今天，组织必须更加依赖劳动者的素质和工作积极性。

6. 效益和效率观念

组织讲求经济效益和社会效益，使组织经济状况最优化。

7. 风险和竞争观念

在市场经济条件下，机遇与挑战并存。组织要敢于抓住机遇，开拓新的竞争领域，敢于承担风险，不怕失败，敢于在市场竞争中搏击风浪，不断创新和进取。

8. 信息观念

21 世纪是高度信息化的时代，谁掌握了更多的信息，谁就在市场竞争中拥有更多的竞争优势。充分确凿的信息是做出正确决策的依据。组织没有掌握可靠充分的信息，就等于失去了耳目，变成了聋子和瞎子。一个组织要立于不败之地，管理者一定要重视信息：一是要建立通畅的信息渠道；二是要不断捕捉搜索信息，充分发挥信息的“参政议政”作用，并维护信息的权威性。

（二）组织精神

组织精神是组织文化的核心，它是一个组织在长期生产经营活动中，经过精心设计、精心培育而逐步形成的能激发全体员工的群体意识的信念，是组织在追求经济效益的过程中逐步形成和确立起来的思想成果和精神力量。这一内涵包括以下几层含义。

1）组织精神所反映的组织群体的理想和目标，显示了组织的发展方向和经营宗旨；组织价值观反映了组织劳动者的人生观和世界观；组织的行为准则反映了组织劳动者在生产技术经营活动中的价值取向，并给组织员工以心理的约束和行为的规范。

2）组织精神是组织长期生产经营活动中自觉培育形成的，不是组织偶然行为的反映。

3）组织精神体现了组织全体劳动者的意志和愿望，是经过了组织全体员工认同的。组织精神是把组织先进的、具有代表性的思想和信念转变成为组织的一种群体意识。

组织精神作为组织有意识培养的一种员工群体精神风貌，是对组织全部观念意识、风俗习惯、行为方式等积极因素进行总结和倡导的结果。组织精神只有通过全体员工有意识的实践才能体现出来。各个组织在塑造或提炼自己的组织精神时，都要从自己的实际出发，实事求是，体现自己的特色。

（三）组织价值观

价值观是人们对客观事物进行的评价活动在头脑中的反映，是对客观事物和人是否具有价值及价值大小的总的看法和根本观点。组织价值观念就是组织的领导者和全体员工对组织生产经营活动过程中的事物和人的行为是否有价值以及价值大小的总的看法和根本观点，包括组织存在的意义和目的、组织各项规章制度的价值和作用、组织中人的各种行为和组织利益的关系，等等。它为员工形成共同的行为准则奠定了基础。组织哲学的不同，导致了组织价值观念的不同，以物为本的组织哲学，就会形成一切以有利于物的发展为标准的评价体系；而以人为本的组织哲学，则会形成一切有利于人的自觉性发挥的评价体系。这种评价体系的不同就是价值观念的不同，它会直接导致组织管理行为的不同。

（四）组织道德

组织道德是组织行为的规范，是组织价值观发挥作用的必然结果。它是指从伦理上调整组织单位相互之间、组织与消费者之间以及组织与员工之间行为规范的总和。组织道德是一种特殊的行为规范，它的功能、机制是从伦理关系的角度出发的，有着更广泛的适应面，是约束组织和广大员工行为的不可或缺的手段。组织道德的作用主要体现在以下几个方面。

1）可以调整组织与组织之间的关系，使组织成为一种道德行为，符合道德规范的要求。

2）调整组织与员工之间的关系。

3）调整组织内部员工之间的关系，使领导与领导之间、员工与员工之间、部门与部门之间以诚相待、团结互助、平等友爱。

（五）组织目标

组织目标是以组织经营目标形式表达的一种组织观念形态文化，即组织目标是组织要达到的目的和标准，是组织员工努力争取的期望值。它体现了组织的执着追求，同时又是组织员工的理想和信念的具体化。组织目标是组织文化追求的原动力，一个科学合理的组织目标可以激励人们不断地努力，创造卓越的业绩，有利于塑造优秀的组织文化。组织目标具有如下特点：经营目标数量化、全部内容集中化、战略指向成果化以及发展指标观念化。

组织目标的主要功能是引导组织的生产经营行为，具体体现在以下几个方面：① 组织目标是作为组织经营战略的第一个目标被提出来的；② 组织目标一经由管理者转达给全体员工，便成为员工心目中的共同目标，成为人际关系的向心力；③ 组织目标给人以鼓舞和信心。

二、组织文化的层次结构

组织文化代表了一个组织内各种由员工所认同及接受的信念、期望、理想、价值观、态度、行为以及思想方法和办事准则等。它可以以不同的形式出现，往往借助于一种语言、使命、传说、故事和英雄事迹等在组织中传播。所以组织文化是多层面的。

根据组织文化的可见度和对变化的抵制程度的不同，可以将组织文化分成若干个层次。

（一）物质文化层

物质文化层即外显层文化，是组织中凝聚了本组织精神文化的生产经营过程和产品的总和，还包括实体性的文化设施，如带有本组织色彩的工作环境、作业方式，图书馆、俱乐部等。其特点就在于看得见、摸得着，很直观。

（二）行为文化层

从层次上看，行为文化是组织文化的浅层部分，这是相对于表层的物质文化而言的。从内容上看，行为文化既包括企业的生产行为、分配行为、交换行为和消费行为所反映的文化内涵与意义，同时也包括了企业形象、企业风尚和企业礼仪等行为文化因素。

（三）制度文化层

制度文化即中层文化，是介于表层和深层之间的那部分文化，即经营文化和管理文化。它表露在组织群体行为的规范制度上，是由虚体文化向实体文化转化的中介。其主要内容有组织与领导制度、工艺与工作管理制度、职工管理制度、分配管理制度等。不同的文化意识，就会产生不同的制度建设思想。

（四）精神文化层

精神文化即内隐文化，是组织文化中的核心和主体，是广大员工共同而潜在的意识形态，包括管理哲学、敬业精神、人本主义的价值观和道德观念，等等。相对于中层的制度文化、浅层的行为文化和表层的物质文化而言，精神文化层是组织文化结构中的核心层次，也是一个组织文化中最本质的东西。同其他三层相比，精神文化的可见度低，而且一旦形成之后最难改变。

三、组织文化的功能

组织文化的功能就是组织文化所起的作用，每一个对象、每一个系统都有自己的功能。强有力的组织文化是制度化、形式化的合理代替物。组织中高度的制度化、形式化将带来可预测性、稳定性、秩序性和行为的一致性。

（一）导向功能

导向功能是指组织文化对组织的领导和员工的导向作用。组织行为实质上就是组织主体的行为，而组织的主体就是组织的领导和广大员工。这种导向作用主要体现在以下几个方面：① 规范组织的价值取向；② 规定组织的行为目标；③ 规定组织的规章制度。

（二）凝聚功能

凝聚功能是把组织员工紧紧地联系在一起，同心协力，为了实现共同的目标和理想，为了共同的事业而奋勇拼搏开拓进取的一种观念、行为和文化氛围。这种凝聚作用主要体现在以下几个方面：① 组织目标为组织确立了凝聚焦点；② 团体意识的不断强化为组织提供了凝聚力；③ 共同理想的不断强化为组织提供了凝聚媒体。

（三）激励功能

组织文化的核心内容是关心人、尊重人和信任人，它强调非计划、非理性的感情因素在组织管理中的作用，并以此为出发点来协调和控制人的行为，因而能最大限度地激发员工的积极性和创新精神，并使其为实现组织目标而努力奋斗。实质上，组织文化的建设过程就是其发挥激励功能的过程。主要体现在以下几方面：① 信任激励；② 关心激励；③ 宣泄激励。

（四）调适功能

调适功能是指组织文化具有为员工创造一种良好的环境和氛围的功能和能力。这种调适功能主要体现在以下几方面：① 心理调适；② 人际调适；③ 氛围调适。

第三节　组织文化建设

一、组织文化的建设原则

建设组织文化的原则，是组织从自身实际出发，坚持自己的个性特色，在未来的组织经营和发展中，以鲜明的、个性化的组织文化谋求发展优势。

（一）明确组织文化建设目标，突出个性特色

组织文化目标及其相应的文化体系，应突出文化个性。个性是文化的力量所在，只有鲜明的、个性化的组织文化，才可能具有最直接的社会文化识别。众多的组织文化面向社会，社会最先发现并承认的是具有鲜明个性的组织文化。没有个性的组织文化，只能淹没在浩瀚的组织文化海洋之中，无人知晓。

（二）强调组织文化的主体性

我国创立组织文化，完善组织管理机制，是在参照外国模式的情况下进行的。对于外来理论和实践，我们需要结合自己民族文化的特点，坚持自己文化的主体性，不能简单地照搬。承袭民族文化传统，是坚持组织文化的主体性的重要内容。组织是存在于客观现实环境中的。结合国情，了解组织的现实条件和基础，是创立组织文化的客观前提。这两方面的主客观要求，实际上就是要求中国的组织文化坚持自身的特色。有民族特色的才是有世界价值的。如果我们的组织文化失去民族性，只会在多样化的世界文化之间绕圈子。组织文化的主体性，是使我们的组织文化走向世界的根本保证。

（三）强调组织文化的群体性，增强组织员工参与的积极性

组织文化是群体文化，需要组织员工对组织目标、组织哲学、组织价值观、组织精神、组织宗旨、组织道德等进行整体认同。离开整体参与，组织文化将会退化为组织阶层文化、小团体文化。

（四）结合组织的变革，同步进行组织文化改造和创立

组织在不断发展，不断变革，文化改造和创立涉及整个组织，文化工作需要组织其他方面的配合。因此，把组织体制改革和组织文化改造及创立结合起来，形成互动，相互协调发展，可以更有效、更迅速地发挥组织文化机制的功能。

二、具体原则

（一）目标原则

组织文化的目标原则，是要求组织在确立自己的组织文化时必须首先确立崇高的目标，并把这一目标传达给组织成员，继而为实现这一目标而奋斗，使组织成员认为自己的工作有意义。在确定组织文化的目标时，管理者应以最大限度地实现组织价值和工作价值来要求和激励组织成员。

（二）明确的组织价值观

组织价值观是组织文化的核心，是创立组织文化的主轴。组织的价值观是以组织为主体的价值观念，是一种组织人格化的产物，主要是指组织精神和组织哲学。组织的价值观是在组织的全体成员的个别价值观的基础上形成的，它是在对个别价值观进行同化、改造的基础上形成的新价值观。组织的价值观一旦形成，它必将要求组织员工将个人所信奉的价值观置于其下，而遵循共同价值观，以便在此基础上统一组织员工的思想行为，形成组织的统一意志和力量。文化的力量不是来源于文化本身，而需要由拥有正确文化价值观的人加以实践。因此，组织的价值观需要我们将它用于指导组织的运行，规范组织行为，从各个不同的角度，对组织员工产生影响。一种价值观的确立，不是一蹴而就的，而是需要长期的培育。

（三）共识原则

现代组织文化的模式是提倡组织成员参与、管理和决策，这是组织文化建设共识原则的基本要义。传统的管理文化是命令式的，这在很大程度上抑制了组织成员的积极性和主观能动性，很难形成上下一致的目标取向和价值取向。唯有当组织文化是全员共识的时候，才能激发组织成员的积极性和主观能动性。

（四）传承的原则

组织文化的建设既是一个创立的过程，也是一个不断革新改造的过程。新组织文化并不是建立在一片废墟之上，原来的组织文化也并非一无是处。在创立组织文化的过程中，我们不能忽视原有文化的存在。事实告诉我们，如对原有文化持虚无主义态度，则很难以博大的胸襟创立新的组织文化。

三、组织文化的建设步骤

组织文化的建设是一个长期的进化过程，同时也是组织发展过程中一项艰巨、细致的系统工程。组织文化建设科分为以下几个步骤。

（一）诊断

总结现有组织文化状况，在掌握了现有组织文化状况的相关资料后，再进行诊断，可以对组织已有的价值观、组织精神、道德风尚、组织制度等因素进行考核。判断出哪些是符合时代要求的，利于组织发展的，哪些是阻碍组织发展的。

（二）定格

确立组织价值观及整个组织文化体系。通过前期诊断，可以确立未来组织的价值观，并围绕所确立的价值观建立相应的组织目标、组织制度，等等，从而构建出组织文化的整个体系。为了便于记忆和推广，还应把组织价值观和组织精神简明扼要地用语言表述出来。

定格的关键是有特点、能反映组织宗旨和方向、为员工所接纳、合适的价值观。同时要把握组织价值观与组织文化各要素之间的相互协调，因为各要素只有经过科学的组合与匹配才能实现系统整体优化。

（三）强化与培训

首先，对全体员工进行组织文化培训。培训的方式首先是培训讲故事者。可以是组织领导、故事的当事人，也可以是宣传者或者专家，但是，不管是谁，必须按照事先的策划讲，要把故事中想表达的理念讲深刻、讲生动，使每一个员工都记住、理解并主动向新员工讲解这些理念和故事。这样，故事流传起来了，组织文化、理念、精神就活了。

其次，树立和培养典型人物。在提炼和设计出组织文化并进行宣传培训之后，有一部分人能够直接认同并接受下来，并用理念做指导，做出具体的行动。这就是组织的骨干。

再次，以组织文化理念与价值观为导向，制定管理制度。通过制度的强制，使员工产生符合组织理念与价值观的行为，在执行制度的过程中，组织理念与价值观不断得到内化，最终变成员工自己的理念与价值观。

（四）发展

实现组织生产经营的突破。组织发展的最终目的是在经营上获胜，通过制度保证和领导表率作用，组织文化建设在不断经历调整、完善后，迈入了正轨，并逐渐进入良性循环，推动组织生产经营顺利发展。在发展中不断吩咐和完善，达到更高水平。

四、组织文化的建设方法

（一）激励法

激励法即运用精神与物质的鼓励，或二者相结合的鼓励，包括攻克业务技术难关、开展比优争先活动等使员工感到自己的事业进取心可以得到满足的机会，从而主动挖掘潜力，把自身的进步与组织的发展紧密相连。与此同时，组织还需要从生活方面关心员工，通过不断改革分配制度去满足员工物质条件上的需求。

（二）示范法

示范法即通过总结表彰先进模范人物的事迹，给广大员工提供直观性强的学习榜样，以达到鼓励他人见贤思齐的目的。这些故事以过去作为现在的支点，能很好地帮助员工学习今天的组织文化。

（三）灌输法

灌输法即通过讲座、报告会、研讨会等形式进行组织文化的教育和引导。日本学者森岛在《日本的成功之路》一书中指出，日本组织在实行公司的指导原则及座右铭的过程中，经理把个人观点强加给每一个公司员工，组织的创办人就像宗教的创始人一样。如何使公司员工形成价值共识，是公司领导人的最高任务，也是组织文化建设的基本任务。

（四）仪式法

仪式法即通过仪式或象征性的活动将组织的文化变成稳固的集体价值。组织仪式是一组重复性的活动，并由这些活动表述和灌输组织的价值观：什么目标是最重要的？什么人轻如鸿毛，什么人重如泰山？仪式向公司成员传达了这样的信息：实现目标是举足轻重的，通过努力工作和激励，他们一定能获得成功。这种仪式在树立公司员工积极性和期望方面起到了重要作用。

五、组织文化建设的基本内容

（一）塑造组织形象

组织形象如何，关系到组织的兴衰荣辱，从领导到每一个组织成员都要高度重视和维护组织的形象。组织形象主要由社会形象、产品形象、服务形象等要件构成。

1. 社会形象塑造

组织的社会形象是社会公众对组织的印象、评价、感触和情绪的反应。社会形象的核心内容是组织履行的社会责任程度。组织的社会责任是组织在追求自身发展时，将自身利益与相关主体利益及社会利益协调统一，将内在经济适当外在化，将外在经济尽可能内在化，避免机会主义倾向和损人利己的行为。通俗地说就是，社会形象的塑造就是尽可能为社会多做贡献，履行必要的社会责任和社会义务。

2. 产品形象塑造

产品形象是产品质量、价格等特性，在公众中引起的评价。产品形象是关系到组织经济竞争力的重大问题。产品是组织的面孔之一，是组织形象最重要的缩影或代表。产品的形象是最直观、最具体的形象，是公众认识组织形象的第一个接触点。塑造产品形象的目标是塑造一个内在质量和外观质量相一致的，使消费者满意、称心的产品形象。

塑造产品形象的途径有：① 重视产品的基础设计；② 认真实行全面质量管理；③ 将内在品质和外观形象有机结合；④ 努力扩大产品的知名度。

3. 服务形象塑造

任何一个社会组织都可以以自己的独特方式向相关公众提供必要的服务。从组织的角度来分析，世界上最佳的组织往往都把自己的业务称作服务。它们追求尽善尽美的服务几乎到了狂热的程度，并且因此取得巨大成功。在由于科技进步所导致的组织间产品的规格、性能、技术指标、质量十分接近，业务上的独占性越来越小的情况下，就剩下最后一个可以一争高低的战场了，那就是服务。

当代市场竞争，归根结底是争夺消费者的竞争。当代消费者不是简单的有钱并想购买商品满足物质需求的人，而是有文化素养、价值追求、感情需要的人。今天，顾客走进企业和商店，与其说是为了买商品，不如说是为了买服务。美国《追求卓越》一书作者在调查中发现，美国一些成功的大企业均以追求优质服务为主要目标。它们的基本理论是：以服务于顾客或消费者为目标，利润则自然随之而来。

塑造服务形象的途径有：① 树立服务意识；② 完善服务设施和条件；③ 周到的服务项目。

（二）文化心理建设

组织文化建设中更为重要的是培育和塑造健康的、舒畅的、各尽所能的文化心理。组织文化心理的塑造和建设，需要组织对组织成员的心理状态施加积极影响并采取各种措施和手段，开展文化心理工程建设。

1. 增强主权感

在组织中，如果成员真的有主权感的话，他们会把自己的命运同组织的命运联系在一起。“我是组织人，组织即我家，组织与我同兴衰，我与组织共命运。”反之，如果组织成员存在着雇佣观点，那他们就会认为组织的兴衰成败是领导的事，反正与自己关系不大，更谈不上为组织竭尽全力。

增强主权感的基本途径有三条：① 使组织与组织成员的利益一体化；② 让组织成员参与组织管理；③ 实行“自主管理”。

2. 培养使命感

使命感与主权感是相联系的，但它是比主权感更高层次的社会情感。使命感不是建立在感性认识基础上，而是建立在理性认识基础上的。如果组织成员认识到促使组织生存和发展是自己的一项崇高使命，那么，他对所在岗位担负的工作就会拥有高度的责任心。使命感和责任心会使人自觉地完成有关工作。

3. 培育认同感

组织成员的认同感是组织团结和统一的心理基础，也是组织内聚力的源泉。认同感的形成，是一种情感转入过程，是自己被别人同化，或别人被自己同化的过程。这种过程可以是有意识的，也可以在无意识中完成。但在组织文化的培育过程中，有意识进行的认同感培育，效果更快，也更显著。有意识认同感可以在多个方面进行，最基本的方面是组织目标认同、职权认同、规范认同。

4. 满足安全感需要

任何一个组织成员都有安全需要，并且人们参加组织也是寻求安全需要的满足。一般来说，组织成员有多方面的安全需要，最基本的是职业安全、人身安全和财产安全。

5. 增强信任感

信任感是一种人际交往中被别人尊重和信赖的心理体验。在组织中，人际交往是必然的和不可避免的，这意味着对所有组织成员来讲，获得组织或同事的信任都非常重要。更具体地说，信任感之所以重要，是因为获得信任感就能增强责任心，工作主动性就会随之提高，获得组织和同事的信任，就会感觉到自身存在的价值，工作会更积极主动。

6. 提高满意感

满意感是一种需求得到满足的心理体验，这种心理体验同时又要受到利益和情绪等因素的影响。因此提高组织成员的满意感，可以在需求满足、利益公平和情绪关怀等方面采取恰当措施。

第四节　跨文化管理

所谓跨文化管理又称为交叉文化管理，是指涉及不同文化背景的人、物、事的管理。多元文化背景下的组织和员工不可避免地会产生冲突，跨文化管理学研究的就是在跨文化条件下如何克服异质文化的冲突，进行卓有成效的管理。其目的在于如何在不同形态的文化氛围中，设计出切实可行的组织机构和管理机构，最合理地配置资源，特别是最大限度地挖掘和利用企业的潜力和价值，从而最大化地提高企业的综合效益。

改革开放以来，大量的外资企业进入中国市场，对中国的经济发展产生了重要影响。与此同时，中国企业的国际化经营活动也蓬勃发展起来，中外企业在文化交流中的矛盾与冲突不断凸显。如何通过加强跨文化管理以达到跨文化的参与及融合，促进中国企业的健康发展，已成为摆在中国企业界面前的一个重要课题。

一、中外企业文化的冲突分析

在历史发展的过程中，逐步形成了三大文化体系：东方文化、西方文化和伊斯兰文化。每种文化又可以分为许多层次和类型的亚文化，包括主流文化和非主流文化。文化环境是一种最复杂的环境因素，主要包括价值观和道德观、历史传统和风俗习惯、艺术和美学、宗教信仰、语言文字以及人际沟通方式等。

对一些中外合资企业的调查表明，由于文化差异的存在，中外双方在交流与合作中常存在以下问题。

1）对双方的政治、经济、法律，尤其是社会文化环境缺乏足够的了解，文化敏感性差，双方往往依据自身的文化，对来自对方的信息做出分析判断，从而产生了不少误解和冲突。

2）对对方的组织文化及管理方式缺乏了解，或完全照搬对方模式，不顾自身实际情况，造成“水土不服”现象；或双方各持己见，互不相让，造成“双重指挥系统”现象。

3）双方对合作中可能出现的困难的程度没有足够的思想准备，文化适应能力、解决文化冲突的技能都差强人意，同时未能建立起相互信任和理解的协调机制。

二、文化冲突对跨国公司经营活动的影响

首先，文化冲突影响了跨国公司经营管理者与当地员工之间的和谐关系，产生“非理性化反应”。

其次，文化冲突导致了跨国公司市场机会的损失和组织机构的低效率。

再次，文化冲突导致了跨国公司全球战略的实施陷入困境。由于文化冲突和集体意识缺乏，导致组织程序混乱，信息堵塞，各部门职责不分，相互争夺地盘，海外子公司与母公司离心力加大，使得母公司对子公司的控制难上加难，从而造成跨国公司结构复杂、运转不灵、反应迟钝等情况，大大不利于全球战略的实施。

三、跨文化管理的对策

（一）多元化的个人管理

1. 理解

管理者首先必须能够理解多元文化，尊重个性文化，然后要引导更多的员工接受这种个性文化，这样才能在组织中形成和谐的人际氛围。

2. 同情

多元文化的管理者应尊重并主动接受个性文化，还要慢慢学习和欣赏不同员工的看法、观点和价值观念，并且认为这是组织学习的机会之一，能够为组织的技术创新、管理创新提供适宜的土壤。

3. 宽容

多元文化时代，许多人做事让管理者既不能理解，也不能同情，这就需要管理者有一颗宽容的心，用足够的宽容态度去理解文化差异。

（二）多元化的组织管理

多元文化背景下的管理实践要求组织实现多元化的组织政策，通过制定各种规范和制度，组织成员将会理解哪些行为是适当的、哪些行为是不适当的，从而对多元文化进行有效的管理。

1. 重视多元文化

组织可以通过各种事件和程序帮助组织实现多元文化的管理，尤其是在管理中采用柔性的组织结构总要比刻板的组织结构好得多。除此之外，在管理实践中要重视个人需要，尤其不能以集体主义或者少数服从多数的原则强行制定组织规范。实行灵活的工作时间也是有效管理多元文化的一种很好的方式。

2. 多元文化培训

多元文化培训是减少冲突和管理多元文化的一种有效方法，这种培训的形式可以灵活安排。如很多组织通过培训让员工明白积极沟通的作用，或者举办多元文化共同组成的篝火晚会，这都不失为一种有效的方法。

3. 建立多元文化共融的组织文化

无论组织内的规章制度是如何公正，除非一个组织内部真正形成了多元文化共融的组织文化，否则多元文化都会给组织的发展带来一定障碍。具有多元文化背景的组织，需要超越国家文化、民族文化的组织文化作为组织的核心价值观。在优秀的组织文化的指导下，发挥不同背景员工的专长和特质，使各个员工在多元文化的背景下产生互补作用，通过相互学习促进组织管理的创新，从而适应知识经济时代的要求。

案例分析

案例 8—1

TCL 的企业文化

TCL 集团股份有限公司创办于 1981 年。经过 30 多年的发展，TCL 集团现已形成了以王牌彩电为代表的家电、通信、信息、电工四大产品系列。特别是进入 90 年代以来，连续 12 年以年均 50% 的速度增长，是全国增长最快的工业制造企业之一。

TCL 提出的企业经营目标、宗旨、精神，构成了一个相互支撑的企业文化体系。

TCL 的企业宗旨是“为顾客创造价值，为员工创造机会，为社会创造效益”。

一、TCL 的企业宗旨

（一）为顾客创造价值

这是 TCL 文化生生不息的价值根本，明确企业最重要的工作目标就是用高质量的产品、全方位的服务满足社会广大顾客的需求，通过卓有成效的工作，让更多的顾客认同 TCL 产品和服务的价值。这就要求 TCL 人在生产经营的每一个环节，都必须把顾客的需求放在第一位。

（二）为员工创造机会

这是 TCL 文化生生不息的动力源，明确员工既为手段又为目的。TCL 要建立一个科学、公平的员工考核和价值评价体系，建立员工教育和培训制度，建立合理的薪酬和福利制度，使员工在企业能获得更好的成长和发展机会，实现自己的事业追求，同时也获得合理的回报和生活福利保障。

（三）为社会创造效益

这是 TCL 文化生生不息的生态链。TCL 是国有控股企业，企业所创造的效益，在更大程度上是为社会创造效益，是为国家经济的振兴、为民族工业的发展尽力尽责，这是所有 TCL 人的使命。

二、TCL 的企业精神

TCL 倡导的企业精神是“敬业、团队、创新”。

（一）敬业精神

敬业精神是鼓励为事业而献身的精神，这种敬业实质上是 TCL 过去“艰苦拼搏”精神的延续；追求更高的工作目标，勇于承担工作责任，掌握更好的工作技能，培养踏踏实实和精益求精的工作作风。

（二）团队精神

团队精神是要求企业内部要有协作和配合的精神，营造企业和谐健康的工作环境，员工不但要对自己的工作负责，同时也对集体的工作负责，对整个企业负责，提倡员工间互相鼓励、互相关心和帮助。

（三）创新精神

创新精神一直是 TCL 高速发展的重要动力。创新包含了“开拓”的内涵。

资料来源：根据 MBA 智库文档相关资料整理。

问题

1. 结合案例阐述一下组织文化的构成及其在组织管理中的作用。
2. 根据 TCL 的企业文化谈谈你对这个企业的印象。

案例 8-2

三一重工：战略制胜，文化支撑

三一集团副总裁何真临先生在接受《东方企业文化》记者采访时说："战略是解决一个企业经营方向的问题，而文化则是解决一个企业内部凝聚和与外部关系的问题。""应当使企业文化融汇于每个人的内心。让员工的一言一行、一举一动都代表着企业的标志性特色。"

在 2011 年日本地震与海啸中，三一重工的救灾捐车善举又一次让它站在了公众的视野面前。作为中国工程机械领域的排头兵，三一重工一次又一次向行业、向公众展示着其自主创新的领先实力与负责任的企业形象。10 多年来，本着"品质改变世界"的企业核心价值观，三一重工创造了惊人的业绩，在八年的时间里实现了销售规模 30 倍的超高增长。其光鲜的背后，必定有着独到的制胜之道。

作为民营企业，"三一"在前期创业的历程中，也曾苦苦地探索追寻，也遇到了不少坎坷和曲折。但它后期的快速增长的确是惊人的和成功的。何真临先生认为，三一重工的成功最主要的就是"战略制胜，文化支撑"。

战略给三一重工带来了阶段性的成功，让三一重工通过股改和上市获得资本市场的推助，在工程机械领域大展身手，并且在并购和资源整合上朝着国际化方向大步迈进。而优秀的企业文化则是使战略得到有效实施的软后盾。也可以说，战略是融于三一重工企业文化之中的。

三一重工的企业文化可以浓缩为三个最重要的理念：一是品质改变世界，二是一切为了客户，三是帮助员工成功。"品质改变世界"，指的是对国家、社会乃至世界的承诺。"一切为了客户"，是对客户的承诺，如果没有客户、没有市场，企业就难以生存。"帮助员工成功"，则是对员工的承诺，如果没有员工的奋发努力，那么战略的推进是不可能达到的。事实上，这三个理念有着很深的内在逻辑关系。

一、品质改变世界

在创业初期，三一重工董事长梁稳根就提出了"品质改变世界"的经营理念。品质包括人的品质、产品品质、企业品质。

（一）人的品质

三一信奉"先做人，后做事"、嫉"慢"如仇、心存感激。要求三一人讲诚信，有高度的敬业精神，有理想与追求，有完成本质工作的技能，也就是有德有才，尤其强调诚信。

（二）产品品质

三一重工认为品质是唯一不可妥协的事情。为了打造高品质的产品，塑造市场信得过的品牌，三一重工曾亲手销毁了刚刚下线的不合格泵车。产品品质也包括售后服务品质。三一重工改变了传统的工程机械销售模式，引入新的服务理念，为市场、为客户提供大容量的服务，并且稳定、快速、可靠。

（三）企业品质

企业品质涵盖了企业的方方面面，如战略、管理、团队，等等。"一个高品质的企业，必然有优秀的企业家和团队，必然有先进的与时代贴近的文化理念，必然有符合现代化生产的管理体系，必然有在国内外叫得响的品牌。”现在的三一重工已经拥有优秀的管理团队和灵活的企业机制。

可以说，没有好的企业品质，就生产不出好的产品品质，而没有好的人的品质，就不可能组成好的企业品质。这三者是辩证统一的关系。

二、一切为了客户

企业存在的目的就是为了客户。三一重工所讲的“一切为了客户”，不只是创造价值的问题，而且是为客户创造超过其想象的价值的问题。目前，中国的制造业还不够发达，与德国、美国相比还有一定的差距，中国的企业要想真正走上品质改变世界的道路，还需要努力。三一重工选择通过在服务上下大功夫，用超值的服务来弥补这个不足。何真临指出，一个品牌的本身包括品质所创造的价值和服务所创造的价值，是双层价值的叠加，这使企业对客户的承诺上升到了一个更高的层面。

三一重工的“一切为了客户”是以一套完整的保证系统为依存，为客户提供个性化的产品和服务模块，将服务做到位。三一重工拥有国内工程行业第一套最先进的GPS全球定位系统，可在24小时内迅速为各地的客户提供服务三一重工的产品，不论是否在保修期内，只要还在使用，售后人员每月至少要对产品进行一次检查，以便及时发现故障或隐患。这不仅提升了客户的满意度，更重要的是获得了良好的口碑。

三、帮助员工成功

“一切为了客户”的理念必须靠员工去实现，这涉及文化理念的落实问题，而没有员工对企业的高度认同是无法实现的。何真临认为，应当使企业文化融汇于每个人的内心，让员工的一言一行、一举一动都代表着企业的标志性特色。所以需要激励、调动员工的积极性。三一重工提出了“帮助员工成功”的理念，希望在企业自身壮大、股东财产增值的同时，也使员工通过三一重工这个平台来实现自我的价值。一位研发部门的工程师对记者说：“我在三一重工工作了6年，它的文化很吸引我，很鲜活，很激励人，完全不同于国企。公司付给我们很高的薪酬，为的是让我们做得更好，我们研发人员只要做得出色，就会有很好的发展空间和提升机会……”

在“帮助员工成功”上，三一重工投入了很大的财力和心血，董事长梁称根曾说，最有价值的工作是与员工见面，经常翻阅干部名册，从中发现有用人才。为了培养顶级人才，三一重工以30万元一门课的代价来付诸实施，每年都有大量优秀员工被外派学习，进一步提升他们的知识水平与能力。其实，这种“帮助员工成功”的做法比广泛意义上的“以人为本”显得更为务实，同时也渗透了以人为本的内涵。当然，这一理念成就的不仅仅是三一重工的员工，更成就了三一重工自身。

资料来源：朱丽、金宝：《东方企业文化》，2007（12）。

问题

1. 结合案例谈谈企业应如何发展有自身特色的企业文化。
2. 三一重工是如何通过企业文化推进企业发展的？

案例 8－3

跨国经营的跨文化管理

随着经济全球化的迅猛发展，跨国经营和并购浪潮正在席卷全球，国际上众多知名的跨国公司不断地利用并购（收购兼并）这种手段来实现企业迅速扩张进而提高国际竞争力的目标。但是，从西方国家大量并购交易的结果来看，大部分的跨国兼并没有产生预期的协同效应，实现预期的商业价值。全球著名咨询公司麦肯锡对 2000—2004 年间并购失败的案例研究发现，所有失败的并购有 50% 跟人有关，包括沟通不良和文化差异。由此可见，文化是企业管理模式变化的巨大障碍，也是企业并购失败的罪魁祸首，处理好文化整合、实现跨文化管理是并购成功的关键。

目前，一批知名的中国企业如海尔、TCL、联想等开始顺应国际化潮流，纷纷走出国门，以收购兼并的形式到海外经营，但效果大多不如人意。国家、企业文化之间的差异以及企业没有妥善地处理好由这种差异产生的问题是造成跨国并购和经营失败的重要原因之一。比如，上海汽车集团股份有限公司（下简称上汽）收购韩国双龙汽车就是一个教训。

2005 年 1 月 27 日，上汽完成了韩国双龙汽车公司的股权交割手续，获得双龙汽车 48.92% 的股份，正式成为其第一大股东。但来自双龙韩国工会的反对浪潮始终没有平息，在并购以后一年半的时间内，上汽先后经历了三次双龙工会罢工，缺乏国际化经验的上汽饱受双龙罢工事件的困扰。

罢工事件和上汽没有重视中韩文化差异有很大关系。虽然中韩两国的民族文化同属集体主义倾向的东方文化，但是韩国民族文化具有其不同于中国文化的特点，这些特点反映在双龙的企业文化当中就是其独特的工会文化和强烈的民族情绪。韩国工会的强势举世闻名，工会已经不仅是一个劳方利益代表或发言人，而是质变为一个管理者、权力拥有者和政治机构，这与我们印象中的中国工会角色大相径庭。但是上汽领导层仍以中国工会的概念看待之，没有提前做好充分的沟通和安抚工作，等到冲突形成再来安抚已为时已晚。另外，韩国独特的民族文化造就了他们独特的民族经济形式，韩国的民众向来只对国货青睐有加，而对非国货则有着天生的抵触情绪，造成很多著名的国际大公司比如沃尔玛、诺基亚、可口可乐和丰田汽车等在韩国经营的惨败。韩国汽车业强烈的民族中心主义必将影响上汽集团对双龙汽车的运作。面对突然崛起的中国东家，民族自尊心甚强的双龙工人担心中国在汽车制造上的成本优势使得上汽将技术和生产转移到中国，造成韩国汽车产业的崩溃，罢工威胁成为他们表达情绪的一个自然手段。

上汽没有从根本上意识到作为跨国收购方应该对被收购方的文化有所了解，尊重与学习异国文化是跨国收购公司成功经营的重要因素。文化整合还仅限于邀请双龙汽车工会代表团来参观访问，给在韩国的工作团队分发《漫画韩国》的小册子等初级形式上，并没有进行有效的跨文化培训提高管理者的跨文化意识和跨文化能力，也没有致力于双方企业文化差异分析，进行有效沟通，消除文化障碍，从而建立员工共同的核心价值观。

惠普公司在法国开拓业务时所实施的跨文化管理或许能给我国企业一点启示。

作为一个跨国公司，惠普首先在经营理念上没有将自己的定位局限于一家美国公司，而是总部位于美国、分支机构遍布世界各地的全球性企业。同时，惠普在公司内部强调自己的多元化并视之为财富和竞争力。无论在全球的哪一个分支机构，惠普总是宣传“我们这里的员工来自不同的国家和地区”，让大家意识到自己工作在一个多元化的氛围里。

在实现本地化管理方面，惠普真正做到了尊重法国当地文化和习惯。在法国公司内部有效平衡了美国、法国不同文化对公司及员工的影响，并使美国和法国不同管理风格和工作方式在这里得到融合。另外，还切实制定出了一些符合本地国情的相关管理制度并付诸实施。

1）注重通过培训提高管理者的跨文化沟通技能。另外，在招募、培养管理人才时就把跨文化背景作为重要的考核标准之一。

2）人员本土化。为了让本地人力资源尽量发挥自己的能力，惠普法国分公司的高层、中层以及普通员工都主要由法国本地员工构成，这样不但有利于公司对占多数的本地员工的管理，增强他们对公司的归属感，也有利于营造企业本地化的形象。在法国设立公司，就是要最大限度地利用当地的人力资源，而不是将这里变成一个外派美国员工的基地。这样做的好处非常多，比如只有法国本地员工才最了解本地的国情、熟悉当地的市场。

3）薪酬制度的本地化策略。惠普作为全球化企业，公司所有分支机构的薪酬制度均根据当地工资标准制定。公司强调的是为员工提供持续、稳定的薪酬，而不是作为当地市场薪酬的领导者。无论在哪一个国家和地区，惠普均会对比位于当地的全球化大公司以及同类公司的薪酬标准，然后定位于上游的位置。而且，公司不以员工国籍为其定立薪酬的标准。所有到法国工作的外籍员工，均以惠普法国公司的标准发放薪金。另外，惠普执行当地法规，这里的每个员工都按照法国的福利制度享受相应的福利，比如假期。

4）人员缩减制度的本地化策略。惠普公司的管理层根据法国的相关法规，采取完全不同于美国的裁员方式。

5）注意保持与当地利益相关者的良好关系。与当地政府沟通畅顺，积极融入当地社会，惠普已经让法国人相信惠普在这里就是一家法国企业。作为行业的领导者以及一家全球化企业，惠普已经不再将赢利作为公司发展的唯一目标，它更愿意在发展业务的同时，为当地社区承担更多的社会责任。

6）在公司内部鼓励多元文化，保障所有员工机会平等，允许不同工作方式的存在，不以国籍或民族区分员工，唯一的评核标准是工作业绩与表现。

7）不断宣传自己的核心价值观“惠普之道”，增强凝聚力。“惠普之道”的七个核心价值是：热忱对待客户、信任和尊重个人、追求卓越的成就与贡献、注重速度和灵活性、专注有意义的创新、靠团队精神达到共同目标以及在经营活动中坚持诚实与正直。

8）统一交流语言——英语。无论员工来自哪里，他们至少都可以用同一种语言进行交流。每个重要通知、宣传材料，至少都有英语和法语两种语言。尽管法国是一个英语不甚流行的国家，在招聘员工时，惠普公司仍然要求候选人必须会使用英语与同事、客户或客人进行沟通。这在源头上为创造一个英语环境提供了保证。

资料来源：庄恩平、汤进华：《跨国并购中的文化整合》，载《商场现代化》，2007（8）。

问题

1. 什么是跨文化管理？跨文化管理的意义何在？
2. 对比上汽和惠普的做法，谈谈惠普的跨文化管理对我国企业的启示。

本章思考题

1. 什么是组织文化？组织文化有什么特点？
2. 迪尔和肯尼迪提出的四类组织文化是什么？
3. 组织文化塑造应遵循哪些原则？
4. 组织文化的层次结构和内容是什么？
5. 组织设计影响因素有哪些？
6. 如何进行跨文化管理？

第九章　领　导

学习目标

通过这一章的学习，希望你能够掌握：

1. 领导的内涵与作用；
2. 权力的合理运用；
3. 有关领导的各种理论；
4. 领导的特质。

引例

柳传志与联想

柳传志是联想（Lenovo）的创始人、联想控股公司（联想集团的母公司）总裁，也是象征着向世界飞跃的中国力量的代表人物。联想是年产 2 022 万台电脑的世界三大电脑生产商之一，在 60 多个国家拥有大约 2. 5 万名员工。目前，联想总部设在美国，CEO（首席执行官）也是美国人。

柳传志 1944 年出生于上海，儿时的梦想是当飞行员。1961 年高中毕业后，他参加了招飞考试，但因家庭成分不好落选了，后进入大学雷达专业学习。1966 年“文革”开始后，柳传志被下放到农村接受劳动改造，1970 年被分配到中国科学院从事研究电脑工作。1984 年，柳传志和 10 名同事一起凭借中科院提供的 20 万元创业资金成立了一家小电脑公司——“联想”。该公司在成立次年即创下了 300 万元的销售额。柳传志说：“当时我认为只有尖端信息技术才能让中国摆脱贫穷。”事业并非一帆风顺，但柳传志性格坚韧、遇事冷静，每当出现危机时，都会像不倒翁一样重新站起来。

柳传志给采访过他的记者的第一印象是一位邻家大叔。他不是很在意穿着，穿着磨损了袖口的西装。在采访中他仿佛与朋友聊天一样，让人感到非常舒服，而且论理简练有序，回答每个提问都是“第一、第二”逐步解析。

关于人生的座右铭，柳传志说：“各个阶段都不太一样。1996—1997 年公司经营面临困难时，我往返于北京和香港，忙得不可开交。那时，书桌上方写着‘勿躁’两字。公司情况有所好转后，我想干更大的事，座右铭变成了‘弘毅’两字，是树立长远目标、坚持到底之意。”“弘毅”两个大字目前仍挂在他的办公室。柳传志总是在心中铭记“天外有天”这句中国俗语。他说：“在我的性格中流淌着自满的 DNA。我是那种容易掉以轻心、得意洋洋的人。因此总是提醒自己不要自满，时刻自我警惕。”

柳传志最尊敬的人物是邓小平和自己的父亲。飞行员考试落榜时父亲说：“只要你为人正直，不管以后做什么事情都是我的好儿子。”他将这句话铭记在心。“中国有句话叫‘生财有道’，我在经营公司期间，一直恪守着这句话，这也成为了联想最基本的经营原则。”

如果柳传志只是一味地专注于扩张企业、增加财富，最终不会跻身于受尊敬的企业家行列。他从很早开始就实践了分享的经营理念，最先在中国引入股票期权（1989年）和员工持股制（1993年）。对待金钱和财富，柳传志说：“对物质财富的看法不断改变。十多年前我觉得自己开的车越好，住的房子越大，人们就会越尊敬我。但是，当我看到车窗外昔日同事骑着自行车的情景时，内心非常痛。我认为，精神财富更加重要。最开心的事情就是看到同事们得到了应该得到的东西，带着愉快的心情生活。和我一起创业的同事现在都已退休，但也都持有股票，随着公司的发展，他们也能享受到更好的生活。”他说，只要一说自己的股权只有2%，很多企业家就会觉得很奇怪。“他们都觉得我创建了联想，公司发展得如此之大，所以我的财产也一定很多。但我认为，因为我是这样活着，所以才能使组织团结并率领那么多人。”

关于作为领导最重要的素质，柳传志认为：“第一要懂得树立目标。我说的是非常明确的目标。我觉得只有描绘出未来蓝图，才能引领公司上下一同向前走。第二是具备道德和品行。第三是感性。用大胸襟包容人们，才能让人们团结，形成良好的沟通。当然知识能力也很必要，领导要善于学习。”他说自己在运营公司时有几点比别人相对强些。“公司成立时有10个人，但因资金不足，无法按他们工作量发放薪水。要使人们团结凝聚在一起，只能由我来做榜样。所以我做很多事，却拿得很少，这样一来别人也就跟我学了。我想，与现在年轻人相比，在这一点上我与他们不太一样。从企业成立到现在，我一直以企业利益为优先。而且我做企业，从没有做过拉山头的事。因为没有派系，也就没有‘谁的人’这样的问题了。”

“我认为领导在小公司是干活比较重要，而在大公司是管理重要些。每当我做事时都感到培养人才很重要。今天的联想能在各领域开展新业务就是因为有许多年轻人才在崭露头角，而这与‘感性’有关。我从来不把好的业绩归于我的功劳，也不去做大权独揽的事。我为职员们提供了发挥能力的舞台。”

他自认为在培养人才方面比别人做得好。他说，联想能够成长为世界级企业，第一个原动力就是重视人才。他所率领的人事结构是彻彻底底地重视成果和能力。联想集团董事长杨元庆在29岁那年便被提升为计算机事业部部长，2001年提升为总经理，2005年提升为董事长，真可谓“高速晋升”。他认为，“事必躬亲是管理的误区”。领导人过于不放心，样样事情要亲自去操作，这是个很大的误区。他要求管理层在提拔人的时候要注意：一开始被提拔人做得不合适，你可以去帮一把，然后跟他研究方法；最后由他们提出来怎么做，你再去指导；如果还不行，就换人，绝不允许自己再上手亲自操作。“提供发挥能力的舞台最重要。之后，明确业务范围、责任和权力以及最后能够获得的利益。剩下的就是他们的事情了。让他们自己去想如何能做到更好。我们把这种做法称为‘发动机文化’，干部是大发动机，其他员工应成为与大动机同步运转的小发动机，这样动力才会更大。”

柳传志的智慧就是他能够审时度势，而且能够在自己还没有糊涂的情况下，就已经把后面的梯队安排好，旗下的5家公司人称“五虎上将”，都已经能够独当一面了。2011年11月2日，联想集团在宣布其2011财年第二季度取得创纪录的全球市场份额，并跻身全球第二大个人电脑厂商的喜讯之后，又同时以不起眼的方式宣布了柳传志卸任联想集团董事长的消息。被问及为何退出联想的经营阵线，他说：“IT是年轻人干的事业。短跑年轻人做得更好。对于我们来说，高尔夫球和长跑似乎更好。我一年大概去联想的美国总公司三次。联想决定重要问题时，我只是作为董事提出意见，不参与具体的经营。当然我会随时听取有关经营的报告。”

柳传志称，可以用三个词来概括企业领导之道，即“建班子”、“定战略”、“带队伍”。“我认为这是在企业经营中最为核心的部分，应贯穿企业经营的开始到结束。”他认为，要培养公司的核心管理层，让他们成为公司的主人，只有这样才能创造出更好的业绩。联想应该成为“没有家人的家族公司”。家族成员经营企业，会很容易把企业当成个人的财产。而且，如果只把经营权交给家族成员，就容易失去其他有能力的人才。联想不能成为这样的企业。职员都应该像一家人一样团结。

第一节　领导概述

领导在组织中的作用毋庸置疑。领导是有效管理的一个重要方面，是一项重要的管理职能。没有领导，组织活动就无法正常开展；没有领导，团队成员就会成为一盘散沙。如何有效地进行领导是现代管理者必须掌握的一种基本技能。

一、领导的本质

（一）领导的概念

领导是管理学中一个永恒的话题。从20世纪30年代开始，西方学者就对领导学进行了深入的研究，并取得了丰硕的成果。国内外许多学者都对领导下过定义，但众说纷纭。关于领导的概念，历来有不同的解释。如切斯特·巴纳德认为：“领导是上级影响下级的行为以及劝导他们遵循某个行动方针的能力。”斯蒂芬·罗宾斯认为：“我们把领导定义为一种影响，一个群体实现目标的能力。这种影响的来源可能是正式的，如来源于组织中的管理职位。那些非正式任命的领导者，也就是影响力来自于组织的正式结构之外的领导者，他们的影响力与正式影响力同等重要，甚至更为重要。”

本书将领导定义为：领导是指在特定的环境下，领导者通过各种方式激励和影响人们完成组织目标的活动与过程。

这个定义包含以下几个方面的内容：

1）领导是持续性的行为和动态的过程；

2）领导的实质是对他人产生激励和影响；

3）领导活动是具有目的性的，即要实现组织的目标；

4）领导活动是在一定的环境和条件下开展和实施的；

5）领导者、下属或追随者和情境构成了领导的三要素。

这就意味着，领导活动并不是指某个单独的行为，而是一系列行为的集合。一个好的领导者所产生的激励和影响作用是十分巨大的。领导者的作用不是体现在他个人的素质和能力上，而是体现在他对下属的影响和激励程度上。领导通常是为了达到一定的目标，领导的目的是通过影响部下来达到企业的目标，领导具有目的性，领导者的行为必须指向组织的目标，还必须要适应客观环境的要求，不仅适应，还应致力于改造环境。此外，下属的角色也在逐渐转变，真正意义上的下属已经越来越少，并且他们会对其上级施加影响。情境包括的范围相当广泛，并且成为领导活动中最不可控的因素，由此使领导者面临着更大的挑战。

（二）领导与管理

许多人容易将领导与管理、领导者与管理者混为一谈。其实领导与管理是既有联系又有区别的一对概念，领导者与管理者之间既存在某些相似的地方，也有着较大的不同。两者的区别具体表现在以下方面。

1）从权力来源看，管理是建立在合法的、有报酬的和强制性权力的基础上；而领导则可能是建立在合法的、有报酬的和强制性的权力基础上的，也可能更多地是建立在个人影响权和专长权的基础上。

2）从工作对象来看，领导的对象只能是人；但管理的对象除了人，还包括物资、资金等。比较领导学和管理学这两门学科后，可以发现，前者只研究人与人之间的活动，但后者却是研究人、财、物之间的活动。

3）从功能来说，管理的主要功能是解决组织运行的效率，重视低层次的工作计划、执行与监督考核，追求降低成本与增进效率；而领导的主要功能是解决组织活动的效果，重视工作决策与指导，强调目标与任务的达成。因此，管理者被认为是正确地做事，而领导者被人为是要做正确的事。

4）从层次上来说，管理关注当前和短期，领导关注长期。管理侧重于让组织当前处于有效的控制范围内和有序的状态下，并特别重视对当前活动的落实；而领导活动致力于长期的发展和规划。

实际上，领导与管理的区别也是相对的，它们之间存在着不可分割的联系，主要表现为如下方面。

1）领导和管理都是在组织内部通过影响他人的协调活动，实现组织目标的过程。如果没有组织，而只是单独的个人，则不存在领导和管理。

2）在实际工作中，领导与管理具有较强的相容性。一个人在从事管理工作的同时，也是在担任领导工作。在理想的条件下，所有的管理者都应该是领导者，管理者都应成为能影响或促使组织其他成员努力实现既定目标的领导者。

二、领导的作用

领导的作用指领导者在领导过程中必须发挥的作用，即领导者在带领、引导和鼓舞下属为实现组织目标而努力的过程中要发挥的组织、指挥、协调和激励等作用。

（一）组织作用

组织作用指领导者为实现组织目标，合理地配置组织中的人、财、物，把组织的三要素构成一个有机整体的功能。领导的最终目的（也是管理的目的）是实现企业的目标。而围绕这一目标，必须充分估计和考虑组织的内外部环境条件，合理组织人力、物力、财力去构成一个有机整体，才能实现组织的目标。

（二）指挥作用

在组织中，并不要求领导者事必躬亲，而是要求他站在较高的层面去引导、指挥下属完成任务。在组织活动中，领导者要客观准确地分析预测内部条件和外部环境，运筹帷幄、高瞻远瞩，帮助组织成员认清当前形势，合理地确定组织目标和行动方案，并在组织成员行动过程中给予指导与帮助。

（三）协调作用

任何组织都有其目标，组织中的部门和个人同样也有其目标。由于组织中的各个成员对目标的理解、对技术的掌握以及对客观情况的认识会因他们个人利益、知识、能力、信念等方面的差异而各不相同，人们在思想认识上发生分歧、在行动上出现偏离目标的现象都是不可避免的。为了消除这种分歧 ，领导者必须与下属充分地沟通，并协调统一组织成员的思想和行动，使他们步调一致地朝着共同的目标前进。

（四）激励作用

组织成员通常具有不同的需求、欲望和态度，其个人目标与组织目标不可能完全一致。领导活动的目的在于把个人目标与组织目标结合起来，引导组织成员满腔热情地为实现组织目标做出贡献。领导工作的作用是在领导过程中，通过激励方法调动下级的积极性，使之积极努力地实现组织目标。

（五）控制功能

控制功能是指在领导过程中，领导者对下级以及整个组织活动的驾驭和支配的功能。在实现组织的目标过程中，“偏差”是不可避免的，这种“偏差”的发生可能源自于不可预见的外部因素的影响，也可能源自于内部不合理的组织机构、规章制度，以及不合格管理人员的影响。纠正“偏差”，消除导致“偏差”的各种因素是领导的基本功能。

第二节　领导权力

不管一个人的领导风格如何，有效领导的关键成分是权力，领导者运用权力影响其他人的行为，使其他人按照领导者期望的某种方式工作。一个有权力的管理者，通过改变别人的活动使之偏离他们自己的直接目标而转向实现他本人的目标时，就是在运用他的权力。

一、权力的实质与来源

（一）领导权力的实质

1. 领导是管理工作的一个重要职能

无论在何种社会中，一个国家也好，一个企业也好，其兴衰成败都与领导者水平的高低有着莫大的关系。领导权力的本质是一个人影响他人的能力，这种影响使得人们做了在其他情况下不可能做的事。

（1）领导权力是一种关系

这是指领导权力是领导者按照自己的意志命令被领导者服从，去从事有利于组织目标实现的活动。

（2）领导权力是一种影响力

领导权力在某种意义上说就是影响被领导者实现组织目标的思想和行为的力量。领导权力的性质与大小，正是通过被领导者的服从与其思想和行为的改变体现出来的。

2. 权力与领导的关系

严格地说权力与领导是有差别的。首先，最主要的差别在于目标的相容性。权力只需要依赖性，并不要求构成权力关系的双方有着一致的目标。领导则要求领导者与被领导者有着相互一致的方向，否则，领导工作就失去了意义。然而，权力对于领导是极为重要的，它是领导工作的基础，是领导者实现目标的手段。其次，组织中权力的配置决定了领导工作的方式。管理制度中权力集中与分散是造成集权式的领导者与民主式的领导者的重要原因。再次，正确对待权力是领导工作的保证。权力本身的作用在于引而不发，而不是它的实际使用。

（二）领导权力的来源

领导者的权力主要来源于两个方面：一是职位权力，这种权力是上级和组织赋予的，并由法律、制度明文规定，属于正式的权力；二是个人权力，即权威，这种权力是由领导者自身的某些条件和才能所决定的，不会随职位的消失而消失，所产生的影响力比前者长远。

1. 职位权力

职位权力是指管理者所处的职位给予其奖励或惩罚下属、从而影响下属行为的权力。法定权力、奖赏权力和惩罚权力均是管理者常用的改变雇员行为的职位权力形式。

（1）法定权力

它是指组织内各管理职位所固定的、正式的权力。按照组织条例规定或法规的规定，你的主管作为你的上级，就合法地掌握有对你所做事情的决定权和指挥权。法定权源于被影响者内在化的价值观，下属认为领导者有合法的权力影响他，他必须接受领导者的影响。

但拥有法定权的权威，并不等于就是领导者，虽然我们通常把层级机构中担任各级职位的官员都成为领导。其实这些负责人可能是有效的领导者，也可能不是。有些官员根本没有自愿的追随者，只是凭借手中的权力作威作福而已，这样的人并不是真正的领导者。

（2）奖赏权力

奖赏权力是指个人控制着对方所重视的资源而对其施加影响的权力。它是基于被影响者执行命令或达到工作要求而对其进行奖励的一种权力。奖赏权力源于被影响者期望获得奖励的心理，即部下感到领导者能奖赏他，使他满足某些需要。这些需要是人们认为有价值的任何东西。在组织情境中，奖赏可以是金钱、良好的绩效评估、职位晋升、有趣的工作任务，也包括良好的工作环境如友好的同事、有利的工作转换等。奖赏权力的关键是奖赏内容与被影响者的需求相一致，奖赏权的大小取决于人们追求这些东西的程度。

被领导者也拥有某种奖赏权力，如对领导者的忠诚、顺从，更加积极地忘我工作，为了组织利益不计个人安危的英勇行为，甚至对领导者的热情招呼、演讲后的热烈鼓掌等，都可以看作被领导者对领导者的奖赏。这种奖赏权也能有效地影响领导行为。

（3）惩罚权力

它是指领导者通过强制性的处罚而使下级服从的权力。下级不服从领导者的命令或指示，将会受到惩罚。它来自下级的恐惧感，即下级感到领导者有能力给予扣发奖金、降职、批评甚至开除等惩罚性措施来惩罚他。实际上是利用人们对惩罚和失去既得利益的恐慌心理来影响和改变他的态度和行为。这种权力的行使与领导者担任的工作和职位有关。

应当注意，惩罚权力虽然十分必要，见效也快，但毕竟是一种消极性的权力，更不是万能的，因此务必慎用。如果使用不当，可能产生严重的消极后果。例如，下属在合法范围内拥有消极怠工、抗议、上访、静坐、游行、示威、罢工等权力，员工可以利用这种合法权力来对领导者的不当行为进行惩罚，甚至引发不应有的暴力事件。

惩罚权力与奖赏权力实际上是一组相对的概念。如果你能剥夺他人的有价值的东西或造成不良影响，那么你对他就拥有了惩罚性权力。如果你能给他人某种积极的利益或帮助他免于消极的影响，那么你对他就拥有了奖赏性权力。

2. 个人权力

个人权力包括个人影响权、专长权、表率权、亲和权和统御权，这些权力与领导者所在的职位无关，而是领导者自身具备的素质和能力。即便该领导者更换了领导岗位或职务，这些非正式的权力仍然存在。

（1）个人影响权

这是与领导者个人的品质、魅力、经历、背景等相关的权力，也常被称为感召性权力。这种能力是无形的，属于个人的无形资产。尽管个人影响权是非正式的权力，但其影响程度远远大于其他权力。在特殊的环境和条件下，领导者的个人影响权往往占据领导地位。它是建立在个人素质之上的，这种素质吸引了欣赏它、希望拥有它的追随者，从而激起人们的忠诚和极大的热忱。

（2）专长权

专长权是知识的权力，指的是因为人在某一领域所特有的专长而影响他人。当一个人以其丰富的知识和经验获得别人的敬佩和尊重时，别人就会在很多问题上自然而然地服从于他的判断和决定，心甘情愿地按他的指示去做。专长权源于领导者所拥有的专长、技术、能力和知识，表现为一个领导者的人力资本含量。在知识经济的大背景下，一个人拥有的人力资本含量越高，其拥有的专长权就越多。组织的专业化程度越高，组织目标的实现就越依赖于那些具有专业技能和知识的专家。于是，这些专家则凭借组织和他人对其专长的依赖而拥有了更多的权力。

（3）表率权

表率权是指领导者率先垂范，由其表率作用而形成的影响力。领导者思想境界高，品德修养好，廉洁奉公，困难、危险时刻冲锋在前，就会赢得被领导者的景仰，下级会出于敬佩而自愿服从与追随。

（4）亲和权

亲和权是指领导者借助与下级融洽和亲密的关系而形成的影响力。领导者平时尊重、信任、关心下级，并深入群众，建立融洽亲密的关系，下级就会打心里认同、拥戴领导，愿意服从与追随和自己有亲密关系的领导。

（5）统御权

统御权是指领导者由于具有驾驭全局、统领下级、用权技巧等突出能力与策略而形成的影响力。领导者行政能力强，权力关系运用得当，处事有方，知人善任，善于营造和谐群体氛围，令下级甘心情愿地追随，从而产生很高的威信与权威。

小知识

权力与资源的关系

根据现代社会关系理论，权力不仅仅来源职位与个人，还来源于组织中和组织间的个人的相互作用，来源于在这些相互关系中的对信息和资源的控制。如，在一组相互关联的任务中，一个人对其他人的相对依赖程度；在一个组织的沟通网络中，个人的中心地位；在关系中个人的可被替代程度；对关键人物处理不确定事件的能力的依赖，等等。

有学者认为，权力最终来源于对资源的控制。权力是依赖的函数。权力是建立在依赖关系上的，只有当一个人控制了你所期望拥有的事物时，他才拥有对你的权力。这种依赖关系有可能来自于物质或者精神方面，也有可能来自于心理或者社会方面。无论是感受了依赖性的存在，还是对此毫无察觉，只要权力在发挥其作用，依赖关系就确实存在着。权力是潜在的，无须借助其他来证明自己的有效性。组织或个人可以通过减少对他人的依赖性并同时增加他人对自己的依赖来获得权力。这与企业通过发展多个供货渠道来避免供应商的权力或通过出售给顾客仅有少数替代品的产品来获得市场权力的努力是类似的。

二、树立正确的权力观

领导者为了确保在实际工作中能够正确运用组织所赋予的职位权力和其个人的影响力，必须掌握正确对待权力的四条原则。

（一）慎重用权，不可滥用权力

领导者一旦滥用权力，不但会妨碍组织目标的实现，还会导致人际关系恶化、组织凝聚力下降，最终导致领导者权力的丧失。为避免滥用权力，领导者应遵循如下使用权力的原则。

1. 不炫耀自己的权力

好的领导者用一种谨慎小心的态度对待权力，该使用时使用，而绝不夸大炫耀。

2. 客观一致地使用权力

这包括两个方面：让大家都知道在何时何种情况下使用权力和始终一贯遵守这种行事方式。这样，权力的使用就成为工作秩序的一部分，这种秩序一旦被接受，下属就不会认为使用权力是领导者主观的随意行为，即使可能产生不愉快，也不会引起针对领导者个人的愤恨仇视，从而减弱领导者使用权力的有效性。

3. 牢记使用权力的目的是为了建立所期望的行为模式

每一项重大的领导决策都会对群体态度和行为产生影响，使组织内部的结构发生变化。在使用权力的过程中，领导者引导下属建立并维持组织所希望的行为模式。

（二）客观公正用权

领导者运用权力最重要的原则是客观一致地使用权力。领导者必须使部下相信，他使用的权力是不徇私情、不谋私利的，是按照组织条例规定或法规的规定来办事的。这包括让大家知道使用权力的方式，建立工作秩序，从而可以服众，带来信誉，避免不确定性，从而提高组织工作效率。

（三）例外处理

规章制度是组织成员应当共同遵守的行为准则，领导者必须维护规章制度的严肃性，按照规章制度的要求来正确使用手中的权力。但在特殊情况下，他应当有权进行特殊事情特殊处理。例外处理不是为了破坏规章制度，而恰恰是为了使规章制度在执行过程中表现得更加合理，更加符合实际情况。

（四）追求和使用积极的权力

权力按其属性也可分为两种。第一种是消极的权力，它以个人的需要和目标为导向，一般产生消极的后果。消极的权力来源于个人的权力欲，权力欲膨胀的人，会不择手段地争权夺利。这种人多的话，组织会陷入无穷无尽争权夺利的旋涡，影响组织的正常流畅运转。以消极的权力为目标的人一旦掌权，还会为一己私利肆无忌惮地损害组织或集体的利益。第二种是积极的权力，它是以组织或全体进步为导向的，一般产生积极的后果，它能在组织中把个人的长处组织起来，创造一种民主的氛围，促使组织飞速发展。一个领导者必须意识到，权力只是管理活动中的一种工具，为实现组织目标服务，而不是为个人利益服务的私人财富。领导者追求权力的动机和使用权力的目的是否正确，衡量的标准就在于他追求和使用的是积极的、还是消极的权力。

三、权力运用的基本方式

在一定程度上，领导的过程就是发挥权力的过程。有效、正确地利用和发挥权力，能大大增强领导的作用，利于组织目标的实现；反之，不发挥手中的权力或未能有效发挥权力，领导活动就不能达到预期的目标。领导者应按照以下方式有效发挥手中的权力。

（一）行政强制方式

这是指领导者借助组织的行政权威，运用直接干预手段，强制性地要求被领导者采取实现组织目标或体现领导者意志的行动，如下达命令、指示等。这种方式的优点是作用直接，管理成本低；缺点是易引发下级的不满，形成抵触情绪。这主要是法定权的运用。

（二）利益调整方式

这是指领导者运用利益驱动原理，奖励先进、惩罚落后，调整被领导者的实际利益，以诱导、规范、制约下级的行为，促其实现组织目标的方式。这种方式的优点是基于利益关系，影响力度大，作用持久；其缺点是容易出现“金钱至上”等副作用。这主要是运用奖赏权和惩罚权。

（三）心理感召方式

这是指领导者借助自身的人格魅力、专长优势、率先示范等因素，深入影响被领导者的心理，使其发自内心地敬服与感动，从而自觉自愿地追随领导者，为实现组织目标而努力的方式。这种方式具有明显的优点：令下级信服，自觉自愿，作用持久、稳定。但在紧急情境下，这种方式不能迅速有效地达到目标。这主要是运用专长权、表率权、亲和权、个人影响权等。

第三节　领导理论的演变与发展

从时间和研究的侧重点来看领导理论的演变，领导理论可分为三类：领导特质理论、领导行为理论、领导权变理论。从20世纪30年代到40年代，有关领导的研究集中在成功的领导者一定具备区别于无效领导者和永远不会成为领导者的那些个人特殊品质。从20世纪40年代到50年代早期，关于领导者的研究主要侧重于领导行为方面。从20世纪60年代早期开始，领导研究侧重权变理论的研究，而最新研究则对领导风格与魅力领导方法给予较多关注。三者之间的比较见表9－1。

表9－1　三种主要领导理论的比较

领导理论分类	研究的出发点	研究的结果
领导特质理论	具备什么样的素质才能成为一个优秀的领导者	领导工作效率的高低与领导者的素质、品质和个性有密切的关系
领导行为理论	找到所谓的最佳的领导领导行为和风格	高效率的领导行为和风格与低效率的领导行为和风格有很大的不同
领导权变理论	考虑领导者个人、下属和环境变化时的领导方式	建立领导权变模型

一、领导特质理论

我们知道，管理的核心是领导者，一流领导本身就具有极大的影响力，他们的领导天赋是从哪里来的呢？是天生而来还是后天培养？我们必须承认，就像有些人生来是美人一样，有些人的确在影响别人方面有得天独厚的天赋，像丘吉尔、罗斯福、松下幸之助……这一理论的基本假设是领导者是天生的，研究具备什么样的特有素质适合或能胜任领导者，寻找并使具有这些特质的人在实际工作中成为领导者。早期探讨领导者品质的领导理论被称为领导特质理论，其主要用于辨别能产生有效领导者的个人特征。研究人员对某些杰出人士之所以能成为领导者的秘诀非常感兴趣，研究人员认为领导者具备一些常人所不具有的特殊特质，正是这些特质使得他们脱颖而出成为组织的领导核心。

领导特质理论经历了由传统的领导特质理论向现代的领导特质理论的转变。传统的领导特质理论认为，领导者的素质是与生俱来的，是由遗传决定的。研究人员试图寻找社会中不同领域的领导者在体型、外貌、精神、个性、社交等方面的共性特征。

特质理论的逻辑假设是：个人品质或特征是决定领导效果的关键因素，领导才能实际上是个人人格素质的特殊结合。领导特质理论着重研究领导者的人格特质，发掘足以鉴别成功领导者与非领导者的身心特征，以便发现、培养和使用合格的领导者。随着管理学和心理学等学科的产生和发展，研究者们对领导特质进行了较系统、科学的探讨，陆续出现了各种各样的领导特质理论。

（一）亨利的12种特性品质

亨利（W. Henry）1949年在调查研究的基础上指出，成功的领导者应具备12种品质：

（1）成就需要强烈，他把工作成就看成最大的乐趣；

（2）干劲大，工作积极努力，希望承担富有挑战性的工作；

（3）用积极的态度对待上级，尊重上级，与上级关系较好；

（4）组织能力强，有较强的预测能力；

（5）决断力强；

（6）自信心强；

（7）思维敏捷，富于进取心；

（8）竭力避免失败，不断地接受新的任务，树立新的奋斗目标，驱使自己前进；

（9）讲求实际，重视现在；

（10）眼睛向上，对上级亲近而对下级较疏远；

（11）对父母没有情感上的牵扯；

（12）效力于组织，忠于职守。

（二）吉普的7种个性

心理学家吉普（J. R. Gibb）认为，天才的领导者应该具备7种个性特点：外表英俊潇洒，有魅力；能言善辩；智力过人；具有自信心，心理健康；善于控制和支配他人；性格外向；灵活敏感。

随着研究的深入和实践的反馈，传统特质理论受到了各方面的质疑，归纳起来，主要反映在三个方面：首先，据有关统计，自1940年至1947年的124项研究中，所得出的天才领导者的个人特性众说纷纭，但各特性之间的相关性不大，有的甚至相互矛盾；其次，进一步的研究发现，领导者与被领导者、卓有成效的领导者与平庸的领导者有量的差别，但并不存在质的差异；最后，许多被认为具有天才领导者特性的人并没有成为领导者。

每个领导者在上述各个特性方面，发展不可能完全均衡，因而形成了领导者各自的特性和领导风格。权力欲和自信心较强的人，可能更愿意采取务实的事务型领导风格；知识和信息方面较强的人，可能更倾向于采取战略思维。除此之外，每个领导者的性格心态和所处的情景以及追随者的状态都会对领导风格产生重大影响，这正是特性理论的不足之处。从20世纪40年代开始，领导特质理论研究就不再处于学科主导地位了，人们把研究的重点转移到了领导者的工作外在行为上来，试图通过对领导行为的研究找出领导者行为与领导效果之间的关系，由此就产生了领导行为理论。

二、领导行为理论

由于对领导者的特质研究没有取得预期的效果，从20世纪40年代开始，不少管理学家和行为学家开始转向研究领导者的实际行为。在管理思想发展史上，比较典型的领导行为理论有以下几个。

（一）勒温的领导作风理论

这是由社会心理学家科特·勒温（Kurt Lewin）提出来的。他以权变定位为基本变量，通过各种实验，把领导者在领导过程中表现出来的工作风格分为如下三种基本类型。

1. 专制型风格

专制型领导风格是指以力服人，权力定位于领导者个人手中。这种领导方式的主要特点是：领导者倾向于集权管理，领导者一个人说了算，经常做出单边决策；所有工作进行的步骤和技术，由领导者发号施令；工作的分配和组合，由领导者单独决定。主要靠行政命令、纪律约束、训斥和惩罚来管理，只有偶尔的奖励；领导者很少参加集体活动，与下属保持一定的心理距离，没有感情交流。

2. 民主型风格

民主型领导风格是指以理服人，权力定位于群体。这种领导方式的主要特点是：领导者倾向于分权管理，所有的政策由组织成员集体讨论决定，领导者采用鼓励和协助的态度；分配工作时尽量照顾到个人的能力、兴趣，对下属的工作也不安排得那么具体，下属有较大的自由空间和选择的机会；主要以非正式的权力使人服从，谈话时多使用商量、建议和请求的口气；领导者积极参与团体活动，与下属几乎没有心理上的距离。

3. 放任自流风格

放任自流的领导风格是权力定位于组织中的每个成员，工作事先无布置，事后无检查，一切悉听尊便，毫无规章制度。实行的是无政府管理。

在实际工作中，这三种极端的领导方式并不常见。勒温认为，大多数领导者所采纳的风格往往是两种极端类型的混合型。

勒温在实验中发现，在专制型领导的团体中，各成员之间攻击性言论显著；成员对领导服从但表现自我或引人注目的行为较多；成员多以“我”为中心；遇到挫折时常彼此推卸责任或进行人身攻击；领导者不在场时，工作效率大大下降，也无人出来组织工作。而在民主型团体中，成员间彼此比较友好；很少使用“我”字，而代之“我们”；遇到挫折时人们团结一致以图解决问题；领导者不在场时，继续工作；成员对团队活动有较高的满足感。

（二）管理方格理论

管理方格理论是由美国管理学家罗伯特·布莱克和简·穆顿于1964年提出来的。他们认为，领导方式在相当大的程度上反映在对待人与工作的关系上。因此，从二维出发，即对人的关心程度与对工作的关系程度两方面来研究领导方式，并利用二维的99方格图加以表示，从而创立了管理方格理论。

1. 基本模型

以横坐标表示领导者对工作的关心程度，以纵坐标表示对人的关心程度，每个坐标用9个格加以表示，这样，纵横坐标组合，就形成了81个方格，如图9－1所示。每个方格都代表一种领导方式，由其所处的坐标位置，表示一定程度的对人关心与对工作关心的组合。他们认为，各个领导者由于自身条件及管理环境、任务的不同，各自的管理方式是不相同的，但绝对极端类型是很少见的，大多数的领导者所持的都是处于中间状态的各种混合型领导方式。

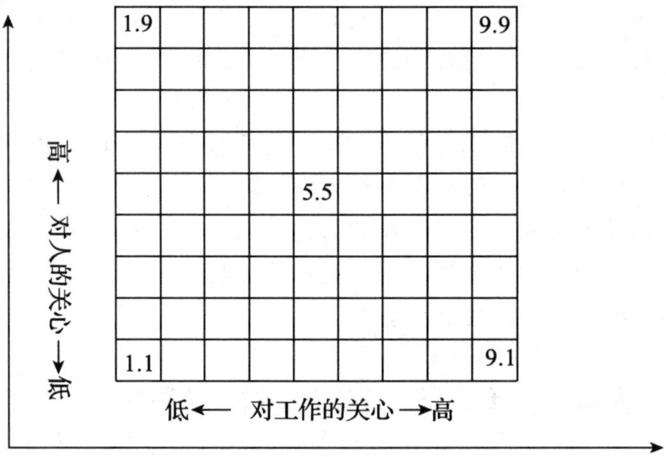

图9－1 管理方格图

2. 五种典型的领导方式

从图9－1可以看到五种典型的领导方式：

1）1.1贫乏型，领导者既不关心工作也不关心人，是一种放任式管理；

2）9.1任务型，领导者只关心工作，注重工作的效率，而不关心人的因素；

3）1.9俱乐部型，领导者只关心人，对工作毫不关心；

4）9.9战斗集体型，领导者既高度关心工作，又高度关心人；

5）5.5 中间型，领导者对工作和对人都是一般程度的关心，寻求两者平衡。

以上五种典型的领导方式，9.9 最为理想，工作效率高，人际关系也协调；1.1 最差，工作与人际关系都不好。

3. 管理方格理论的应用

领导者在实际管理中应用管理方格理论应特别注意以下几点。

1）既要关心人又要关心工作，两者均不可偏废，一般至少应维持在一个基本满意的水平，如均达到 5 以上。

2）应根据不同工作时期或阶段，针对不同的目标、任务，结合各种主客观条件，适度强化某一因素，如将精力集中于工作或集中于人，各有侧重，在关心工作与关心人上保持动态并重或平衡。例如，当面临紧急任务时，领导者必须集中精力于工作，而在紧急任务过后，可将主要精力转到做人的工作上来。

3）完全理想的 9.9 型在现实中很难达到。领导者职能应以 5.5 为下限，各有侧重地动态平衡，并向 9.9 努力。

三、领导权变理论

通过前面内容的学习，我们可以看出“特质理论”和“行为理论”都忽视了领导者所处情景对领导效率的影响，刻意追求最佳的领导特质行为模式的做法并没有将环境考虑在内。很多管理学研究开始转向情景和权变研究，上述研究兴起于 20 世纪 60 年代，尤其是在 20 世纪 70 年代，逐渐成为领导论化运动的潮流。所谓权变的含义就是指行为主体根据情境因素的变化而做出适当的调整。领导模式与环境和被管理者的需要越一致，就越能实现个人目标与组织目标。

（一）基本观点

权变理论是在特质理论与行为理论的基础上发展起来的，反映了当代管理理论的发展趋势。权变理论认为不存在一种普遍适用、唯一正确的领导方式，只有结合具体情景，采取因时、因地、因事、因人制宜的领导方式，才是最有效的领导方式。其基本观点可用下式表示：

$$有效领导 = F（领导者，被领导者，环境）$$

即有效领导是领导者自身、被领导者、被领导过程所处环境的函数。

（二）主要成果

这一理论最早是由坦南鲍姆和施密特于 1958 年提出的。他们认为，领导者的力量、被领导者的力量和环境的力量共同决定领导行为的有效性。其他的重要研究成果包括：赫塞和布兰查德于 1966 年提出的管理生命周期理论；菲德勒的领导模式理论，认为对领导工作影响最大的因素是领导者的职位与其实际拥有的权力、工作任务、结构的明确程度、领导者与被领导者的关系；佛鲁姆—耶顿—詹格决策模式，主张要先对领导环境运用决策技术进行评估，再选择不同风格的决策方式；罗伯特·豪斯提出的“途径—目标”理论。下面以管理生命周期理论为例详细介绍。

这一理论是由美国心理学家赫塞和布兰查德于 1966 年提出来的。该理论把“抓工作”与“关心人”作为领导方式的两个基本指标，并将被领导者的成熟程度作为决定领导方式的基本变量，从而将重视“工作”、重视“关系”与被领导者的成熟度三个变量结合起来。

被领导者的成熟周期由四个阶段构成：不成熟—初步成熟—比较成熟—成熟。领导者对于处于不同阶段的被领导者应采取不同的领导方式，如图 9 – 2 所示。具体可划分为四个象限，并形成命令式管理、说服式管理、参与式管理和授权式管理四种基本领导方式。

Ⅲ 参与式（低工作，高关系）	Ⅱ 说服式（高工作、高关系）
Ⅳ 授权式（低工作，低关系）	Ⅰ 命令式（高工作，低关系）

← 工作行为 →

高	中等	低

← 被领导者成熟度 →

图 9 – 2　管理生命周期理论

1. 命令式管理

第一象限：高工作，低关系，即高度重视工作，而不怎么注意关系。

适用对象：被领导者成熟度很低。

管理特点：领导者明确下达指示、命令，严格要求。这是由于被领导者很不成熟，没有能力独立地完成工作，领导者必须明确指示，严格要求。

2. 说服式管理

第二象限：高工作，高关系，即高度重视工作，而又要高度重视关系。

适用对象：被领导者初步成熟。

管理特点：一方面，以双向信息沟通方式和情感因素支持、激励下级；另一方面，仍要加强管理和指导。

3. 参与式管理

第三象限：低工作，高关系，即不必以太多精力过问工作，但却要很重视关系。

适用对象：被领导者比较成熟。

管理特点：双向信息沟通，讨论问题，下级参与决策，上下级关系融洽，下级在感情上支持领导者工作，领导者可不必过多过问与干涉工作。

4. 授权式管理

第四象限：低工作，低关系，即领导者既不必太关心工作，也不必太关心关系。

适用对象：被领导者达到相当成熟的程度。

管理特点：领导者授权给被领导者，让其自主行使权力，用高度的信任来调动下级的积极性，领导者只起总体控制作用。这是由于被领导者非常成熟，有很高的思想觉悟和工作素质，只要领导者授权，下级完全能受控制，士气高昂，胜任工作，使领导者真正达到一种“无为而治”的管理境界。

四、领导理论的新发展

（一）魅力型领导理论

20世纪初，德国社会学家马斯克·韦伯提出“charisma”，即“魅力”这一词汇，他用“魅力”这个词描述下属对领导者特殊的超越能力的才华的看法，就是“基于对一个个人的超凡神圣、英雄主义或模范性品质的热爱以及由他揭示或者颁布的规范性形态或者命令”的权威。在这种权威类型下，具有克里斯玛的领袖的魅力超出了人们的日常生活。他将这种魅力定义为“存在于个体身上的一种品质，超出了普通人的品质标准，因而会被认为是超自然所赐，超凡的力量，或者至少是一种与众不同的力量与品质”。这些品质普通人难以企及，往往超凡神圣和具有模范性质，或者至少他们会将具有这种魅力品质的人视为领袖。由于这种魅力超出了人们的正常生活，所以难以用理性、美学或者别的观点加以解释。

魅力型理论从20世纪80年代起，日益受到研究者的重视。这是因为随着经济全球化的发展，市场竞争日趋激烈，各类组织尤其是企业组织迫切需要魅力型领导者的改革和创新精神，以应对环境的挑战。

但一些学者的研究也指出魅力型领导者也可能有消极方面。如果魅力型领导者过分强调自己个人需要高于一切要求，下级绝对服从，或利用其高超的说服能力误导或操纵下级，这样可能会产生不良结果。

目前，多数研究者还是采用面谈、传记、观察等描述性方法对魅力型领导者进行定性研究。不少研究者正在探索研究魅力型领导者的定量方法。

（二）交易型领导理论和变革型领导理论

1. 交易型领导理论

所谓交易型领导，是指领导者以下属所需要的报酬来换取自己所期望的下属的努力与绩效。领导者与追随者之间的交换关系是不少领导理论研究的核心。在一些有关领导行为的研究中，领导行为常被理解为一种交易或成本—收益交换的过程。交易型领导行为理论的基本假设就是：领导与下属间的关系是以两者一系列的交易和契约为基础的。该领导行为以奖赏来领导其成员，当下属完成其特定的任务后，并给予承诺的奖赏，整个过程就像一项交易。

交易型领导行为理论其主要特征如下。

1）领导者通过明确决策和任务要求，指导和激励下属向着既定的目标活动，领导者向员工阐述绩效的标准，意味着领导者希望从员工那里得到什么，如满足了领导者的要求，员工也将得到相应的回报。

2）以组织管理的权威性和合法性为基础，完全依赖组织的奖惩来影响员工的绩效。

3）强调工作标准、任务的分派，倾向目标，倾向于重视任务的完成和员工的遵从。

2. 变革型领导理论

变革型领导行为是一种领导者向员工灌输思想和道德价值观，并激励员工的过程。在这个过程中，领导者除了引导下属完成各项工作外，常以领导者的个人魅力，通过对下属的激励、刺激下属的思想、对他们的关怀变革员工的工作态度、信念和价值观，使他们为了组织的利益而超越自身的利益，从而更加投入于工作中。

变革型领导行为理论其主要特征如下。

1）超越了交换的诱因，通过对员工的开发，实现预期的绩效目标。

2）集中关注较为长期的目标，强调以发展的眼光，鼓励员工发挥创新能力，并改变整个组织系统，为实现预期目标创造良好的氛围。

3）引导员工不仅为了组织的发展，也为了自身的发展承担更多的责任。

变革型领导行为可以说是交换型领导行为的一种特例，可以同时与一些目标和目的的实现相联系，这两种模式的不同主要表现在领导激励下属的过程中和目标设置的类型上。变革型领导行为理论拓宽了正受系统检验的领导特质理论的范围，超越了交易理论的边界。

第四节　领导者类型和领导者基本特质

一、领导者的类型

领导者按不同的角度可划分为不同的类型，如从制度权力的集中分散，可分为集权式领导者与民主式领导者；从创新维度，可分为维持型领导者与创新型领导者。

（一）集权式领导者与民主式领导者

1. 集权式领导者

所谓集权，是指领导者把管理的制度权力进行收揽的行为和过程。因此，所谓集权式领导者，就是把管理的制度权力相对牢固地进行控制的领导者。由于管理的制度权力是由多种权力的细则构成的，如奖励权、强制权、收益的再分配权等，这就意味着对被领导者或下属而言，受控制的力度较大。这种领导者往往把权力的获取和利用看成是自我人生价值的实现。

显然，这种领导者的优势在于，通过完全的行政命令，管理的组织成本在其他条件不变的情况下，要低于在组织边界以外的交易成本。这对于组织在规模较小、发展初期或者面临复杂突变的问题时是有益的，但是长期将下属视为可控制的工具，则不利于他们职业生涯的良性发展。

2. 民主式领导者

和集权式领导者形成鲜明对比的，是民主式领导者。这种领导者的特征是向被领导者授权，鼓励下属的参与，并且主要依赖于其个人专长权和影响权来影响下属。从管理学角度看，民主意味着领导者通过对管理制度权力的分解，进一步通过激励下属的需要，去实现组织的目标。这种领导模式充分发挥了群体的智慧与能力，提高了员工的工作满意度；在工作与决策中不断提高员工的素质，能够培育和提高员工的智力成本；权力的相对分散，能够较灵活地应对环境的变化；相对于集权式领导，这种领导者更能为组织培育未来发展所需的智力成本。但是，由于权力的分散会降低决策速度，使得组织内部资源的流动速度减缓，从而增加组织的协调成本和内部的资源配置成本。

（二）维持型领导者与创新型领导者

1. 维持型领导者

维持型领导者一般也称为事务型领导者。这种领导者通过明确角色和任务要求，激励下属向着既定的目标活动，并尽量考虑如何满足下属的社会需要，通过协作活动提高下属的生产水平。他们对组织的管理职能推崇备至，勤奋、谦和而且公正，将把事情理顺、工作有条不紊引以为豪。这种领导者重视非人格的绩效内容，如计划、日程和预算，对组织有使命感，并且严格遵守组织的规范和价值观。

2. 创新型领导者

（1）魅力型领导者

这种领导者有着鼓励下属超越他们预期绩效水平的能力。他们的影响力来自以下方面：有能力陈述一种下属可以识别的、富有想象力的未来远景；有能力提炼出一种每个人都坚定不移地赞同的组织价值观系统；信任下属并获取他们充分的信任回报；提升下属对新结果的意识，激励他们为了部门或组织而超越自身的利益。这种领导者不像事务型领导者那样不擅长预测，而是善于创造一种变革的氛围，热衷于提出新奇的、富有洞察力的想法，把未来描绘成幸福的蓝图，并且能用这样的想法刺激、激励和推动下属勤奋工作。此外，这种领导者对下属有某种情感号召力，可以鲜明地拥护某种达成共识的观念，有未来眼光，而且能就此和下属沟通，激励他们的工作。

（2）变革型领导

这种领导者鼓励下属为了组织的利益而超越自身利益，并能对下属产生深远而且不同寻常的影响，如美国微软公司的比尔·盖茨。这种领导者关心每一个下属的日常生活和发展需要，帮助下属用新的观念分析老问题，进而改变他们对问题的看法，能够激励、唤醒和鼓舞下属为达到组织或群体目标而付出加倍努力。

二、领导者应具备的品质

美国普林斯顿大学教授威廉·杰克·鲍莫尔（William Jack Baumol）针对美国企业的实况，提出了企业领导者应具备的十项条件。

1）合作精神，即愿与他人共事，能赢得别人的合作，对人不用压服，而用说服和感化。

2）决策能力，即能根据客观实际情况而不凭主观想象做出决策，具有高瞻远瞩的能力。

3）组织能力，即善于发掘下属才智，善于组织人力、物力和财力。

4）精于授权，即能大权独揽，小权分散。

5）善于应变，即机动灵活，善于进取，不墨守成规。

6）勇于承担责任，即对上级、下级和拥护及整个社会，都有高度的责任心。

7）敢于求新，即对新事物、新环境和新观念有敏锐的感受能力。

8）敢担风险，即敢于承担企业发展不景气的风险，在困难面前有开创新局面的雄心和信心。

9）尊重他人，即能听取他人的意见，不盛气凌人，器重下级。

10）品德高尚，即具有高尚的品德，被社会上和组织内的人所景仰。

总之，领导作用的发挥建立在主管人员个人的经验、素质和洞察力的基础上，具备多种领导才能有助于提高工作的有效性，有助于密切主管人员和员工的关系。

三、中国领导者

领导者的素质即领导者要成功地执行管理工作，圆满地实现管理的目标所要具备的条件。早在2 500多年前，孙子就提出"将者，智、信、仁、勇、严也"的理论。可以说，自古以来纵观中华文明几千年的积累，结合当今社会现状的基本国情，关于领导者应该具有什么样的素质的讨论，从来就没有间断过。作为一个领导者必须具备如下基本素质和条件。

（一）思想素质

1）领导者应有强烈的事业心、责任感和创业精神。

2）有良好的思想作风和工作作风，能一心为公，不谋私利，谦虚谨慎，戒骄戒躁，不文过饰非，严于解剖自己，深入基层，善于调查研究，工作扎实细致，有部置、有检查，实事求是，不图虚名。

3）艰苦朴素，与群众同甘共苦，不搞特殊化，品行端正，模范遵守规章制度和道德规范。

4）有较高的情商，具有影响他人的魅力，平等待人，和蔼可亲，不计较个人恩怨，亲切联系群众，关心群众疾苦，多为群众办好事，五湖四海，一视同仁。

（二）业务素质

领导者应掌握如下业务知识。

1）应懂得市场经济的基本原理，掌握中国历史，世界现代化的理论。

2）应懂得管理的基本原理、方法和各项专业管理的基本知识。此外，还应学习管理学、统计学、会计学、经济学、财政金融和外贸等方面的基本知识，了解国内外管理科学的发展方向。

3）应懂得生产技术和有关自然科学、技术科学的基本知识，掌握本行业的科研和技术发展方向，本企业产品的机构原理、加工制造过程，熟悉产品的性能和用途。

4）应懂得思想政治工作、心理学、人才学、行为科学、社会学等方面的知识，以便做好思想政治工作，激发员工士气，协调好人与人之间的关系，充分调动人的积极性。

5）应能熟练应用计算机、信息管理系统和网络，及时了解和处理有关信息。

（三）业务技能

领导者不仅应具有一定的业务知识，还要有较高的业务技能。

1）较强的分析、判断和概括能力。领导者应能在纷繁复杂的事物中，透过现象看清本质，抓住主要矛盾，运用逻辑思维，进行有效的归纳、概括、判断，找出解决问题的方法。

2）决策能力。决策特别是经营决策正确与否，对企业生产经营的效果影响巨大。因此，现代工业企业时分重视决策问题。作为企业的领导者，必须要有决策能力。决策是多种能力的综合表现，任何正确的决策都来自于周密细致的调查和准确而有预见的分析判断，来源于丰富的科学知识和实践经验，来源于集体的智慧和领导勇于负责精神的恰当结合。因此，决策要求在充分掌握企业内外环境资料的基础上进行科学的预测，并对多种方案进行比较和选择。

3）组织、指挥和控制的能力。领导者应懂得组织设计的原则，如因事设职、职权一致、命令执行、管理幅度等，熟悉并善于运用各种组织形式，善于运用组织的力量，协调人力、物力和财力，以期达到综合平衡，获得最佳效果。控制能力要求在实现企业预定的目标的过程中，能够及时发现问题并采取措施予以克服，从而保证目标的顺利实现；在确认目标无法实现时，要能果断地调整目标。

4）沟通、协调企业内外各种关系能力。善于与人交往，倾听各方面的意见，应是交换意见沟通情况的能手。对上，要尊重，争取帮助和支持；对下，要谦虚，平等待人；对内，要有自知之明，知道自己的长处和短处；对外，要热情、公平而客观。

5）不断探索和创新的能力。对做过的工作能及时、认真地总结经验，吸取教训，善于听取不同意见，从中吸取有用的东西。对新鲜事物要敏感，富有想象力，思路开阔，善于提出新的设想、新的方案，对工作能提出新的目标，鼓舞下属去完成任务。

6）知人善任的能力。要重视人才的发现、培养、提拔和使用，知其所长，委以适当工作；重视教育，提高下属的业务能力，大胆提拔，勇于启用新人。

（四）身体素质

领导者负责指挥、协调组织工作的进行，是一项不仅需要足够心智，而且消耗大量体力的工作，因此，必须有强健的身体、充沛的精力。

案例分析

案例 9－1

郭台铭 VS 马云

被外界称为郭台铭企业帝国核心的深圳龙华科技园区，光保安就有 1 000 多人。据说，现在全世界每 5 台电脑中就有一台装有鸿海的产品。作为全球最大的电子制造商——鸿海科技集团的董事长，郭台铭以 32 亿美元的身家登上美国《福布斯》2005 年全球富豪榜。在郭台铭的眼中，网络经济其实是一个虚拟实境。“不可能说我买一碗面，就可以从网上下载下来。”郭台铭坚定一点——虚拟实境的新经济形态最终还是要依赖庞大的实体产业来实现终极价值。

马云领导的阿里巴巴（Alibaba. com）则是网络经济的代表。这个企业与企业间（B2B）电子商务的著名品牌，是全球国际贸易领域内最大、最活跃的网上交易市场和商人交流社区，连续五次被美国《福布斯》选为全球最佳 B2B 站点。如今，前阿里巴巴已经进入了世界企业 500 强。阿里巴巴董事局主席兼首席执行官马云则成为《福布斯》杂志创办 50 多年以来首位作为封面人物的大陆企业家，并曾获选为未来全球领袖。

一、跳舞的大象 VS 蚂蚁雄兵

信息意味着金钱，这个道理并不是只有玩网络经济的人才知道。郭台铭说，鸿海在15个国家和地区都设有工厂，通过网络，各种信息能在短时间送到每个角落；通过网络，大企业的触角伸得更开，神经系统也更加敏锐。郭台铭不断强调大企业“规模与弹性之间的平衡”，在他看来，只要这只大象会跳舞，懂得在严格制度流程和具体问题的弹性处理间寻找平衡，这个世界还是属于大象的。

马云则是“蚂蚁”们的代言人。“这么多年了，阿里巴巴的B2B为什么专注于中小型企业？因为这些蚂蚁最需要帮助，最具有团队意识。”马云认为，过去是因为大象们拥有大量的独到的资信，再加上资金优势，才会所向披靡。“今后是谁越灵活越成功，而不是谁规模越大越成功，所以我希望世界上有更多的蚂蚁超过大象，而大象如不努力也会摔跟头。”

究竟是会跳舞的大象赶走蚂蚁，还是蚂蚁雄兵搬动大象？郭台铭质疑蚂蚁赢利的后续问题：蚂蚁靠一个团队来搬动一块糖，但蚂蚁该如何分配这块糖？利润分享和回馈要如何解决？马云则质疑究竟有几头大象能跳舞：“真正能跳舞的大象郭先生就在这儿，能跳舞的大象都是国宝，国宝就是少，能长上翅膀的老虎我还没见到过。”

郭台铭认为蚂蚁最好爬到大象的背上，才能有所作为；马云则认为蚂蚁的优势就在于灵活和个性化。郭台铭认为蚂蚁最终也要壮大，向着大象的专业化和制度化方向发展。马云认为大象往往对制度墨守成规，很难顾及细节，最终会丧失进取的能力。

二、强势领导 VS 唐僧管理

郭台铭和马云是两个迥然不同的人物。郭台铭是生于20世纪50年代的传统制造业巨头，马云则是崛起于网络经济时代的中青年企业家。郭台铭祖籍山西，有着晋商“不形于外而藏于内”的特质，按他自己的话说是“精明但绝不失厚道”；杭州人马云则是快人快语，个性十足，他说浙商爱拼搏，更爱创新。

二人的管理之道也相去甚远。郭台铭是个强势的企业领袖，他曾对媒体说：“民主是最没有效率的。在成长快速的企业里，领袖应该带着霸气。”“驯象师”郭台铭对鸿海的管理模式颇有些军队的味道：对员工的严格训练和规定、管理层会议的“紧张”氛围，总之在郭台铭手下做事要时时绷紧神经。

马云推崇的管理偶像是看似无为却能掌控三位高徒的唐僧。“唐僧是一个好领导，他知道孙悟空要管紧，所以要会念紧箍咒；猪八戒小毛病多，但不会犯大错，偶尔批评批评就可以；沙僧则需要经常鼓励一番。这样，一个明星团队就形成了。”马云认为一个明星团队的价值要大于一个明星领袖。马云是个不按常规行事的人，总是以他反教条、出人意料的“火星人”风格给人意外，也给人奇迹。因懂得“天马行空”，马云摆脱了制式思考。但就是这样一个“不按常理出牌”的人，去年收购了雅虎中国，如今统管着阿里巴巴、淘宝网、支付宝、阿里软件及网络分销网站阿里妈妈。

郭台铭着力树立领袖的力量，将“以身作则”视为旗帜；而马云看中了唐僧的可贵，重视“only you”，而不强调“only me”。马云说，他不懂技术，他到现在只会收发E-mail和上网浏览。很多人质疑公司创办人不懂技术，外行如何领导内行，但他认为，外行可以领导内行，重点是要尊重内行。“我非常同意领导力更倾向于艺术、管理更倾向于科学的观点。”

资料来源：根据相关资料整理。

问题

1. 分析大象和蚂蚁类型组织的特点和利弊。
2. 马云和郭台铭的领导风格各有什么特点？

案例 9－2

领导方式的确定

某厂的供销部由供应科、销售科、车队、仓库管理科、广告制作科组成。当 A 调任该部经理时，听到不少人反映广告制作科、仓库管理科迟到早退现象严重，劳动纪律差，工作效率低。虽然经过批评教育，但成效不大。为了做好领导工作，A 经理对这两个科室进行了调查分析，情况如下。

文化水平及修养：广告制作科的员工全是大学本科以上文化程度，平时工作认真，干劲大，但较散漫；仓库管理科的员工文化程度普遍较低，上进心差。

工作性质：广告制作是创造性工作，工作具有独立性，好坏的伸缩性也较大，难以定量考核工作量；仓库管理是程序化工作，内容固定，必须按规章制度执行，工作量可以定量考核。

工作时间：广告制作工作有较强的连续性，不能以 8 小时来衡量，有时完成一项工作只靠上班 8 小时是远远不够的；而仓库管理的 8 小时内的工作是关键，上下班的准时性、工作时间不能随意离开岗位是十分重要的，否则就会影响正常的货物收发，有时还会直接影响车间的正常运营。

工作态度：广告制作科员工工作责任心强，有强烈的创新意识，有实现自我价值和获得成功的欲望，工作热情较高；仓库管理科的员工由于工作环境分散，工作单调，员工积极性不高。

资料来源：龚荒、杨政军：《管理学》，北京，中国矿业大学出版社，2005。

问题

根据以上情况，你认为 A 经理对这两个科室应如何实施领导？应采取什么样的领导方式？

本章思考题

1. 领导的内涵是什么？
2. 领导有哪些作用？
3. 领导具有哪些权力？
4. 领导应如何正确使用权力？
5. 领导理论经过了哪几个阶段的演变与发展？
6. 领导需要哪些特质？

第十章　激励

学习目标

通过这一章的学习，希望你能够掌握：

1. 激励的含义、机制及作用；
2. 行为科学理论的代表观点；
3. 团队行为激励理论的代表观点；
4. 领导方式理论的代表观点；
5. 激励方式；
6. 激励理论在管理中的应用；
7. 激励的本质及一般过程。

引例

华为的知识型员工管理

华为技术有限公司（以下称“华为”）作为一家专门从事通信网络技术与产品研发、生产、营销和服务的高科技民营企业，经过多年努力逐渐从一个小作坊发展为一个拥有数万名员工以及强大的研发能力的大企业。作为一家高科技企业，创新是根本，而创新离不开掌握先进科学知识与技能的人才，这些人才在现代人力资源管理理论中被称为“知识型员工”。

以知识型员工为人力主体是华为的一大特色，可以说，华为因它拥有的知识型员工而发展、傲立，而知识型员工因华为而成长。在这一发展与成长过程中，华为始终将人才的建设摆在了一个重要的位置上，不断探索和创新知识型员工管理的办法和模式，形成了自己独特的知识型员工管理体制。华为能取得今天的辉煌成绩，跟其成功的知识型员工管理是分不开的。对其进行分析与总结，无论是对华为，还是其他组织都有现实意义。

一、全员导师制——员工培训模式的创新

在华为，每人都有自己的导师，导师跟学生共同制订培训计划，在思想、技术、业务能力以及生活等方面对学生进行帮助与引导。华为采用的是朋友式导师制，导师和学生年纪相仿，学生可以在聊天、吃饭或者娱乐的时候获得一些难以言传的知识与经验，在轻松活泼的氛围中建立彼此良好的关系。实践证明，导师制达到了很好的效果。学生在导师的传授、帮助、带领下迅速成长，既使员工快速适应企业，又满足了知识型员工不断增长的知识需求，所以这种全员导师制受到了员工的高度好评。

二、激励方式多样化

（一）业内第一高工资

华为一直坚信，高工资是第一推动力，重赏之下必有勇夫，这就为华为招揽优秀人才奠定了良好的基础。同时，华为推行全员持股制度，成为对员工长期激励的有效办法。全员持股制度的推行使得企业与员工的关系得到了根本的改变，员工与企业由原来的雇佣关系变成了伙伴式合作关系，员工对公司归属感进一步增强，将自己视为企业的真正主人。这一制度不仅开了中国民营企业的先河，在华为发展最为艰难的时期也成为一种非常重要的融资渠道。

（二）充分授权，委以重任

华为的员工大多数是高素质高学历的员工，他们十分在意自身价值的实现并强烈期望得到组织或社会的承认与尊重。所以，华为对其进行了充分的授权，以此显示对他们的信任与尊重。而知识型员工由于拥有专业知识和技能，往往最了解问题的状况、改进的方式以及客户的真实想法。华为用这种激励手法使得员工感到自身价值得到实现并受到尊重，这使得他们更愿意贡献自己的才智，从而对公司事务有了更强的参与感和更多的自主性。

（三）完善的绩效考核管理

在华为，每年的年初，每位员工都需要制定绩效目标，然后根据这个目标由直接主管对他进行不定期的辅导、调整，考核目标完成的情况和存在的问题，在年中六七月时作回顾和反馈，最后才是年底的评估考核，并把绩效结果和激励机制挂钩。在考核结果全部集齐到管理者手中之后，管理层就要着手做纵向与横向的比较，通过多向的沟通与反馈得出考核结果。这样的考核结果更加公平，使得高度追求公平感的知识型员工心理得到了平衡。

（四）科学的职业生涯规划

华为深刻地认识到职业规划的重要性，因此，华为也为自己员工制定了职业生涯规划，以使员工更好地把握自己的事业目标，激励员工不断向着正确的方向和目标前进。对新员工，给予丰厚的物质激励，并提供富有挑战性的任务，可以最大限度地激发他们的斗志与激情，协助他们寻求未来在生涯发展上的成功；对于工作介于 3 ~ 6 年的员工，华为采取培训激励策略，派研发人员出国进行学习，而且还建立了完善的华为认证培训体系，以此大力推动员工个人快速成长与发展；工作满 10 年的员工，华为选择环境设施激励策略，成立了“华为科技基金”、技术等级晋升制度，并增配和优化工作设施与条件，促进员工快速孵化创新成果，保证员工随着自身经验的增加，而不断地获得地位提升；工作 10 年以上的员工，他们希望获得公司的尊重，同时不想受到过多的约束或凭一种原有的工作惯性去工作，而是喜欢弹性工作制以及工作自主，鉴于此，公司创造条件积极引导这些研发人员参与公司决策。华为通过这种职业生涯的激励，促进员工在企业不断成熟，员工队伍逐渐稳定，不但满足了员工的需求，而且更有利于实现组织的目标。

（五）宽松自由的软环境

在深圳，没有人不知道华为，在华为，没有人不知道百草园。百草园是华为人在深圳的温馨家园，超市、活动中心、饭店、美发厅，一应俱全，洗衣房随时上门服务。员工在百草园内不管是购物还是吃饭，一张小小的工卡全部解决，这对于那些整日忙于技术研究，无暇顾及日常生活的研究人员来说无疑是一项很大的福利。公司还定期组织足球赛等集体活动，让员工在工作之余有了一个舒适的生活环境，使企业变得更具人情味。

三、颇具个性的华为文化

文化是企业的魂，为大家认同的文化具有极强的凝聚力。经过多年的积累，华为建立了符合自身特色的企业文化。

（一）“狼”文化

华为总裁任正非非常崇尚狼，认为狼是企业学习的榜样，由此便形成了华为独特的“狼性文化”。其核心就是互助，团结协作、集体奋斗是华为企业的文化之魂。自强不息、荣辱与共；胜则举杯同庆，败则拼死相救的团结协作精神在华为得到了充分体现。

（二）“家”氛围

华为一直强调企业就是家的理念，让员工感觉到时刻是在为自己的家服务。将企业文化建设融入8小时之内的日常管理中，在8小时之外，华为也努力丰富企业文化与生活，使家庭成员在文化活动中增进彼此的情感，提高员工的工作质量和思想境界，从而进一步提高8小时之内员工工作的协作精神和创新意识。

综上所述，华为的管理无论是培训、激励还是企业文化，都能在满足知识型员工的需求这一基础上展开，让知识型员工很好地得到了各方面的满足，为企业的进一步发展打下了坚实的基础，为留住人才提供了很好的保障。

领导之所以是一项非常重要的管理活动，一个重要的原因就在于，有效的领导能调动员工的积极性，使个人目标和集体目标统一于组织的工作绩效。任何组织的成功，都要使组织中各成员的行动符合组织的要求，所以，组织的管理除了合理计划、安排组织的各项活动之外，重要的是如何去激励成员，使之在组织的各项活动中发挥最大的潜能。顾名思义，激励乃是激发鼓励之意。广而言之，激励是无处不在、无时不在的，人们在日常生活、工作、学习中的一切行为之所以会发生乃至持续下去，无不是因为那些无处不在、无时不在的激励因素。激励是领导工作的重要内容，如果管理者是有效的，领导的结果应当是一个受到高度激发的劳动者群体。因此，对管理者来说，领导活动所面临的最大挑战就是如何激发员工实现高水平的绩效。本章我们将从激励概念的解析切入，探讨激励的过程、人性假设理论，进而论述激励理论研究中三类有代表性的理论，即内容型激励理论、过程型激励理论、行为型激励理论，在此基础上阐述激励理论的综合模式和激励理论在管理实践中的运用，并就经营者激励问题进行简要的探讨。

第一节　激励概述

一、激励的概念

“激励”这个词来源于拉丁文“movere”，意思是移动，采取行动。它是心理学的一个术语，指心理上的驱动力，含有激励动机、鼓励行为，形成动力的意思。组织是由人组成的，但是不同的人有不同的利益、目的，他们不一定会努力工作，发挥出他们的潜力。有的人为组织服务的热情较高，有的人一般，有的人则很消极。这就需要领导者充分发挥激励的作用了。俗话说："水不激不跃，人不激不奋。"如何激励员工的工作积极性，是领导科学的关键问题，这是因为领导过程中对人的行为管理的目标，就是要弄清楚在怎样的条件下人会更愿意按时来工作，会更愿意留在所分配的工作岗位上，会工作得更有效率。每个人都需要激励。激励是行动的"钥匙"，又是行为的"按钮"，按动什么样的按钮就会产生什么样的行为。

尽管激励在组织管理过程中被广泛应用，但是对其下一个确切的定义难度极大。下面我们列举一些较具代表性的对于激励所下的定义：

1）斯蒂芬·罗宾斯认为，激励就是通过高水平的努力实现组织目标的意愿，而这种努力以满足个体的某些需要为条件；

2）艾金森认为，激励就是直接影响方向、活力和行为持久性；

3）沃鲁姆认为，激励就是对个人及组织的行为进行控制的过程；

4）盖尔曼认为，激励就是引导人们的行动目标，并强化这种行动。

综合上述观点，我们可以给激励下定义：所谓激励，就是通过一定的手段激发员工的内在动机，从而使员工积极主动地为实现组织目标而行动的过程。激励的实质就是通过目标导向，使人们出现有利于组织目标的优势动机并按组织所需要的方向行动。

二、激励的作用

激励的作用是十分显著的，主要有以下几个方面。

（一）充分挖掘员工的潜力，保证工作的有效性和高效率

在国内外竞争日趋加剧的今天，组织为了生存和发展就需要不断地提高自身的竞争力。有效地组织并充分利用人力、财力、物力资源是管理的重要职能，其中又以人力资源的管理最为重要。人力资源是组织所拥有的特殊财富，要对其进行合理、高效的运用，就必须通过激励，最大限度地挖掘员工的内在潜力。美国哈佛大学心理学家威廉·詹姆斯在对员工的激励的研究中发现，按时计酬的员工仅能发挥其能力的20%～30%；但如果员工收到充分激励，他们的能力可发挥至80%～90%。也就是说，同样一个人在通过充分激励后发挥的作用相当于激励前的3～4倍。

在管理中，管理者可以运用多种激励手段，包括金钱、友谊和关心、尊重、好的工作条件、有趣和有意义的工作，等等，以此来改变员工的工作表现，促使他们自愿为实现组织目标而奋斗。通过激励能使工作的人变消极为积极，从而保持工作的有效性和高效率。

（二）激发员工的创造性和创新精神

创造性是当今世界竞争制胜的武器。通过激励可以进一步激发员工的创造性和创新精神。例如，日本丰田汽车公司采用合理化建议奖（包括物质奖和荣誉奖）的办法鼓励员工提建议，无论建议是否被采纳，提出建议的员工都会得到奖励和尊重。结果该公司的员工曾经一年就提出了165万条建设性建议，累计带来的利润为900亿日元，相当于公司全年

利润的18%。可见，激励员工群策群力，不仅能增强他们的责任心、主观能动性，而且对公司的发展有着不可低估的影响。

（三）吸引优秀的人进公司

许多发达国家的企业之所以在国际人才市场上有强大的吸引力，在很大程度上是因为这些企业的激励制度健全且完善，能为员工创造良好的工作环境，使员工能够发挥其所能。从世界范围看，美国特别重视这一点，其从世界各国吸引了大量有才能的专家、学者，这正是美国在许多科学技术领域保持领先地位的重要原因之一。例如，著名的IBM公司就有许多具有吸引力的激励方法：提供养老金、集体人寿保险、优厚的医疗待遇，还给工人兴办了每年只需要交几美元就能享受带家属的疗养乡村俱乐部，减免那些愿意重返校园提高知识和技能的员工的学费，筹办了学校和各种培训中心，让员工到那里学习各种知识。

（四）留住优秀人才

研究表明，除了能激发员工的潜能和提高员工的工作率外，激励还能为提高员工忠诚度、留住人才发挥作用。有些人才及时进入公司，也未必能长期留在公司里，尤其是在人员流动频繁的今天，人才中介通过互联网无孔不入，公司里的优秀人才能否抵制这种外来的诱惑，关键还是要看公司的激励制度是否诱人，公司是否专门为优秀人才设计了长期的职业生涯规划。德鲁克曾经说过，每个组织都需要三个方面的绩效：直接成果、价值的实现和未来的人力发展。缺少任何一方的绩效，组织难以长远发展，因此，每一位管理者都必须在这三个方面有所贡献。在这三个方面的贡献中，对“未来的人力发展”的贡献就是来自激励工作。

激励能提高员工的满意度和归属感，让他们体会到组织的关怀。激励能使员工处于一种愉悦的工作氛围中，并对他们产生持久的吸引力，从而打消离开组织的念头。

三、激励中对人的认识

在管理中，人是唯一的尺度，它赋予了管理成败的关键。无论是管理理论还是管理实践，均面临着如何对人进行有效管理的问题。但要实施有效的管理，必须首先对人有一个较为清楚的认识，换句话说，是以一定的人性假设为前提的，那么如何认识人的本质与本性，就成为管理中的重要问题。不同时期管理学者和组织行为研究者们都提出了各自的见解，从而形成了不同的人性假设模式。在不同的人性假设指导下，领导者将会采用不同的方法和手段来激励人。以下按观点形成的先后顺序区分四种类型的人性假设。

（一）“经济人”假设

英国古典政治经济学的创始人之一的亚当·斯密在其著作《国富论》中提出了利己主义的人性观，他把资本主义社会看成一个人们相互交换的联合体，认为交换是“人类的本性”，而人们交换的动机就是利己主义，因此利己主义是“人类的本性”。作为管理者的资本家，其本性都是追求最大利润的，而作为被管理的工人，其本性都是追求最高工资的。

“经济人”意思为理性经济人，也可称“唯利人”。这是古典理论对人的看法，即把人当作经济人来看待，认识经济的产物，认为人的一切行为都是为了最大限度地满足自己的私利，工作的目的只是为了获得经济报酬和物质生活的满足。

根据“经济人”假设而采取相应的管理策略，可以归纳为以下三点。

1）管理工作重点在于提高生产率、完成生产任务，而对于人的感情和道义上应负的责任，则是无关紧要的。简单地说，就是重视完成任务，而不考虑人的情感、需要、动机、人际交往等社会心理因素。从这种观点来看，管理就是任务管理。

2）管理工作只是少数人的事，与广大工人无关。工人的主要任务是听从管理者的指挥，拼命干活。

3）在奖励制度方面，主要是用金钱来刺激工人的生产积极性，同时对消极怠工者采用严厉的惩罚措施，即“胡萝卜加大棒”的政策。

（二）“社会人”假设

“社会人”的人性假设是由梅奥通过霍桑试验提出来的。他认为，人是“社会人”，影响人的生产积极性因素，除了物质、金钱外，还有社会和心理因素，包括人们对归属、人际交往和友谊的追求。人们在工作中形成的社会关系，对工人的士气有着重大的影响，而工人的士气又直接影响着生产效率的高低。因此，作为管理者不能只把目光局限在完成任务上，而应当注意对工人的关心、体贴、爱护和尊敬，改变对工人的态度和监督方式，建立起相互了解、团结融洽的人际关系和友好的感情，重视非正式组织的存在，鼓励上下级之间的意见沟通，以消除不满和争端。

从“社会人”的假设出发，采取不同于“经济人”假设的管理措施，主要有以下几点。

1）管理者不应只注意完成生产任务，而应把注意的重点放在关心人和满足人的需要上。

2）管理者不能只注意指挥、监督、计划、控制和组织等，而更应重视工人之间的关系，信息沟通，培养和形成职工的归属感和整体感。

3）在实际奖励时，提倡集体的奖励制度，而不主张个人奖励制度。

4）管理人员的职能也应有所变化，他们不应只限于制订计划、组织工序、检验产品，而应在工人与上级之间起联络人作用。一方面，要倾听工人的意见并了解他们的思想感情，另一方面，要向上级呼吁、反映。

5）提出参与管理的新型管理方式，让工人和下级不同程度地参加企业决策的研究和讨论。

（三）“自我实现人”假设

“自我实现人”的人性假设，是以马斯洛的需求层次理论和阿吉瑞斯的不成熟—成熟理论为基础的。马斯洛等人认为，人的需要远不止于物质和经济方面，也不止于社会与心理方面，更有追求成就和自我实现方面的需要，而且，对成就和自我实现的追求既是人们更高的追求，也是社会得以进步和发展的主要动力之源。因此，就其本质而言，人既非追求物质和经济利益的“经济人”，也非仅有情感和心理需要的“社会人”，而是追求成就感和自我实现的“自我实现人”。

“自我实现人”假设认为，人是自我激励、自我指导和自我控制的，要求提高和发展自己的能力并充分发挥个人的潜能。这样，企业就应当把人作为宝贵的资源来看待，通过提供富有挑战性的工作使人的个性不断成熟并体验到工作中的内在激励。要求过严的刻板的工作不仅破坏了员工之间的社会关系，甚至把工作中的意义和挑战性也抽走了，从而引起员工的不满。把自我实现作为工作的最根本目的，这是人际关系理论发展到后期的新思想。它认为，只要把工作变得有意义、富有吸引力，足以引起员工的成就感，就不需要其他外来的激励，人可以在工作的解决问题的过程中挑战自我，将自己的才能发挥出来。

（四）“复杂人”假设

“复杂人”的假设是20世纪60年代末至70年代初由沙恩提出的一种权变思想。它认为现实组织中存在着各种各样的人，不能把所有的人都简化、一般化地归类为前述某一种假设之下，而应看到不同的人以及同一个人在不同的场合会有不同的动机和需要。认识到人是千差万别的，因而激励的措施也应该力图多样、变动，并根据具体的人灵活、机动地采取合适的激励方法。实际上，人的需要的确是非常复杂的，我们不能把人简单地看成某种人，在不同情况下或在不同时期，这些特征可能都具备，而且，人的需要是不断变化的，因此要对人的需要进行全面、综合、动态的认识。

第二节　激励理论

自20世纪二三十年代以来，国外许多管理学家、心理学家和社会学家从不同角度对怎样激励人的问题进行了大量的研究，并提出了许多激励理论。对这些理论可以从不同的角度进行归纳和分类。比较流行的分类方法是按其所研究的激励侧面的不同及其与行为的关系不同，把各种激励理论归纳和总结为内容型激励理论、过程型激励理论和行为改造型激励理论。

一、内容型激励理论

内容型激励理论着重对引发动机的因素即激励的内容进行研究，主要包括马斯洛的需求层次理论、阿尔德弗的ERG理论、赫兹伯格的双因素理论、麦克利兰的成就需要理论。

（一）马斯洛的需求层次理论

著名的美国心理学家和行为学家马斯洛提出，人都是有需求的，未满足的这些需求，即产生工作的动机，也是激励工作的因素。这些需求又是以层次的形式出现的，由低级到高级分为5个层次，如图10-1所示。

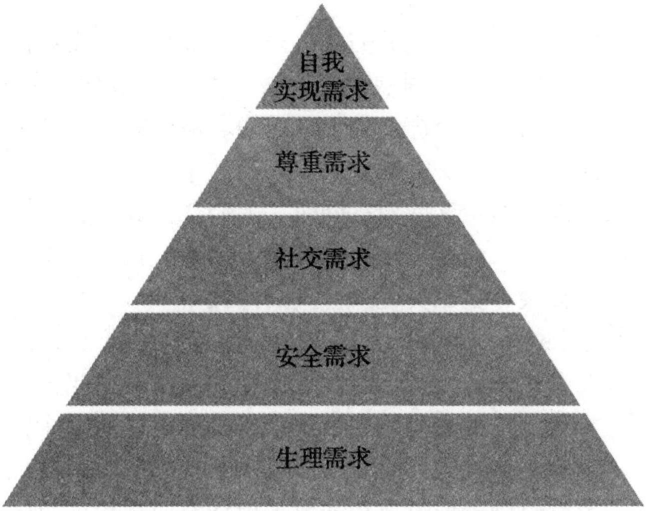

图 10－1 马斯洛需求层次理论模型

1. 生理需求

这是人类用以维持生命的基本需求，包括对水、食物、空气的需要。尽管这些是非常基本的需要，但倘若人们无法获得这些东西，则其他的追求都是无意义的。马斯洛指出，如果该层次中的所有需求都未得到满足，那么，生理需求将占据支配地位。也就是说，生理的需求是最基本的，是其他高层次需求的基础，是人们首先努力追求的需求。对于那些尚未解决温饱问题的人们而言，生理需求几乎是他们唯一的需求；而当人们为基本的生存问题发愁时，他们对生理的需求逐渐减弱。但即便如此，每个人的生理需求仍然始终存在，只是存在的强弱程度有所区别而已。

2. 安全需求

一旦生理需求得到满足后，人们就会追求对安全的需求，具体包括：对身体的安全需要，使身体免遭疾病和创伤；对职业的安全需要，尽量避免失业，寻求工作的稳定性和持续性；对个人财产的安全需求，使自己的财物、住所等完全归自己所有且免受侵害，等等。此外，还包括对未来的安全需要。为了应对未来的不确定性，人们会在当前尽量降低风险。例如，在 20 世纪末，尽管我国政府接二连三地调低银行利率，但居民储蓄仍然居高不下。面对各种改革带来的不确定和不稳定性，人们主张谨慎消费，目的是寻求未来的安全。

3. 社交需求

马斯洛认为，在生理需求和安全需求都得到满足后，社交需求就会显现出来，成为激励人们产生某种行为的主要激励因素。这是因为人具有社会性，每个人都不是孤立存在的，而是与周围的人有着千丝万缕的联系，包括朋友、同学、亲人等。人类对社交方面的需求是与前两个层次的需求性质不同的需求层次。生理需求和安全需求主要表现为人类对物质方面和经济方面的需求，而社交需求则表现为人类对心理和精神方面的需求。

4. 尊重需求

马斯洛认为，人们的社交、归属感的需求一旦得到满足，就会倾向于自我尊重和受到他人的尊重的需求。自我尊重表现为强烈的进取心、责任感和对工作表现出极大的热情，不甘于落后；受他人尊重的需要将会产生权力、威望、地位和自信等方面的满足。当人们加入到某个群体或团队而满足了社交需求以后，人们就希望在这个群体或团队中得到别人的尊重，希望别人承认自己的地位和威望；同时，人们会提高对自己的要求，通过自我约束和激励来提升自己的能力，从而获得别人的尊重。因此，自我尊重和受他人尊重是尊重需求的两个不同方面，但自我尊重是受他人尊重的前提。

5. 自我实现需求

马斯洛将自我实现的需求视为其需求层次理论中的最高级。当人们满足了尊重的需求后，就开始追求自我的实现。这种需求是在事业上有所建树，实现个人的理想和抱负，实现自我价值。这种需求一般是通过胜任感和成就感来获得满足的。胜任感通常是指能完全掌握某项工作或技能，成就感则是通过成功完成某项任务而获得的自信和满足感。在知识经济时代，人们比较容易在前四种需求中得到满足，于是越来越多的人开始追求实现自我。这种需求表现为一个人希望能发挥自己的全部潜能，希望能体验到更多的解决问题的能力。

马斯洛认为低层次需要比较客观，容易发觉，是从外在的物质方面获得满足；高层次需要难以辨认，不易发觉，是从内在的精神方面寻求满足。越是高层次的需要越难以满足。虽然马斯洛的需求层次理论提出后得到普遍的重视，有利于管理者在实践工作中运用，但是，马斯洛并没有为该理论提供实证材料。同时，有人认为，马斯洛的需求层次理论的标准并不明确，难以有明显的界定，从而导致了以后众多学者的质疑。

（二）阿尔德弗的生存、关系和成长理论（ERG 理论）

对马斯洛的需求层次理论进行了重组和修正后，美国组织行为学教授克莱顿·阿尔德弗（Clayton Alderfer）于20世纪70年代初提出了生存、关系和成长理论，即ERG理论。

阿尔德弗认为人的第一种需要是生存需要，包含了人的一切生理上的物质需要，人的吃穿住用行等都包括在内。马斯洛认为的生理需要和安全需要都在此列。

人的第二种需要是关系需要，即人与人之间的人际交往、情感交流，对应着马斯洛理论中的社会需要和尊重需要中的外在部分。

人的第三种需要是成长需要，即自身的成长发展，在事业上有所成就和能力上有所提高。这就和马斯洛理论中的尊重需要的内在部分和自我实现需要相对应。

阿尔德弗的ERG理论认为多种需要可以同时存在；如果高层需要不能得到满足，那么满足低层需要的愿望将会更加强烈。同时，阿尔德弗认为人的需要并不是严格的层次递进的关系，并不一定要满足了低层次需要后才能进入高层次需要，有可能会一个需要或者几个需要同时被激活。人们会由于低层次需要得到满足而上升到更高层次的需要，但是，如果人们的较高层次需要受到挫折时，需要的重点就可能会退到较低的层次。与马斯洛的需求理论相比，ERG理论对人与人之间的个体差异分析得更为细致。不同的生活背景、宗教习惯、教育程度，都能对人们的需要产生重大影响，同时也影响着各种需要的排列顺序。ERG 理论在个体差异方面的研究对实际工作更具有指导性意义。

（三）赫茨伯格的双因素理论

20 世纪 50 年代末期，美国著名心理学家赫茨伯格（F. Herzberg）和他的助手们在美国匹兹堡地区对 10 家企业中的 200 名工程师、会计师进行了调查访问，发现使员工感到满意的都是属于工作本身或工作内容方面的；使员工感到不满的，都是属于工作环境或工作关系方面的。他把前者叫作激励因素，后者叫作保健因素。根据调查访问的结果，赫兹伯格提出了著名的双因素理论。

赫兹伯格发现通常使员工感到不满意的往往是工作中的人际关系、薪酬制度、监管制度和相关公司政策等外部因素，称为保健因素。这些因素处于低水平状态时，员工会随之感到不满意；而这些因素即使处于很高的水平状态下，员工也难以感到满意。他认为保健因素的满足对员工产生的效果类似于身体免疫系统对健康所起的作用。保健因素的满足能够帮助人从环境中消除危害健康的事物，有预防疾病的效果，但是不能直接使健康水平提升，仅起到预防性作用。保健因素包括企业政策和行政管理、监督制度、人际关系、工作环境和条件、薪金水平等。当这些因素降低到人们可以接受的水平以下时，员工就会产生不满意情绪；当人们认为这些因素很好时，它不会使员工感觉到满意，只是消除了不满意，从而形成了某种既不是满意、又不是不满意的中性状态。

赫兹伯格同时发现使员工感到满意的是工作中的积极性、挑战性、成就感、责任感等内在因素，称为激励因素，包括愉悦的工作、成就感、上司的赞赏、奖励、未来的期望、工作责任感等。这些因素如果实现，会使员工的个人价值得到体现，拓展成长空间，大大提高员工的满意度，提高员工的创造性；如果这些因素没能实现，员工的满意情绪将会消失，但不会感觉到不满意。

保健因素是基础，是消除员工不满情绪，营造稳定、和谐工作环境的最低要求。企业管理者要以人为本，积极改善员工的工作环境，倡导人性化管理，从而降低员工的不满情绪和抵触心理。激励因素是关键，是员工奋发向上、努力进取的动力。保健因素只能使员工工作，但是缺乏激情和创造力，“做一天和尚撞一天钟”。管理者要适度激发员工的积极性，拓展员工的长远理想，促进他们在工作上做出骄人的成绩，促进企业发展。在实践工作中，要先处理好保健因素，做好基础工作；再实现激励因素，让员工更好地工作。切勿本末倒置，阻碍企业的发展。

有些西方行为科学家对双因素理论的正确性表示怀疑。他们认为赫兹伯格的调查实验样本太小，且调查对象单一；对满意的标准缺乏客观的界定；将满意和生产率的提高同等看待；对保健因素和激励因素的界定太过机械。但是，双因素理论使企业管理人员重视工作内容方面因素，特别是它们同工作丰富化和工作满足的关系，因此是有积极意义的。赫茨伯格告诉我们，满足各种需要所引起的激励深度和效果是不一样的。物质需求的满足是必要的，没有它会导致不满，但是即使获得满足，它的作用往往是很有限的、不能持久的。要调动人的积极性，不仅要注意物质利益和工作条件等外部因素，更重要的是要注意工作的安排，量才录用，各得其所，注意对人进行精神鼓励，给予表扬和认可，注意给人以成长、发展、晋升的机会。随着温饱问题的解决，这种内在激励的重要性越来越明显。

（四）麦克利兰的成就需要理论

20世纪50年代，美国哈佛大学的著名心理学教授戴维·麦克利兰（David C. McClelland）对马斯洛理论的普遍性提出了质疑，经过20年的研究，提出了“权力需要、关系需要和成就需要理论”，即成就需要理论。

1. 权力需要

具有较高权力需要的人，更希望去影响和控制他人，从而获得满足感。在生活中常常扮演领导者的角色，能言善辩，头脑冷静，乐于助人，重视在团队中建立自己的威信和影响。这些人不仅追求个人权力，即用自己的表现和能力来行使权力；同时还热衷于对职位权力的追求，满足于行使权力的体验。

2. 关系需要

关系需要指人们对于建立良好的人际关系、社会交往关系、友谊、情谊的需要。他们希望从社交中得到快乐和满足，并总是让自己努力地适应某个组织或者社会团体。

3. 成就需要

高成就需要的人，总是努力胜任工作，并从成功中获得满足感。他们热衷于对成功的追求，喜欢全身心地投入工作，合理规划个人的职业发展生涯，避免极端的困难，从而获得更大的成就。他们重视精神的满足更胜于物质报酬。

麦克利兰认为人的需要中社会性占据重要地位。需要的形成受时代背景、社会地位、文化信仰等后天因素影响巨大，故而高成就需要者可以通过后天的培养获得。在组织中，领导者或者扮演领导者的人越多，组织的凝聚力越强，发展就越迅速。麦克利兰理论是在人的生存需要被满足后，进一步地提出更高需求。虽然理论中存在着诸多的不足，但是他对马斯洛理论中“人的社会性”进行了补充和发展，对管理者实施激励工作具有重要的指导性意义。

二、过程型激励理论

过程型激励理论着重对行为目标的选择，即对动机的形成过程进行研究。主要包括弗鲁姆的期望理论、亚当斯的公平理论、波特—劳勒激励模式。

（一）弗鲁姆的期望理论

1964年美国心理学家弗鲁姆（V. H. Vroom）在其著作《工作与激励》中首先提出了比较完备的期望理论。他认为，人的努力程度取决于两个因素：一个是实现目标后，能取得的价值的大小，即效价；另一个是目标能够实现的可能性或概率，即期望概率。可用公式表示为

$$\text{激励}\ (M) = \text{效价}\ (V) \times \text{期望概率}\ (E)$$

式中 M—— 一个人愿意为实现目标所做出的努力程度；

V——实现目标后所能获得的价值大小［其取值范围为（+1，-1），效价接近于+1，代表个人希望实现目标；效价接近与0，代表个人对目标持无所谓的态度；效价接近于-1，代表个人极不想实现目标］；

E——目标所能实现的概率，期望概率的取值范围为（0，1）。

当目标的实现概率为100%时，期望概率等于1；当目标根本无法实现的时候，期望概率等于0。

期望理论认为，一个人为实现目标所做出的努力程度是由完成目标后所取得的价值和目标完成的可能性决定的。当一个人对目标期望和效价的估计发生改变后，他的努力程度也会随之改变。

从期望理论中我们可以看出，只有当效价和概率二者都比较高时，才会产生极大的激励效果。也就是说，只有当事人认为自己的努力可以实现目标，实现目标后会获得一定的奖励，且这样的奖励对当事人具有极大的吸引力时，才会产生巨大的激励作用。因此要确定合适的目标，管理者不仅要增加目标的吸引力，又要使目标有一定的高度；适当控制目标实现的可能性，既不能使目标难以实现，又不能使目标太容易实现；确保工作绩效与奖励相适应，既不挫伤员工的积极性，又不能使奖励过高，不顾成本；确保奖励与员工心中的效价相适应，做到综合效用的最大化。

（二）亚当斯的公平理论

美国心理学家斯黛西·亚当斯（Stacy Adams）在1956年发表的《社会交换中的不公平》中提出了公平理论。他认为，当一个人通过自己的努力获得报酬时，他不仅关心自己报酬的绝对量，还关心报酬的相对量。也就是说，每个人会把自己所得的报酬与付出的比率同别人同时期或者过去收支比率相比较。

1. 横向比较

横向比较是衡量报酬是否绝对公平的方式，即用自己当前的报酬、贡献比和他人的报酬、贡献比相比较。

$$(O/I)\ p=(O/I)\ q$$

式中 O——报酬，包括工资、奖金、提升、赏识等物质方面和精神方面的共同所得；

I——贡献，包括体力和脑力上的付出；

p——自己的报酬和贡献；

q——他人的报酬和贡献。

如果 $(O/I)\ p=(O/I)\ q$，员工会感觉到公平。

如果 $(O/I)\ p<(O/I)\ q$，员工会感觉自己得到的报酬比别人少或者自己付出的比别人多，他可能会减小自己的付出或者要求更多的报酬，也可能会要求别人付出更多或者是要求减少别人的报酬。

如果 $(O/I)\ p>(O/I)\ q$，员工会感觉自己的报酬过高，可能会付出更多。但是过一段时间，重新评估自己时，可能会高估自己而减少付出，恢复以前的状态。

2. 纵向比较

纵向比较是衡量报酬是否相对公平的方式，即把自己当前的报酬、贡献比和自己以前的报酬、贡献比相比较。

$$\text{如果}\ (O/I)\ p=(O/I)\ m$$

式中 m——过去的报酬、贡献。

如果 $(O/I)\ p<(O/I)\ m$，员工会认为与过去相比，自己的报酬太少或者付出太多，

他会相对减少付出或者要求更多的报酬。

如果（O/I）$p>$（O/I）m，员工不会认为自己的所得较多，因为他会认为自己的努力有所回报，但工作积极性也不会有所提高。

尽管公平理论的观点普遍认同，但是在实际操作中却难以衡量。因为个人的评价有很大的主观性，人们往往会高估自己的付出而低估自己的所得，对别人的评价却恰恰相反。同时，这个理论无法体现延迟回报，即当期的付出，可能会在以后取得最大的回报。当人们以为自己的报酬太低的时候，也许还没有得到真正的回报。因此管理者在运用该理论时应当注重实际工作绩效与报酬之间的合理性，同时应该帮助员工正确认识自己与他人的付出与报酬。故而西方许多企业为了避免员工之间产生不公平感，往往采用秘密奖励等方式以在企业中营造一种公平合理的氛围。

（三）波特—劳勒激励模式

波特—劳勒激励模式是波特（L. W. Porter）和劳勒（E. E. Lawler）提出的综合激励模式。它是以绩效为中心，对与绩效相关的因素进行的研究，如图 10－2 所示。

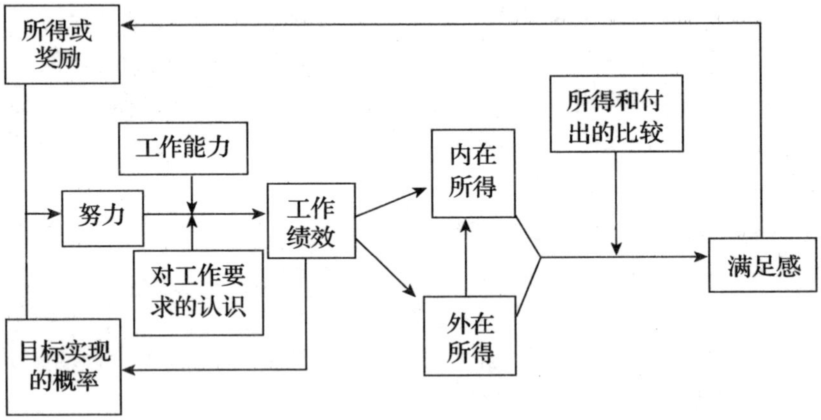

图 10－2　波特—劳勒激励模式

1）人们的努力程度是由所得或者奖励的价值以及目标实现的概率二者共同决定的，这和期望理论的观点相一致。当人们所得的价值很高，且目标实现的可能性也很高时，人们就会更加努力。

2）努力并不是工作绩效实现的唯一因素，它还受到个人的工作能力和对工作要求认识的影响。

3）工作绩效的实现同样也影响着对目标实现概率的认识。如果目标实现得较好，员工会对自己的工作能力做出肯定的评价，提高实现目标的信心；反之，则会沮丧。

4）工作目标的实现会带来内在的肯定和外在的奖励，通过物质方面和精神方面的所得从而提高自己的满足感。

5）员工通过对自己所得、付出的比较，包括把自己的付出、所得同他人的相比较和把自己的付出、所得同自己以前的付出、所得相比较，影响自己的满足感。

6）满足感的变化影响着人们对奖励价值的认识。如果满足感引起了人们对奖励的渴望，人们就会更加努力地工作，从而获得更多的满足。反之，就会消极怠工。

波特—劳勒激励模式是一个完整、复杂的激励系统，它对管理者激励下属提供了一套清晰、严密的思维系统，为他们有效地激励下属指引了方向。管理者不仅要为下属展现明晰的目标，告诉他们你需要他们做什么，他们应该做什么，实现目标后会有什么奖励；还应该了解下属，明白他们的期望，使奖励的效果达到最大化。不仅要对下属进行物质方面的奖励，还要对他们进行赞赏、肯定等精神层次的奖励，提高下属的满足感和积极性。同时他对下属的自我评价也做出了相应的指导。他使下属了解到，要实现目标，不仅要有过硬的技能，还要有克服困难的决心、意志，要经常参加公司的培训以提高自己的技能，还要明确目标实现的要求，从成功中吸取经验，从失败中吸取教训，提高自己的工作期望值，努力使自己发挥出最大的潜能。

三、行为改造型激励理论

行为改造型激励理论着重对达到激励的目的，即调整和转化人的行为进行研究。主要包括强化理论、挫折理论、归因理论。

（一）强化理论

强化理论又称操作条件反射理论，是由美国心理学家斯金纳、赫西、布兰查德等提出的。他们通过实验发现，人的行为可以分为三种类别：

1）本能反应，即人生来就有的行为；

2）反应性行为，即条件反射，是对外部环境的反应行为；

3）操作性行为，是人们为了达到一定的目的而作用于环境的行为。

他们认为人的第三种行为是可以人为控制的，即操作条件反应。当人们为了一定的目的而作用于环境时，如果产生了有利的结果，他们就会重复这种行为，叫做强化刺激；反之，行为就会减弱或消失。由此他们提出通过强化刺激来改变人们的行为方向的强化理论。

1. 强化理论的要点

（1）正强化

正强化是通过肯定的方式对行为者的行为做出奖励，使他能重复这一行为。奖励的方式有报酬、薪金、赞扬、升职等。

（2）负强化

负强化是指预先告知某种行为会引起不良的结果，要求人们采用符合行为的方式或者回避不符合行为的方式，从而避免产生不好的结果。

（3）自然消退

自然消退是指对某种行为既不做出正强化，也不给予否定。因为人的行为具有目的性，长时间没有正强化的激励，这种行为就会慢慢减弱、消失。

（4）惩罚

对某种行为带来的后果进行威胁或强制性控制，消除此种行为重复的可能性。惩罚的方式主要有批评、降职、减薪、解雇等。

2. 适用强化理论的原则

在运用强化理论时，要遵循以下原则。

(1) 要明确强化的目标，分步实现目标，不断强化行为

人行为习惯的形成需要一定的时间，如果目标不够明确，强化行为不能持久，人们的行为习惯就难以形成，强化的目标就难以实现。

(2) 选好强化行为

每个人的需要是不同的，强化行为一定要针对他们的需要实施，是强化效果达到最大化；否则会事倍功半，难以得到预期效果。

(3) 反馈及时

在做出强化行为后，要及时检查被强化者的行为后果，及时对被强化者做出奖励或者惩罚，适时纠正被强化者的行为习惯，肯定有利的行为，遏制不利的行为。

(4) 以正强化为主，少用惩罚

奖励会给被强化者带来满足感，激励他们努力工作，而惩罚会给被强化者带来心理上的创伤，使他们产生抵触和逃避情绪，消极怠工，不利于企业的发展和个人的发展。

(二) 挫折理论

挫折理论来自于20世纪的奥地利心理学家弗洛伊德的精神分析学说，他认为人会因为挫折感而产生心理自卫。

弗洛伊德认为，挫折感是人们的主观感受，因人而异，随着人们意志的不同而改变。有的人遇到挫折会失望、痛苦甚至会消极、堕落、萎靡不振；有的人却敢于直面挫折，从挫折中吸取经验和教训，增长智慧，奋发图强，达到人生的高峰。这种挫折对人的不同影响被称为挫折的二重性。但是挫折的二重性是对立统一的关系，它们在一定条件下可以相互转换。

1. 心理自卫分类

心理自卫可分为以下两种。

(1) 建设性心理自卫，即采用积极的态度对待挫折

1）努力奋进。指当在追求目标的过程中受到挫折时，并不放弃原有的目标，而是加大自己的努力程度，尝试其他途径。

2）重新规划。当遭遇挫折时，就对目标做出重新规划，延长实现期限，降低目标实现的程度。

3）更改目标。当原有的目标难以实现时，就更改目标，向着更容易实现的目标迈进。

4）升华。升华即化悲愤为力量，当遭遇挫折时，将不利的情绪化为努力的动力，从而取得更大的成就。

(2) 破坏性心理自卫，即采取消极甚至偏激的态度对待挫折

1）寻找借口。当目标难以实现时，人们会寻找各种理由为自己推卸责任。

2）逃避。当遭遇挫折时，人们不敢正视现实，逃避责任或者幻想。

3）忧虑自卑。当努力得不到回报时，人们会怀疑自己的能力，否定自己，导致忧虑不安、自卑无奈的情绪。

4）破坏。当挫折带来的难以承受的后果时，有的人会采取偏激的行为，迁怒别人或者抱怨社会，导致伤害他人或自己的行为。

2. 针对受挫折者的方法

（1）宽容对待

对受挫折者的消极行为采取宽容的态度，理解他们的行为，并给予他们合理的指导、耐心的劝解，绝不能置之不理或者简单对待。劝导他们时刻进取，平常对待成功，端正他们的态度，积极向上。

（2）调离工作

对受挫折者来说，换一种工作环境就会换一种心情，有利于他们在工作上的进步和情感上的自我调节。时间是治愈伤痛的良药，而自我认识的改变则是治愈伤痛的最好方法。

（3）精神发泄

给员工创造一个发泄压力的场所，使他们以更加饱满的状态加入到工作中。

（4）心理咨询

运用专业心理咨询师来帮助受挫折者解除心理上的障碍，提高自我认识，度过人生的低谷期，使他们重新找到努力的目标。

（三）归因理论

归因理论是指观察者为了预测和评价被观察者的行为，对环境和对行为加以控制，而对被观察者的行为过程所进行的因果解释和推论。该理论主要帮助人们如何找出日常生活中事件的缘由。

1958年，海德（Fritz Heider）在他的著作《人际关系心理学》中提出人有两种强烈的动机：一是形成对周围环境一贯性理解的需要，二是控制环境的需要。而要满足这两个需求，人们必须有能力预测他人将如何行动。因此海德指出，每个人（不只是心理学家）都试图解释别人的行为，并都具有针对他人行为的理论。海德认为有两种因素引导着人们的行为：一是内因，比如情绪、态度、人格、能力等；二是外因，比如外界压力、天气、情境等。一般人在解释别人的行为时，倾向于性格归因；在解释自己的行为时，倾向于情景归因。

H. H. 凯利提出三种影响人们的行为因素：① 行为者；② 行为对象；③ 行为环境。称为三度理论。他认为，行为者自身的因素是内因，是引导和改变事物发展方向的关键因素；行为对象和行为环境被称为外因，它们影响着事物的发展方向。在现实工作中，自身的技能、认识和努力处于关键地位；上级的鼓励和奖励，周围同事的认可和协作以及合作者的行为都会影响人们的行为。

上述归因理论都是继承自海德的“朴素心理学家”的传统，把人看作是理性的，在归因上是进行因果分析的。事实上人在归因时并非总是按理性行事。D. 卡内曼和A. 特威斯基特别指出了这一点。他们不把人看成“朴素心理学家”，而看成认知经济学家，在归因上注意节约能量，走近路达到结论。卡内曼和特威斯基提出，在日常生活中人们往往利用两种启发法进行推理判断：一是代表性启发法，二是可得性启发法。前者指人们在进行推理判断时往往选择有代表性的事例。如某地家庭都有6个孩子，多数是3男3女，问这3男3女的出生顺序，男男男女女女和女男女男女男哪个可能性大。一般倾向于认为是后者。实际上这两种顺序有同样的可能性，皆为1/20。因为3男3女的出生顺序有20种可能，其余18种都是混合型的，混合型有代表性，故容易让人误以为属于混合型的女男女男女男顺序比非混合型的男男男女女女可能性更大。可得性启发法指易于进入头脑的信息往往被利用。对于行动者来说，情境是突出的，对于观察者来说，行动者是突出的。突出的东西容易被记住，从而容易引起回忆。说明突出性影响归因，突出性使观察者倾向于个人归因，而行动者倾向于情境归因。

第三节　激励的原则

激励是一门艺术，也是一门科学。管理大师德鲁克说过，知之容易行之难，激励更是如此。激励应遵循一定的原则才能达到有效的激励。

一、激励的基本原则

（一）实事求是的原则

在激励员工的过程中，一定要从实际出发，做到实事求是，运用科学的工作绩效评价方法对员工的表现进行认可，不能因为个人喜好等情感因素而做出歪曲的评价。

（二）及时适度的原则

对员工的肯定和奖励一定要及时，使员工深切感受到上级的重视。奖励要适度，使员工的付出得到应有的回报；否则会导致员工消极怠工或者自高自大。

（三）公平原则

在激励面前，员工一律平等。管理者要克服私利，防止不公平的激励行为。尽管世界上没有绝对的公平，但是管理者应该尽自己最大的努力使激励相对公平，让员工在自我评价或者与他人评比时，获得相应的满足感。

（四）讲求效应原则

在给予员工激励时，能够把这种激励化作一种经济效应，使没有受到激励的员工同样感觉到努力付出就会有回报，以小带大，使激励达到最大化。

（五）注重规则原则

在激励员工时要依据公司现有的规章制度进行，依据公司的激励流程和操作原则对员工进行考查、审核、审批、存档和公布，一般情况下不搞特殊化和单独化。

二、激励的应用原则

（一）目标原则

目标是组织及其成员一切活动的总方向，是员工获得报酬的依据。在激励机制中，设定合适的目标是关键环节，目标的设定不仅要符合组织的要求，同样也要对员工个体产生激励效果，否则将难以实现设定的目标，给组织和个人带来不必要的损失。

（二）物质激励和精神激励相统一

物质激励是看得见、摸得着的激励，是满足人们基本生理需要的保障，对人们的自我认识和成长发展具有重要意义。随着我国经济的繁荣发展，人们的消费水平与日俱增，物质激励也成为当下大多数人努力工作激励的重要原因。在社会调查中，大多数人认为金钱、工作前途和自我价值的实现是重要的激励因素。虽然有物质激励的保障人们不会感觉到不满意，但是要想让人们感觉到满意，必须有精神激励的存在。特别是当物质激励达到一定程度时，人们就会倾向于精神层次的追求，此时运用精神激励的作用将远大于物质激励的作用。对于成功者来说，物质的满足被放置到次要地位，对名誉、认可等精神层次的追求要更为重要。对于不同的人，物质激励和精神激励发挥的作用也不同。要将二者统一起来，才能发挥出更大的作用。

（三）内在激励和外在激励相统一

内在激励是指用工作的挑战性、成就感、责任心、自我价值的实现等内在因素来激励员工。外在激励是指用完善的工作条件、良好的工作环境、和谐的人际关系、薪金报酬等外在因素来激励员工。

外在激励是有形的，能让员工真实地感觉到激励的作用，如薪金的增加、工作条件的改善、职位的升迁等。这样的激励能够通过外在表现来提高员工的满足感，同时还具有很好的宣传效果，促使员工更加努力地工作，提高员工的积极性。但是仅仅有外在的激励难以达到良好的效果。因为人的行为是由思想决定的，而思想又来自于内在的满足。尽管外在激励能让员工感觉到满足，但是要想让这样的感觉持续下去，充分调动员工的积极性，就必须对员工进行内在的激励。管理者可以给员工安排更有挑战性的工作，使他们在工作中获得满足感；采用岗位轮换制度，让员工从新的岗位中获得新鲜感，抵消不满情绪；对于那些热爱工作、努力奋进的员工而言，物质激励的作用微乎其微，精神上的奖励才会给予他们更多的动力。因此，在实际工作中要把内在激励和外在激励相统一，满足不同的个体需求。

（四）正激励和负激励相统一

正激励是指对员工的工作行为进行肯定和奖励，促使他们更加努力工作。负激励是指当员工的行为不符合规章制度时，对他们的行为进行批评、惩罚，遏制这种行为再次发生。

无论是正激励还是负激励，都会对员工造成影响。当员工通过自己的努力劳动，取得优秀成绩的时候，管理者就会对员工进行奖励和肯定，鼓舞他更加努力，取得更大的成果。正激励有利于鼓舞员工的士气，激励他们并肩战斗。但是，当目标实现的可能性太低或者难以实现的时候，正激励就难以发挥作用。当员工的行为不符合规章制度或者给企业造成严重后果时，对员工的批评教育，就有利于员工“改邪归正”，防止行为的再次发生。负激励一般带有强制性，它能对员工起到警告和震慑的作用；但又用容易挫伤员工的积极性，激化内部矛盾，造成严重的后果。因此，在实际工作中，管理者要刚柔并济，将正激励和负激励相统一，达到管理的最佳效果。

（五）长期激励和短期激励相统一

在管理实践中，企业管理者一方面采用短期激励，如月度奖金、季度奖金、年终奖金或福利等方式激励企业中下层员工；另一方面采用中长期激励，如股票期权、债券期权等方式激励中上层员工。长期激励有利于员工在较长的时间段内安心工作，却难以使员工的工作充满动力，这就需要短期激励的作用。

长期激励有利于员工产生持久的动力，避免工作绩效的不稳定性；不利于员工及时获得激励的成果和满足感，同时长期激励的获得也具有一定的风险。短期激励有利于员工及时享有激励的成果，使员工的工作充满动力；但是不利于员工工作绩效的稳定，同时也会使企业的管理成本增加。因此，在实践工作中，管理者要将长期激励和短期激励相统一。

（六）个体激励和群体激励相统一

在组织中，个体的行为要受到其所在群体的影响，如舆论、氛围和规范，同时个体也在群体中获得安全感、友谊、自信、成就感等。随着网络技术全球化以及组织变革的兴起，团队工作成为现在工作的主要形式之一。不论是通过奖励个人来激励群体，还是通过奖励群体来激励个体，都会收到良好的效果。例如，“最佳团队奖”不仅仅是对群体的奖励，也是对个体努力的肯定。

第四节　激励策略

一、薪酬管理策略

在员工心里，奖金、薪酬不仅仅是辛勤劳动的回报，还代表了身份、地位以及公司的业绩，也是对个人能力、品行、发展前景等的肯定。金钱作为薪酬的主要物化形式，激发员工的工作热情和工作效率，并且对员工的积极性和创造性有很大的激励作用。虽然在经济高速发展的今天，人们越来越重视薪酬之外的激励方式，但有足够的证据表明，对于大多数人来说，金钱是正强化的主要手段，当一个组织削减薪酬，员工的士气就会遭到极大的破坏。经济管理学家认为，人在工作中的表现取决于三大因素：利益、信念和心理状态。在这三大因素中，利益占据着首要地位。由此可见，在众多的激励方法中，薪酬激励起着举足轻重的作用。

由于员工在获得成就、取得报酬时，不仅会和相互协作的同事相比较，比较获得报酬的绝对量，同样也会和自己以前取得的报酬相比较，比较报酬的相对量。因此，薪酬管理不仅要制定合理的薪酬绝对量，也要在同事之间进行合理的薪酬分配，保持薪酬相对量之间的平衡。有统计表明，在企业中，同一职位水平的职工薪酬波动相对稳定时，员工之间的协作水平很高，员工之间沟通交流的次数更多，完成目标的质量更高；而对于同一职位水平的职工薪酬差别较高的企业，员工的关系相对紧张，员工之间难以达成共识，完成目标的质量也就相对较低。

（一）浮动工资计划

浮动工资就是将员工的报酬所得与工作绩效相联系，不完全依靠工作时间或者出勤次数，与固定薪酬有着本质的区别。浮动工资的表现形式有计件工资、奖金、利润分享、收入分享等。

1. 计件工资

现在多数企业采用计件工资制，是将员工完成产品的件数与工资相联系。例如，李林今天完成100件电子零件，每件零件公司支付0.6元，那么今天小林的工资为60元。

2. 奖金

此处的奖金属于短期激励的一种方式，是将奖金单独奖励给群体或者个人的行为。奖金能明显激励员工的短期行为，提高员工的满足感。现在企业中流行着一种即时奖励方式，即一旦发现员工有优秀的表现时，就立刻给予经济奖励。这种奖励方式，不仅能激励员工努力工作，更能够及时反馈员工的努力成果，减少奖励的机会成本，与期望理论、公平理论、强化理论相符合。

3. 利润分享

这是根据公司的利润收入所制定的一种报酬分配方式。既可以直接用现金支付，也可以用股权来支付。根据调查得知，将员工的报酬与公司的利润收入相联系，有利于激励员工努力工作，吸引人才，同时将公司的利益与员工的个人利益相联系，有利于员工的稳定工作，提高工作效率，促进企业效益的提高。

4. 收入分享

根据公司的收入来确定报酬的多少。由于公司利润的结果受到较多的因素影响，除去员工的自身因素外，还有环境、政策等外部因素。将收入与员工的利益相联系，有利于减少员工取得报酬的风险性，起到较大的激励作用。

（二）技能工资

技能工资是指根据员工的技术能力水平（即员工的技能范围、类型、和岗位的相关性）来确定工资，技能等级不同，薪酬支付标准也不同。技能通常包括三类：深度技能、广度技能和垂直技能。

深度技能指从事岗位工作有关的知识和技能，具体表现在能力的纵向结构上，它强调员工在某项能力上不断提高，鼓励员工成为专家；广度技能指从事相关岗位工作有关的知识和技能，具体表现在能力的横向结构上，它提倡员工掌握更多的技能，鼓励员工成为通才；垂直技能指的是员工进行自我管理，掌握与工作有关的计划、领导、团队合作等技能，它鼓励员工成为更高层次的管理者。这样的工资制度，有利于员工通过自己的能力来取得更高的收入，而不仅仅靠自己的岗位基础工资，从而提高员工学习技能、提高技能的积极性。

传统的报酬计划是与工作特点相联系，通过岗位特点、劳动强度、人才需求度及社会平均工资等因素来确定工资报酬的，但是传统的报酬制度难以在工作技能方面产生激励作用，难以在员工职业规划上做出较大的影响，影响公司人才的积累和发展，对公司的长远计划和持续经营造成严重的影响。

技能工资制度体现“以人为本”理念，以按劳分配为原则，以劳动技能、劳动责任、劳动强度和劳动条件等基本劳动要素为基础，以岗位工资和技能工资为主要内容的企业基本工资制度。能够激励员工不断地学习和更新知识技能，掌握额外的工作经验和方法。从而降低公司人力资源管理的成本，增加管理的灵活性，促进员工的学习和交流，为公司营造和谐的人际关系。公司以技能定工资，不仅有利于员工获得超过职位的报酬，更有利于公司人才的培养和成长。

（三）带薪休假和在职消费

在经济快速发展的当下，带薪休假和在职消费对员工的激励作用越来越大。对于追求业余生活丰富性的员工来说，经常的商务性旅游有利于增加员工的满足感，增加企业的凝聚力。

（四）灵活福利制度

现代企业中，企业会为员工提供较多种类的福利，一方面有利于满足员工的基本保障和安全需求，另一方面有利于保障企业生产的顺利进行。但是，企业的福利制度并不是针对个人而设定的，难以满足员工的个人需求，否则容易导致企业的福利资源过度浪费，影响企业资源的优化配置。在企业中，有的员工希望在努力工作后获得更多的假期；而有的员工自身生活压力过大，则需要更多的物质奖励而放弃休闲时间。

灵活的福利制度是指在给员工福利奖励的时候，能有两个或两个以上的方案可供员工选择，从而找到适合员工自身要求的方案，使激励达到最大化和最优化。在企业中，管理者可以参照员工的工资水平和生活习惯，为每一个员工建立一个福利方案，在采纳个人意见的基础上，来确定员工的个人福利方案和激励机制。在福利机制中，现代企业大多数选择“三险一金”，多是固定的，难以发挥激励的效应，灵活的福利机制将是未来的选择。

二、工作方式激励策略

（一）对工作进行再设计

管理者应该了解员工喜欢从事哪方面的工作，厌恶从事哪方面的工作。对于那些枯燥无味、连续重复的工作，要指导员工从中发现自我价值，增强员工的责任感。工作再设计是指为了有效地达到组织目标与满足个人需要而进行的工作内容、工作职能和工作关系的设计。也就是说，工作设计是一个根据组织及员工个人需要，规定某个岗位的任务、责任、权力以及在组织中工作的关系的过程。工作再设计的方法主要有工作轮换、工作扩大化、工作丰富化以及工作目标设置。

小知识

沃尔沃的工作再设计

瑞典沃尔沃汽车制造公司的管理本来也是一直沿用传统方法，重技术、重效率、重监控。直至1969年，工人的劳动态度已变得十分严重，使该公司不得不考虑改革管理方法。

沃尔沃公司的管理层分析了传统汽车制造工作设计，认为它最大的问题是将人变成了机器的附庸。所谓装配线，不过是一条传送带穿过一座充满零部件和材料的大仓库罢了。生产线的着眼点是那些零部件，而不是人。人分别站在各自的装配点上，被动地跟在零件后，机械地运动着。这套生产线的另一个问题，是形成了一种缺乏交流的沉闷气氛。工人们被分别隔置在分离的岗位上，产品在每个岗位上停留的时间只有短短的几十秒，工人们根本没有时间交往谈话。

沃尔沃在当时的一个轿车厂进行了工作再设计。希望体现以人而不是以物为中心的精神，因而取消了传统的装配传送带。以人为中心来布置工作，就是要使人能在行动中互相合作、讨论，自己来确定该如何组织。他们认为，激励成熟而自主的人应该用勉励而不是监控。

所以，公司让该厂工人自愿组成15~25人为一组的自治作业组，每组分管一定的工作，如电器接线、车内装潢等。组内可以彼此换工，也允许自行跳组，只要小组内部同意即可。小组可以自行决定工作节奏，只要能跟上总体的生产进程，何时休息、何时加班可以自定。每个组都像一个独立的小车间，良好的隔音设备所带来的安静的工作环境使工人能够自由轻松地交流。

各作业组自己检验质量并承担责任。每辆车要经过三个作业组，才有一检验站由专职检验员检查，将结果输入中央计算机。当发现某质量问题一再出现时，这个情况将在相应作业组的终端屏幕上显示出来，并附有如何排除的资料。这屏幕不仅报忧，也报喜，质量优秀稳定的信息也将得到及时反馈。产量、生产率、进度数据则定期显示。

自治作业小组的设置，使工人的自主性加强。组内换岗使长期以来从事某种单一作业的工人的劳累感和厌倦感减轻，各组全权负责相应的计划与检验工作使工人的责任感和群体协作意识增强。各组的缺勤率和离职率大幅度下降。

1. 工作轮换

工作轮换是指在特定的时间段内，使员工从事不同种类或性质的工作，使员工对工作充满新鲜感和好奇心。虽然工作轮换没有改变各种工作的本质，但却能使员工在一段时间内所从事的工作种类增加，从而增加了任务的多样化，有助于提高员工对工作的认识，开阔员工的视野，同时也增添员工的工作兴趣，降低员工对同一工作或岗位的厌恶感，增加员工的工作技能，配合员工的个人职业发展以及企业的接班人计划。但是，工作轮换也有着诸多不足：轮换的工作可能不是员工所期望的；由于员工对新轮换岗位不熟悉，从而增加企业的培训成本。

2. 工作扩大化

工作轮换是将一名员工在不同岗位上轮换，让他经历不同的工作职责。而工作扩大化则是给员工的工作增加更多的职责，增加员工任务的数量以及扩大其工作范围。工作扩大化有助于员工在原有工作技能的基础上增加更多的工作经验，使工作更有趣味，有利于增加员工的工作职责，增强对员工工作能力的认可，从而提高员工的工作满意度。但是工作扩大化会增加员工的工作负荷，可能引起员工的抵制。因此，在进行工作扩大化前，应与员工进行充分的沟通，了解员工目前的工作负荷情况，以免过大的工作量造成员工的心理抵触；同时，在给员工增加职责的时候，应同时增加员工的物质激励或者精神激励，增加员工的认同感。

3. 工作丰富化

工作扩大化和工作丰富化的区别在于前者是对工作任务的横向相加，是简单的增加任务数量的方法；后者是对工作任务的纵向深化，不仅仅是完成工作，也鼓励员工参与到工作的计划和决策中，增加员工对工作任务的认同感。如果把工作看作是一个生产链，那么工作扩大化就像是横向上增加了零件的供应商，员工的工作仍然是生产；而工作丰富化则是让员工不仅是从事生产环节，同时兼营原料采购、产品设计以及销售服务，是生产环节的纵向深化。工作丰富化强调工作在流程设计中的完整性，授予员工在流程中的自主决策权。通过工作丰富化，员工在工作过程中可以发挥多样技能，体会到工作任务的完整性及任务的意义。同时，丰富化的工作可以让员工对工作任务拥有更多的自主权，可以及时得到上司的反馈，使员工体验到自身对工作成果的责任，并能及时了解工作实践的成果，提高员工的工作积极性，增加员工的责任感和满足感，从而降低缺勤率和离职率。

小知识

员工参与式管理

福特汽车公司为了提高工人们的工作热情，和工会一道制订了一项“雇员参与计划”，在各车间成立由工人组成的“解决问题小组”。工人们有了发言权，不但解决了他们生活方面的问题，而且对整个生产工作起到了积极的推动作用。在新型轿车布朗 B 型投产前，公司大胆打破“工人只能按图施工”的常规，而是把设计方案摆出来，请工人们“评头论足”，提出意见。工人们提出的各种合理化建议共达 749 次，经研究，采纳了其中 542 项，其中有两项意见的效果非常显著。

美国休斯飞机制造公司的员工，一年内就提出了 2.3 万条建议，公司采纳了绝大多数意见，由此节省了 4.77 亿美元的开支。组织部门及时采用员工的建议，就会鼓舞提意见的员工，员工的建议不仅使组织节约了开支，也使员工变得更能干，工作效率更高。

4. 工作目标设置

工作目标设置主要通过明确员工的工作目标以及恰当设定目标的难度，从而有效达成组织任务。在设置目标时，应注意：目标必须是明确的，目标能清晰表明组织的期望，工作目标可以让员工感受到挑战的难度，工作目标是可以达成的。通过设置目标，有利于员工明确努力的方向，使员工的工作更有效率；员工通过自身的努力达成目标后，会产生成就感。

（二）多样化地安排工作时间

可以多样化、灵活地安排工作时间，如压缩每周工作时间、弹性安排工作时间、分担工作或团队合作、远程办公、外包或兼职工作。

1. 压缩每周工作时间

压缩每周工作时间是指在传统“每天8小时，每周5天”的工作时间制度上对工作时间加以改变，使五天的工作时间缩短为四天，使员工获得更多的休息时间。传统的8小时工作时间制下，员工每个星期将工作40小时。若以1个星期为一个周期，在原有总工作时间不变的情况下，我们可以增加员工的每天工作时间，如把8小时工作时间改为10小时，从而给员工更多的完整的休息时间。虽然压缩每周工作时间会增加员工的完整休息时间，但是员工每天的工作时间会延长，同样的员工需要对家里的工作时间进行调整，使二者相适应，使员工难以接受新的工作安排，可能会引起员工的抱怨。

2. 弹性安排工作时间

弹性安排工作时间是指让员工自己选择一天中的办公时间段。在保证每天的工作时间和工作任务的情况下，由员工自己选择工作时间，如早来早走或晚来晚走，有利于员工及时处理私人事务，譬如双职家庭、单亲家庭。弹性工作时间使员工有更多的自由来选择处理事务的时间，从而对工作时间进行合理的安排，不仅有利于员工完成个人工作任务，更有利于增加员工对企业的归属感。

3. 分担工作或团队合作

分担工作或团队合作是指将一份工作分成若干份，由两个人或以上的员工共同或者分步完成。工作分担经常会涉及几个人，他们可以就每天的工作相互分担，也可以就每周或者每月的工作进行分担。譬如说岗位执勤，今天应该有小王来执勤的，但是小王今天上午有事，他找来小李来帮助他执勤半天，等到某天小李有事的时候，小王也可以帮助他进行工作分担。工作分担有利于将较大的工作或者一个人难以完成的工作分解成多份，由多人共同完成，达到合理安排时间的目的；另一方面工作分担有利于众人发挥个人所长，相互协作，较快地完成高质量的工作。分担工作可能会出现调节问题，但是对于全体员工来说是有益的。

4. 远程办公

远程办公是指利用电子计算机、互联网等媒介在不固定的地方进行工作的方式。远程办公摆脱了传统的固定办公室的办公模式，将现代化的计算机科技与中心办公室相联系，使员工在不同的地方都能随意地处理工作事务。不仅使员工摆脱了地域的限制，也使员工节省了时间和费用。在市场营销、金融分析、行政服务、业务咨询、计算机编程等方面，工作人员即使在不同的地方也能进行交流和沟通，及时掌握最新资讯。

5. 外包或兼职工作

外包是指将工作委托给公司以外的人或单位完成并支付相应的报酬的方式，可以是部分外包，也可以是全部外包。兼职工作是指雇用临时人员来帮助公司人员完成任务。采用工作外包方式，一方面是工作较多，本公司人员难以在既定时间完成任务，另一方面是工作可以分割，分割出去的附加价值较低。采用兼职方式则是因为工作相对较少，工作难以较为明确地分割，需要共同完成而人员不足。利用外包方式或者兼职方式都有利于企业集中主要精力完成工作中较为重要的部分，使企业获得更多的利润。但是，非本企业人员缺乏工作的责任感和熟练的工作经验，可能会导致企业生产率降低。

三、股权激励策略

股权激励是指上市公司以本公司股票为标准的，对其董事、监事、高级管理人员及其他员工进行的长期性激励，是一种公司经营者通过一定形式获取公司一部份股权的长期性激励制度，使经营者能够以股东的身份参与企业决策，分享利润，承担风险，从而勤勉尽责地为公司的长期发展服务。公司允许公司员工在一定时间内以特定价格购买一定数量公司股份的股票期权（权利），从而使公司员工与公司利益相关联，激励员工积极性的做法。股权激励计划的激励对象必须是公司员工，具体对象由公司根据实际需要自主确定，可以包括上市公司的董事、监事、高级管理人、核心技术（业务）人员以及公司认为应当激励的其他员工。财务报告虚假和有重大违法违规行为的上市公司不能实施股权激励计划。

股权激励的实现方式主要有限制性股票、股票期权、股票增值权等方式。

（一）限制性股票

所谓限制性股票，是指激励对象按照股权激励计划规定的条件，从上市公司获得的一定数量的本公司股票。激励对象只有在工作年限或业绩目标符合股权激励计划规定条件后，才可出售限制性股票并从中获益。上市公司授予激励对象限制性股票，应当在股权激励计划中规定激励对象获授股票的业绩条件、禁售期限。

（二）股票期权

股票期权是指上市公司授予激励对象在未来一定期限内以预先确定的价格和条件购买本公司一定数量股份的权利。激励对象可以其获授的股票期权在规定的期间内以预先确定的价格和条件购买上市公司一定数量的股份，也可以放弃该种权利。

（三）股票增值权

股票增值权是指上市公司授予激励对象在一定的时期和条件下，获得规定数量的股票价格上升所带来的收益的权利。股票增值权主要适用于发行境外上市外资股的公司。股权激励对象不拥有这些股票的所有权，也不拥有股东表决权、配股权，股票增值权不能转让和用于担保、偿还债务等。

（四）其他方式

其他方式主要有业绩股票、员工持股计划等。所谓业绩股票，就是对完成规定条件的激励对象直接无偿授予公司股票作为对其经营业绩予以奖励的一种激励方式；员工持股计划则是通过一定的制度设计，让公司员工持有公司股份，使公司全体员工能够与公司风险共担、利益共享。

四、精神激励策略

精神激励是指在精神和心理方面对员工进行激励，以满足员工的自我发展需求。精神激励主要有以下几类。

（一）目标激励

目标激励是指管理者与员工共同制定组织目标，并以此确定每个员工的分目标，通过激励各位员工实现自己的分目标来实现组织总目标的激励方式。目标激励主要以员工参与目标制定为激励手段。

根据马斯洛的需求层次理论，物质需求是最基本的需求。在传统的激励方式中以物质激励为主要的激励方式，如薪酬激励、奖金激励。但是随着人们物质生活水平的提高，人们对自我价值的实现越来越渴望。目标激励正是精神激励和物质激励的结合，一方面，让员工参与目标的制定有利于使员工获得认同感和满足感；另一方面，员工参与目标制定有利于正确地认识目标，更容易获得实现目标的途径，获得物质奖励。在目标的制定过程中，既有利于管理者认识员工的个人能力，也有利于使管理者和员工达成共同的奋斗目标，增强企业的凝聚力。

（二）信任激励

信任激励是指管理者充分信任员工，给予员工更多的权利和自由，使员工从自我实现目标中获得满足感。管理者要及时给予员工肯定。信任激励也可以称为授权激励，是在充分考察员工个人能力后，在工作方面给员工更大的自由决策空间，并为员工创造良好的环境，充分发挥员工的潜能。

（三）价值观激励

虽然每个组织的价值观不尽相同，但是优秀的企业都有追求卓越的价值观。价值观不仅有利于增强企业的凝聚力，激发员工的工作热情，更是每个员工自我行为的引导和规范。

（四）榜样激励

榜样激励是指管理者以自身或者成绩突出、品德高尚的个人或集体为标杆，对自己的行为或者他人的事迹加以肯定和表扬，要求大家学习，从而激发团体成员的积极性。榜样是一面旗帜，使员工有学习的目标和方向，激励着员工的工作行为。

（五）文化激励

企业文化是企业在经营和发展过程中形成的物质文明和精神文明的集合，是企业在长期的发展过程中形成的独特的、员工所共同认可的价值观、行为准则、思维方式、工作作风的总和。优秀的企业文化有利于调动员工的积极性和创造性，形成员工的认同感和归属感。

（六）情感激励

管理者与员工之间在情感上应该紧密相联，领导者对下属体贴和关心，以情感人，往往能够得到员工更多的理解和支持。在法国企业界有一句名言："爱你的员工吧，他会百倍地爱你的企业。"日本麦当劳株式会社创始人藤田田也曾说："感情投资是所有投资中花费最少、回报率最高的投资。"

松下幸之助是松下公司的创始人，其一生能使松下公司从街道小厂发展到跨国公司，在情感激励方面确有其独到创见。他曾对公司领导提出要求：社长必须兼任为员工倒茶的工作。善于端茶的管理者，容易与员工之间形成轻松、亲密的人际关系，在精神上为员工提供愉悦的工作环境，从而让他们深切体会到“企业爱我”而激发起“我爱企业”之情。只有这种发自内心的感情，才能真正使员工敬业、乐业地从事工作。

海尔集团从1992年开始，在每月的最后一日晚上，都要为当月过生日的员工举办一次卡拉OK晚会，并规定每位过生日的员工届时可带四位亲属一同参加，公司领导都会抽出时间到场，为过生日的员工一一祝福。一位员工曾这样说：“营造一个温馨的生日会场面并不难，鲜花、蜡烛、蛋糕足以烘托，而营造一个温馨的生日会氛围就不那么简单了，它需要人与人之间的默契和感情交流。”

案例分析

案例10－1

黄大佑为什么要辞职

工程师黄大佑，一个名牌大学毕业的高才生，毕业后已经工作了9年，于4年前应聘到一家国有企业下属的一个大型工厂的技术部门工作，工作勤恳负责，技术能力强，很快成为厂里的头号技术骨干。该厂的刘厂长是一个有名的识才的老厂长，深谙“人尽其才”的道理。4年前，黄大佑来报到时，门口用红纸写的标语“欢迎黄大佑工程师到我厂工作”几个大字是刘厂长亲自吩咐人事部门做的，这确实令黄大佑十分感动。因此，他进厂后认真工作，一连为厂里解决了好几个技术难题。

然而，由于资历短、职称低、无职务，黄大佑的工资和技术部门同其他刚来一两年的小年轻们差不多。黄大佑结婚后一直买不起房，最近刚有了小孩，每月租房子、买奶粉都要花不少钱，生活着实不宽裕。两年前，厂里有指标申报高级工程师，黄大佑属于条件申报之列，但最终厂里却将名额给了一个没有文凭、工作平平的老同志。他想问一下厂长，谁知厂长却先来找他了：“黄工，你年轻，机会有的是。”去年，他本想反映一下工资问题，他当初来这里的目的就是想要高一点的工资，提高一下生活待遇。但是几次想开口，都没有勇气讲出来。因为刘厂长不仅在大会小会上大夸他的成绩，而且有几次别的企业来取经，厂长当着客人的面赞扬他是厂里的技术骨干，是一个有创新精神的人。哪怕厂长再忙，路上遇见时总会拍着他的肩膀说几句鼓励的话，诸如“黄工，干得不错”，“黄工，你很有前途”。这的确让黄大佑兴奋，“刘厂长的确是个伯乐”。此言不假，前段时间，厂长还将一项开发新产品的重任交给他呢，说是要大胆启用年轻人……

最近，总公司准备了一批住房，用以改善优秀人才的住宿条件，黄大佑所在的厂有份。黄大佑下决心要反映一下住房问题，谁知这次刘厂长又先找他，还是像以前一样，笑着拍拍他的肩膀：“黄工，厂里有意培养你入党，我当你的介绍人。”黄大佑又不好意思开口了。当天晚上，黄大佑对着一张报纸上的招聘广告出神。第二天，他递交了辞职报告。

资料来源：吴照云：《管理学通论》，北京，中国社会科学出版社，2007。

问题

1. 根据马斯洛的理论，住房、评职称、提工资和入党对于黄大佑而言分别属于什么需要？

2. 根据有关激励理论分析为什么刘厂长最后没有留住黄大佑，刘厂长该如何留住黄大佑。

案例 10－2

由职业生涯规划引发的跳槽

原本为员工长远、稳定发展而设计的职业生涯规划，却导致了30%的离职率——这是来自全球职业规划师研讨班上的一个活案例。

中关村某IT公司经过几年高速发展，现已进入一个相对平稳的增长期。今年4月，为了“给每一位员工一个看得见的未来”，让他们安心本职发展，该公司决定进行员工职业生涯规划管理。人力资源部对大部分员工进行了一对一沟通，认为已了解员工需求后，便为他们重新“定岗定薪定发展”。然而始料不及的是，短短两个月时间里，员工流失率竟达30%以上，这些员工的离职理由竟也出奇的一致：一半以上是“个人发展与企业发展目标不符”。8月份，起先是公司销售总监离职，随后在公司服务了3年多的一位销售主管跳槽，并带走了一批销售精英。不安分的因子似乎感染了每一个员工，公司顿时陷入一片混乱中，一场原本出于好意的职业规划最终发展成为一场“人事大地震”。

员工为何要离职？记者了解到，这些离职员工在与公司进行了规划面谈后，有的居然认为是企业对他有意见，有“炒人”的嫌疑，在“你炒我不如我炒你”的心态下，这部分人选择了离开；销售总监则认为自己的职业发展已经走到了一个转折点，渴望更大的发展；至于那位被看好的销售主管，导致他离职的直接原因是公司通过猎头公司空降了一位销售总监。这位主管认为，公司违背了在以前的《员工职业生涯规划书》中的承诺，当年企业认为他的个人能力适合销售职位，并给他规划了明确的职业上升路线。但在销售总监一职出现空缺时，公司认为其知识素养尚达不到职位要求，故另作安排，该主管于是愤然辞职。

资料来源：根据相关资料整理。

问题

1. 从激励的角度分析此IT公司的员工为什么相继跳槽。
2. 请对该公司的人力资源管理提出合理化建议。

案例 10－3

新上任的销售部王经理

上个月月底的一次公司办公会议上，公司李总经理宣布了一项人事任免决定：考虑到销售部陈兴经理月初出车祸受伤，任命王军为销售部经理，免去他现任的公司办公室副主任职务；同时免去陈兴销售部经理职务，待他养好伤后由公司另行安排工作。在办公会议上李总等公司领导对销售部工作提出了要求，希望王军上任后能使销售部的工作有新的起色。

其实在公司任命小王为销售部经理的办公会议之前，李总已经找小王谈了话。从谈话中小王明显感觉到公司领导对销售部这两年的工作不满意，经理都换了两任了。现任经理陈兴当销售部经理已快8个月了。这8个月中，销售部的工作也没什么起色，销售量一月不如一月，特别令公司领导不满的是资金回笼问题。公司靠销售部卖出产品，回笼资金，来发工资和买原材料。可这8个月来，资金回笼率只有30%～40%，弄得公司这几个月靠银行借款发工资。公司领导找陈经理谈了好多次，但他总是强调，现在环境不好，生意难做。销售员都说产品销不动，因而常常是整天坐在办公室聊天。面对销售部的这种状况，陈经理也显得无能为力。正好这时陈经理出车祸，公司领导决定让小王出任销售部经理。小王深感这是领导对他的器重。从办公室副主任到销售部经理，这提了半级，更为重要的是他将独当一面，再说销售部是公司的关键部门，用李总的话说，公司的生死存亡在很大程度上就看销售部了。因此，小王也感觉到了这一职位的分量，他决心要全力以赴，干好这工作。

自从和公司领导谈话以后，小王一直在琢磨怎样才能抓好销售部的工作。他也从旁人处对销售部的情况做了一些了解：公司销售部共有24位员工，其中有12位销售员，分别负责公司产品在全国各地的销售工作，其他均为统计、开票、会计、行政等二线保障人员。他认为销售部任务是否能完成，全部着落在销售员身上，因此抓好销售员是个关键。现在的问题是如何抓。这时小王想起他曾经在下面车间工作的经验。当年他担任机加工工段长时，为了使工段的工作上台阶，曾设法提高车床组这个工段的瓶颈组的工作效率。为此，他进行了薪酬改革，将车床组工人的奖金发放与完成工时定额挂钩得更紧密。改革方案的要点是：① 将工时定额从原来的360提到400。对此小王的解释是，车工现行工时定额过多地考虑了一般工人的情况，完全可以提高，使得定额具有挑战性。② 车工完成新定额得全额奖金，达不到就扣奖金，扣的幅度为1/3、1/2，直至全部扣除，一切看定额的完成情况。工人完成新定额的情况是以后加工资的首要考核依据。因为小王在提升为工段长以前一直在车工组工作，所以对那儿的情况了如指掌。方案刚推行时引起了一些矛盾，但实施下来问题不大，少数人没了奖金，但大多数人又有奖金又有加工资的机会，个别的不满无关大局，从整体看，车工组的面貌有了变化，从而使整个工段的工作有了提升。小王也因此受到了公司的表扬和器重，并于不久后被提拔为公司办公室副主任。

王经理在他上任的第一次全体销售部员工大会上表示，他先要花一周时间做调查研究。这一周时间王经理做了三件事：一是查阅近5年来本公司的销售统计资料，特别注意每个销售员每个月完成的销售量。他发现前几年销售员完成的量在30～40台/月，可这两年一直在25～30台/月之间。销售员的人数从原来的6个，增加到8个，现在是12个，但销售总量却没有大的增加。二是通过他在当公司办公室副主任时的关系走访了本市和邻近地区的同类厂，了解它们的销售情况，特别是销售员的工作情况，做这件事花了他不少时间和精力，了解到好的厂家销售员的销售量达30～35台/月，差的只有10～20台/月。三是制定一个销售员的奖金、浮动工资与完成销售量挂钩的方案。王经理发现，以往销售员的奖金与完成的销售量有些挂钩，但拉开的差距不大，浮动工资基本上是平均分摊。王经理准备在这方面有所突破。

在第二次全体员工会议以后，王经理把12位销售员留下来继续开会，在会上他推出了一个奖金、浮动工资与完成销售量挂钩的试行方案。方案的要点有三：① 每位销售员每月应完成的销售量定为38台；② 完成这一指标得全奖，如完不成，则每完不成1台扣20%奖金，达不到34台，扣除全额奖金（值得一提的是，全额的奖金金额约为其工资的2倍）；③ 连续3个月完成指标，第4个月向上浮动一级工资，连续一年完成指标再向上浮动一级工资，如享受浮动工资后，没完成指标，第2个月起取消浮动工资，如连续半年完不成指标，则下调一级工资，连续一年完不成，再下调半级工资。在对试行方案作解释时，王经理说，方案是在调查研究的基础上制定出来的，试行方案首先需要大家转变观念，要体现按劳分配原则。同时他告诉销售员，他实施奖金向销售员倾斜的原则，销售员的奖金额为一般人员的400%，但要拿到，则必须完成指标。同时他补充，完成销售量是以资金回笼到位为准。可想而知这方案一宣布，马上引起销售员的一片哗然。但王经理坚持实施这一方案，他口头上解释说：这是试行方案，可在实施中修改，但一定要试。心里却在想：就得要采取强硬措施，好好管一管，要不大家怎么肯拼命干？

资料来源：芮明杰：《管理学》，上海，上海财经大学出版社，2005。

问题

1. 你认为王经理对人的看法属于哪种“人性假设”？为什么？
2. 根据激励理论分析，你认为王经理的方案是否能激励员工？为什么？
3. 如果你是王经理，会怎样做？

本章思考题

1. 不同的人性假设，表现在对人的激励方面有何不同？
2. 如何理解和运用马斯洛的需求层次理论？
3. 双因素理论的内容是什么？保健因素和激励因素各包括哪些内容？
4. 如何合理运用公平理论？
5. 简述期望理论的主要内容。
6. 薪酬激励包括哪些方法？

第十一章　沟通

学习目标

通过这一章的学习，希望你能够掌握：

1. 沟通的定义及基本过程；
2. 沟通渠道的种类及其优缺点；
3. 正式沟通和非正式沟通的区别；
4. 沟通存在的障碍和改进的主要方法；
5. 有效沟通的原则与技巧；
6. 组织沟通的相关知识点。

引例

通用电气公司的沟通文化

通用电气公司（General Electricity，GE）是当今世界上多元化经营最成功、规模最大的跨国公司之一。如何保证规模如此庞大、经营如此分散的企业在竞争中不断前进呢？GE前总裁杰克·韦尔奇认为是“顺畅的沟通”，企业的成败最终都要基于能否构建起一种利于沟通的机制。通用公司有位经理曾这样生动地描述韦尔奇：“他会追着你满屋子团团转，不断地和你争论，反对你的想法。而你必须要不断地反击，直到说服他同意你的思路为止——而此时，你要确信这件事你一定能够成功。”韦尔奇希望人们勇于表达反对的意见，呈现出所有的事实，并尊重不同的观点，这是化解矛盾的方法。他认为：“良好的沟通就是要让每个人对事实都有相同的意见，进而能够为他们的组织制订计划。”“真实的沟通是一种态度和环境，它是所有过程中最具互动性的，其目的在于创造一致。”

韦尔奇提出了“无边界行为”理念，提倡员工之间、部门之间、地域之间互相进行沟通，汲取新思想。事实证明，“无边界行为”不但不会与有序的组织管理发生冲突，反而为通用公司创造了一种自由、轻松、平等的沟通文化氛围。要打造这种沟通文化，沟通渠道的畅通至关重要。通用公司的沟通渠道是多样化的。传统方法与现代手段并存，网上交流、电话交流、面对面交流、便笺式交流……目的只有一个：让信息畅通、让沟通更便利。此外，圆桌会议、全体员工会议、优秀员工座谈会等集体沟通形式每天都在进行。

通用公司从最高领导到基层管理人员都实行“门户开放”政策，员工随时都可以进入他们的办公室反映情况。管理人员会仔细了解员工的意见，并及时给予回复。另外一个就是“群策群力”会议，这是针对员工召开的一种座谈会。公司会邀请几十名员工，并聘请外部人员比如大学教授和其他专业人员，来启发和引导员工进行讨论，而现场并没有员工的上司。其中，经理人员安排议题后就离开，并在讨论后回来。经理必须针对大部分问题当场给予员工明确的答复。有了这个会议，很多技术和管理上的问题都在平等而热烈的争议中得到迅速解决。

另外，通用公司还别出心裁地要求每位雇员写一份施政报告。每周星期三由基层员工轮流当一天“厂长”。“一日厂长”早上9点上班，先听取各部门主管汇报，对全厂运营有了全盘了解后，即陪同厂长巡视部门和车间。“一日厂长”的意见，都详细记载在《工作日记》上。各部门、车间的主管得依据其意见，随时改进自己的工作，并在干部会上提出改进后的成果报告，获得认可后方可结案。各部门和车间或员工送来的报告，需经“一日厂长”签批后再呈报厂长。厂长在裁决公文时，“一日厂长”可申诉自己的意见供其参考。这项管理制度实行以来，成效显著，第一年节约的生产成本就达200万美元。公司将节约的部分提成作为员工的奖金，全公司上下皆大欢喜。

第一节　沟通概述

一、沟通的含义

沟通是指借助一定的手段把理解的信息、思想和情感在两个或两个以上的个人或群体中传递或交换的过程，目的是通过相互间的理解与认同来使个人或群体间的认知以及行为相互适应。

对于这一概念可以从以下几方面去理解。

1）沟通主要是通过语言（或语言的文字形式）来进行的。

2）沟通不仅是信息的交流，而且包括情感、思想、态度和观点等的交流。

3）在沟通过程中，心理因素有着重要的意义。在信息发出者和接收者之间，需彼此了解对方进行信息交流的目的和动机，而信息交流的结果是会改变人的行为的。

4）在信息沟通过程中，会出现特殊的沟通障碍。不仅信息通道（即传递）不畅易导致的信息失真或错误造成沟通障碍，人们所特有的心理问题也会产生沟通障碍。例如，由于人的知识、经历、职业和政治观点等的不同，对同一信息可能有不同的看法和不同的理解等。因此，在研究沟通的过程中，需要了解和研究它的特色规律。

二、沟通过程和要素

（一）沟通过程模型

沟通是一个复杂的过程，沟通过程的模型可以用图11－1反映出来。

任何的沟通都是发送者将信息传递到接收者的过程，其中发送的信息的内容可以多种多样，诸如想法、观点、资料等。沟通的过程可以分解成以下步骤。

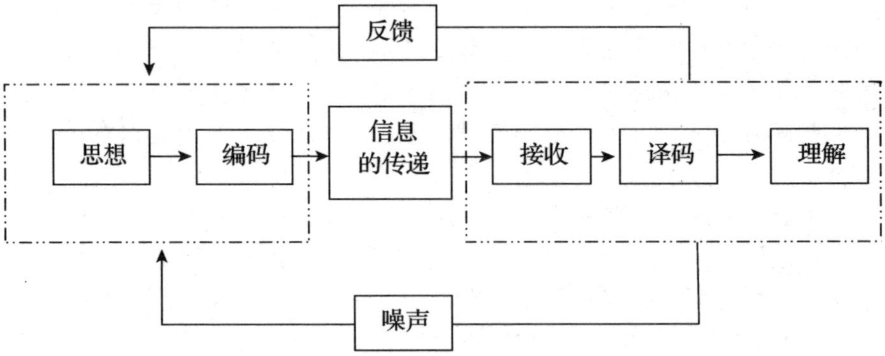

图 11－1　沟通过程模型

1）发送者发出信息。信息发送者出于某种原因，希望接收者了解某个信息，发送者明确了自己要进行沟通的内容。

2）编码。发送者将这些信息译成接收者能够理解的一系列符号，如语言、文字、图表、照片、手势等。要发出的信息只有通过编码才能传递。

3）传递信息。通过某种通道将信息传递给接收者，由于选择编码的方式不同，传递的方式也不同。传递的方式可以是书面的，也可以是口头的，甚至还可以通过形体动作来表示。

4）接收者将通道中加载的信息翻译成他能够理解的形式，解码的过程包括接收、译码和理解三个环节。

5）反馈。接收者将其理解的信息再返送回给发送者，发送者对反馈信息加以核实和做出必要的订正。反馈的过程只是信息沟通的逆过程，它也包括信息沟通过程的几个环节：发出信息、编码、传递信息、解码和再反馈。反馈构成了信息的双向沟通。

（二）沟通障碍

噪声的干扰会破坏沟通的有效性。所谓噪声，是指一切干扰、混淆或者模糊沟通的因素，它既包括来自沟通过程系统外在因素的影响，也包括系统内部的功能上的扰动因素，如由于发送者、接收者自身的知识和能力不足而造成的对于有效沟通扰动等。有数据表明，5%～20%的人存在不同程度上的沟通焦虑，他们害怕在人群中讲话，缺乏沟通技术。

沟通的五个环节都会受到噪声的干扰。发送者不能明确所要沟通的内容，或者不能正确编码就会造成发出的信息失真；通道的选择不利和传递中信号的遗失又会造成信息传递的失真；接收者在接受、翻译、理解过程中的不当往往带来信息接收的失真；同样，反馈也会带来反馈失真。由于存在新的发出失真、传递失真、接收失真和反馈失真，因此，无障碍的沟通变得十分困难。正是因为有效沟通的困难性，沟通能力已成为衡量领导者水平的重要尺度之一。

三、沟通的类型

在组织内，按沟通的渠道或途径的不同，可将其分为正式沟通与非正式沟通两大类。

正式沟通通过组织正式结构或层次系统运行，非正式沟通则通过正式系统以外的途径来进行。按照沟通使用的媒介不同又可以分为语言沟通和非语言沟通两大类。

（一）正式沟通

正式沟通一般指在组织系统内，依据组织明文规定的原则进行的信息传递与交流，如组织与组织之间的公函来往、组织内部的文件传达、召开会议、上下级之间的的定期情报交换等。

1. 正式沟通的方式

按照信息的流向，正式沟通又分为下行沟通、上行沟通、平行沟通和斜向沟通四种形式。

下行沟通即自上而下的沟通，是上级向下级传递信息的过程。这种沟通涉及目标、计划、纲领、政策、程序和规章制度等内容，一般以文件、报告、批示及指示等形式出现。上行沟通即自下而上的沟通，是下属向上级传递信息，包括下属向上级提交工作报告，向上级反映情况、问题、要求和建议以及向上级请示支持等。有些组织还通过意见箱、热线电话、座谈会、调查及领导“接待日”等形式来鼓励上行沟通。

平行沟通也称横向沟通，是指组织内同层次、不同各部门之间的沟通。它有助于同级部门或同级领导之间的沟通了解。对于加强组织内部的协调与合作、联络感情、增进感情、增进理解是十分必要的。斜向沟通是发生在跨工作部门和跨组织层次的员工之间的沟通。从效率和速度角度看，斜向沟通是有益的。电子邮件的普及使用更促进了斜向沟通。现在许多组织中，一个员工可通过电子邮件与任何其他员工进行沟通，不论他们的工作部门和组织层次是否相同。然而，与横向沟通一样，如果员工不通报他们的管理者，斜向沟通也有可能造成管理混乱的问题。

相对而言，下行沟通和上行沟通更有利于统一领导、统一指挥。

2. 正式沟通网络

沟通网络是指组织中沟通渠道的结构和形式。一种网络不同于另一种网络的基本特征在于：渠道的数量、分布以及是单向还是双向。根据研究者的观察和实验，以五个组织成员参与的沟通来看，可能存在的沟通网络有60多种，但主要有五种典型的形式，即链式、环式、Y式、轮式和全通道式。

（1）链式沟通

在一个组织系统中，它相当于一个纵向沟通网络，代表一个五级层次的直线系统。在这个网络中，信息可自上而下或自下而上进行逐级传递，但经过层层筛选后，容易失真，各个信息传递者接收的信息差异较大，平均满意程度有较大差距。如果某一组织系统过于庞大，需要实行分权管理，链式沟通网络是一种行之有效的方法。

（2）环式沟通

此形态可以看成是一个封闭的链式结构，表示五个人之间可以一次联络和沟通。其中，每个人都可同时与两侧的人沟通信息。在这种网络中，组织的集中化程度较低，组织中成员具有比较一致的满意度，组织士气高昂。如果在组织中需要创造出一种高昂的士气来实现组织目标，环式沟通是一种合适的选择。

（3）Y式沟通

Y式沟通也是一种纵向沟通网络，其中只有一个成员处于中心位置，成为沟通的中介人。在组织中，这一网络大体相当于组织汇总，由领导到秘书，再到下级主管人员或一般成员之间的纵向关系。这种网络集中化程度高，解决问题速度快，但容易导致信息曲解或失真。除中心人员外，组织成员的平均满意程度较低。此网络适用于领导者工作任务十分繁重，需要有人选择信息，提供决策依据而又要对组织实行有效控制的情况。

（4）轮式沟通

轮式沟通属于控制型网络，其中只有一个成员是各种信息的汇集点与传递中心。在组织中；大体相当于一个主管领导直接管理几个部门的权威控制系统。此种网络集中化程度高，解决问题的速度快。但沟通渠道少，组织成员的满意度低，士气低落。在组织接受紧急任务，要求进行严密控制以及争时间、抢速度的情况下，可以采取这种网络。

（5）全通道式沟通

这是一个开放式的网络系统，其中每个成员之间都能相互联系，彼此了解。由于沟通渠道多，组织成员士气高昂，合作气氛浓厚。这种网络对于解决复杂问题、增强组织合作精神、提高士气有很大作用，但是，由于这种网络沟通渠道太多，易造成混乱，且又费时，影响工作效率。

表11－1是正式沟通各种形态的特点比较。

表11－1　正式沟通各种形态的比较

沟通形态	信息正确度	群体作业组织化	问题解决速度	领导人的产生	组织士气	工作变化弹性
链式	较高	慢，很稳定	较快	较明显	低	慢
轮式	高	迅速，稳定	快	明显	很低	较慢
环式	低	不易	慢	不发生	高	快
全通道式	最高	最慢，稳定	最慢	不发生	最高	最快

（二）非正式沟通

1. 非正式沟通的含义与特征

非正式沟通是指通过组织正式途径以外的渠道进行的信息传递与交流。它以社会关系为基础，这种沟通与组织内部的规章制度无关。它的沟通对象、时间以及内容等都是未经计划的，随机性较大。而且这种沟通带有一定的感情色彩，犹如林中蜿蜒的小道盘旋在整个组织机构内，其分支伸向各个方向，缩短了正式的垂直和水平交往的路线，加大了管理者的控制难度。而非正式沟通对正式组织具有重要影响，做好非正式沟通是形成良好组织氛围的必要条件。因此，管理者必须重视非正式沟通的作用。多数情况下，来源于非正式沟通的信息更易于被接收者重视。因为这种沟通以闲聊的口头方式进行，不留证据，不负责任，有许多正式沟通中不便传递的信息却可以在非正式沟通中透露。一般把闲聊时传递的信息称为传闻或小道消息。关于传闻或小道消息的正确程度，现在尚未取得统一结论，有的专家认为非正式沟通传递信息的准确度只有50%，有的认为准确度有75%甚至95%。与正式沟通相比，非正式沟通具有以下一些特征。

1）非正式沟通的信息往往是不完整的，有一定的片面性，常被夸大或曲解，有些甚至是牵强附会的，无规律可循。

2）非正式沟通信息交流的速度较快。由于这些信息与员工的利益相关或者是他们比较感兴趣的问题，加上又没有正式沟通的程序，信息传播的速度大大提高。

3）非正式沟通的效率较高。非正式沟通一般是有选择地、针对个人的兴趣传递信息，可以满足员工的需要。

4）非正式沟通的表现形式具有多变性和动态性，且任何时间和地点都有可能发生。所以传递的信息变化大，内容也不限定。

非正式沟通的优点是：具有不拘形式、直接明了、传递速度快、容易及时了解正式沟通难以提供的内幕新闻等。缺点是：难以控制、传递的信息不确切、可能导致小集体的产生等。作为管理者，对此必须引起高度重视，不仅要消除小道消息的消极作用，同时还要利用非正式沟通为组织目标服务。

2. 非正式沟通的网络

非正式沟通的途径非常繁多且无定型，因而美国人用“葡萄藤”来称呼非正式沟通的网络，用以形容它的枝繁叶茂、随处延伸。这种藤式网络把所有员工联系起来，从总裁到中层管理者、支持性参谋人员和直线员工等无所不包。通常藤式网络有四种形态，依照最常见至较少见的顺序分别如下。

（1）集群连锁

集群连锁即在沟通过程中，由信息源 A 传递给几个特定的中心人物 B、C，再由他们有选择地转告若干人。这种网络形式具有较高的传播效率，是最为常见的一种，小道消息的传播就是这种网络形式。

（2）密语连锁

密语连锁即由一人告知所有其他人，犹如独家新闻。这种形式中所有的信息都是由一个人发送的，这个人不一定是该非正式沟通网络的领导者，可能只是率先获得信息或喜欢传递各种消息的人，如在私人宴会的闲谈中透露消息的人。

（3）随机连锁

随机连锁即碰到什么人就转告什么人，并无一定中心任务或选择性，完全是随机的。

（4）单线连锁

单线连锁即在个人之见相互转告，由一人转告另一人，他也只再转告一个人。这种情况最为少见，也最容易失真，但最适宜传递那种不宜公开的信息和机密，例如传递商业机密消息时常采取这种形式。

3. 非正式沟通在管理中的意义

非正式沟通的产生，可以说是人们天生的需求，是客观存在的。通过这种沟通途径来交换或传递信息，常常可以满足个人的某些需求。非正式沟通在组织上也扮演着重要的角色，管理人员应该正确对待非正式组织沟通。

（1）必须承认它是一种重要的沟通方式

非正式沟通的产生和蔓延，主要是由于人们得不到他们所关心的消息。因此，管理者越故作神秘、封锁消息，背后流传的谣言越猖獗。正本清源，管理者应尽可能使组织内沟通系统保持开放或公开，则各种不实的谣言将会自然消失。任何否认的态度都会铸成大错，企图消灭、阻止、打击的措施更是不理智的。

（2）可以充分利用非正式沟通为组织服务

管理人员应注意获取非正式沟通的信息并对其进行分析，从而为己所用或及时采取对策。管理人员还可以将自己不便从正式渠道传递的信息，利用非正式渠道进行传递。

（三）语言沟通

语言沟通是建立在语言文字基础之上的，可以分为口头沟通和书面沟通两种形式。

1. 口头沟通

口头沟通是最常用的、最直接的一种方式。在实际工作中，绝大部分的信息基本上可以通过口头传递。口头沟通包括人们常见的演说、正式的一对一的讨论或小组讨论、非正式的讨论以及传闻或小道消息传播等。

（1）口头沟通的优点

1）灵活多样。它既可以是两人之间的交谈，也可以是群体中的讨论或辩论；它既可以是正式磋商，也可以是闲话聊天。

2）传递速度快，并能及时反馈信息。在这种方式下，信息可以在最短时间内被传送，同时在最短时间内得到对方回复。一旦接收者对信息有疑问，迅速的反馈可使发送者及时检查其中不够明确的地方并进行改正。

3）在上级会晤下属时，下属会感到被尊重、重视，从而激发起工作的激情和积极性。

（2）口头沟通的缺点

1）易失真。在口头沟通中，信息的传递和交流是从发出者那里开始，以接力棒的形式一个一个往下传的，这样就有可能存在较大的失真。出现这种情况的原因是每个人都会以自己的偏好增减信息，以自己的方式诠释信息。于是，当信息经过多个环节到达终点时，其内容往往可能与最初的含义大相径庭。假如组织中的重要决策通过口头方式，沿着组织层级向下传递，则信息失真的可能性相当大。这种情况一旦出现，将会给组织造成巨大的损失或各种难以预料的负面影响。

2）难以核实。在口头沟通中，由于缺乏一些有形的媒介，事后会难以核实，正像俗语所说的“口说无凭”。

2. 书面沟通

书面沟通包括备忘录、信件、组织内发行的期刊、布告栏及其他任何可传递的书面文字或符号的手段。它也是沟通中比较常见的方式。

（1）书面沟通的优点

1）具有有形展示、长期保存以及可作为法律防护的依据。一般而言，发送者与接收者之间都拥有沟通记录，沟通的信息可以长期保存下来。如果沟通的任意一方对沟通信息的内容有疑问，事后的查询是完全可能的。对于那些复杂和长期的沟通来说，这一点尤为重要。例如，一个企业的发展规划，可能需要数月甚至一年的大量调查、预测才能做出切实可行的规划，把规划以书面的方式记录下来，可以使规划的制定者在整个企业规划的实施过程中有据可查。

2）具有周密、逻辑性强、条理清楚的优点。书面沟通是把沟通的内容写出来，从而促使人们更加认真、严谨地对待自己要表达的内容。

3）减少了情绪、他人观点等因素对信息传达的影响。书面语言在正式发表之前可以反复修改，使管理者要表达的信息内容被充分地表达出来。

4）书面沟通的内容易于复制、传播，这是进行大规模沟通时的重要条件。

（2）书面沟通的缺点

1）花费的时间较长，同等时间的书面沟通不如口头沟通传递的信息多。

2）不能及时地提供信息反馈。

（四）非语言沟通

非语言沟通是指借助非正式语言符号而不是通过讲话或文字来传递信息。人们往往习惯用非语言沟通的方式，诸如面部表情、语音语调、身体姿势等来强化语言沟通的效果。非语言沟通既能强化语言沟通的效果，也能起到相反的作用，关键在于沟通者对它的掌握和运用。

非语言沟通与语言沟通往往在效果上是互相补充的。据有关资料表明，在人所获得信息总量中，语词的只占了7%，声音的占了38%，而来自于身体语言，主要是面部语言的信息占了55%左右。

非语言沟通的内涵十分丰富，目前为人们所用的有身体语言沟通、副语言沟通和物体的操纵等。

1. 身体语言沟通

身体语言沟通是通过动态无声的目光、表情、手势语言等身体运动，或者是静态无声的身体姿势、空间距离及衣着打扮等形式来实现沟通。首先，人们可以借助面部表情、手部动作等身体姿势来传达诸如攻击、恐惧、腼腆、傲慢、愉快、愤怒、悲伤等情绪或意图。其次，人们还可以利用空间位置关系来影响个人之见的沟通过程。国外有关研究证实，学生对于课堂讨论的参与程度直接受到学生座位的影响。以教室讲台为中心，座位越靠近中心位置，学生对于课堂讨论的参与比例越大。再次，人们还可以运用服饰来传递信息。在企业环境中，组织成员所穿的服装往往能传送出关于他们的能力、严谨程度和进取心的信号。因为接收者无意识地给各种服装归结了某些特定的含义，并依据这种认识对待穿戴者。

2. 副语言沟通

副语言沟通是通过非语言的声音，如重音、声调的变化以及哭、笑、停顿来实现的。心理学家称非语言的声音信号为副语言。心理学的最新研究成果表明，副语言在沟通过程中起着十分重要的作用。一句话的含义不仅取决于其字面意思，还取决于它的弦外之音。语音表达方式的变化，尤其是语调的变化，可以使字面相同的一句话具有完全不同的含义。

3. 物体的操纵

除了运用身体语言外，人们也可以通过物体的运用、环境的布置等手段进行非语言的沟通。如办公室窗明几净，办公用品摆放整齐，透过这些物质环境，我们对办公人员的性格和习惯会有一个初步的认识。

第二节　沟通的障碍与克服

在沟通过程中，由于各种因素的影响和制约，会使沟通难以全面、准确、迅速地进行，造成沟通障碍。因此，必须分析影响有效沟通的相关因素，研究切实可行的沟通措施，提高沟通的有效性。

一、沟通障碍

在管理过程中，沟通是一个复杂的过程，常常会因为沟通工具的运用不佳、沟通方式的选择不当、沟通渠道的状况不良以及沟通双方的需要、价值观、态度和期望值的差异等诸多因素的影响，难以做到有效沟通。

总体来说，有效沟通的障碍可以概括为三种基本类型：主观障碍、客观障碍和沟通方式障碍。

（一）主观障碍

沟通中的主观障碍主要是指信息发送者与接收者在信息传递和交换过程中，受其主观心理因素的影响和制约，而不能正确有效地进行信息沟通的障碍。具体表现为以下几个方面。

1. 知觉障碍

知觉是人脑对客观事物整体的反映，即对客观事物赋予意义并做出解释。人的行为是以知觉为基础的。世界上很难找出接受过完全相同的训练和拥有完全相同的生活经验的两个人，因此，也没有两个人能够对事物具有完全相同的看法，信息发送者的愿意和信息接收者的理解并不一定完全一致。对信息的态度不同，使有些员工和主管人员忽视对自己不重要的信息，而只重视和关心与自己利益相关的信息，再加上沟通双方在经验水平和知识结构上差距过大，就会出现意见分歧。这样，由于心理因素、经历、知识结构的差异而使人们对于相同的事物产生不同的知觉，就出现了沟通障碍。

2. 偏见障碍

在每一种信息沟通情境下，信息接收者首先都要对信息进行价值判断，其主要依据是信息接收者对信息发送者的评价、与发送者先前的经验。由于某种偏见或者是某些先入为主的观念，所以，当接收到与自己价值观体系不相容的信息时，就会试图调整输入的信息，变更对输入信息的解释，从而导致对信息的理解出现偏差。当今企业较为流行的聘请知名人士为自己的产品做广告，其目的就是期望借助于名人的影响，提高产品的知名度。由于主管人员考虑不周，伤害了员工的自尊心，或决策错误造成下级之间相互不信任，会影响沟通的顺利进行。

3. 地位障碍

个人地位影响沟通主要表现在以下几个方面：① 主管人员轻视低职位人员的意见或不愿认真处理；② 主管与下属接触过少，造成主管孤立；③ 下属对上司有恐惧情绪；④ 主管人员不乐于详细听取意见；⑤ 主管人员不愿听到有问题发生；⑥ 下属认为提出意见后会有职业安全上的顾虑，故守口如瓶。这些情况都是由主管人员与下属之间的地位差异造成的。

4. 不良倾听习惯障碍

由于不良倾听习惯所造成的障碍主要表现在一下几个方面：对主题无兴趣、分心、过分激动、过分注重条理、只重事实不重原则及推理、受情感性语言的影响、对困难部分不求甚解、只听自己爱听的事情、假装注意、对对方有成见、受对方姿势的吸引、大脑利用倾听的空档去想其他事情。

（二）客观障碍

沟通中的客观障碍主要是指沟通过程中因信息沟通渠道、组织结构以及沟通中的环境等客观因素的影响和制约。导致沟通不能准确有效地进行。具体表现在以下几个方面。

1. 距离障碍

空间距离对信息沟通及其效果影响很大。一般来说。信息的传递者和接受者进行面对面的交流，有利于把复杂的问题说清楚，提高沟通的效率。如果沟通双方距离太远，接触机会少，只能借助于诸如通信等手段传递和交换信息，就很难把复杂问题说清楚，时间上也耽误得太多，从而影响沟通效果。此外，由于沟通双方社会背景等的差异而形成的社会距离也会影响沟通的效果。

2. 渠道障碍

沟通形式和网络多种多样，而且不同的形式有不同的优缺点。如果不能根据组织目标和特点选择适合的沟通形式，将会导致组织沟通效果下降，现代组织越来越庞大，中间层次不可避免地增加，在这种情况下，如果仍沿用传统的垂直沟通形式，沟通速度必定会很低，沟通效果也不会好。

3. 跨文化障碍

由于沟通双方的社会文化背景不同，也会影响沟通效果。主要包含两个方面：一是在中外文化条件下进行沟通，由于信息发送者与接收者不同文化背景而产生沟通障碍；二是不同区域或价值观下的沟通障碍。有关研究表明，具有文化同质性的沟通双方会更多关注相互关系方面的信息，而忽视工作任务方面的信息；具有文化多样性的沟通双方则更容易进入工作状态，讨论工作中所遇到的各类问题。另外，具有不同母语的沟通双方会有语音、语义等方面的差异，也会造成沟通障碍。

4. 组织机构障碍

一般来说，合理的组织机构和沟通网络有利于信息沟通，但如果组织机构臃肿，机构设置不合理，各部门之间职责不明，分工不清，形成多头领导，或因人设事、人浮于事，或沟通网络混乱，或沟通网络不适合组织机构，都会影响沟通的有效进行，还容易使传递的信息失真，浪费大量时间，影响信息的及时性。

（三）沟通方式障碍

沟通方式障碍主要表现为语言障碍和沟通方式选择失当障碍两个方面。

1. 语言障碍

语言是沟通的工具，人们通过语言、文字及其他符号将信息经过沟通渠道来沟通。但是语言使用不当就会造成沟通障碍。主要表现在以下几个方面。

(1) 误解

这是由于发送者在提供信息时表达不清楚，或者是由于接收者接收失误所造成的，有时由于字义过多，各人理解不同，也会造成误解。

小知识

从前，有个财主请一位私塾先生做他儿子的家庭教师。他为了在私塾先生身上少花钱，便事先对私塾先生说："无鸡鸭也可无鱼肉也可唯青菜豆腐不可少不得学费"。私塾先生看了看说："我也是这个要求。"于是他们在合同上写道：

东家：无鸡鸭也可无鱼肉也可唯青菜豆腐不可少不得学费。

先生：无鸡鸭也可无鱼肉也可唯青菜豆腐不可少不得学费。

开学以后，财主每天只弄些青菜豆腐之类的素菜待先生，先生不答应。官司打到官府。财主说，我是按合同办事的。这合同上明明写着"东家：无鸡鸭也可，无鱼肉也可，唯青菜豆腐不可少。不得学费"。先生说，我也是按合同办事的。这合同上不也明明写着"先生：无鸡，鸭也可，无鱼，肉也可，唯青菜豆腐不可。少不得学费"。

县官老爷看着他们的合同，顺理成章地判财主败诉。

(2) 歪曲

这是由于对语言符号的记忆模糊所导致的信息失真。

(3) 信息表达方式不当

这表现为措辞不当，词不达意，丢字少句，空话连篇，文字松散，句子结构别扭，使用方言、土语，千篇一律等。这些都会增加沟通双方的心理负担，影响沟通的效果。比如，一个四川人在颐和园的拱桥上大声叫"不好了，我的 Hai 子掉水里啦!"北方人会认为是有儿童落水，需要营救。其实，只是他的"鞋子"掉水里了，情况并没有那么紧急。

2. 方式选择失当障碍

沟通的形态和网络多种多样，且它们都有各自的优缺点。如果不根据实际情况进行选择，沟通就不能畅通进行。比如与盲人沟通，就不能使用普通的书面语言，必须要使用盲文。与失聪的人沟通，就不能使用声音信号。与不会使用电脑或无网络设备的人沟通，就不可能选择电子邮件方式。不恰当地选择沟通方式，会增加沟通障碍。

在管理实践中，信息沟通是大量存在的，沟通障碍也就不可避免。主管人员的任务在于正视这些障碍，并采取一切可能的方法消除这些障碍，为有效沟通创造良好的条件。

二、克服沟通障碍与提高沟通效率

(一) 改善人际关系，创造和谐氛围

1. 创造一个相互信任、有利于沟通的小环境

组织领导者不仅要获得下属的信任，而且要得到上级和同事们的信任。他们必须明白，信任不是人为的或从天上掉下来的，而是诚心诚意争取来的。

2. 要考虑信息接收者的需要

无论何时，信息都要适用，或在短期内，或在较远的未来，沟通的内容对于接收者来

说都要有价值。有时短期内会影响员工的不受欢迎的措施，如果从长远来看对他们有利的话，也比较容易被他们所接受。

3. 要注意感情沟通

信息沟通的作用不只是传递信息而已，它还涉及感情问题。感情在组织内上下级和同事之间的人际关系方面起着非常重要的作用。信息沟通在营造激励人们为组织目标而工作的同时，也为实现人与人之间的感情沟通做出了贡献。

4. 要努力加强自我控制

信息沟通可以起控制作用。控制并非一定强调自上而下的控制，相反，前述的目标管理哲学更强调员工的自我控制。自我控制要求有明确的信息沟通，并对衡量业绩的标准有所理解。

（二）选择合适的沟通方式

1. 根据沟通的内容的特点不同，选择不同的沟通方式

如果所有沟通的内容是上级的命令、决策等重要事宜，或是按照规章制度行事，则适宜选择正式沟通和书面沟通。若沟通内容属于规章制度以外的问题，或属于组织成员的琐碎小事，则选择非正式沟通或口头沟通，沟通效果可能更好。但什么时候都不能绝对化，最佳选择还需通过实践摸索。

2. 根据沟通双方的特点不同，选择合适的沟通方式

有些人非常看重制度和程序，与这些人进行沟通，最好选择正式和书面的沟通。而有些人比较注重目的和结果，如能达到目的，可以不顾制度和程序的约束。这些人在进行信息沟通时，倾向于采取非正式和口头的沟通方式。

3. 根据沟通方式本身特点的不同，选择合适的沟通方法

（1）根据传达速度快慢进行选择

不同的沟通方式，沟通速度差异较大。一般地，非正式沟通和口头沟通的速度，要快于正式沟通和书面沟通。若信息源希望尽快将信息传递给信息的接收者，可以选择非正式沟通（或先非正式后补以正式）或口头沟通（或先口头后书面）。

（2）根据反馈速度快慢，进行沟通方式的选择

利用不同的沟通方式，得到反馈的速度也有差别。一般地，口头沟通、面对面的沟通，可以很快得知对方的反应和理解；书面沟通，有时却得不到反馈。

（3）费用开支

不同的沟通渠道，涉及的费用开支大小会有差别。如双方相隔遥远的情况下，要进行面对面的口头沟通需要很多费用开支，而发 E-mail、传真、写信就很便宜。

（4）责任性和重视程度

使用沟通方式的不同，责任的建立及托付的程度也就不同，双方对问题重视的程度也会不同。正式的、书面的沟通，双方都会给予必要的重视，而且一旦发生，责任也随之明确，如计划、决策的传达、职务任免通知等；而口头沟通、非正式沟通情况下，一方可能认为只是说说是而已，责任很难明确，甚至故意否认事情的发生（无证可查）。如沟通一方认为事情很重要，需要做到责任分明，最好选择正式（或先非正式后补以正式）和书面（或先口头后书面）沟通。

（三）优化沟通渠道，减少信息失真

要缩短信息传递链，拓宽沟通渠道，保证信息的畅通无阻和完整性，如减少组织机构重叠、层次过多的问题，就要在利用正式沟通的同时，开辟高层管理人员至基层管理人员的非正式的沟通渠道，以便于信息的传递。建立特别委员会和非管理工作组，定期加强上下级的沟通。同时要加强平行沟通，促进横向交流。

（四）培养和掌握跨文化沟通的技能

不同的文化因素使沟通变革更加复杂。组织中，个体文化背景差异越大，对一个通常的文字和动作的含义的理解差异越大，不同的文化背景的人对事物的理解和评价不同，因而反应也各不相同。在经济全球化加快的21世纪，管理者培养和掌握与来自其他文化背景的员工沟通的技能是十分必要的，也成为管理者成功的必要素质。

1. 识别文化差异

来自于不同文化背景的人在信息沟通过程中对信息的理解不同。管理者在跨文化的沟通过程中，管理者首先应该识别和区分文化差异才能采取有针对性的沟通信息、方式或渠道等，以避免沟通的障碍。

2. 实施敏感性培训

实施敏感性培训即为了加强人们对不同文化环境的反应和适应能力。促进不同文化背景人之间的沟通和理解。通过演讲、情境对话、实例分析、小组讨论等沟通方式，打破每个人的文化障碍和角色束缚。更好地找出不同文化的共同之处或接受“平台”，提高对组织内部信息的理解，提高不同文化之间的合作与交流，从而提高组织绩效。

3. 建立共同的价值观

通过培训，提高对文化的鉴别和适应能力，在文化共识的基础上，根据环境的要求和公司战略的需要建立组织的共同价值观和强有力的企业文化，以使管理者更好地统一员工的思想，在组织中建立信息沟通共同的“参照框架”，建立畅通的沟通渠道和达到有效的沟通。

（五）注意信息反馈

沟通只有在信息发送者清楚信息已被对方接收并得到反馈意见后才算完成。在沟通过程中，要尽量多听取信息接收者的反馈意见，以搞清楚接收者是否真正理解传递的信息，以便及时调整信息发送的速度、方式，使接收者完全、准确地了解。反馈可以是语言的，也可以是非语言的。如上级问下级：“你有意见吗？”“你明白我的话了吗？”就是在核实对方是否理解了自己的真实意图。让对方用自己的话复述信息，也是一种常用的反馈方式。同样，在面对许多人讲演时，也可以从听众的表情、眼神等许多非语言线索中，了解他们是否在接受你发出的信息。在组织中，这种反馈要求是双向的，即下级主管部门经常给上级领导提供信息，同时接受上级领导的信息查询；上级领导也要经常向下级提供信息，同时对下级提供的信息进行反馈，从而形成一种信息环流。

第三节　有效沟通的原则与技巧

一、有效沟通的特征

（一）准确

准确是有效沟通的最基本的要求，当你接近你的听众时，隐含之意是在寻求信任。即使你的听众中只有一个发现了一个实际错误，你也会陷入困境。在企业中，不准确有以下典型形式：数据不足、资料解释错误、对关键因素的无知、没有意识到的偏见以及夸张。对它们保持警戒将提高你的可信度。

（二）清晰

一个组织者要想有效地运作，需要准确和完全的信息、可理解的指令、能指导决策者的政策。信息传递上的模棱两可和混淆会浪费金钱并产生挫折感。实现清晰要求逻辑清晰和表达清晰，这种清晰来自于精心的准备。为达到清晰的目的，人们必须认真总结、理解和组织。

（三）简洁

良好的管理沟通追求简洁，追求以极少的文字传递大量的信息。无论是同董事长、高级总裁还是同员工进行沟通，简洁都是一个基本点，没有人喜欢不必要的烦琐的沟通。简洁并不意味着绝对地采用短句子或省略重要的信息，它是指字字有力。

（四）生动

生动意味着形象化和新鲜感，生动部分来自于准确、清晰、简洁，部分来自于对词语的选择、构思和句式。生动的语言沟通有助于理解并且使你的消息更容易被记住，它还传递信任和决心。

（五）交互与快捷

交互与快捷即融洽、准确地交流双方的意见和观点，这也是有效沟通的一个基本特征。

二、有效沟通的基本原则

（一）公开性原则

公开性原则，是指在同一个企业管理沟通过程中，管理沟通的方式、方法和渠道及其沟通的内容要求必须公开。即应当对参与沟通的个人和团队、部门都全面公开，而不能对某些沟通成员公开，对另一些沟通人员不公开。只有所有的管理沟通人员都十分清楚地知道自己应该参与沟通的详细过程要求，沟通成员间才能遵循规则，产生正确完整的沟通行为。对于企业需要严格保密的管理沟通其实也是如此。

（二）简捷性原则

简捷性原则包括三个方面：① 沟通的具体方式、方法设计应当尽量简单明了，以便于所有沟通成员掌握和运用；② 管理沟通应当采用最短沟通渠道或路径进行沟通；③ 沟通内容的编码简捷性，即解码简捷性，防止将简单的管理信息人为地复杂化，致使沟通双方无法准确互相理解。

（三）明确性原则

明确性原则是指管理沟通在公开性的基础上，必须将沟通的各项事宜，如渠道的结构、沟通的时间要求、地点要求、内容要求、频率要求等进行明确、清晰的告示，要尽量避免含糊不清。其目的在于使全体沟通成员准确理解企业所期望的管理沟通要求，明白他们在沟通中所担当的角色，即他们所应当履行的沟通职责和义务，从而最大限度地排除沟通成员对沟通要求的模糊和误解，保证管理沟通能够顺畅高效地进行，顺利达到管理沟通的预期目标。

（四）适度性原则

适度性原则，是指管理沟通的渠道设置及沟通频率不能太多，也不能太少；而应当根据企业具体业务与管理的需要，适度适当，以能达到管理目的为基准。

（五）针对性原则

针对性原则，是指所有管理沟通的活动与过程设计，都是为了解决企业管理中的某些具体问题以及支持、维护企业正常高效运行而设置，每一项管理沟通活动都有其明确合理的针对性。所设置和采用的管理沟通模式，具体沟通渠道、方式、内容等的设计，必须切合该企业的管理实际需要，企业管理沟通模式的设置必须有针对性。

（六）同步性原则

同步性原则，是指在管理沟通过程中，沟通的双方或多方应当全部进入沟通系统和沟通角色，沟通必须是双向的交流过程，而不应当是单向或其中一方信息处于封闭或半封闭状态。也就是说，成功的管理沟通必须是在沟通主体之间互动的，双方处于平等交流地位的沟通。而不是一方强迫另一方接受自己的信息，或人为地拒绝接受对方的信息，即双方均应当在沟通同时具有适当、及时、同步的反应，互相理解，充分把握住对方所传达信息的意义。

（七）完整性原则

完整性原则强调的是管理沟通过程中的完整无缺。企业在设置管理沟通模式时，必须注意使每一个管理沟通行为过程均要素齐全、环节齐全，尤其是不能缺少必要的反馈过程。只有管理沟通的过程完整无缺，管理信息的流动才能畅通无阻，管理沟通的职能才能够充分实现。

（八）连续性原则

连续性原则，是指大多数管理沟通行为过程，尤其是例行日程管理沟通活动，并非一次沟通就可以一劳永逸地完成沟通工作任务，而是要通过反反复复多次的沟通，才能较好地履行和完成管理沟通的工作职责。连续性是企业管理工作本身所具有的客观属性，作为管理的信息化表现，管理沟通自然也具有这一客观属性。主要表现为时间上的连续性、沟通模式上的连续性和沟通内容上的连续性。

（九）效率性原则

管理沟通的效率体现在沟通的各个要素与关节中，如编码有编码的效率、发送有发送的效率、渠道有渠道的效率、接收有接收的效率、解码也有解码的效率。就连噪声也有其效率：噪声高，必然影响沟通达到更高效率；噪声低，在客观上有利于提高沟通效率。

（十）效益性原则

管理沟通时需要成本的，而且这些成本如文件、纸张、人员、会议费用等，都是可以量化计算的。同时，管理沟通也是能产生或增减企业产出的。既然管理沟通有成本有产出，自然也就应该衡量其效益——管理沟通的产出与成本的比例关系。

三、有效沟通的步骤

（一）做好沟通前的准备工作

在工作中，为了提高沟通的效率，要事前准备以下内容。

1. 设立沟通的目标

这非常重要，我们在与别人沟通之前，心里一定要有一个目标，即希望通过这次沟通达成什么样的效果。

2. 制订计划

有了目标后要有计划，计划怎么与别人沟通，先说什么，后说什么。

3. 预测可能遇到的异议和争执

接下来要预测可能遇到的异议和争执。

4. 对情况进行分析

就是明确双方的优劣势，设定一个更合理的目标、大家都能够接受的目标。

（二）确认需求

确认需求的三个步骤：第一步是提问；第二步是积极聆听，要设身处地地去听，用心和脑去听，为的是理解对方的意思；第三步是及时确认，当没有听清楚、没有理解对方的话时，要及时提出，一定要完全理解对方所要表达的意思，做到有效沟通。

沟通中，提问和聆听是常用的沟通技巧。我们在沟通过程中，首先要确认对方的需求是什么，如果不明白这一点，就无法最终达成一个共同的协议。要了解别人的需求、了解别人的目标，就必须通过提问来达到。沟通过程中有三种行为：说、听、问。提问是非常重要的一种沟通行为，因为提问可以帮助我们了解更多、更准确的信息，所以，提问在沟通中会常用到。在开始的时候会提问，在结束的时候也会提问，如“你还有什么不明白的地方？”提问在沟通中用得非常多，同时提问还能够帮我们去控制沟通的方向、控制谈话的方向。

提问有两种类型：封闭式提问和开放式提问。由于平时我们在提问的过程中没有注意到开放式和封闭式问题的区别，往往会造成搜集的信息不全面或者浪费了很多时间。举个简单的例子来说明这两种问题的不同之处。

封闭式问题："请问一下会议结束了吗?"我们只能回答结束或者还没有。

开放式问题："会议是如何结束的?"对方有可能会告诉你非常多的信息，会议从几点开始到几点，最后形成了什么决议，然后在什么样的氛围中结束。

可见，开放式的问题，可以帮助我们搜集更多的信息。

1. 提问技巧

在沟通中，通常是一开始沟通时，我们就希望营造一种轻松的氛围，所以在开始谈话的时候问一个开放式问题；当发现话题跑偏时可问一个封闭式问题；当发现对方比较紧张时，可问开放式问题，使气氛轻松。

在我们与别人的沟通中，经常会听到一个非常简单的口头禅"为什么?"当别人问为什么的时候，我们会认为自己没有传达有效的、正确的信息，或者没有传达清楚自己的意思；或感觉自己和对方的交往沟通可能有一定的偏差，或沟通好像没有成功，等等，所以对方才会说为什么。实际上他需要的可能只是你再详细地介绍一下刚才说的内容。下面有几个不利于搜集信息的问题值得注意。

（1）少说为什么

在沟通过程中，一定要注意，尽可能少说为什么，用其他话来代替。比如：你能不能再说得详细一些，你能不能再解释得清楚一些，这样给对方的感觉会好一些。实际上在提问的过程中，开放式和封闭式的问题都会用到，但要注意尽量要避免问过多的为什么。

（2）少问带有引导性的问题

难道你不认为这样是不对的吗？这样的问题不利于搜集信息，会给对方不好的印象。

（3）多重问题

就是一口气问了对方很多的问题，使对方不知道如何下手。这种问题也不利于搜集信息。

2. 积极聆听技巧

聆听是为了理解而不是评论，一边听一边做和聆听无关的一些事情，这都不是设身处地地聆听。当处于这种状况的时候，就不可能听到准确的信息；当对方处于这种状态的时候，也没有做到设身处地地聆听。下面是几种积极聆听的技巧。

（1）倾听回应

就是当听别人说话的时候，一定要有一些回应的动作。比如说："好！我也这样认为的。""不错!"在听的过程中适当地点头，这也是倾听回应，是积极聆听的一种，也会给对方带来非常好的鼓励。

（2）提示性问题

当没有听清的时候，要及时提问。

（3）重复内容

在听完了一段话的时候，要简单地重复一下内容。

（4）归纳总结

在听的过程中，要善于将对方的话进行归纳总结，更好地理解对方的意图，寻找准确的信息。

(5) 表达感受

在聆听的过程中要养成一个习惯，要及时地与对方进行回应，表达出“非常好，我也是这样认为的”这样一种感受，这是一种非常重要的聆听技巧。

(6) 积极主动

聆听不是一种被动而是一种积极的行为，它不仅能够帮你搜集到更多、更准确的信息，还能够鼓励和引导对方更好地去表达。

3. 阐述观点

阐述观点就是怎么样把自已的观点更好地表达给对方，这是非常非常重要的，就是说我们的意思说完了，对方是否能够明白，是否能够接受。那么在表达观点的时候，有一个非常重要的原则：FAB。F 是 feature，即属性；A 是 advantage，这里翻译成作用；B 是 benefit，即利益。在阐述观点的时候，按这样的顺序来说，对方能够听懂、能够接受。

4. 处理异议

在沟通中，有可能会遇到对方的异议，就是对方不同意你的观点。在工作中想说服别人非常难，同样别人说服你也是非常困难。因为成年人不容易被别人说服，只有可能被自己说服。所以，在沟通中一旦遇到异议之后就会产生沟通的破裂。

当在沟通中遇到异议时，可以采取一种类似于借力打力的方法，叫作“柔道法”。不是强行说服对方，而是用对方的观点来说服对方。在沟通遇到异议之后，首先了解对方的某些观点，然后当对方说出了一个对自己有利的观点的时候，再用这个观点去说服对方，即在沟通遇到了异议要用“柔道法”让对方来说服他自己。

5. 达成协议

沟通的结果就是最好达成了一个协议。请注意：是否完成了沟通，取决于最后是否达成了协议。在达成协议的时候，要做到以下几方面。

1）善于发现别人的支持，并表示感谢；对别人的结果表示感谢。

2）愿与合作伙伴、同事分享工作成果；积极转达内外部的反馈意见。

3）对合作者的杰出工作给予回报。

6. 共同实施

在达成协议之后，要共同实施。达成协议是沟通的一个结果，但是在工作中，任何沟通的结果意味着一项工作的开始，要共同按照协议去实施，如果达成了协议，可是没有按照协议去实施，那么对方会觉得你不守信用，就失去了对你的信任。一定要注意，信任是沟通的基础，如果失去了对方的信任，那么下一次沟通就变得非常困难，所以说在沟通的过程中，对所有达成的协议一定要努力按照协议去实施。

第四节 组织的沟通制度

在组织内部沟通的方式和类型多种多样。按照沟通的渠道或途径不同可分为正式沟通与非正式沟通。正式沟通是通过组织正式结构或层次系统运行的，近年来已发展成为具体的信息系统。非正式沟通则是通过正式系统以外的途径来进行的。正式沟通和非正式沟通又包括许多具体的类型和方式。

一、组织内的正式沟通

按照信息正式沟通信息流向有自上而下的沟通、自下而上的沟通、横向沟通三种形式。

（一）自上而下的沟通

这是我们最熟悉、最常见的正式沟通流向。一般是指政策、计划、规定之类的信息从最高管理层向下传达给下属的过程。自上而下的口头沟通方式所运用的媒介包括命令、讲话、会议、电话、广播甚至口头通知，而书面沟通方式常用的有备忘录、信函、手册、小册子、规章制度、工作程序及电子新闻显示等。

自上而下的沟通通常包括以下几个话题。

1. 组织目标和战略的实施

这是指就组织下阶段的新的战略和目标进行沟通，提供相关信息，为下属指明发展目标。例如，“明年我公司计划通过一系列的营销活动和政策倾斜，增加华东地区的市场份额”。

2. 工作指令

这是指告诉某人应该开展哪些工作及该工作和组织内其他活动的关系如何。例如，“请将上个月的超市销售情况分析本周五前交至采购部，下一季度的采购计划急需这份材料”。

3. 程序与惯例

这是指对组织的政策、规定、规章、福利、组织结构等做出详细说明。例如，“在本公司工作满五年，即可享受无息住房贷款 50 万”。

4. 绩效反馈

这是指对员工或部门的工作效果的考评情况进行传达。例如，“刘梅在客户服务上的出色表现，为公司赢得了良好的声誉”。

5. 教化

这是指通过各种形式向员工灌输企业的文化，并通过参加各种形式的仪式活动来鼓舞他们，如表彰大会、野餐会、公司庆典、晚宴等。例如，“公司去年在同人们的共同努力下获得了前所未有的发展，为了感激诸位的努力，拟于 1 月 20 日举行盛大的新年宴会”。

如果组织的结构包括多个层次，则通过层层转达，其结果往往使下向信息发生歪曲，甚至遗失，而且过程迟缓，这些就是通常被提到的信息离散现象。信息离散现象虽难以完全避免，但灵活而正确地使用各种沟通技巧将有助于保持信息的准确性。

（二）自下而上的沟通

自下而上的沟通主要指下属向上级管理者所提出的正式书面或口头报告。许多机构还花了很多精力致力于自下而上的沟通渠道的建立，例如意见箱、员工调查、建议制度、座谈会、开放政策、管理者公开电子邮件、员工和管理者面对面的交流、上访制度及管理信息系统报告等。

但是无论人们如何努力，自下而上的沟通依然存在着各种障碍。

1）管理者出于各种原因拒绝真正听取员工的建议，从而使沟通成为形式。例如，管理者通常会认为“员工们总是站在自己的角度，而从不站在全局的角度去考虑问题，所以他们的意见是片面的”。

2）员工由于对管理者的不信任，从而放弃了这种渠道。例如，很多员工都会认为“那个意见箱不过是个形式，谁会当真”。

3）员工由于希望博得管理者的好感，从而对信息进行筛选或歪曲，等等。例如，很多员工都会在管理者面前对其实施的新政策大唱赞歌，而对其带来的问题避而不谈。

（三）横向沟通

横向沟通主要指同伴或同事之间进行的沟通，它可以存在于部门内部，也可以存在于部门之间。它不仅可以起到沟通信息的作用，还可以有助于协作关系的建立，因而在组织沟通中占有重要的位置。

通常横向沟通有以下三种形式。

1. 解决部门内部的问题

这种沟通通常在部门内部的员工之间进行，常常与工作的进程有关。例如，“小王，你的报表已经提交了吗?”

2. 促进部门之间的协作

这种沟通通常在与部门之间进行，常常与合作项目或任务完成有关。例如，“陈春，今天下午销售部和市场部有一个会议，是关于新产品促销的问题，请你通知一下”。

3. 提高积极性和改进工作

这种沟通通常在部门内或部门之间进行，常常与信息分享、组织变革及成长改进有关。例如，“李益，这个季度我们巴氏奶的销售额又增加了5%，你觉得我们可以在哪些方面再做些努力以维持这个增长势头呢?”

二、组织内的非正式沟通

在组织中还存在着一些非官方的、私下的沟通，这种非正式渠道的沟通就被称为非正式沟通。典型的非正式沟通形式是小道消息，它们传播着各种各样的观点、猜想、疑问、刁难、敌意、奉承和威胁，这些内容都是员所关心的和他们有关的信息。组织内部传言体系有一些非正式沟通网络在许多点上相互覆盖、相互交错而组成，有些消息灵通人士可能属于不止一个非正式沟通网络。传言产生于权力体系的周围，它能从各个方向（水平方向、垂直方向和斜线方向）把组织成员联系起来。

与正式沟通相比，非正式沟通具有信息交流速度快、效率较高、能够满足员工情感需要和不确定性等特点。美国学者戴维斯提出了四种可能的传言链：单线传言链是信息按照一人传一人方式，依次传递；闲谈传言链是由一人把取得的信息告知所有其他成员；随机传言链中，信息拥有者在传递信息时并无选择性；积聚传言链中，人物A将信息传递给经过选择的有限人员，其中的部分人员又将信息有选择地传递给其他人。戴维斯认为积聚传言链是组织中占据主导地位的传言模式。

三、组织间的沟通

所谓的组织间沟通是组织同其利益相关者进行的有利于实现各自组织目标的信息交流和传递的过程。组织间沟通的宗旨是充分利用社会的各种资源、协调各方利益、实现组织共生的可持续性发展。

20 世纪 90 年代以来，组织间的沟通日益成为组织沟通中重要的一环。许多企业管理者和管理学者现在都认为，全方位的信息共享对于组织来说是至关重要的。通用电气公司的杰克·韦尔奇倡导和实践了无界限沟通。他认为一个无界限组织内部没有信息流动的障碍。传统的组织沟通造成了组织内部层级沟通的纵向障碍、部门间沟通的横向障碍以及组织与外在相关利益者沟通的障碍。现代组织中分隔人们的界限消除了，组织边界消失了，现代组织使信息根据需要而足够便捷地流动，从而使组织发挥出整体大于部分的协同效应。通用电气著名的解决项目是由一系列会议构成，这些会议跨越多个等级链，为多个涉及某一业务的人员而召开，会议以特别深刻、诚恳、激烈的讨论而著称，有超过 20 000 人会参与。它也包括供应商和客户，这样就打破了公司的外围边界。通用电气公司还剩下“第四堵墙”：全球性边界，将国内事务和全球事务分开。组织间的沟通理论假设组织与其利益相关者是异质的，以个性化方式而存在的。换句话说，组织信息沟通的双方都有存在价值。组织沟通的目的不是消除对方、兼并对方，而是组织间对资源的共同合理地利用，组织可持续、长久地发展。

组织间的沟通思想是企业长期竞争发展的产物。20 世纪初，世界企业主要生存于相对狭小的市场区域中，竞争的驱动力并不强大，企业重点在于内部信息沟通。但随着竞争力量的逐步加大，以及生产要素流动的便利性和壁垒的存在，单一的企业内部开发活动不足以支撑企业占领市场的需要。企业并购的理念也随之占据了上风，管理者力图通过一体化将外部组织资源纳入到企业内部，实现市场内部化，从而避免来自供应商、顾客、潜在进入者、替代品生产者和同业生产者的竞争压力。但是，20 世纪 60 年代美国第四次并购浪潮以后，企业的一体化的并购弊病也暴露出来了，高度资产专用化的风险、管理成本的增加和内部摩擦产生的成本的增加足以使企业的竞争优势荡然无存。现实迫使企业家们转向承认外部组合资源存在的合理性，寻求与利益相关者的沟通，达到共同发展的目的。20 世纪 90 年代以来，通信和计算机技术的飞速发展也为组织间沟通的理念提供了物质和技术的支持。

四、提高组织沟通的效率

提供组织沟通的效率根本上是要进行有效的纵向沟通、横向沟通和组织间沟通，消除组织沟通过程中的障碍。

（一）管理纵向沟通

公开式管理近来被认为是管理纵向沟通的有效方法，公开式管理是指与组织内的所有员工共享重要的信息并共通过发掘它在管理上的意义的管理实践。需要共享的信息包括财务目标、收入表、预算、销售额和销售预测以及其他有关公司的绩效和前景的数据。

公开式管理原则，具体内容如下：

1）将公司管理转化成员工也可以获胜的竞赛；

2）翻开书，同员工分享财务和经营信息；

3）教会员工读懂公司的财务报表；

4）向员工展示他们的工作是如何影响公司的财务状况的；

5）建立非财务指标同财务状况的关系；

6）确定需要优先考虑的领域并授权员工们设法改进；

7）共同考察结果并注意保持员工们的责任心；

8）公布结果并庆祝取得的成功；

9）根据员工对财务指标的贡献分配奖金等报酬；

10）同员工分享对公司的所有权。

（二）进行团队对话

团队被认为是现代组织内横向沟通的重要形式。团队是两个或两个以上相互作用和协作以便完成组织预定的某项特别目标的单位。团队是在一种分权的结构中共享信息，在各个方向上自由沟通，团队成员共同承担领导职能，成员之间保持密切联系、相互协作并一致努力去达到预定目标。

进行有效的团队对话首先是构建团队沟通规范，排除障碍。沟通规范就是形成清楚的惯例：轮流发言、积极倾听、以支持的立场来提问、提问题帮助别人理清思路和问题等。要避免钻牛角尖、贴标签、对发言者评头论足、对话题不感兴趣、开小差、感情用事、给发言者加脚注等不良习惯。其次，促使成员参与沟通。使每个成员都得到说话的可能，给成员留有空间，保持成员平衡的心理等，创造一个更有利于平等沟通的氛围。最后，有效的团队对话还包括成功地引导沟通对话，进行合作性分析等。

（三）创造竞争中的合作

当前的管理实践的全新观念就是建立竞争者之间的战略联盟。企业战略联盟是指两个或两个以上有共同战略利益和对等经济实力的企业（或特定事业和职能部门），为达到拥有市场、共同使用资源等战略目标，通过各种协议、契约而结成的优势互补、风险共担、生产要素水平式双向或多向流动的一种松散的合作模式。

它实质上是以合作代替对抗，是更高形式的激烈竞争的开始。有人说，竞争对手之间“没有永久的敌人”。日本有的管理学者认为企业之间的竞争呈相互攻击性是一种必然存在，但这种攻击性主要体现在产品质量、服务、创新和发明上，而不要攻击竞争对手本身。因为那种把竞争对手置于死地的做法，一是会导致两败俱伤，造成资源的浪费；二是失去竞争对手，也就失去了外部压力，自己也就没有了发展的动力。只有联合起来才可以取得双赢，求得共同发展。所以人们称企业战略联盟为“双赢”的战略。竞争中合作，合作中竞争，已经成为世界经济发展的一种必然性趋势。

案例分析

案例 11－1

AC 航班坠落事件

一个初春的晚上 7:40，Avianca52 航班正飞行在离目的地南新泽西海岸上空 37 000 英尺的高空。机上的油量还可维持近 2 小时的航程。在正常情况下，像这样的航班，由飞行到降落至纽约肯尼迪机场（下面简称机场）仅需不到半小时的时间。可以说，飞机这一缓冲保护措施是安全的。但没有想到，航班在降落前遭遇了一系列事故。

首先，晚 8:00 整，机场航空交通管理员通知航班飞行员，由于机场出现了严重的交通问题，他们必须在机场上空盘旋待命。8:45，航班的副驾驶员向机场报告他们飞机的燃料快用完了。交通管理员收到这一信息，然而，直到 9:24，飞机还没有被批准降落机场。而在此之前，航班机组成员没有再向机场传递任何情况十分危急的信息，只是飞机座舱中的机组相互紧张地通告说他们的燃料供给出现了危机。

9:24，航班第一次试降失败。由于飞行高度太低及能见度太差的原因，飞机安全着陆没有保证。当机场指示航班进行第二次试降时，机组成员再次提到他们的燃料将要用尽，但机场交通管理员还是告诉飞行员新分配的飞行跑道可行。几分钟后，即 9:32，飞机两个引擎失灵，1 分钟后另外两个引擎也停止了工作。燃料耗尽的飞机于 9:34 坠毁于纽约的长岛，机上 73 人全部遇难。

当事故调查人员考察了飞机座舱中的磁带并与当事的机场交通管理员交谈之后，他们发现导致这场悲剧的原因其实很简单：机场方面不知道航班的燃料会这么快耗尽。为什么一个简单的信息既未清楚地传递又未被充分地接受呢？下面是有关人员对该事件的调查。

首先，飞行员一直说他们油料不足，交通管理员则告诉调查者，这是飞行员们惯用的一句话。当因故必须延迟降落时，管理员认为每架飞机都不同程度地存在燃料问题。但是，如果飞行员发出“燃料告急”的呼声，管理员有义务为其优先导航，并尽可能迅速地允许其着陆。一位管理员指出：“如果飞行员表明情况十分危急，那么，所有的规则程序都可以不顾，我们会尽可能以最快速度引导其降落的。”遗憾的是，航班的飞行员从未说过“情况紧急”，由此导致机场交通管理员一直未能理解到飞行员所面临的真正问题。

其次，航班飞行员的语调也并未向交通管理员传递有关燃料耗尽的严重信息。机场交通管理员普遍接受过专门训练，可以在多数情况下捕捉到飞行员声音中极细微的语调变化。尽管航班机组成员内部也表现出对燃料问题的极大忧虑，但他们向机场传达信息时的语调却是冷静而职业化的。

最后，联邦飞行管理局的制度规定和航班飞行员的顾虑也使得飞行员不愿意声明情况紧急。按条例规定，驾驶员在飞行中做了紧急情况报告之后，他们事后需要补写长篇的、正式的书面汇报交给有关方面。另外，如果飞行员被发现在估算飞机飞行中需要多少油量方面存在严重的疏忽大意，有可能会被飞行管理局吊销其驾驶执照。这些消极的强化因素在相当程度上阻碍了飞行员发出紧急呼救。在这种情况下，飞行员的专业技能和荣誉感便会变成一种“赌注”。

资料来源：张明玉：《管理学》，北京，科学出版社，2005。

问题

1. 根据沟通过程模型来分析航班飞行员与机场交通管理员之间的沟通问题。

2. 分别从航班飞行员、机场管理员、飞行管理局三方的角度出发，谈谈如何做到有效沟通，以避免类似的空难。

案例 11－2

摩托罗拉的沟通制度

摩托罗拉（Motorola）是一家著名的信息技术与通信设备商。该公司早在 30 多年前就认识到沟通的重要性，并不断完善沟通制度。公司的沟通系统的基本原则是：自然人或法人一旦购买了公司股票，就成为关联者，有权得到包括公司财务报告在内的完整资料，甚至包括涉及某些商业机密的管理资料。

摩托罗拉的管理者注意到处于不同职位的员工需要不同的沟通方式。上司要求下属向他报告，同级希望和同级分享，下级需要上级的指示。配合组织结构，依据信息流通的方向中，沟通系统可以分为上行沟通、下行沟通和平行沟通。摩托罗拉公司的沟通系统因此分为三部分：一是每月召开员工协调例会（上行沟通），二是每年举办主管汇报会（下行沟通），三是每年举办的员工大会（平等沟通）。

一、员工协调例会和意见箱

30 年前，摩托罗拉公司就开始旅行员工协调例会制度。在会议中，管理人员和员工聚集一堂商讨彼此关心的问题。在公司总部、各分部、基层都组织协调会议。公司内共有几百个这样的组织，意见逐级向上反映，以公司总部的首席代表会议为最高机构。如果在沟通过程中有些问题不能在下层协调会上解决，则逐级反映上去，直到有圆满的答复，基层协调会讨论的可以是很具体、很现实的事情。但如果事关公司的总政策，那就一定要在首席代表会上拍板决定。基层协调会讨论的问题包括：公司带薪休假的工作年限要求可否缩短、食堂菜价过高味道过辣，等等。

二、主管汇报会

摩托罗拉公司的下行沟通形式是主管汇报会。它类似于管理层的述职报告会，面对对象是全体员工。主管汇报会每年举办一次，公司管理层向广大员工汇报公司的发展状况、经营业绩、财务分析、员工福利改善、面临的挑战、公司管理问题等。比如，在 1995 年的主管报告会上，公司董事长罗伯加尔温通报了以下情况：60% 员工达不到美国七年级数学水平，所以公司决定将工资额的 1.5% 用于培训，公司每年向每个员工提供至少 40 小时的培训时间，并在大约 2000 年，将培训时间增长 4 倍。

三、员工大会

员工大会是一种平等的沟通方式，是平等阶层之间的沟通，比如部门经理之间、普通员工与员工之间，大多是不同部门地位相当的员工之间的沟通。员工大会耗时 3 小时，由总公司委派代表主持会议，各部门均派人员参加，先由主席做报告，然后开始讨论，提问一定要有一般性和全局性，禁止讨论私人问题，有提问一律尽快解释。

资料来源：相关资料整理。

问题

结合摩托罗拉的做法，你认为沟通是否应该制度化？为什么？

案例 11－3

小道消息

斯塔福德公司是美国北部的一个发展迅速的航空公司。然而，最近在其总部发生了一系列的传闻：公司总经理波利想出卖自己的股票，但又想保住自己的总经理职务。这是公开的秘密了，他为公司制定了两个战略方案：一是将航空公司的附属公司卖掉，另一个是利用现有的基础重新振兴公司。他自己曾对这两个方案进行了认真的权衡，并委托副总经理本杰明提出一个参考意见，本杰明起草了一份备忘录，随后叫秘书比利去打印。比利打印完毕后去咖啡厅，在喝咖啡厅时遇见了另一位副总经理肯尼特，并将这一秘密告诉了他。

比利对肯尼特悄悄说："我得到了一个极为轰动的最新消息。他们正准备成立新的航空公司。他们虽说不会裁员，但我们应该联合起来，有所准备啊！"这话又被办公室的通讯员听到了，他立即将此事告诉了他的上司巴巴拉，巴巴拉为此事写了一个备忘录给负责人事的总经理马丁，马丁也加入了他们的阵线，并认为公司应该保证兑现其不裁员的诺言。

第二天，马丁正在打印两份备忘录，被路过的办公室探听消息的人摩罗看见了，摩罗跑回办公室说："我真不敢相信公司竟然做出这种事来，我们要被卖给联合航空公司了，而且要大量裁员。

这消息传来传去，最后传到波利的耳朵，他也接到了很多不友好、甚至是敌意的电话和信件，人们纷纷指责他违背诺言大量解雇员工，也有的表示为与其他公司合并而高兴，而波利却被弄得迷惑不解。

资料来源：吴照云：《管理学原理》，北京，经济管理出版社，2003。

问题

1. 非正式沟通的特点和作用是什么？管理者应怎样对待公司的非正式沟通？
2. 管理者波利应该怎样做才能澄清问题？

本章思考题

1. 你同意杰克·韦尔奇"管理即沟通"的说法吗？为什么？
2. 描述一种你参与的人际沟通，指出在沟通中存在哪些障碍以及如何克服这些障碍。
3. 沟通按信息的流向可以分为哪些类型？
4. 组织沟通可以采取哪些形式？
5. 观察你的班级（或者你生活或工作的一个组织）的情况，分析最缺乏的是哪一种类型的沟通。你认为这对班级（组织）运作的效率有何影响。
6. 哪些因素影响了你的班级（或者你生活或工作的一个组织）沟通效果的提高？应该如何改进？

第十二章　控　制

学习目标

通过这一章的学习，希望你能够掌握：

1. 控制的基本含义和内涵；
2. 前馈控制、现场控制和反馈控制的概念；
3. 控制的必要性；
4. 控制的原则；
5. 控制过程和方法。

引例

故事1：扁鹊论医术

据说有一次，魏文王问名医扁鹊说："你们家兄弟三人，都精于医术，到底哪一位最好呢？"扁鹊答："长兄最好，中兄次之，我最差。"文王再问："那么为什么你最出名呢？"扁鹊答："长兄治病，是治病于病情发作之前，由于一般人不知道他事先能铲除病因，所以他的名气无法传出去。中兄治病，是治病于病情初起时，一般人以为他只能治轻微的小病，所以他的名气只及本乡里。而我是治病于病情严重之时，一般人都看到我在经脉上穿针管放血、在皮肤上敷药，觉得我在做大手术，所以以为我的医术高明，名气因此响遍全国。"

故事2：洛克菲勒的关键控制

一滴焊料实在不起眼，然而石油大王洛克菲勒却为之做足了文章。一次，洛克菲勒视察美孚石油公司一个包装出口石油的工厂，发现每只油罐要用40滴焊料。他注视良久，对工人说："你有没有试过用38滴焊料？"经过当场试验，用38滴不行，偶尔有滴油的现象，但用39滴焊料滴封的却没有一只漏油。于是，洛克菲勒当即决定，39滴焊料是美孚石油公司各工厂的统一规格。可别小瞧这一滴焊料，涓滴成河，聚沙成塔，日积月累，便是一大笔财富。而更为重要的，从中可以看出"石油大王"从严管理、节俭治业的精神。洛克菲勒一生信奉"勤俭生财"的准则，平时，他除了筹划企业的经营方略之外，就是到处巡视，寻找管理上的问题和漏洞。对公司的账簿，他特别留心，必须亲自过问，他能抓住某些细节提出质问或出些省钱的主意，洛克菲勒不愧为一个精打细算的富翁。

在计划的实施过程中，由于组织内外因素的影响，计划的实际执行情况与计划所应达到的标准和目的之间必然会存在一定的偏差，组织要保证有效地执行计划就需要控制职能。控制是管理的一项重要职能，它与计划、组织、领导工作是相辅相成、互相影响的，它们共同被视为管理链的四个环节。计划提出了管理者追求的目标，组织提供了完成这些目标的结构、人员配备和责任，领导提供了指挥和激励的环境，而控制则提供了有关偏差的知识以及确保与计划相符的纠偏措施。

第一节　控制概述

一、控制的内涵

（一）控制的概念

小知识

没有规矩不成方圆，没有控制就没有管理。在一个组织机构中，如果没有控制，将发生什么？

经过长达15年的精心准备，耗资15亿美元的哈勃太空望远镜最后终于在1990年4月发射升空。但是，美国国家航天局仍然发现望远镜的主镜片存在缺陷。由于直径达94.5英寸的主镜片的中心过于平坦，导致成像模糊。因此望远镜对遥远的星体无法像预期那样清晰地聚焦，结果造成一半以上的实验和许多观察项目无法进行。

所谓控制就是指为了实现组织目标，以计划为标准，由管理者对被管理者的行为活动进行检查、监督、调整等的管理过程。控制的概念主要包括如下三项内容：

1）控制有很强的目的性，即控制是为了保证组织中的各项活动按计划进行；

2）控制是通过“监督”和“纠偏”来实现的；

3）控制是一个过程。

作为管理的一项职能，控制工作是指主管人员对下属的工作成效进行测量、衡量和评价，并采取相应纠正措施的过程。从组织活动的整体看，控制工作就是根据既定的目标和各种标准，监督检查计划的执行情况，发现偏差，找出原因，采取措施，进行纠正，并根据已变化的情况对原有的设想、打算进行调整，以确保组织目标的实现。

在现代管理活动中，控制既是一次管理循环的终点，是保证计划得以实现和组织按既定的路线发展的管理职能；又是新一轮管理循环的起点，要保证组织的活动按照计划进行。控制是必不可少的。

（二）控制的必要性

任何组织、任何活动都需要进行控制。尽管计划可以制订出来，组织结构可以调整得非常有效，员工的积极性也可以调动起来，但是这仍然不能保证所有的行动都按计划执行，不能保证管理者追求的目标一定能达到。控制的必要性是由如下因素决定的。

1. 外部环境的变化

计划从构思、制订到执行一般都要经历较长的时间。在这段时间内，组织外部环境必然会发生变化，从而影响到已定的计划和目标。为了适应变化的环境，组织必须有一个有效的控制系统，来根据变化的环境采取相应的对策。计划的时间跨度越大，控制就越显重要。

2. 管理权力的分散

随着我国管理的发展，组织的规模越来越大，不论从宏观管理来看，还是从微观管理来看，一般社会组织的主要管理者已经不可能直接地、面对面地组织和指挥全体职工的工作。为了使各层的管理者有效地承担各自的管理职责，完成自己的工作任务，必然要层层授予他们相应的权力，这就导致了管理的权力分散在各个管理层次和管理部门。如果没有控制，没有建立起相应的控制系统，恐怕就会出现权力的滥用、不负责任的放任、偏离目标的行为，上层管理人员无法发现，更无法及时采取措施纠正其行为，必然导致管理的失控。

3. 组织成员的素质

计划要靠人去执行、实现，而组织成员的才能、动机和工作态度是非均质的、不断变化的，人们对计划的理解也不相同，因而，人的素质对计划的执行也会产生影响。

上述因素的存在，使计划执行过程充满不确定性。为保证计划执行不偏离正确的方向，就必须将控制工作穿插其间。有效的控制工作不仅能衡量计划执行的速度、发现偏差并采取纠正措施，而且在许多情况下，它还可以导致确立新的目标、提出新的计划，甚至改变组织结构、改变人员配备以及在领导方法上做出重大改革。

控制工作通过纠正偏差的行动与其他三个职能紧密地结合在一起，使管理过程形成了一个相对封闭的系统。

（三）控制的对象

管理者控制什么？许多控制的努力总是使用在以下五个方面中的一个上，即人员、财务、作业、信息和组织的总体绩效。

1. 人员

管理者是通过他人来实现其目标的。为了实现目标，管理者需要而且必须依靠下属员工，因此管理者使员工按照所期望的方式去工作是非常重要的。为了做到这一点，管理者最简明的方法就是直接巡视和评估员工的表现。在日常工作中，管理者的任务是观察员工的工作并纠正出现的问题，比如考勤、定时汇报工作等。

2. 财务

企业的首要目标是获得利润。在追求这个目标时，管理者需要借助于费用（成本）控制来降低成本，并使资源得到充分利用。他们可能审阅每季度的收支报告以发现多余的支出，也可能计算几个常用的财务指标，以保证有足够的资金支付各种费用，保证债务负担不至于太重，保证所有的资产都得以有效利用。

以下概括了一些常用的财务比率指标，用来考察组织在利用资产、负债、库存等方面的效率：流动比率，速动比率；资产负债率，利息收益倍比；存货周转率，总资产周转率；销售利润率，投资收益率。

3. 作业

一个组织的成功，很大程度上取决于它在生产产品或提供服务方面的效率和效果。作业控制方法是用来评价一个组织转换过程的效率和效果问题的。典型的作业控制包括：监督生产活动以保证其按计划进行；评价购买能力，以尽可能低的价格提供所需质量和数量的原材料；监督组织的产品及质量，以保证满足预定的目标；保证所有的设备得到良好的维护。

4. 信息

管理者需要通过信息来完成他们的工作。不精确的、不完整的、过多的或延迟的信息将会严重阻碍他们的行动。因此，应该开发这样一个信息管理系统，使其能在正确的时间，以正确的数量，为正确的人提供正确的数据信息。

5. 组织绩效

许多研究部门为衡量一个机构的整体绩效或效果做着不懈的努力。当然，管理者们非常关心他们所在组织的绩效，但他们并不是唯一衡量其组织绩效的人，顾客和委托人在他们选择生意对象时也会对此做出判断，证券分析家、潜在投资者、潜在贷款者和供应商也会做出判断。即便是组织雇员，他们也会对组织做出评价。

以上事实证明，为了维持或改进一个组织的整体效果，管理者应该关心控制。但是，衡量一个组织的效果并没有一个单一的标准。生产率、效率、利润、员工士气、产量、适应性、稳定性以及员工的旷工率等毫无疑问都是衡量整体绩效的重要指标。但是，其中任何一个单独的指标都不能衡量组织的整体绩效。

（四）控制的目标及特点

1. 控制的目标

在现代管理活动中，管理控制的目标主要有两个。

（1）限制偏差的累积

一般来说，工作中出现偏差是不可避免的。但小的偏差失误在较长时间里会积累放大并最终对计划的正常实施造成威胁。因此有效的管理控制系统应当能够及时地获取偏差信息，及时采取有效矫正措施。

（2）适应环境的变化

从制定出目标到目标实现前，总是需要相当一段时间。在这段时间，组织内部的条件和外部环境可能会发生一些变化。需要构建有效的控制系统，帮助管理人员预测和把握内外环境的变化，并对由此带来的机会和威胁做出正确、有力的反应。

2. 控制的特点

（1）目的性

管理控制无论是着眼于纠正执行中的偏差还是适应环境的变化，都是紧紧围绕组织目标的。

（2）整体性

控制的整体性包括两层意思：一是从控制的主体看，完成计划和实现目标是组织全体成员的职责；二是从控制的对象看，管理控制覆盖组织活动的各个方面。

（3）动态性

组织不是静态的，这决定了控制标准和方法不可能固定不变，应动态变化以提高适应性及灵活性。

（4）人性

管理控制本质上是由人来执行而且主要是对人的行为的控制。

二、控制的类型

组织的目标，一旦制订出相应的计划，并且付诸实施，在运行过程中，各种各样的信息就会反馈回来，针对信息的不同类型和事情的轻重缓急，管理者必须采取相应的控制措施，针对不同的控制对象，选择不同的控制重点。为了有效地进行控制，首先要了解可以采取哪种控制类型，然后才能进行实施。从不同的角度、按照不同的分类标准，可以对管理控制进行多种分类。最为常见的分类方法有以下两种。

（一）按控制信息获取的时间划分

依据控制信息获取的时间不同，控制可分为前馈控制、现场控制和反馈控制，如图12－1所示。

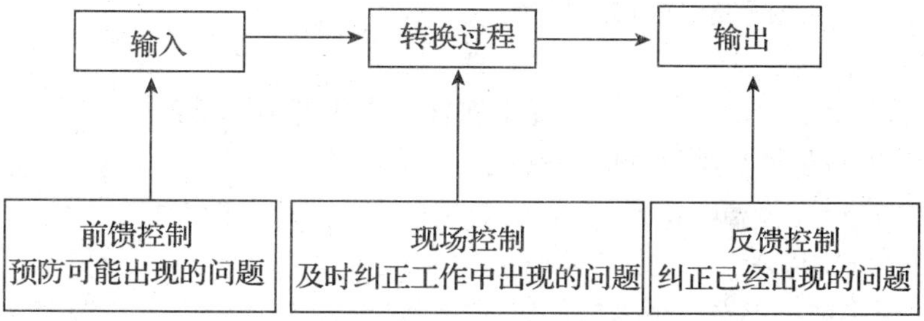

图12－1　前馈控制、现场控制和反馈控制

1. 前馈控制

前馈控制（也称预先控制或事前控制）是指组织活动开始之前进行的控制，其目的是防止问题的发生而不是当问题出现时再补救，防患于未然。它是面向未来的控制，是计划实施前采取预防措施防止问题的发生，而不是在实施中出现问题后的补救。管理人员常运用获取的最新信息结合上一个控制循环中的经验教训，反复对可能出现的结果进行认真预测，然后与计划要求进行比较，必要时调整计划或控制影响因素，以确保目标的实现。

（1）前馈控制的优点

1）可防患于未然。

2）针对计划行动所依赖的条件进行控制，不针对具体人员，易于被员工接受并付诸实施。

（2）前馈控制的缺点

1）需要及时和准确的信息。

2）要求管理人员能充分了解前馈控制因素与计划工作的影响关系。

2. 现场控制

现场控制（也称同期控制或过程控制、环节质量控制）是指组织活动开始以后，对活动中的人和事进行指导和监督（如管理者亲临现场）。其纠正措施是在计划执行的过程中施行的。管理者通过现场监督检查、指导和控制下属人员的活动，对执行计划的各个环节质量进行控制，当发现不符合标准的偏差时立即采取纠正措施。

（1）现场控制的优点

1）有指导职能。

2）有助于提高工作人员的工作能力及自我控制能力。

（2）现场控制的缺点

1）受管理者时间、精力、业务水平的制约。

2）现场控制的应用范围较窄。

3）容易在控制者和被控制者之间形成对立情绪。

3. 反馈控制

反馈控制（也称过后行为控制或事后控制、结果质量控制）是指在同一个时期的组织活动已经结束以后，对本期的资源利用情况及其结果进行总结。后馈控制、结果质量控制，这类控制作用发生在行动之后。主要将工作结果与控制标准相比较，对出现的偏差进行纠正，防止偏差的继续发展或再度发生。

（1）反馈控制的优点

1）在周期性重复活动中，可以避免下次活动发生类似问题。

2）消除偏差对后续活动过程的影响。

3）可以提供员工奖惩的依据。

（2）反馈控制的缺点

实施矫正措施前，偏差、损失已产生。

这三种控制方法各有利弊，在采用具体的控制方法时应对照实际情况进行选择，如图12－2所示。

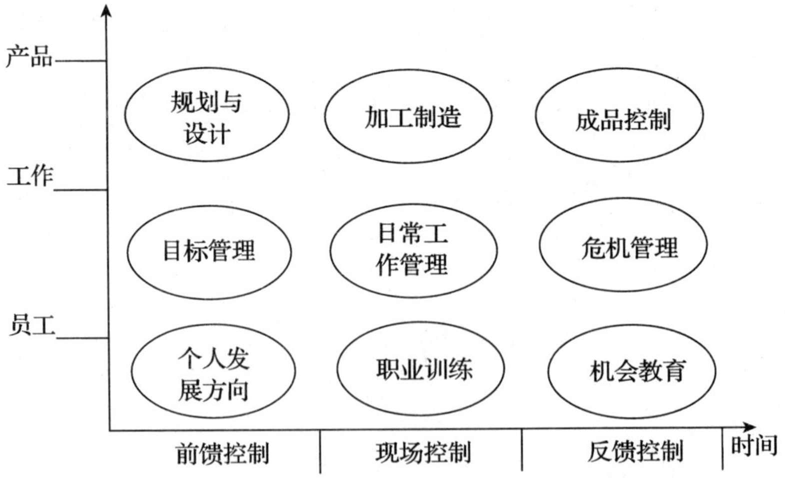

图12－2　三种控制方向应用对象

事前控制最好，但需要及时、准确的信息和对未来的合理估计；事中控制可以让活动程序规范化，但需要迅速的行动和准确的判断；事后控制可以衡量计划是否合理，可以增强员工的积极性，让员工认识到差距，但往往“亡羊补牢，为时已晚”。

（二）按管理者控制和改进工作的方式划分

按管理者控制和改进工作的方式不同，可分为间接控制和直接控制。

1. 间接控制

间接控制是观察管理人员的未来行动，跟踪和找出造成不良结果的原因，追究个人责任并使他们在实践中改正的过程。在实际工作中，在所定的标准是正确的前提下，产生偏差的原因常常有两种，即：由于不肯定因素或是由于直接负责的管理人员缺乏知识、经验或判断力。对于不肯定的因素是无法估计的，因而由此造成的管理失误也就不可避免。在这种情况下，间接控制就不能起作用。

2. 直接控制

直接控制是相对于间接控制而言的，它是通过提高管理人员的素质和领导水平，从而消除或减少由于管理不善造成偏差的一种控制。其指导思想认为，合格的主管人员出的差错最少，他能觉察到正在形成的问题，并能及时采取纠正措施。所谓“合格”，就是指他们能熟练地应用管理的概念、原理和技术，能以系统的观点来进行管理。因此，主管人员及其下属的素质越高，就越不需要进行间接控制。

直接控制的优点有：管理人员的质量可以得到控制，在对个人委派任务时可有较大的准确性，从而使出现偏差的机会得到控制；可加速采取纠正偏差的措施并使其更加有效；由于提高了主管人员的质量，减少了偏差的发生，也就有可能减轻间接控制造成的负担，节约经费开支；直接控制的心理效果也给人以深刻的印象，主管人员的管理质量提高了，他们的威信也就得到了提高，下级人员对他们的信任和支持也会增加，这样就有利于整个计划目标的顺利实现。

（三）控制按集中程度不同分划分

控制按集中程度不同分为集中控制与分散控制。

集中控制是对组织的重大项目与事务成立专门的控制机构，进行重点控制。

分散控制是针对日常的一般性、常规性事务，由各部门、各岗位及全体员工自行控制。

三、有效控制的原则

控制必须有客观的、精确的和适合的标准，用以衡量一个计划方案完成的情况。哈罗德·孔茨认为，控制是以计划标准衡量计划完成情况并纠正计划执行中的偏差，以确保计划目标的实现。而控制职能涉及许多问题，但归纳起来主要有这样一些要求，即：保证实现计划目标；控制要针对未来；控制的职责要明确；控制要追求经济效率；应尽可能采取直接控制方式；控制必须反映计划要求；控制必须有适当的自制来保证；控制必须采用适合具体人员的技术和信息；控制必须有客观的、精确的和适合的标准，用以衡量一个计划方案完成的情况；控制必须抓住关键点；控制必须主要集中于例外情况；控制必须灵活；发现偏差后必须及时采取行动，予以纠正。因此，任何组织要想达到计划目标，必须有一个适宜有效的控制系统作保证，构造这个系统应遵循一些基本原则。

（一）有效控制的原则

1. 反映计划要求原则

控制的目标是实现计划，控制是实现计划的保证，因此，计划越是明确、全面、完整，控制系统越能反映计划，则控制越有效。所以，在设计控制系统时，每个管理者都必须紧紧围绕计划进行，要根据计划的特点确定控制标准、衡量方法和纠偏措施。

2. 组织适宜性原则

控制必须适应特定的组织结构。组织结构的设计明确、完善，控制系统符合组织机构的职责分工，控制的效用才能充分发挥。

3. 控制关键点原则

任何控制不可能面面俱到、事无巨细地对待，而是应根据具体情况选择关键点重点控制，取得事半功倍的效果。选择关键点除了要有丰富的经验、敏锐的洞察力和决策能力外，还可以借助有关的方法。

4. 例外原则

有效的控制不仅要对关键点进行控制，还要对超出一般情况的特殊点给予足够的关注。另外，控制关键点原则和例外原则应结合起来使用，它们两者有某些共同之处，但区别在于前者强调选择控制点，后者则强调观察在这些点上的异常变化。

5. 直接控制原则

直接控制是相对于间接控制而言的，间接控制往往是通过管理控制标准及衡量纠偏等措施进行的，它的依据是有关控制的过程必须是及时有效的、控制标准是合适的、衡量业绩是客观准确的、偏差的发现是及时的、纠偏措施是坚决有力的等。直接控制就是控制有关管理控制人员和执行人员的素质，通过提高有关人员的工作能力和业务水平，使出现偏差的概率下降；同时由于有关人员的素质提高了，其自觉控制的能力将大大增强，能够在出现偏差时自觉地迅速采取行动，使损失降到最低。

6. 控制趋势原则

有时控制现状比较容易，但控制现状所预示的变化趋势则比较困难。但要使控制有效，控制变化趋势则重要得多。一般来说，趋势是多种复杂因素综合作用的结果，是一段时间内逐渐形成的，并对管理工作成效起着长期的影响。趋势往往容易被现象所掩盖，它不易觉察，也不易控制和扭转，而且当趋势已经明朗时，再进行控制就晚了。所以，有效的控制系统应有预警功能，能在出现某种趋势苗头时，迅速采取措施，跟上趋势或将其消灭在萌芽状态。

（二）有效控制的特性

要使控制系统发挥作用，取得预期的成效，控制系统应具备以下特性。

1. 客观准确

即要求控制标准客观，分析客观准确，采取的纠偏措施客观准确，尽量避免主观臆断。管理难免有许多主观因素在内，但是对于下属工作的评价，不应仅凭主观来决定。在需要凭主观来控制的那些地方，主管人员或下级的个性也许会影响他们对工作的准确判断。但是，如能定期地检查过去所拟定的标准和计量规范，并使之符合现时的要求，那么人们客观地去控制他们的实际执行情况也不会很难。因此，可以概括地说，有效的控制工作要求有客观的、准确的和适当的标准。

2. 灵活应变

即要求控制工作在面临未预见到的情况或计划本身有问题时，也应该能够发挥作用。也就是说，要使控制工作在突变情况下仍然有效，应具有灵活应变的能力。控制工作即使在面临计划时发生了变动，出现了未预见到的情况或计划全盘错误的情况下，也应当能发挥它的作用。这就是说，在某种特殊情况下，一个复杂的管理计划可能失常，控制系统应当报告这种失常情况，它还应当含有足够灵活地要素，以便在出现任何失常情况下都能保持对运行过程的管理控制。换言之，如果要使控制工作在计划出现失常或预见不到的变动情况下保持有效性的话，所设计的控制系统就要有灵活性。这就要求在制订计划时，要考虑到各种可能的情况而拟订各种抉择方案。一般说来，灵活的计划有利于灵活的控制。但要注意的是，这一要求仅仅是应用于计划失常的情况，而不适用于在正确计划指导下人们工作不当的情况。

3. 经济合算

即要求控制所支出的费用应是合算的。也就是说，控制必须讲究经济效益，控制所支出的费用必须是合算的。这个要求是简单的，但做起来却常常很复杂。因为一个主管人员很难了解哪个控制系统是值得的，它所花费的费用是多少。所谓经济效益是相对而言的，它随着经营业务的重要性及其规模而不同，也随着缺乏控制时的耗费情况与一个控制系统能够做出的贡献时的情况而不同。例如，为调查某种原因不明的流行病而花费大量的人力和时间去拟定调查表格，这被认为是值得的。但谁也不会说花费同样的费用去拟定一个旨在了解本单位医护人员技术状况的表格也是合算的。由于控制系统效果的一个限定因素是相对的经济效果，因而自然就在很大程度决定了主管人员只能在他认为是重要的方面选择一些关键问题来进行控制。因此可以断言，如果控制技术和方法能够以最小的费用或其他代价来探查和阐明偏离计划的实际原因或潜在原因，那么它就是有效的。

4. 全局统筹

即要求控制不仅仅要考虑各部门的局部利益，更应该有全局的观念。在组织结构中，各部门及其成员都在为实现其个别的或局部的目标而活动着。许多主管人员在进行控制工作时，就往往从本部门的利益出发，只求能正确实现自己局部的目标，而忽视了组织的总目标是要靠各部门及成员协调一致的活动才能实现的。因此对于一个合格的主管人员来说，进行控制工作时，不能没有全局观点，要从整体利益出发来实施控制，将各个局部的目标协调一致。

5. 有针对性

即要求控制系统要符合有关管理人员的特性。控制系统和信息是为了协助每个主管人员行使其控制职能的。如果所建立（或设计）的控制系统，不为主管人员所理解、信任和使用，那么它就没有多大用处。因此，建立控制系统必须符合每个主管人员的情况及其个性，使他们能够理解它，进而能信任它并自觉地运用它。例如，不同的人提供的信息形式是不同的，统计师和会计师喜欢用复杂的表格形式；工程技术人员喜欢用数据或图表形式，甚至还有少数人，如数学家，则喜欢用数字模型；而对主管人员来说，由于知识水平有限，不可能样样精通。因此，提供信息时就要注意他们的个性特点，要提供那些能够为他们所能理解、所能接受的信息形式。同时，控制技术也是如此。

6. 面向未来

即要求控制系统尽可能地使用预先控制，使一切尽在掌握之中，避免不必要的损失，这也是真正有效的管理控制系统必备的功能。一个真正有效的控制系统应该能预测未来，及时发现可能出现的偏差，采取措施，调整计划，而不是等出现了问题再去解决。

7. 有具体行动

即要求控制系统必须将纠偏措施落在实处，这也是完整有效的控制系统的必备功能。控制没有具体的行动，将形同虚设。一个正确有效的控制系统，除了应能揭示出哪些环节出了差错，谁应当对此负责外，还应确保采取适当的纠正措施，否则这个系统就等于名存实亡。应当记住，只有通过适当的计划工作、组织工作、人员配备、指导与领导工作等来纠正那些已显示出的或已发生的偏离计划的情况，才能证明该控制系统是正确的。

第二节　控制过程

控制标准、偏差信息、纠偏措施是控制过程的三项基本要素，基本的控制过程都包括三个步骤，即确立控制标准、衡量实际工作绩效、采取纠偏措施。图 12 - 3 说明了这一过程的基本步骤。

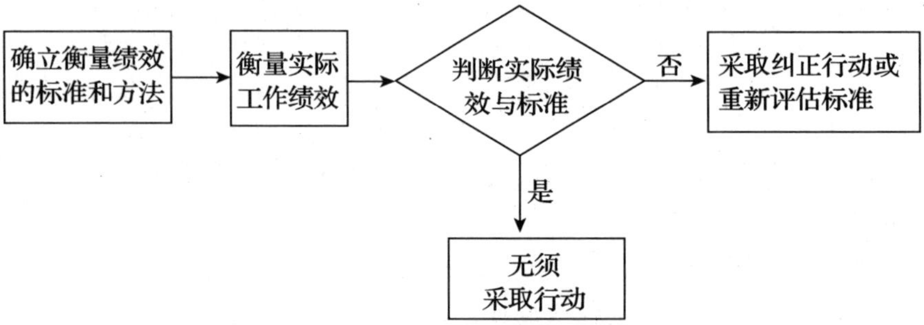

图 12 - 3　控制过程

一、确立控制标准

（一）明确控制对象

进行控制首先遇到的问题是“控制什么”，这是在决定控制标准之前首先需要解决的问题。从纯理想的角度看，管理人员应对影响组织工作绩效的全部因素进行控制，但受资源有限、管理人员工作能力有限的影响，最为现实的做法是，选择那些对实现组织目标有重大影响的因素进行重点控制。因此，为了确保控制的预期成果，就必须对影响成果形成的各种要素进行科学的分析研究，然后从中选择重点的要素作为控制对象。一般来讲，影响组织工作目标实现的主要因素有如下三个。

1. 环境特点及其发展趋势

组织在特定时期的管理活动是根据决策者对经营环境的认识和预测来计划和安排的。如果预期的市场环境变化没有出现，或者企业外部环境发生了某种无法预料或无力抗拒的变化，那么原来计划的活动可能就无法继续进行，从而使组织难以达到预期的结果。因此，制订计划时所依据的各种经营环境因素应作为控制对象，列出“正常”与“非常”环境的具体指标或标准。

2. 资源投入状况

组织经营成果是通过对一定资源的加工转换得到的。没有或缺乏这些资源，组织的经营活动就会成为无源之水、无本之木。投入的资源，不仅会在数量和质量上影响经营活动按期、按要求地进行从而影响最终产品的正常实现，而且获取资源的费用也会影响活动的成本从而影响组织的经营效果。因此，必须对资源投入进行控制，使之在数量、质量以及价格等方面符合预期经营成果的要求。

3. 组织活动过程

输入到生产经营中的各种资源不可能自然形成产品。组织的经营成果是组织活动转化的结果，是通过全体员工在不同时间和空间上利用一定技术和设备对不同资源进行不同内容的加工劳动而最终得到的。因此，必须使企业员工的活动符合计划和预期结果的要求。为此，必须建立员工的工作规范，明确各部门和各员工在各个时期的阶段成果的标准，以便对他们的活动进行控制。

（二）选择关键控制点

控制对象确定后，还必须选定控制的关键点，良好的控制来源于关键控制点的选择。比如在酿造啤酒的过程中，啤酒质量是控制的重点对象，但是影响啤酒质量的因素很多，但只要抓住了水的质量、酿造温度和酿造时间，就能保证啤酒的质量。因此，就可以对这些关键控制点制定出明确的控制标准。在任何组织活动中都存在着此类关键点，只要对这些主要的关键点进行控制，就可以控制组织活动的整体状况。

对关键点的选择，一般应放在最容易出偏差或偏差造成的危害比较大的地方，具体应统筹考虑以下三个方面：

1）关注影响整个工作运行过程的重要操作和事项；

2）选择易检测出偏差的环节进行控制，以便对问题做出及时、灵敏的反应；

3）关键控制点数量的选择应在时间与空间分布均衡，使管理者能够对组织总体状况形成一个比较全面的把握。

（三）制定控制标准

在企业中，最常用的控制标准有四种：时间标准（如工时、交货期等）、数量标准（如产品数量、废品数量）、质量标准（如产品等级、合格率）和成本标准（如单位产品成本）。组织中的所有作业活动都可依据这四种标准进行控制。如对企业生产工作的控制，可检查产量是否达到了数量标准、原材料规格及产品合格率是否达到了质量标准、产品在时间上是否按期完成并如期交货了、原材料成本及职工工资是否超出了成本费用限制等。

最常用的制定标准的方法有三种：利用统计方法来确定预期结果，根据经验和判断来估计预期结果，在客观的定量分析基础上建立工程标准。

1. 统计计算法

以分析反映企业经营在各个历史时期状况的数据为基础建立未来活动的标准，这些数据可能来自本企业的统计数据，也可能来自其他企业或整个行业。制定出的标准称为统计性标准，也叫历史性标准。

2. 经验估计法

即根据经验建立标准，制定出的标准称为经验标准。实际上，并不是所有工作的质量和成果都能用统计数据来表示，也不是所有的企业活动都保存着历史统计数据。对于新从事的工作或统计资料缺乏的工作，可以根据对工作熟悉的人员的经验、判断和评估来为之建立标准。利用这种方法建立工作标准时，要注意利用各方面人员如老员工、技术人员、管理人员的知识和经验，在充分了解情况、搜集意见的基础上，科学地进行综合，制定出相对先进合理的标准。

3. 工程方法

该方法通过对工作情况进行客观的定量分析来制定标准，制定出的标准称为工程标准。比如，机器的产出标准是其设计者计算的在正常情况下被使用的最大产出量；工人操作标准是劳动研究人员在对构成作业的各项动作和要素客观描述与分析的基础上，经过消除、改进和合并而确定的标准作业方法；劳动时间定额是利用秒表测定的受过训练的普通工人以正常速度按照标准操作方法对产品或零部件进行某个（些）工序的加工所需的平均必要时间。严格地说，工程标准也是一种用统计方法制定的控制标准。

由于控制的对象不同，控制标准的种类很多。任何一项具体工作的衡量标准都应该有利于组织目标的实现，组织究竟以何种方法制定何种标准取决于所需衡量的绩效成果及其影响因素的领域和性质。

二、衡量实际工作绩效

（一）确定适宜的衡量方式

对照标准衡量工作绩效是控制过程的第二步，为了确定实际工作的绩效，需要明确如何衡量和衡量间隔的问题。

1. 衡量的方法

为了获得控制信息，管理者在实际工作中可以采用分析报表资料、召开会议、亲自观察和抽样调查等方法去搜集信息。

（1）分析报表资料

现在组织中广泛地使用了计算机，因此管理者越来越多地依靠统计报表等来衡量实际工作情况。统计报表中不仅有计算机输出的文字，还包括多种图形、图表，并且按管理者的要求列出各种数据。这种由书面材料了解工作情况的方法，可以节省时间，但获取的信息是否全面、准确，往往依赖于报表等统计资料的真实性和准确性。

（2）召开会议

让各部门主管汇报各自的工作近况及遇到的问题，既有助于管理者了解各部门工作的情况，又有助于加强部门间的配合协作。尽管这种信息是经过过滤的，但它是一种快捷的、有反馈的同时又可以通过语言、语调和词汇本身来传达的信息。

(3) 亲自观察

通过个人的亲自观察，管理者可亲眼看到工作现场的实际情况，还可通过与现场工作人员的交谈来了解工作的进展及存在的问题，进而可获得真实而全面的信息。亲自观察提供了关于实际工作的最直接和最深入的第一手资料，但是由于时间和精力的限制，要求主管人员对所有工作活动都亲自观察是不可能的。

(4) 抽样调查

从整批调查对象中抽取部分样本进行调查，并把结果看成整批调查对象的近似特征，这种方法可节省调查成本及时间。

以上方法各有利弊，因此，管理者在控制活动中必须综合地使用多种方法，以增加信息的来源并确保信息的质量。

2. 注意事项

为了能够及时、正确地提供能够反映偏差的信息，同时又符合控制工作在其他方面的要求。管理者在衡量工作成绩的过程中应注意以下几个问题。

(1) 通过衡量成绩，检验标准的客观性和有效性

检验标准的客观性和有效性，是要分析通过对标准执行情况的测量能否取得符合控制需要的信息。在为控制对象确定标准的时候，人们可能只考虑了一些次要的因素，或只重视了一些表现的因素，因此，利用既定的标准去检查人们的工作，有时并不能达到有效控制的要求。利用预先制定的标准去衡量绩效，这本身就是对标准的客观性和有效性进行检查的过程。

在衡量过程中进行检查，判别并剔除那些不能为有效控制提供必要信息、容易产生误导作用的不适宜的标准，指出能够反映被控制对象的本质特征，从而制定出最适宜的标准。

(2) 确定适宜的衡量频度

控制上作应注意“度”的问题。控制过多或不足都会影响控制的有效性。这种“过多”或“不足”，不仅体现在控制对象和标准数目的选择，而且表现在对同一标准的衡量次数或频度。对影响某种结果的要素或活动过于频繁地衡量，不仅会增加控制的费用，而且可能引起有关人员的不满，从而影响他们的工作态度；而检查和衡量次数过少，则可能使许多重大的偏差不能及时发现，从而不能及时采取措施。

现实中的偏差可分为正偏差和负偏差。正偏差是实际业绩超过了计划要求，而负偏差是指实际业绩未达到计划要求。出现了正偏差是好事，但也要进行原因分析。如果是由于环境变化导致的有益的正偏差，则要修改原有计划以适应变化了的环境。在实际工作中，甚至可能出现由于偶然因素造成结果偏好，但一些关键环节的控制比预期的还要糟，而这些环节将会成为影响今后工作成果的决定性因素。在这种情况下，仍应将工作结果作为负偏差来分析。

如果工作结果出现负偏差，当然有进一步分析的必要。工作的结果是由各方面因素确定的，所以偏差的原因也可能多种多样。管理者在进行原因分析时不能只抓住工作的结果，而应将工作过程分步骤、分环节地进行考虑，分析偏差出现的真实原因。一般来讲，

原因不外乎三种：一是计划或标准本身就存在偏差；二是由于组织内部因素的变化，如营销工作的组织不力、生产人员工作的懈怠等；三是由于组织外部环境的影响，如宏观经济的调整等。事实上，虽然各种原因都可以归结为这三点，但要做出具体分析，不仅要求有一个完善的控制系统，还要求管理者具备细致的分析能力和丰富的控制经验。

（二）建立有效的信息管理系统

不完整、不精确、过多或延误的信息将会阻碍主管人员的行动，只有及时掌握反映实际工作与预期工作绩效之间偏差的信息，才能迅速采取有效的纠正措施。通常，并不是所有的衡量绩效的工作都是由主管直接进行的，有时需要借助专职的检测人员。然而，管理人员所接受的信息通常是零乱的、彼此孤立的，并且难免混杂着一些不真实、不准确的信息。因此，应该建立有效的信息管理网络，通过分类、比较、判断、加工，提高信息的真实性和清晰度，同时将杂乱的信息变成有序的、系统的、彼此紧密联系的信息，并将反映实际工作情况的信息适时地传递给适当的管理人员，使之能与预定标准相比较，及时发现问题。这个网络还应能及时将偏差信息传递给与被控制活动有关的部门和个人，以使他们及时知道自己的工作状况、为什么错了以及需要怎么做才能更有效地完成工作。建立这样的信息管理系统，不仅更有利于保证预定计划的实施，而且能防止基层工作人员把衡量和控制看做上级检查工作、进行惩罚的手段，从而避免产生抵触情绪。

三、纠正偏差

通过前面两步的运作，可以发现计划执行中出现的偏差。纠正偏差就是在此基础上，分析偏差产生的原因，制定并实施必要的纠正措施。

（一）差异分析

通过实际业绩同控制标准之间的比较，可以确定这两者之间有无差异。若无差异，工作按原计划进行；若有差异，则首先要了解偏差是否在标准允许的范围之内。若偏差在允许的范围之内，则工作继续进行，但也要分析偏差产生的原因，以便改进工作，并把问题消灭在萌芽状态；若差异在允许的范围之外，则首先应及时深入地分析产生偏差的原因，以采取相应的措施。

（二）采取措施

进行差异分析的目的是为了采取正确的纠偏措施，以保证计划的顺利进行和组织目标的实现。在深入分析产生差异的原因的基础上，管理者要根据不同的偏差、不同的原因采取不同的措施，一般而言，控制措施可从以下几方面进行。

1. 改进工作绩效

如果分析衡量的结果表明计划是可行的，标准也是切合实际的，问题出在工作本身，管理者就应该采取纠正行动。这种纠正行动可以是组织中的任何管理行动，如管理方法的调整、组织结构的变动、附加的补救措施、人事方面的调整等。总之，分析衡量结果得出是哪方面的问题，管理者就应该在哪方面有针对性地采取行动。

按照行动效果的不同，可以把改进工作绩效的行动分为两大类：立即纠正行动和彻底纠正行动。前者是指发现问题后马上采取行动，力求以最快的速度纠正偏差，避免造成更大的损失，行动讲究结果的时效性；后者是指发现问题后，通过对问题本质的分析，挖掘问题的根源，即弄清偏差究竟是如何产生的，为什么会产生，然后从产生偏差的地方入手，力求永久性地消除偏差。可以说前者重点纠正的是偏差的结果，而后者重点纠正的是偏差的原因。在控制工作中，管理者应灵活地综合运用这两种行动方式，特别注意不应满足于“救火式”的立即纠正行动，而忽视从事物的原因出发，采取彻底的纠正行动，杜绝偏差的再度发生。

2. 改进组织和领导工作

控制职能与组织、领导职能是相互影响的。组织方面的问题主要有两种：一是计划制订好之后，组织实施力一面的工作没有做好；二是控制工作本身的组织体系不完善，不能对已产生的偏差进行及时的跟踪与分析。在这两种情况下，都应改进组织工作，如调整组织结构，改进责权利关系和分工协作关系等。偏差也可能是由于执行人员能力不足或积极性不高而导致的，那么就需要通过改进领导方式和提高领导艺术来矫正偏差。

3. 修订标准

在某些情况下偏差还有可能来自不切实际的标准。因为标准定得过高或过低，即使其他因素都发挥正常，也难以避免与标准的偏差。这种情况的发生可能是由于当初计划工作的失误，也可能是因为计划的某些重要条件发生了改变等。发现标准不切实际，管理者可以修订标准。但是管理者在做出修订标准的决定时一定要非常谨慎，防止被用来为不佳的工作绩效做开脱。管理者应从控制的目的出发仔细分析，确认标准的确不符合控制的要求时，才能做出修正的决定。不切实际的标准会给组织带来不利影响，过高的、实现不了的标准会影响员工的士气，而过低的、轻易就能实现的标准又容易导致员工的懈怠情绪。

第三节　控制方法

要对整个组织的活动进行全面控制，必须借助于各种不同的控制方法，而根据控制的对象、内容和条件的不同，又可以有多种不同的控制方法。充分了解并且有效地运用这些控制方法，是实现组织进行成功控制的一个重要方面。

一、生产控制

当生产系统设计完成、生产计划制订并且实施以后，生产控制就成了生产管理工作的重点。如果没有有效的生产控制工作，再完美的生产系统也可能由于一些意想不到的事情而无法达到预期的目标。一般制造业的生产控制工作包括很多内容，这里主要介绍其中几项，包括成本控制、采购控制、质量控制和库存控制。

（一）成本控制

所谓成本控制，就是指以成本作为控制手段，通过制定成本总水平指标值、可比产品成本降低率以及成本中心控制成本的责任等，达到对经济活动实施有效控制的目的的一系列管理活动与过程。

成本控制首先需要制定控制的标准。通常情况下，企业可以采用预算成本或者标准成本作为成本控制的标准。预算成本是用财务数字的形式为各个部门或者各项活动规定在资金、劳动、材料、能源等方面支出的额度，它是通过计算和预算得到的。标准成本则是根据企业过去一段时间各个成本项目的实际情况，去除其不合理成分，然后通过分析确定的。对于一时无法制定标准成本的企业，可以采用过去几个月平均先进水平作为各类成本项目的标准成本，等到积累经验后再确定更加适宜的标准成本。当然，无论通过何种方法确定的成本控制标准，当新的技术组织措施采用后，都应该对其进行必要的调整，以适应新的控制需要。

在控制方法上，均可以采用成本中心法去控制成本。也就是说，各个部门、分厂或者分车间都可以被当作一个独立的成本控制中心，其主管人员对其产品的成本负责。构成各个产品成本的不变成本或固定成本是与产品生产数量无关的，所以，这部分成本不列入各个成本控制中心的控制范围，成本控制中心的负责人主要对随着生产量变化的可变成本或者直接成本负责。对于一些生产比较稳定而且建立了一整套完善的计算机应用系统的企业来说，还可以采取分级成本控制法。即要求根据各成本费用发生的情况把所有成本项目分成几个等级，分别由企业、分厂、车间等负责，各个责任单位除了保证产品成本控制在标准成本范围之外，还有责任和义务探求不断降低成本的方法。

日本人把成本控制当作每天早上起床必须做的事情。成本控制必须在生产系统设计中处于一个中心的地位，它需要管理者不断地加以注意。

（二）采购控制

低劣的输入很难产出高质量的产品。对于生产性企业来说，它需要输入大量的原材料，通过加工、生产，转换成各种各样的产品。原材料成本构成了产品成本的重要部分，在有些行业，甚至原材料成本竟高达70%左右。因此，有效地控制原材料成本自然就成为了这个企业降低成本和增加利润的重要渠道和手段。而企业原材料获取是通过企业的采购部门实施采购职能实现的，所以控制原材料成本很大程度上依赖于采购控制。

企业采购控制的主要内容包括供应商交付的原材料的质量、性能和价格等以及与之相关的寻找、评价、决定能够提供最好产品或者服务的供应商。采购控制的目标是实现数量可以随时得到保障、质量可以控制、来源可靠以及成本降低。

选择供应商要多选择一些有实力的供应商，通过他们的竞价使企业获得价格上的实惠，而且能够保证货源及时、准确地送达。真正通过购买获得竞争优势需要通过良好的供应商关系才能得到，将供应商看作对手是不对的。现在，越来越多的企业迅速发展的趋势就是使供应商转变成为合作伙伴，通过选择几家供应商并且与之密切配合工作来提高效率和质量。例如，肯德基通过与一些专业的供应商保持长期良好的合作关系，甚至派自己的员工和供应商共同合作、学习、培训，以提高供应商的能力。越来越多的事实证明，与供应商建立良好长期的合作关系，既能够获得质量优良的产品，还能降低成本。

（三）质量控制

质量的概念有广义和狭义之分：狭义的质量仅仅指产品的质量；广义的质量除了包括产品的质量外，还包括工作质量。产品质量是指产品满足消费者需要的功能与性质。这些功能与性质具体体现在五个方面：性能、寿命、安全性、可靠性和经济性。工作质量是指企业为了保证和提高产品的质量，在经营管理和生产技术工作方面所要达到的水平。工作质量是产品质量的保证，因此，在一定意义上讲，提高工作质量比提高产品质量更为重要。

质量控制是对确定和达到质量要求所必需的全部职能活动的控制，包括质量标准和质量计划的制订以及对所有产品、过程和服务方面的质量形成过程的监督和控制，其中还包括为了保证和控制质量而进行的组织设计。质量控制是企业生产经营过程中一个重要环节，其根本目的在于保证本企业所生产的产品或者所提供的服务达到一定的质量水平以满足顾客需要，维持或者提高自己的市场占有率，从而确保企业的生存和发展。

迄今为止，质量管理和控制已经经历了三个阶段，即质量检验阶段、统计质量管理阶段和全面质量管理阶段。质量检验阶段大约发生在20世纪20—40年代（机器逐渐代替了手工操作），工作重点在产品生产出来之后的质量检查。统计质量管理阶段发生在20世纪40—50年代（解决废次品问题），管理人员主要采用统计方法对生产过程加强控制，提高产品的质量。

从20世纪50年代开始的全面质量管理，是以保证产品质量和工作质量为全体员工参与的质量管理体系。它具有多指标、全过程、多环节和综合性的特征。质量管理已经形成了一整套管理理念，并风靡全球。全面质量管理具有以下特点。

1）实行全过程管理这种质量控制方法的基本思想是：优质产品是设计和制造出来的，而不是检验出来的；越是处于开始阶段的问题，对产品质量的影响就越大。基于这样的思想，全面质量管理强调将质量思想贯穿于从消费者调查、产品开发直到产品生产、销售、售后服务的每一个环节，实行全过程管理。

2）全部工作保证产品是经过一系列的工作形成的。对产品质量的控制不能只着眼于产品本身，而且应该着眼于产品赖以形成的全部工作，对工作的质量进行控制。

3）全部员工参与，即企业的全体员工都要参与质量管理。质量控制绝不仅仅是质量部门的事情，它跟每一个人都有关系。只有每一个员工都树立了质量思想，积极参与了质量管理，全面质量管理才能真正收到效果。

通过有效的质量控制，企业可以及早发现生产系统中存在的各种问题，防止不合格原材料进入生产过程，杜绝有缺陷的零部件流入下一道工序，保证向市场提供合格产品等。质量控制是通过对生产系统运行全过程的监控，确保产品质量满足预先设定的标准。

严格来讲，质量控制应该对所有的产品质量特性进行监控，但不能采取一刀切的方法，应该对容易发生问题的特性和对产品质量具有决定性意义的特性进行重点控制，而对其他一些特性则采取一般性的控制办法。这样，既保证了质量，又减轻了质量控制的工作量。

在实施质量控制的过程中，管理应该做到以下几点。

1）确定产品是采用全数检测的方法还是采用抽样调查的方法。一般情况下，如果连续检测的成本很低或者统计结果表明出错率很高，逐个检查每一件产品是非常必要的。但是毫无疑问，这样需要耗费大量的人力、物力和财力。通常情况下，抽样调查采用得更普遍，而且抽样调查花费成本低，不需要太多的人员，也不需要对所有的产品逐一进行检测，有利于集中精力抓好关键的质量问题。

2）确定何时、何地检测。通常有以下几种情况：当供应商在生产时在其厂里检测，从供应商处收到货物时在自己工厂里检测，在不可逆转的工序之前检测，依次在生产工序中检测，完工产品检测，装运前检测。在有条件的地方，还应该尽可能采用源头检测的方法。

3）考虑是采用计数值还是计量值检测。计数值检测是将产品简单地分成合格品和不合格品，并不标出缺陷的程度。例如，对灯泡的抽样检测，灯泡亮或者不亮就决定了其合格或者不合格。计量值检测则需要设置一个可以接受的偏差范围，然后衡量诸如质量、速度、尺度或者强度等指标，看是否落在可接受的偏差范围内。任何样本在一定的范围之内是可以接受的，超出这个范围则是不可以接受的。

（四）库存控制

库存控制对库存的控制主要是为了减少库存，降低各种占用，提高经济效益。管理人员使用经济订购批量模型计算最优订购批量，使所有费用达到最小化。这个模型考虑两种成本：一是订购成本，即每次订货所需的费用（包括信件、文件处理费用，差旅费用，行政管理费用等）；二是保管成本，即储存原材料或零部件所需的费用（包括库存、利息、保险、折旧等费用）。

当企业在一定期间内总需求量或订购量为一定时，如果每次订购的量越大，则所需订购的次数越少，订购成本较低，但保管成本较高；如果每次订购的量越小，则所需订购的次数越多，订购成本较高，但保管成本较低。通过经济订购批量模型，可以计算出订购量多大时，总成本（订购成本和保管成本之和）为最小。

假定企业在一定时间内总需求量为 D，每次订购所需的费用为 O；库存物品单价为 P，保管成本与库存物品价值之比为 C，则最优订购批量为：

$$E_{OQ}=\sqrt{\frac{2\times D\times O}{P\times C}}$$

现举一例具体解释最优订购批量模型。假设某企业一年对某种材料的总需求量为5 000件，每件价格为2元，每次订购所需的费用为250元，保管成本与库存物品价值之比为12.5%，则最优订购批量为1 000件。

因此，一年最优订购批量为5次，每次1 000件。此时，订购成本为1 250元，保管成本为1 250元，总成本最低，为2 500元。

一般说来，企业除了最优订购批量外，为了预防万一，会保留一个额外的储存量，这个储存量被称为安全库存。

日本企业发明了一种准时制库存系统，其目标是实现零库存。它的基本思路是企业不储备原材料库存，一旦需要，立即向供应商提出，由供应商保质保量按时送到，生产继续进行下去。具体做法如下：企业收到供应商送来的装有原材料的集装箱，卸下其中的原材料准备用于生产装配，同时把箱中的“看板”（kanban，日语中表示卡片或标牌的含义）交回给供应商；供应商接到“看板”后立即进行生产，并将新生产出来的原材料再送来。

如果双方衔接得好，这时，上次的原材料刚好用完。

准时制库存系统可以减少库存、降低成本、提高效益，但是，该种方法对供应商提出了很高的要求。准时制库存系统事实上将库存及带来的风险转嫁给了供应商，供应商所能做的是自己消化或再次转嫁给那些为自己供货的供应商。另外，准时制库存系统对企业选择和控制供应商提出了更高的要求。

二、预算控制

预算控制是管理控制中使用最广泛的一种控制方法。预算是用数字编制的反映组织在未来某一时期的综合计划。预算控制是用财务形式把计划数字化，并且把这些计划分解落实到组织的各个层次和各个部门中去。这样，预算和计划相联，且与组织系统相适应，就能达到实施管理控制的目的。预算就是把计划紧缩成一些数字，以实现条理化。主管人员明确了这些，就可以进行人员和任务的委派、协调和组织等活动，并且在适当的时候将组织活动的结果和预算进行比较，发现偏差及时采取措施纠正偏差，以确保组织在预算的限度内去完成组织的任务。编制预算实际上就是拟定标准，由于预算是以数量化的方式来表明管理工作的标准，从而本身就具有可考核性，因而有利于根据标准来评定工作成效，找出偏差。

如果要使预算对任何一级管理人员真正具有指导和约束作用，预算就必须反映该组织的机构状况。只有充分按照各个部门业务工作的需要来制订、协调并且完善计划，才有可能编制一个足以作为控制手段的分部门的预算。把各项计划缩略为一些确切的数字，以便使主管人员清楚地看到哪些资金将由谁来支配，将在哪些部门使用，并且设计哪些费用开支计划、收入计划和以实物表示的投入量和产出量计划。

预算清晰地表明了计划与控制之间的紧密联系，是一种转化为控制标准的计划，预算的编制为组织的控制工作提供了十分完善的基础。

（一）预算的种类

按照内容的不同，预算可以分为经营预算、投资预算和财务预算三大类。

1. 经营预算

经营预算是指企业日常发生的各项基本活动的预算。主要包括销售预算、生产预算、直接材料采购预算、直接人工预算、制造费用预算、单位成本预算、销售费用预算以及管理费用预算等。其中最基本和最重要的就是销售预算，其他各项预算都是在销售预算的基础上进行的。销售预算是计划的基础，而且企业主要是依靠产品销售和提供劳务来维持经营费用支出和获利。所以销售预算就成为了预算控制的基础。生产预算是根据销售预算中的预算销售量，按照产品种类、数量分别编制的。在生产预算编制好后，还应该根据不同季度的预算销量经过对生产能力的平衡，分别列出不同季度的生产进度日程表，在生产预算和生产进度日程表的基础上，编制直接材料采购预算、直接人工预算和制造费用预算，包括制造业务范围以外的预算发生的各种费用的明细项目。对于实行标准成本控制的企业，还需要编制单位生产成本预算。

2. 投资预算

投资预算是对企业各类投资活动所做出的预算。一般包括新建厂房、购买机器设备、上新的产品项目以及其他方面的投资预算等。投资活动无论是长期的还是短期的，都将涉及企业最为重要的投资限制因素——资金，因此对于涉及企业资本的预算计划，必须做到具体和明确。要能够确定什么时候进行投资，投资多少，从什么渠道获得资金，未来的预期收益，每年的现金流量为多少，需要多少时间回收全部资本等。尤其是长期投资预算更要密切结合企业的长远发展战略。

3. 财务预算

财务预算是指企业在计划期间对企业的资金收支情况、经营成果以及财务状况的预算。它主要包括现金预算表、预计收益表和预计资产负债表。由于企业经营预算和投资预算的内容都将最终反映在企业的财务预算中，因此，财务预算也被称为关键预算或者总预算。

现金预算表主要反映计划期间内预计现金收支的详细情况。在完成了初步的现金预算就可以知道企业在计划期间需要多少资金，财务主管人员就可以预先安排和筹措来满足资金的需求。为了有计划地安排和筹措资金，现金预算表的编制应越短越好。

预计收益表是用来综合反映企业在计划期间生产经营的财务情况，并且作为预计企业经营活动最终成果的重要依据，是企业财务预算中最主要的预算表之一。

预计资产负债表主要用来反映企业在计划期末那一天预计的财务状况。它的编制需要以计划期间开始的资产负债表为基础，然后根据计划期间各项预算的有关资料进行必要的调整。

企业主要预算的相互关系如图 12－4 所示。

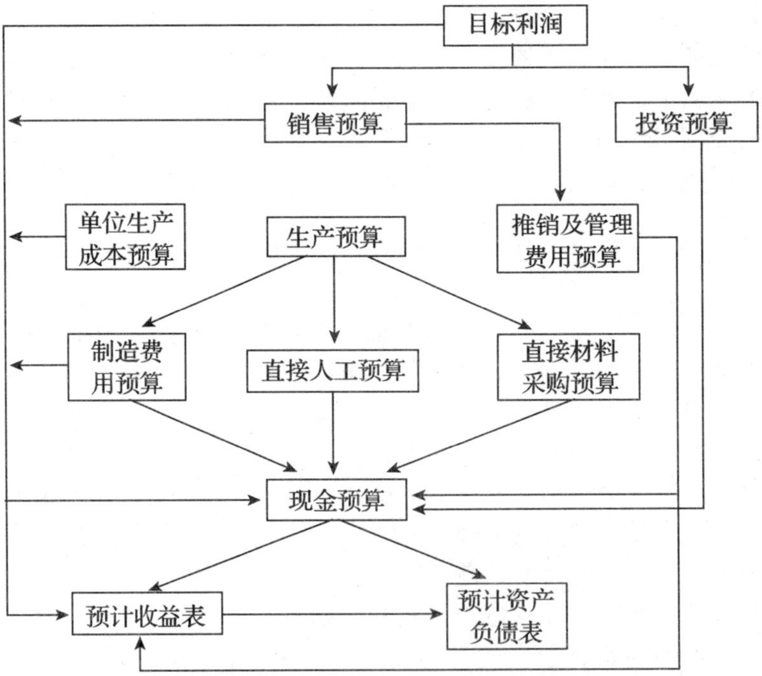

图 12－4　企业主要预算的相互关系

（二）预算控制的一般程序

1）深入了解企业在过去财政年度的预算执行情况和企业在未来年度的战略规划，以此作为企业制定预算的重要依据。

2）围绕企业的战略规则和企业内外的环境条件，按照企业各种预算之间的关系，制定出企业的总预算。

3）将企业总预算确定的任务层层分级，由各个部门、基层单位以及个人参照制定本部门、本岗位的预算，上报企业高层管理部门。

4）企业高层决策者在综合企业各个部门实际上报的预算之后，调整部门预算，之后将最终确定的预算方案下发企业执行。

5）组织贯彻落实预算确定的各项目标，在实施过程中予以监控，及时发现问题并且采取相应措施。

（三）几种常见的预算编制方法

1. 固定预算和弹性预算

在传统的预算控制过程中，主要采取固定预算，即某预算期内成本费用和利润都只是在一个预定的产销业务量水平的基础上编制的，完全依赖一种业务量来进行预算编制。从现在来看，这种固定预算赖以存在的前提条件——预算业务量与实际业务水平相距甚小已经不再存在，必然导致有关成本费用及利润的实际水平与预算水平因为基础条件的不同而不再具有可比性，不利于控制和考核。比如按当前条件及业务为生产能量的100%，但是实际为110%，那么在成本方面实际脱离预算的差异就会包括本来不应该在成本分析范畴内出现的非主观因素——业务量增长造成的差异。因此，现在越来越多地采用弹性预算，即在成本形态分析的基础上，按一系列可能达到的预算业务量水平便只能适应多种情况预算的方法。弹性预算克服了固定预算的缺点，由于它能规定不同业务量条件下的预算收支，适用面宽，机动性强，具有弹性，顾名思义为弹性预算。

2. 增量预算与零基预算

增量预算与零基预算是从不同的成本费用的出发点来进行区分的。增量预算是指以现有成本费用水平为出发点、结合预算期业务量水平及有关降低成本的措施、调整有关费用项目而编制预算的方法。一般增量预算不加分析地保留或者接受原有成本项目，或者按照主观臆断平均削减，或者只增不减，容易造成浪费，并且使不必要的开支合理化。而零基预算不是以现有费用为前提，而是在每个预算年度开始时，将所有还在进行的管理活动看作一切从零做起，从实际需要和可能出发，像对待决策项目一样逐项审议各种费用开支是否必要合理，根据组织目标，重新审查每项活动对事先组织目标的意义和效果，进行综合平衡，从而确定预算成本的一种方法。零基预算已经被西方发达国家制造企业广泛应用。

零基预算法的程序如下。

1）在审查预算前，主持这一工作的主管人员首先应该明确组织的目标，将组织长远目标、近期目标、定量目标和非定量化目标之间的关系和重要次序搞清楚，建立一套可考核的目标体系。

2）在开始审查预算时，将所有过去的活动都当作重新开始。要求凡是在下一年度继续进行的活动或者续建的项目，都必须提交计划完成情况的报告；凡是新增加的项目都必须提交可行性分析报告；所有要继续进行的活动和项目都必须向专门的审核机构证明自己确有存在的必要；所有申请预算的项目和部门都必须提交下一年度的计划，说明各项开支要达到的目标和效益。

3）在确定出哪些项目是真正必要的之后，根据已经定出的目标体系重新排出各项活动的优先次序。

4）编制预算。资金按照重新排出的优先次序进行分配。尽可能满足排在前面的需要，如果分配到最后，对于一些可进行但不是必须进行的活动，已经没有多少剩余的资金可供分配，那么最好将这些活动暂时放弃。

（四）预算控制的优缺点

1. 预算控制的优点

预算控制是一种非常有效的控制工具，在企业管理的过程中起到了很大的作用。

（1）明确工作目标

预算时的各项工作成果均数字化，使人一目了然。作为一种计划，规定了组织一定时期的总目标以及各部门的具体目标。这样就使得各个部门了解了本单位的经济活动与整个组织经营目标的关系，明确了各自的职责和努力方向，相互之间增进了解和配合，共同完成组织的战略目标。

（2）协调部门关系

预算把组织各个方面的工作纳入到一个统一的计划之中，促使组织的各个部门相互协调，环环紧扣，达到平衡。在保证组织总体目标最优前提下，组织各自的经营活动。

（3）控制日常活动编制预算是组织管理的起点，也是控制日常经济活动的依据

在编制预算的过程中，各项活动都会反映到财务上。在预算执行的时候，各个部门应该通过计量、对比，及时了解实际脱离预算的程度并且分析其原因，以便采取相应的措施来消除薄弱环节，纠正偏差，保证预算目标的顺利完成。

（4）考核业绩标准预算所确定的各项指标

这些指标可以作为考核各个部门工作业绩的基本指标。在评定各个部门工作业绩时，要根据预算的完成情况分析偏离的程度和原因，划清责任，奖惩分明，促使各个部门为完成预算规定的目标努力工作。

2. 预算控制的缺点

预算控制也存在很多缺陷。

（1）预算过细，控制过死

预算计划过于全面和详细，以致影响、束缚了管理人员在管理本部门工作过程中所必要的自主权和一定的弹性，出现了预算过细、控制过死的局面。

（2）本位主义

脱离实际预算目标有时会取代组织目标，有些管理人员把注意力集中在尽量使自己部门的经营费用不超过预算，而忘记了自己的职责首先是要尽最大的努力实现组织的目标。

（3）效能低下，缺乏弹性

通常情况下，预算都是在往年成果的基础上按比例增长，所以，管理人员通常以过去所花的费用为今天预算的依据；同时他们也非常清楚他们的申请多数情况下是要被削减的，而且导致预算费用的申请数目往往大于实际需要的数目。并且实际情况常常会不同于预算，这种差异可以使一个刚刚编出来的预算很快就过时了。如果管理人员还要受制于预算的话，那么预算的有效性就会消失。

三、风险控制

（一）风险控制的定义

风险控制是指风险管理者采取各种措施和方法，消灭或减少风险事件发生的各种可能性，或者尽可能减少风险事件发生时造成的损失。

（二）风险控制的方法

风险控制的四种基本方法是：风险回避、损失控制、风险转移和风险保留。

1. 风险回避

风险回避是投资主体有意识地放弃风险行为，完全避免特定的损失风险。简单的风险回避是一种最消极的风险处理办法，因为投资者在放弃风险行为的同时，往往也放弃了潜在的目标收益。所以一般只有在以下情况下才会采用这种方法：

1）投资主体对风险极端厌恶；

2）存在可实现同样目标的其他方案，其风险更低；

3）投资主体无能力消除或转移风险；

4）投资主体无能力承担该风险，或承担风险得不到足够的补偿。

2. 损失控制

损失控制不是放弃风险，而是制订计划和采取措施降低损失的可能性或者是减少实际损失。控制的阶段包括事前、事中和事后三个阶段。事前控制的目的主要是为了降低损失的概率，事中和事后的控制主要是为了减少实际发生的损失。

3. 风险转移

风险转移，是指通过契约，将让渡人的风险转移给受让人承担的行为。通过风险转移过程有时可大大降低经济主体的风险程度。风险转移的主要形式是合同和保险。

1）同转移通过签订合同，可以将部分或全部风险转移给一个或多个其他参与者。

2）购买保险是使用最为广泛的风险转移方式。

4. 风险保留

风险保留即风险承担。也就是说，如果损失发生，经济主体将以当时可利用的任何资金进行支付。风险保留包括无计划自留、有计划自我保险。

（1）无计划自留

无计划自留指风险损失发生后从收入中支付，即不是在损失前做出资金安排。当经济主体没有意识到风险并认为损失不会发生时，或将意识到的与风险有关的最大可能损失显著低估时，就会采用无计划保留方式承担风险。一般来说，无资金保留应当谨慎使用，因为如果实际总损失远远大于预计损失，将引起资金周转困难。

（2）有计划自我保险

有计划自我保险指可能的损失发生前，通过做出各种资金安排以确保损失出现后能及时获得资金以补偿损失。有计划自我保险主要通过建立风险预留基金的方式来实现。

四、资料分析法

（一）财务报表分析

财务报表分析是指以财务报表和其他资料为起点和依据，采用专门的分析方法，来判断企业的经营成果、财务状况的好坏，并分析财务状况的变动趋势及企业经营的优劣势。财务报表分析的结果是对组织的偿债能力、风险抵御能力及赢利能力做出评价。

财务报表分析法主要有实际数字法和比率法两种。实际数字法是用财务报表分析中的实际数字来分析，但有时这种绝对的数字因为可比性问题，不能准确地反映企业的不同时期或不同企业间的实际水平。比率法是求出实际数字的各种比率后再进行分析，因为是用相对数进行分析，所以，体现了对比的科学准确性，比较常用。

财务报表分析主要包括：负债比率分析、变现能力比率分析、资产管理比率分析、赢利能力分析、生产率分析。

1. 负债比率分析

负债比率分析以财务报表为依据来分析权益和资产的关系，分析不同权益之间的内在关系，从而分析组织的资本结构是否健全合理，评价组织的偿债能力。反映负债能力的财务比率主要有资产负债率、产权比率、有形净值债务率、已获利息倍数。

2. 变现能力比率分析

变现能力比率分析用于判断组织产生现金能力的强弱。反映变现能力的财务比率主要有流动比率和速动比率，其中速动比率比流动比率更能反映企业的变现能力。

3. 资产管理比率分析

资产管理比率分析用于衡量组织在资产管理方面效率的高低。反映资产管理能力的指标有很多，通常使用的主要有营业周期、流动资产周转率、总资产周转率、应收账款周转率及存货周转率。

4. 赢利能力分析

赢利能力分析用于分析组织赚取利润的能力。管理者在分析赢利能力时，应当排除证券买卖等非正常项目带来的影响。反映组织赢利能力的财务比率主要有销售毛利率、销售净利率、资产净利率、净值报酬率。

5. 生产率分析

生产率分析是指分析企业在计划期间内生产出多少新的价值，又是如何进行分配将其变为人工成本、应付利息和净利润的。

（二）统计分析控制

统计分析控制是指组织的管理者通过对过去资料的统计分析，形成对未来的预测，利用其中的规律与组织的实际运行业绩进行比较，从而进行控制的方法。这种方法的优点是利用历史数据，可以形成简单明了的统计曲线或图表，使管理者对组织过去的经营情况一目了然，并能对未来进行预测。根据预测的结果与实际结果进行比较，可以发现组织活动中存在的问题，从而实施有效的控制。当然这一方法也有缺点，主要体现在根据过去对现在或未来的预测上，这种预测的准确性会受到多种因素的限制，从而影响其准确性，进而影响控制的效率。

利用现场观察进行观察、分析，利用亲自观察得到的结果进行控制，也是一种在实践中行之有效的控制方法。管理者经常到组织活动的第一线观察组织人员的实际工作情况，发现实际工作中存在的问题，可以使管理者充分了解组织内部具体工作的情况，根据具体情况进行决策、控制。组织管理者，尤其是中、下层的管理人员更应当注意这一控制方法的使用。

（三）审计法

审计是一种常用的控制方法，它是对反映组织的资金运动过程及其结果的会计记录和财务报表进行审计、鉴定，以判断其真实可靠性，从而为决策和控制提供依据。财务审计与管理审计是审计控制的主要内容。

1. 财务审计

所谓财务审计是以财务活动为中心内容，以检查并核实账目、凭证、财物、债务以及结算关系等客观事物为手段，以判断财务报表中所列出的综合的会计事项是否正确无误，报表本身是否可以信赖为目的的控制方法。通过这种审计还可以判明财务活动是否合法。财务审计包括外部财务审计和内部财务审计两大类。

外部财务审计是指由组织外部专门的审计机构和审计人员对本组织的财务经济往来及财务程序所做的有目的的综合审核检查；而内部财务审计则是由组织内部的财务人员对本组织的财务活动进行有目的的综合审核检查。

财务审计的最终目的是保证本组织的财务报表能真实准确地反映组织的财务状况。

2. 管理审计

所谓管理审计，是对组织战略目标及组织的各项职能所进行的全面审计。它不仅要关注一个组织的最终工作成效，同时也要关注组织内在的素质能力；它是检查评价一个单位或部门管理工作的好坏，评价人力、物力和财力的组织及利用的有效性的一种重要控制手段。管理审计的内容有：组织结构的合理性、客户的满意度、研究与开发的周期、生产效率、销售能力、员工的学习成长性等方面，其目的是通过改进管理工作来提高经济效益。

（四）目标管理

目标管理是由美国管理学家德鲁克提出的。目标管理的概念是：把经营的目的和根本任务转化为企业的方针和目标，实现各层次的目标管理，一方面，激发有关人员的责任心和创造性，另一方面，把总的目标层层分解，最终化为个人的目标。目标管理在本质上是一种控制。通过目标的分解使控制的标准清晰、明确，各级管理者容易做出判断；而且，目标管理强调让管理人员和工人参与制定工作目标，员工的态度和行为与组织目标更为贴近；并在工作中注重推行自我管理，这使得对人员行为的控制变得容易许多。因此有人称目标管理为“管理中的管理”。

五、综合控制方法

在管理过程中，按照不同的层面，可以划分为不同的控制方法。随着市场竞争和组织经营复杂性的加剧，更需要综合的方法对组织织进行控制。综合控制方法主要有以下几种。

（一）标杆控制

1. 标杆控制的内涵

标杆控制是指以在某一项指标上竞争力最强的组织作为基准，将本组织的产品、服务、管理措施或相关实践的实际状况与这些基准进行定量化的评价、比较，在此基础上制定、实施改进的策略和方法，并持续不断反复进行的一种管理方法。标杆控制是评估环境时经常用的一种技术，这种方法是寻求那些具有杰出绩效的竞争对手的最佳实践。标杆比较的基本思想是：管理者可以通过分析然后复制领先者的方法来改进自身的质量。

2. 标杆控制的步骤

标杆控制需要经历几个步骤，如图 12 −5 所示。

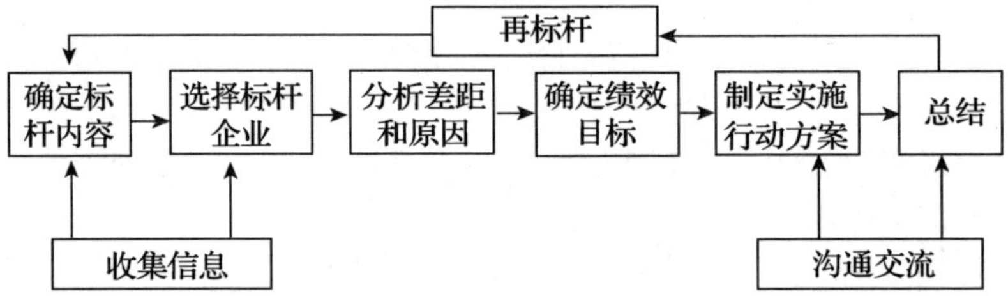

图 12 −5　标杆控制示意图

（1）确定标杆控制的项目

标杆控制的项目一般是组织竞争力影响最重要的因素，同时也是组织的薄弱环节。一个组织的新产品研发和质量低于对手，那么就可以选择一个在产品研发和质量好的组织作为标杆对象。

（2）确定标杆控制的对象和对比点

标杆控制的对象应当是在同行业、同组织、同部门中业绩最好、效率最高的少数有代表性的对象。标杆控制的对比点应当是在标杆控制项目范围内决定，通常为业绩的作业认流、管理实践或关键要素，在此基础上确定测量指标作为控制的依据。

（3）组成工作小组，确定工作计划、组织层次

标杆控制活动的组成人员通常由决定竞争力因素的核心部门的能够识别专业流程优劣的人员参加。

（4）资料收集和调查

先收集相关项目、相关调查对象和调查内容方面已有的研究报告，在研究这些的基础上，拟订实地调查提纲和调查问卷。在实地调查中，要重点关注差异地方，要在内部对调查问卷和方法进行检查，确定问卷及方法的有效性。

（5）分析比较，找出差距，确定最佳纠偏做法

在对调查所取得的资料进行分类整理后，再进行调查对象之间以及调查数据与自己组织的实际情况的比较研究，确定各个调查对象所存在的差异，明确差距造成的原因和过程，并确定出最佳做法。

（6）明确改进方向，制定实施方案

在明确最佳做法的基础上，找出弥补自己和最佳实践之间差距的具体途径或改进机会，设计具体的实施方案，并进行实施方案的经济效益分析。实施方案要明确实施重点和难点，预测可能出现的困难和偏差，确定对实施情况的检查和考核标准。

（7）沟通与修正方案

利用各种途径，将拟订的方案、所要达到的日标前景同全体成员进行反复交流与沟通，征询意见，争取全体成员的理解支持，并根据成员建议，修正和完善方案，以统一成员思想，使全休成员在方案实施过程中目标一致、行动一致。

（8）实施监督

将方案付诸实施，并不断将实施情况和最佳做法进行比较，监督偏差的出现并采取有效的校正措施，以努力达到最佳实践水平，努力超过标杆对象。

（9）总结经验

在完成了首次标杆控制活动之后，必须对实施效果进行合理的评判，并及时总结经验，对新的发现进行进一步分析。

（10）进行再标杆循环

针对环境的新变化找到下一次标杆的项目和对象。

3. 标杆控制的优缺点

优点：通过设立挑战和赶超对象，并以最关键或最薄弱的因素作为改进内容，标杆控制以此来全向提升企业的竞争力。

缺点：标杆管理和控制容易导致企业的竞争战略趋同。标杆控制方法鼓励企业之间互相学习和模仿，因此在奉行标杆控制的行业中，可能所有的企业都企图通过采取类似行动来改进绩效，在竞争的某个关键方而超过竞争对手。这样会导致各企业在战略上趋于一致，各个企业的产品、质量、服务甚至供应销售渠道大同小异，在企业运作效率上升的同时，利润率却在下降。

（二）进度控制

进度控制是根据产品生产或项目建设的过度计划要求，对各阶段活动开始和结束的时间进行的控制。它可以从一系列相互关联的话动中，挑选那些时间冗余幅度小的关键活动路线加以简短关注，以免像网络分析中关键活动的一次延误就影响到后续各项活动乃至总体进度的按时完成。

（三）平衡记分卡

由于传统的控制方法过于偏重于财务指标的衡量，而忽视影响未来财务业绩的非财务驱动因素，如文化、人员和战略等，因此罗伯特·S. 卡普兰博士连同大卫·P. 诺顿博士，在总结了12家大型企业的业绩评价体系的成功经验的基础上，经过数年的潜心研究，在

1992 年提出了平衡记分卡这一战略管理和业绩评估工具。平衡记分卡提供了一种全面的评价体系，它分别从财务、客户、内部流程和学习/成长这四个视角向组织内各层次的人员（从高级管理层到一般雇员）传递公司的战略以及每一步骤中他们各自的使命，最终帮助组织达成目标，解决了传统方法的局限性，如图12－6所示。

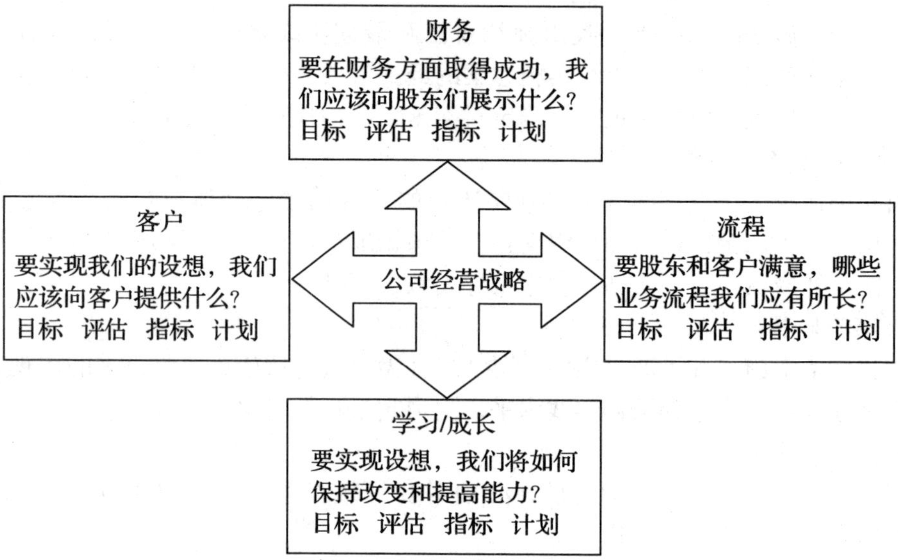

图 12－6 平衡积分卡的基本结构

平衡记分卡克服了单纯利用财务手段进行绩效管理的局限。财务报告传达的是已经呈现的结果、滞后于现实的指标，但是并没有向公司管理层传达未来业绩的推动要素是什么以及如何通过对客户、供货商、员工、技术革新等方面的投资来创造新的价值。平衡记分卡从四个不同的视角，提供了一种考察价值创造的战略方法：

1）财务视角，从股东角度来看，企业增长、利润率以及风险战略；

2）顾客视角，从顾客角度来看，企业创造价值和差异化的战略；

3）内部运作流程视角，使各种业务流程满足顾客和股东需求的优先战略；

4）学习和成长，优先创造一种支持公司变化、革新和成长的气候。

利用平衡记分卡，公司的管理人员可以发现如何帮助公司为当前以及未来的顾客创造价值。在保持对财务业绩关注的同时，平衡记分卡清楚地表明了卓越而长期的价值和竞争业绩的驱动因素。因此，平衡计分卡不仅是一种控制与业绩评价方法，而是一种战略方法。

案例分析

案例 12－1

格力有效控制与经营成功

格力耗时 8 年与春兰争夺业界第一，终于在 1997 年分出胜负。1998 年格力至 8 月底出售 150 万台空调，产销量、出口、市场占有率第一，比 1997 年增长 30%。对于格力获胜的原因，众说纷纭，本报记者深入格力集团发现：除了专业化经营、科学营销网络，最重要的是格力的质量控制体系。

变频空调在世界空调业中已占70%的份额。中国在这方面刚刚起步，却已有不少厂家推出。而作为业界老大的格力却迟迟未见动静。总经理朱江洪认为，目前变频空调变频时会有噪声，而且受电磁波干扰，容易造成麻烦。格力终于在2000年10月份攻克这一技术难关，才推出格力变频空调与消费者见面。“一定不能拿消费者做试验品。”朱江洪认为：推出不成熟的新产品，也许会在短期内占领市场，但让消费者付出实验、市场反馈、再做改进的代价，往往得不偿失，企业损失更大。

格力并不是一开始就重视质量控制问题。1993年，格力空调和其他国产空调一样存在着噪声等问题，当时格力对此争论也颇多，一种意见认为格力和春兰、科龙比质量并不差，没有必要在这问题上花更大力气，应该在规模上、价格上向同类对手发起冲击。朱江洪亦认为质量改进是慢慢进行的过程。但一件小事改变了格力人的看法，当时出口一个意大利公司的20台格力空调全部遭退货，原因是其中一台室外机的外壳在使用3个月后出现了一个锈斑。格力人认识到在国际市场有一个更高的标准存在。格力必须把质量控制放在国际与未来市场的标准上来重新考虑这个问题。朱江洪不仅把国内空调普通使用的轧钢板全部换成镀锌钢板，而且考虑构筑格力的质量体系。1995年3月，格力成立了独一无二的筛选工厂，600人的工厂不产生效益，只负责对所有零件进行100%的筛选，然后提供给组装车间。这看似人员和财力的极大浪费，格力人却有自己的见解。朱江洪认为只要有1%的零部件不合格，那么生产出来的整机便100%不合格。尽管是“笨方法”，筛选工厂的钱却省不得。因为即使一部整机一个零件出问题，你再怎么维修好，再怎么服务好，消费者心中都会有抹不去的阴影。

筛选工厂对格力的质量控制起了很大作用，也为格力在1996年扩大规模、成为空调界第一打下了基础。目前格力空调在社会上的保有量已达600万台。一旦1%出问题，其维修量是其他厂家的3倍多。而筛选工厂正可以保证格力在质量得到严格控制的条件下，迅速轻松地扩大规模。筛选工厂成为格力的法宝，记者要求进入该厂参观，却以“商业机密”为理由被拒绝。

在格力车间，与众不同的是每一道流水线的工序都有检测室和两名检测员，而不是和其他厂一样在终端才有检测员。检测员非常严肃、小心，因为一旦漏过一个机器或未检测出问题，查到一律开除。

除了筛选厂，格力总共有400多个检测员。格力以零缺陷工程著称，试图把问题消灭在最初的环节。朱江洪是搞技术出身的，制定了严格的18条总裁禁令。其中一条甚至专门规定海棉条贴法，称：要两头按好，中间一抹，这样才服帖，才能减少噪声。禁令规定任何工人少这一抹，发现两次立即开除。在格力车间，工人因朱江洪的严厉质量要求，称其为“质量宪兵队队长。”

在格力管理分工非常明确，一名副总经理负责销售，另一副总经理负责生产，而朱江洪亲自负责质量控制和产品开发。格力认为质量控制，不仅包括产品品质的稳定，还要包括新产品开发过程的控制。格力新产品开发以“开发一代、预研一代、生产一代”为标准，当年在与春兰争夺市场时，格力就以面目变化多、新产品开发快著称。1994年格力彻底解决了空调噪声问题。现在格力不仅有彩色空调，还有移动式分体空调等300个新品种，主抓质量与开发的朱江洪认为格力只做空调，而且目前是空调行业唯一的专业厂，没有退路可言，逼得格力只有在空调技术开发上大下功夫，今后10年市场才有保证，正是专业化的劣势促成了专业化的优势。

朱江洪谈空调会滔滔不绝几个小时，有“疯魔”状态，而且是空调业中最懂技术的厂长。鲜为人知的是格力1/3的技术专利属于朱江洪。诸如格力灯箱式空调的专利来源于朱江洪的灵机一动。朱江洪最大的特色是好动，往往是一个人拎着一个包就出发，坐着飞机的经济舱跑遍全国考察产品、市场。全然不像每年上交2亿利税的公司老总，对空调产品质量与反馈一清二楚。在日本考察的10天，朱江洪7天泡在日本厂车间，3天在日本市场。格力已投资2个亿兴建科技大楼，其中模拟环境实验室将有助于解决空调零下20℃开机运作的问题，一旦解决，格力可望在东北市场加长空调使用时间，从而促进销售。格力在市场宣传方面从无炒作新闻之类的想法，连其广告语也是平淡无奇：“好空调、格力造。”格力认为一个好企业不可能像一个事件或一个策划来发展、来渲染，只能在每个管理细节中下功夫。格力在广告投入上远远低于海尔和春兰，1998年中央电视台招标，董明珠给自己定下了1 000万/季度的界限，超过不做，结果只拿了一个季度的小标。在地方媒体中，格力只对地方报纸感兴趣，而海尔则是多方位多种媒体同时投入。

朱江洪认为“每一个产品就是最好的广告”。在近8年内，格力既没有发起过一次价格战，也没有一次广告攻势，却稳稳坐上了中国空调老大的宝座。目前格力价格仍高于同类产品。在目前价格战、广告战盛行的中国市场，格力是个例外。

资料来源：http：//news. ppzw. com/Article_ Print_ 470. html。

问题

1. 请分析格力采用的控制方式。
2. 格力对质量控制的标准和做法有什么特点？

本章思考题

1. 什么是控制？为什么需要控制？控制有何特点？
2. 控制的目标和对象包括哪些？
3. 什么是前馈控制、现场控制、反馈控制？各有何优缺点？
4. 控制的过程是怎样的？
5. 有效控制系统应具备哪些特征？
6. 参照有效的控制系统，你认为学校在对学生大学学习、生活方面的管理控制方面存在什么问题？

参考文献

[1] 谢佩洪，魏农建．中国管理学派本土研究的路径探索［J］．管理学报，2012（09）．

[2] 戚依南，等．中国企业管理创新的最新进展［J］．中国工业经济，2012（04）．

[3] 眭文娟，谭劲松，张慧玉．企业社会责任行为中的战略管理视角理论综述［J］．管理学报，2012，9（3）：345－355．

[4] 吕庆．企业组织设计理论发展的历史综述［J］．商业经济，2012（3）：345－348．

[5] 李琦．西方管理控制研究综述［J］．经济管理研究，2012（02）．

[6] 罗珉，郭英．新福特制管理思潮述评［J］．外国经济与管理，2012（12）．

[7] 刘海潮．多维视角的组织变革空间次序模式的探索性研究［J］．软科学，2011，25（2）：67－71．

[8] 赵曙明．人力资源管理理论研究新进展评析与未来展望［J］．外国经济与管理，2011（01）．

[9] 张钢，张灿泉．基于组织认知的组织变革模型［J］．情报杂志，2010，29（5）：6－11．

[10] 齐善鸿，白长虹，陈春花，等．出路与展望：直面中国管理实践［J］．管理学报，2010（07）．

[11] 李方勇．西方企业组织理论百年演变和发展综述［J］．北京航空航天大学学报（社科版），2010（03）．

[12] 谢佩洪，张敬来．企业战略理论主流研究方法透析［J］．科学学与科学技术管理，2010，31（3）：119－123．

[13] 韩巍，席酉民．中国管理学界的社会责任与历史使命：一个行动导向的解读［J］．管理学家：学术版，2010，3（06）．

[14] 陈春花．中国领先企业的管理方式研究——中国理念—西方标准［J］．华南理工大学学报（社科版），2009，11（4）：43－44．

[15] 杨玉浩，龙君伟．企业员工知识分享行为的结构与测量［J］．心理学报，2008，40（3）：350－357．

[16] 朱佳俊，郑建国．群决策理论、方法及其应用研究的综述与展望［J］．管理学报，2009（08）．

[17] 常丽萍，赵红，原磊．情感管理在企业管理中的应用［J］．科技情报开发与经济，2008，18（6）．

[18] 徐绪松，马莉莉．基于后悔规避的投资组合模型及其实证分析［J］．技术经济，2008，27（1）．

[19] 罗珉．德鲁克管理哲学思想述评［J］．外国经济与管理，2007（6）：58－65．

[20] 严明．论国际商务跨文化管理研究的理论维度［J］．学术交流，2007（3）：185－188．

[21] 郭萍．后现代企业管理和谐观带来的反思——由西方两种管理模式的变迁谈起［J］．商场现代化，2006（7）：60－61.

[22] 周志成，朱月龙．团队领导行为对团队效能影响之研究［J］．应用心理学，2005，11（2）：181－185.

[23] 李志，薛艳．我国知识型员工激励研究评述［J］．重庆大学学报，2005（2）：103－107.

[24] 陈旭．团队领导对团队效能的影响机理研究［J］．科研管理，2006，27（4）：138－141.

[25] 王永民．泰罗管理思想本质的再探讨［J］．中山大学学报论丛，2005（25）：35－39.

[26] 乌玉峰．对法约尔一般管理原则的系统思考［J］．沿海企业与科技，2006（3）：17－20.

[27] 斯蒂芬·P. 罗宾斯．管理学［M］．11 版．北京：中国人民大学出版社，2012.

[28] 黄津孚．管理创新［M］．北京：企业管理出版社，2012.

[29] 海因茨·韦里克，马克·V. 坎尼斯，哈罗德·孔茨［M］．马春光，译．13 版．北京：科学出版社，2011.

[30] 刘平．企业战略管理：规划理论、流程、方法与实践［M］．北京：清华大学出版社，2010.

[31] 刘银花，姜法奎．领导科学［M］．3 版．大连：东北财经大学出版社，2011.

[32] 库泽斯，波斯纳．领导力［M］．李丽林，张震，译．4 版．北京：电子工业出版社，2009.

[33] 王凤彬，刘松博，朱克强．管理学教学案例精选（修订版）［M］．上海：复旦大学出版社，2009.

[34] 徐国良，王进．企业管理案例精选精析［M］．4 版．北京：中国社会科学出版社，2009.

[35] 彼得·圣吉．第五项修炼：学习型组织的艺术与实践（新世纪全新扩充修订版）［M］．张成林，译．上海：中信出版社，2009.

[36] 刘松博，等．组织理论与设计［M］．2 版．北京：中国人民大学出版社，2009.

[37] 袁竹，王菁华．现代企业管理［M］．北京：清华大学出版社，2009.

[38] 陶长琪．决策理论与方法［M］．北京：中国人民大学出版社，2010.

[39] 周三多．管理学——原理与方法［M］．5 版．上海：复旦大学出版社，2011.

[40] 陈晓萍．跨文化管理［M］．北京：清华大学出版社，2009.

[41] 刘治江．管理学：知识、技能与应用［M］．北京：经济管理出版社，2008.

[42] 罗宾斯，等．组织行为学［M］．李原，译．12 版．北京：中国人民大学出版社，2008.

[43] 赵曙明．我国管理者职业化胜任素质研究［M］．北京：北京大学出版社，2008.

[44] 罗珉．组织新论［M］．成都：西南财经大学出版社，2006.

[45] 欧阳峰，林丹明．信息时代的企业组织变革［M］．北京：经济管理出版社，2006.

[46] 张弈．后现代企业与管理革命［M］．昆明：云南人民出版社，2004.

[47] 查尔斯·汉迪．工作与生活的未来［M］．北京：中国人民大学出版社，2007.

[48] 理查德 L 达夫特，多萝西·西克．管理学原理．［M］．2 版．北京：机械工业出版社，2005.

［50］H 法约尔．工业管理与一般管理［M］．北京：中国社会科学出版社，1984.

［51］巴纳德．经理人员的职能［M］．孙耀君，译．北京：中国社会出版社，1997.

［52］张明玉．管理学［M］．北京：科学出版社，2005.

［53］芮明杰．管理学原理［M］．上海：上海人民出版社，2008.

［54］麦迪．有效激励［M］．北京：中国商业出版社，2003.

［55］陈红．管理学［M］．徐州：中国矿业大学出版社，2004.

［56］陈传明．管理学［M］．北京：清华大学出版社，2003.

［57］阮文彪．管理学原理［M］．北京：中国农业大学出版社，2008.

［58］刘汴生．管理学［M］．北京：科学出版社，2006.

［59］徐国良，王进．企业管理案例精选精析［M］．北京：中国社会科学出版社，2006.

［60］吴照云．管理学通论［M］．北京，中国社会科学出版社，2007.

［61］庄恩平，汤进华．跨国并购中的文化整合［J］．商场现代化，2007（8）.

［62］朱丽，金宝．三一重工：战略制胜，文化支撑［J］．东方企业文化，2007（12）.

［63］李萌．华为知识型员工的管理以及启示［J］．现代商业，2010（5）.